정부규제론

The Political Economy of Regulation

김 태 은

도서출판 대영문화사

머리말

세상은 모든 문제의 원인을 규제 탓으로 돌리고, 한편에서는 모든 문제의 해결을 규제에서 찾기도 한다.

규제를 체계적으로 정리한 서적을 출판하고자 준비한 지 10여 년이 지났다.

시간이 오래 걸린 것은 게으른 탓도 있지만 학문세계에서, 현실세계에서 규제를 모두 담아낼 수 있을까 하는 고민 때문이었다. 학문세계에서 규제는 정부와 시장 간의 경계, 그리고 정부 역할에 대한 근본적 고민이 담겨져 있고 다양한 사회과학 이론들이 결합되어 있는 이론의 바다이기도 하다. 현실세계에서 규제는 사회과학의 여타 개념과 달리, 정치·행정의 영역에서 끝없이 소비되는 개념이다. 어떤 체제를 유지하고 발전하기 위한 도구이면서 동시에 혁신과 파괴의 대상이기도 하다. 아직까지 고민이 모두 해결된 것은 아니다. 다만, 저자에게 있어 이 책은 학문세계에서의 규제와 현실세계에서의 규제를 담아내고자 한 첫 시작으로서 의미를 지니고 있다.

이 책을 기술함에 있어서 아래의 내용을 중요하게 고려했다.

첫째, 무엇보다 규제에 대한 객관적, 균형적 시각을 유지하고자 했다. 규제는 일반적인 기대와 달리 어떤 특정 가치나 의도가 내포되어 있을 가능성이 또한 큰 개념이다. 이는 무엇보다 규제가 정치와 이익집단, 자본과 밀접하게 연계되어 있기 때문이다. 따라서 규제를 기술함에 있어서 이들의 영향을 배제하고 가능한 객관적이고 균형적 시각을 유지하고자 했다.

둘째, 저자의 규범적 주장을 가능한 배제하고 이론적, 실증적 근거에 기초하여 기술하고자 했다. 저자의 주관적 견해, 소수 학자의 일방적 의견보다는 일반화가 가능할 만한 논의들을 기술하고자 노력했다.

셋째, 기존의 규제의 개념과 유형을 재정립하고자 했다. 규제와 관련된 개념들을 체계적으로 재정립하고 규제의 유형을 보다 명료하게 제시하여, 규제 개념과 유형의 무분별한 확장과 혼란스러움을 해소하고자 했다.

넷째, 규제의 형성과 변화를 설명할 수 있는 주요 이론들을 체계적으로 기술하고자 했다. 즉, 왜 규제가 형성되는지, 또 왜 규제가 강화되고 완화되는지를 설명하고 있는 기존의 주요 이론들을 최대한 정확하게 기술하고자 했다. 이에 공익이론과 사익이론과 같은 전통적 규제이론뿐만 아니라 비의도된 효용이론, 역사적, 합리적 선택, 사회학적 제도주의 등 신제도주의 관점의 주요 이론, 딜레마 이론, 공공선택이론, 거래비용이론 등을 제시했다.

다섯째, 전통 경제학적 관점을 넘어 규제와 직접적으로 연관되어 있는 행태경제학(behavioral economics) 이론 및 실증 연구들을 함께 기술했다. 특히, 전망이론, 손실회피, 시간선호, 지불의사금액과 수락의사금액 간 불일치와 관련된 연구 등은 규제를 설명하는 데 기여할 뿐만 아니라 향후 규제 설계에 방향을 제시하고 있다.

여섯째, 규제와 환경과의 관계를 설명하고자 했다. 개방체제 하에서 규제 역시 다양한 환경적 변수들에 영향을 받고 또한 영향을 미치고 있다. 이에 어떠한 변수들이 규제에 직접적으로 영향을 미치고 있는지를 기술하였다.

일곱째, 정책수단으로서 규제를 이해할 수 있도록 했다. 규제가 다른 정책수단들과 어떠한 차이가 있는지를 비교 · 제시함으로써, 다른 정책수단과 다른 규제의 특성을 이해하고 실무에서 적용하는 데 도움이 될 수 있도록 했다. 또한 가능한 현실에서의 구체적 사례들을 활용하여 가격, 진입, 독과점 등 주요 규제를 이해하는 데 기여하고자 했다.

여덟째, 규제등록제, 규제영향분석(평가), 총량관리와 규제비용관리제, 네거티브 규제, 규제 샌드박스, 규제 일몰제 등 대표적인 규제관리도구들의 특징과 함의, 그리고 한계를 체계적으로 제시했다.

아홉째, 규제관리에 있어서 가장 핵심적인 도구로 자리잡고 있는 '규제비용편익분석'을 보다 심층적인 수준에서 기술했다. 이를 통해 규제비용편익분석의 실체를 정확하게 이해하고 적용하는 데 기여하고자 했다.

이 책의 대부분 내용은 학부수준에서 이해가 가능할 것이다. 다만, 규제이론 중 일부 내용과 규제비용편익분석의 일부 내용은 학부수준에서 이해하기 어려울 수 있다.

이 책에서 인용된 수많은 학자들에게 감사드린다. 이들의 깊이있는 연구가 없었더라면, 규제라는 현상은 아직도 설명하지 못하는 영역으로 남아 있었을 것이고, 이 책 역시 완성될 수 없었을 것이다. 공부의 길로 이끌어주시고 한없이 베풀어주신 안문석, 이종범, 윤견수 교수님, 그리고 선배 교수님들께 감사드린다. 항상 진지하게 고민하고 공부할 수 있는 기회와 격려를 마다하지 않으시는 한국교통대학교 행정학 전공의 이도형, 임동욱, 김태진, 정의룡 교수님께 감사드린다. 배울 수 있게 해주신 부모님, 누님과 형님께 감사드린다. 가정을 지켜주는 아내와 건강하고 착하게 잘 자라주는 김가연, 김태원에게 고마운 마음을 전하고 싶다. 가족들을 생각하면 항상 미안하고 또 고마울 뿐이다. 학술서적임에도 항상 웃음으로 출판해 주신 대영문화사 임춘환 사장님과 임직원분들께도 마음을 담아 감사드린다.

2021년 1월

저자 김태은

차 례

PART 2 규제 형성 및 변화 이론

Chapter03 주요 규제이론

Chapter 04 규제완화 주요 이론과 논리

PART 3 규제기관과 환경

Chapter 05 규제기관과 규제감독기구

Chapter 06 규제와 환경

PART 4 정책수단과 주요 정부규제

Chapter 07 정책수단과 정부규제

Chapter 08 주요 정부규제

PART 5 규제관리도구와 비용편익분석

Chapter 09 규제관리의 도구

Chapter 10 규제비용편익분석

PART 01

규제의 개념과 유형

Chapter 01

규제의 개념

제 1 절 | 기존 규제 개념

규제(regulation)는 공공과 민간 영역 전반에서 매우 광범위하게 활용되고 있으나 규제가 무엇인지를 정의하는 것은 생각만큼 용이하지 않다. 규제에 대한 정의가 어려운 이유는 무엇보다 규제를 바라보는 관점이 서로 상이하기 때문이다. 대표적으로 공익이론 관점, 사익이론 관점, 가치중립적 관점에서 규제 정의를 살펴보면 아래와 같다.

첫째, 공공의 이익을 추구하기 위해 규제가 형성되었다고 이해하는 공익이론 관점에서 규제 정의로서, 미트닉(Mitnick, 1980: 2-7)은 법적 개념을 포함하여 규제를 "공익을 위해 규정된 법규에 의거하여 사적행동에 대한 공적 제재(public administrative policing)"로 규정하였다. 안문석(2001: 173)은 규제를 "민간부문에 속하는 개인이나 단체의 활동을 바람직한 방향으로 인도하기 위하여 정부가 만들어 놓은 길"이라 하고, 최병선(1992: 18)은 정부규제를 "바람직한 경제사회 질서의 구현을 위해 정부가 시장에 개입하여 기업과 개인의 행위를 제약하는 것"으로 정의하기도 한다. 뷸러(Buhler, 1979: 46)의 경우는 정부규제를 "정부의 목적을 달성하기 위한 하나의 수단으로서 정부가 정부 영역 밖에 속하는 개인 혹은 기업이 선택할 수 있는 행동방향을 지시하거나 근본적으로 영향을 미치기 위한 정부행위”로 규정하고 있다. 김용우(2010: 30)는 “정부조직의 하나인 규제기관이 달성해야 할 목적을 효과적으로 추구하기 위해 민간 경제주체인 기업, 개인, 조직의 특정 활동이나 행위를 제한 · 금지 · 지시하거나 지도 · 보호 · 지원 · 조장하는 행정작용”으로 정의한다. 이러한 공익 이론적 정의는 주체가 정부이며, 어떤 목적성(특히 바람직성)을 띠고, 민간주체를 제약하는 것을 특징으로 하고 있다.

둘째, 사익이론 관점에서는 규제를 사익추구를 위한 수단으로, 사익추구의 결과로 이해한다. 공공의 이익과는 관련이 없고 사익을 추구하는 주체, 예를 들어 기업가, 생산자, 정치가, 관료들이 자신들의 이익을 추구하는 과정에서 규제가 형성됨을 강조한다. 특히, 사익추구자들은 규제가 법과 제도에 의해 구현되므로 한 번 규제가 형성되면 장기적이고 합법적이며 제도적으로 보장된 이익을 제공함으로써 자신들에게 유리한 규제 형성의 유인이 매우 크다고 주장한다. 따라서 사익이론가들에게 있어 규제는 사익주체들이 자신들이 이익을 극대화하기 위한 수단이며 또한 이익추구행위의 결과로 이해한다.

셋째, 규제를 공익과 사익에서 벗어나 가치중립적으로 정의하기도 한다. 예를 들어, 톰슨과 존슨(Thompson & Jones, 1982: 9)은 규제를 “시민의 행태에 영향을 미칠 목적을 가지고 정부가 사용할 수 있는 다양한 정책수단의 하나”로 정의한다. OECD(1997: 6)는 일반적으로 받아들여지는 규제 정의는 없다고 주장하면서도, 규제란 “정부가 기업과 시민들에게 요구사항을 설정하는 다양한 수단들을 의미”한다고 규정한다. 규제는 모든 수준의 정부에 의한 법, 공식 및 비공식적 명령 및 종속 규칙뿐만 아니라 정부가 규제권한을 위임한 자율규제기관 또는 비정부기관에 의한 규칙도 포함된다는 것이다.

한편, 학술적 정의와 달리, 법적으로 규제는 매우 구체적으로 규정되고 있다. 우리나라에서는 행정규제기본법상 ‘행정규제’를 “국가나 지방자치단체가 특정한 행정 목적을 실현하기 위하여 국민(국내법을 적용받는 외국인을 포함)의 권리를 제한하거나 의무를 부과하는 것으로서 법령 등이나 조례 · 규칙에 규정되는 사항”으로 규정한다. 여기서, “법령 등”이란 법률 · 대통령령 · 총리령 · 부령과 그 위임을 받는 고시(告示)

등을 말한다(행정규제기본법 제2조). 여기서, "고시 등"이라 함은 훈령・예규・고시 및 공고를 말한다(동법 시행령 제2조 제2항). 행정규제의 구체적 범위는 아래와 같다(동법 시행령 제2조 제1항).

1. 허가・인가・특허・면허・승인・지정・인정・시험・검사・검정・확인・증명 등 일정한 요건과 기준을 정하여 놓고 행정기관이 국민으로부터 신청을 받아 처리하는 행정처분 또는 이와 유사한 사항
2. 허가취소・영업정지・등록말소・시정명령・확인・조사・단속 등 행정의무의 이행을 확보하기 위하여 행정기관이 행하는 행정처분 또는 감독에 관한 사항
3. 고용의무・신고의무・등록의무・보고의무・공급의무・출자금지・명의대여금지 그 밖에 영업 등과 관련하여 일정한 작위의무 또는 부작위의무를 부과하는 사항
4. 그 밖에 국민의 권리를 제한하거나 의무를 부과하는 행정행위(사실행위를 포함한다)에 관한 사항

다만, 동법 제3조는 국회, 법원, 헌법재판소, 선거관리위원회 및 감사원이 하는 사무, 형사(刑事), 행형(行刑) 및 보안처분에 관한 사무, 과징금, 과태료의 부과 및 징수에 관한 사항, 「국가정보원법」에 따른 정보・보안 업무에 관한 사항, 「병역법」, 「통합방위법」, 「예비군법」, 「민방위기본법」, 「비상대비자원 관리법」 및 「재난 및 안전관리기본법」에 규정된 징집・소집・동원・훈련에 관한 사항, 군사시설, 군사기밀 보호 및 방위사업에 관한 사항, 조세(租稅)의 종목・세율・부과 및 징수에 관한 사항은 행정규제법의 적용을 제외하였다.

제 2 절 | 규제 개념의 재정의

이 책에서는 제3장에서 후술될 다양한 규제이론들의 핵심을 포괄하기 위해 규제(規制, regulation)를 "특정 주체가 어떤 목적성을 지니고 다른 주체를 제약하는 것"으로 정의한다.

여기서, 첫째, 특정 주체는 크게 정부와 같은 공공기관이 주체일 수 있고 민간주체일 수 있다.

둘째, 목적성을 지니고 있다는 것은 특정 주체가 다른 주체를 제약함으로써 무엇인가 이루거나 얻으려 하는 것이 있다는 것을 의미한다. 여기서, 목적은 규범성을 지니고 있는 것이 아니라 가치 중립적이다. 예를 들어, 공공의 이익을 높이기 위한 목적을 지닐 수도 있고, 한편에서는 특정 집단의 편익을 강화하기 위한 목적일 수 있다.

셋째, 목적성이 있다는 것은 규제주체의 의도성이 내포되어 있음을 의미한다. 그러나 의도성이 내포되어 있다 하여 규제를 통해 그러한 의도가 언제나 구현될 수 있는 것은 아니다. 의도성의 완전한 구현은 완전한 합리성에 기초하는데, 이러한 완전한 합리성은 인간의 영역 밖이다. 따라서 다양하고 예측되지 못한, 즉 의도하지 않았던 규제의 효과가 발생될 수 있다.

넷째, 제약은 주체의 행위뿐만 아니라 선호(preference)까지를 포함한다. 선호란 좋아하는 것을 의미한다 할 수 있는데, 규제는 피규제 대상의 선호에 영향을 미칠 수 있다.

다섯째, 제약의 효과는 목적성이 무엇인가에 따라, 집단에 따라 달라질 수 있다. 예를 들어, 산업을 억제할 수도 있는 반면, 진흥시킬 수도 있다. 또한 제약받는 집단이 제약의 편익을 얻을 수도 있고, 상대적으로 비제약집단이 편익을 얻을 수도 있다.

이러한 규제 정의에 기초하여 정부규제를 정의하면 아래와 같다.

'정부규제'란, "정부가 어떤 목적성을 지니고 민간부문을 제약하는 것"을 의미하며, 관련된 특성은 규제와 동일하다. 다만, 정부규제는 피규제집단(혹은 개인)을 제약하고 순응을 유도하기 위해서 법적 장치들을 활용한다. 따라서 정부규제의 대부분은 법적인 형태로 구현되며 실행된다. 일반적으로 규제는 주체가 정부인 경우를 주로 의미하고 있다. 따라서 이후 이 책에서 규제와 정부규제를 따로 구분하여 기술하지 않는 한 '규제'는 '정부규제'를 의미한다.

Chapter 02

규제의 유형

제 1 절 | 규제의 거시 유형과 재분류

1. 규제의 거시 유형

규제의 개념적 정의가 어렵듯이, 규제의 유형을 구분하는 것이 용이하지는 않다. 그러나 규제의 유형을 가능한 범위 내에서 구분하는 것은 규제를 보다 쉽게 이해하는데 기여하고 학문적으로 실무적으로 유용하기 때문이다.

이와 관련하여 가장 대표적으로 미트닉(Mitnick, 1980)은 규제를 규제자와 피규제자가 각각 정부인지 민간인지에 따라 크게 네 가지로 구분하고 있다.

첫째, 범주 Ⅰ의 전통적 규제(traditional regulation)는 공적 규제자가 사적 영역에 대해 직접적인 통제를 포함하고 있다.

둘째, 범주 Ⅱ인 포획(capture)의 경우는 전통적 규제와 달리, 개입과 통제가 반대로 되어 있다. 즉, 사익추구 주체가 규제자이고 피규제자가 정부이다. 동 유형에서는 규제 산출물이 공식적 규제기관보다는 규제를 당하는 주체(개인/기업, 조직 등)의 이익에 부합한다. 따라서 포획은 반전된 규제로서 이해되어질 수 있다. 사익이론에 가장 부합된 규제 유형이라 할 수 있다. 다만, 용어를 '포획'으로 표기하였으나 정부규제의 형태로 나타난다. 동 내용은 이후 규제이론에서 후술할 것이다.

셋째, 범주 Ⅲ의 경우는 정부의 자기규제에 해당되는데, 행정기관이 다른 행정기관을 규제하는 경우이며, 이런 경우를 정부자기규제(government self-regulation) 혹은 정부(행정)내부규제로 불리기도 한다. 정부 내에서도 방대한 내부규제들이 존재한다. 예를 들어, 각 정부부처는 규제의 신설 및 강화 시 규제영향평가(Regulatory Impact Assessment)를 받아야 한다.

넷째, 범주 Ⅳ인 사적자율규제(private self-regulation), 혹은 자율규제는 매우 모순적인 용어임에도 불구하고 민간에 의해 민간이 규율되는 구조를 띠고 있다. 예를 들어, 생산설계의 표준화와 같이 사적 영역에서 실제 일반적으로 나타나는 현상이다(Mitnick, 1980). 또는 민간의 각종 협회가 회칙, 혹은 규정을 통해 회원사들을 통제하는 것이 대표적이다.

미트닉(Mitnick, 1980)의 규제 유형은 정부규제와 민간의 자율규제가 혼용되어 있다. 따라서 미트닉(Mitnick, 1980) 유형 중 '정부규제'는 정부내부규제(혹은 행정내부규제), 전통적 규제, 포획이라 할 것이다.

표 2-1 규제의 유형

		Regulatee	
		Public Regulatee	Private Regulatee
Regulator	Public Regulator	정부자기규제 (Government Self-Regulation)(Ⅲ)	전통적 규제 (Traditional Regulation)(Ⅰ)
	Private Regulator	포획 (Capture)(Ⅱ)	사적 자율규제 (Private Self-Regulation)(Ⅳ)

출처: Mitnick(1980, 14) 재인용.

2. 규제와 정부규제의 거시 유형 재분류

미트닉(Mitnick, 1980) 유형 분류가 매우 유용함에도 불구하고 실질적 규제자와 형식적 규제자의 구분이 명료하지 않음에 따라 구분이 모호한 부분이 존재한다. 또한 준자율규제가 포함되어 있지 않다. 이에 규제 주체가 정부인지 민간인지, 그리고 형식적인지 실질적인지에 따라 크게 다섯 가지 유형으로 구분한다.

첫째, '정부내부규제'는 형식적으로, 실질적으로 모두 정부가 규제자이고 피규제자도 정부이다. 각 정부부처 및 공공기관들은 행정절차법, 정보공개법, 행정규제기본법, 정부업무 등 평가에 관한 기본법 등 다양한 법률에 기반하여 다양한 내부규제를 받고 있다. 단적으로, 규제개혁을 위한 다양한 관리도구들, 규제영향분석, 규제비용관리제, 네거티브 규제, 규제일몰제, 규제예보제 등 모두 정부부처에 대한 규제를 담고 있다. 그동안 정부내부규제는 정부 내부문제로 치부되어 규제연구에서 크게 관심을 받지 못하여 왔다. 그러나 정부내부규제가 지속적으로 증가되고 있고, 정부내부규제가 정부뿐만 아니라 국가 · 사회적으로 막대한 영향을 미치고 있다는 점에서 중요하게 고려해야 할 정부규제이다.

둘째, '전통적 정부규제'는 정부가 민간을 제약하고 통제하는 가장 일반적인 규제이다. 형식적으로 실질적으로 모두 정부가 규제자이고 민간이 피규제자이다. 일반적으로 규제를 칭할 때는 동 규제를 의미한다.

셋째, '포획된 정부규제'는 특정 이익집단에 의해 정부가 포획이 된 상황에서 정부규제를 의미한다. 동 규제는 형식적으로는 정부가 규제자이고 민간이 피규제자로서 전통적 정부규제와 차이가 없다. 그러나 동 상황에서 정부는 이익집단 등 민간에 의해 포획되어 있기 때문에 엄밀히 말해 실질적인 규제자라 할 수 없다. 여기서, 정부는 민간 이익집단에 의해 지배를 받거나 혹은 이익을 상호 교환하는 공생적 관계이다. 예를 들어, 민간 거대 자본집단이 자신들에게 유리한 은행 및 보험 등 금융기관 소유규제를 요구하면, 정부가 이를 반영하여 규제를 형성하고 집행하는 것이다. 따라서 실질적으로는 정부를 포획한 집단이 규제자이고, 해당 규제에 적용을 받는 주체들이 피규제자(다른 민간주체 혹은 정부를 포획한 집단)이다. 여기서, 포획이 되어 있는가는 형식을 통해 알 수 없고 규제에 대한 세부적인 내용분석을 통해 가능하다. 후술될 사익이론은 이와 관련하여 유용하다.

넷째, '준자율규제'는 자율규제의 형성, 내용, 운영 등에 있어 정부가 직 · 간접적으로 개입되어 있는 경우를 의미한다. 민간 자율규제에 대한 정부의 개입은 정부의 필요 혹은 민간 스스로의 필요 등 다양한 원인에 기인한다. 자율규제에 정부가 개입하는 방식은 다양하다. 정부가 민간 자율규제의 형성 자체를 유도(인)하기도 하고, 자율규제 내용에 영향을 미치기도 하며, 최종적인 자율규제안을 승인하기도 한다. 준자율규제는 정부가 민간의 자율규제에 얼마큼 개입하는가에 따라 다양하게 구분될 수 있으며, 강제된 자율규제(enforced self-regulation), 메타규제(meta regulation) 등으로 불린다.

준자율규제는 형식적으로는 규제자와 피규제자가 모두 민간으로 보이지만 실질적으로는 크게 두 가지 유형(정부주도, 민간주도)으로 세분된다. 하나는 '정부주도 준자율규제'이다. 이는 정부의 필요에 의해 정부가 민간 자율규제에 개입한 경우로 실질적으로 정부가 규제자이고 민간이 피규제자이다. 또 하나는 '민간주도 준자율규제'이다. 이는 민간의 필요에 의해 정부가 민간 자율규제에 개입한 경우로, 실질적으로 민간이 규제자이고 피규제자는 정부이다. 이러한 준자율규제는 규제문제와 그 해결책에 대한 정보가 매우 부족할 때 유용한 대안이 될 수 있다(Coglianese & Mendelson, 2010). 반면, 준자율규제는 그 실체가 부족하고 실효성이 매우 낮으며, 규제라기보다는 '규제 포획(regulatory capture)'의 포장된 표현이라는 비판도 존재한다. 준자율규제는 표면적으로 사적 자율규제와 차이를 발견하기 어렵기 때문에 내용분석을 통해 파악해야 한다.

다섯째, '사적 자율규제'는 형식과 실질적으로 규제자와 피규제자가 모두 민간인 경우를 말한다. 자율규제는 매우 다양한 형태가 존재하나 순수한 형태의 자율규제는 '피규제자들 간 자발적 합의 규칙'을 말한다. 즉, 합리적 선택이론에 주장하듯이, 행위자들의 장기적 편익을 극대화하기 위해 스스로 규칙을 마련하고 동 규칙에 지배당하는 경우를 말한다. 예를 들어, 변호사, 약사, 공인중개사 등 각종 이익단체의 회원 준수 규칙, 영업행위 및 금지 규칙 등이 이에 해당한다. 사적 자율규제는 정부규제가 아니다.

일반적으로 정부규제라 함은 규제에서 사적 자율규제를 제외한 것으로 정부내부규제, 전통적 정부규제, 포획된 정부규제, 준자율규제를 포괄하는 의미로 불린다.

표 2-2 규제의 거시 유형 재분류: 형식적 규제자 기준

		규제자	
		정 부	민 간
피규제자	정 부	정부내부규제	–
	민 간	전통적 정부규제 포획된 정부규제	준자율규제 사적 자율규제

표 2-3 규제의 거시 유형 재분류: 실질적 규제자 기준

		규제자	
		정 부	민 간
피규제자	정 부	정부내부규제	포획된 정부규제 민간주도 준자율규제
	민 간	전통적 정부규제 정부주도 준자율규제	사적 자율규제

제 2 절 | 정부규제의 구체적 유형

정부규제는 아래와 같이 구분되어질 수 있다.

1. 포괄범위에 따른 구분

정부규제는 포괄하고 있는 범위의 수준에 따라 다양한 차원에서 이해될 수 있다. 이와 관련하여, 대표적으로 볼드윈 외(Baldwin et al., 1998)는 규제의 세 가지 의미를 거버넌스(governance)와 관련하여 협의의 정부규제부터 광의의 정부규제까지 정리하고 있다.

첫째, 거버넌스의 구체적 양식으로서 규제는 가장 협의의 규제로서, 순응(compliance)을 강제하거나 조사하기 위해 행정기관에 의해 수행되는 일련의 권위적 법・규칙들 의미한다. 둘째, 일반적 의미의 거버넌스로서 규제는 중위 수준의 규제

그림 2-1 규제의 세 가지 의미

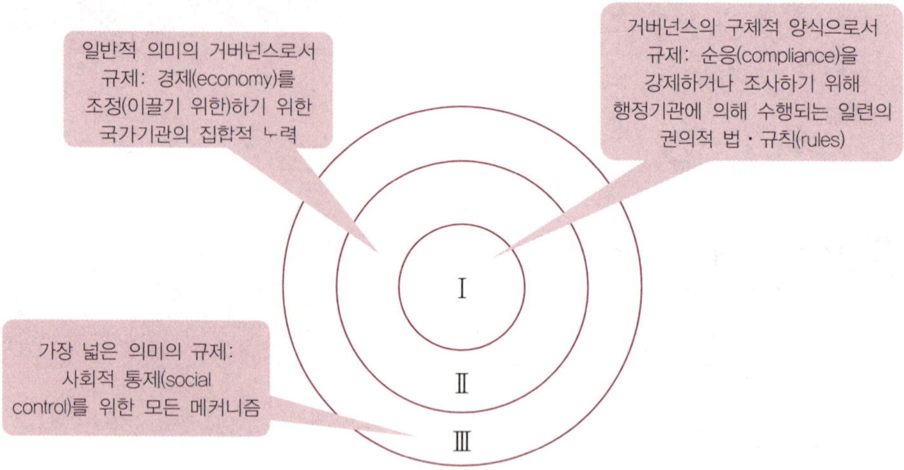

출처: Baldwin et al.(1998), Jordana & Levi – Faur(2004, 3) 재인용.

로서 경제(economy)를 조정하고 이끌기 위한 국가기관의 집합적 노력을 규제로 이해한다. 셋째, 가장 광의의 정의로서, 사회적 통제(social control)를 위한 모든 메커니즘을 규제로 이해한다.

볼드윈(Baldwin et al., 1998)의 구분은 규제의 개념적 범위를 이해하는 데 매우 유용하나, 각 규제 유형 간 구분이 명료하지 않다. 이에, 이 책에서는 크게 정부규제를 광의와 협의의 정부규제로 구분하고자 한다.

첫째, 광의의 정부규제는 '정부가 하는 일'을 뜻한다고 보는 견해이다. 즉, 정부규제가 정부가 편익이나 제약을 부과하는 모든 활동, 또는 사기업의 경영이나 일반국민들의 활동에 무엇인가 영향을 미치는 정부의 활동으로 바라보는 것이다. 이러한 광의의 개념은 공공정책이나 정부규제를 구분하지 않고 정부의 모든 활동 또는 시장에의 개입과 동일시한다(정용덕, 1984: 599). 실제, 정부가 하는 모든 일들은 일정부분 제약을 담고 있으며, 다양한 차원에서 사회 여러 주체들에게 영향을 미친다. 보다 구체적으로 정부가 하는 대부분의 활동, 모든 법에서 행위주체들의 제약을 담지 않은 것을 찾기가 쉽지 않다.

둘째, 협의의 정부규제는 정부가 하는 일 중에서, 주요 사회주체의 행위를 직접적으로 제약하고 통제하는 것에 한정한다. 따라서 협의의 정부규제 개념에서는 분명하고 특정된 규제기관과 피규제 대상이 존재하며, 규제의 구체적 목표와 기능이 가시적이며, 판단 가능하게 된다.

이 글에서 정부규제는 협의의 정부규제를 의미한다. 이는 광의의 관점에서 규제를 정의할 경우 정책·제도 등 다른 개념들과 구분이 어렵고, 너무 포괄적임에 따라 실무적 적용을 어렵게 하고 학문적·이론적 발전을 저해한다. 이에, 정부규제를 협의의 관점에서 규정하는 것이 유용할 것으로 판단된다.

2. 규제의 강제력에 따른 구분

정부의 강제력 수준에 따라 직접규제(명령지시적 규제)와 간접규제(시장유인적 규제)로 구분한다.

'직접규제'는 명령지시적 규제(command and control regulation)로서 정부의 명령과 지시 그에 따른 이행을 강제하는 것이다. 직접규제는 이행을 강제하기 때문에 미이행에 따른 처벌이 수반된다. 직접규제는 가장 보편적이고 일반적인 규제 방식 중 하나이다.

'간접규제'는 경제적 혹은 시장유인적 규제(regulation by economic incentives)로 불리기도 하며, 정부가 어떤 방향을 설정하여 놓고 그러한 방향으로 경제주체들이 자발적으로 이동할 수 있도록 유인책(주로 비용)을 만들어 놓은 경우를 의미한다. 간접규제는 본질적으로 경제적 유인을 통해 규제 순응을 유도한다. 따라서 미이행에 따른 처벌보다는 경제적 비용을 부담하도록 설계되어 있다. 대표적으로 배출부과금, 쓰레기 종량제 등이다.

직접규제와 간접규제는 각각 규제의 효과, 규제 비용의 발생, 기술혁신 유도, 문제의 시급성, 문제의 난이도와 복잡성 등 여러 차원에서 서로 다른 장·단점을 지니고 있다. 따라서 직접규제와 간접규제 중 어떠한 규제 방식을 사용할 것인지는 종합적 사고를 통해 판단해야 한다. 또한 직접규제와 간접규제 중 어떠한 규제가 우월한가 역시 단정적으로 접근해서는 안 되며, 구체적인 규제별로 종합적 사고와 분석을 통해 판단해야 한다.

배출권거래제도(emission trading system: ETS)는 시장유인적 규제인가?

온실가스로 인한 지구온난화가 빠른 속도로 진행되고 있는 상황에서 배출권거래제도(emission trading system: ETS)는 온실가스 감축을 위한 도구로서 활용되고 있다. 이론적으로 코즈 정리(Coase Theorem)에 기초하고 있는 배출권거래제도는 오염자에게 오염물질을 배출할 수 있는 사적 권리(오염 배출권)을 부여하고, 동 배출권을 시장에서 거래하게 하는 제도이다. 배출권거래제도는 초기 California RECLAIM Program과 US Acid Rain Program에서 비롯되어 영국, 덴마크 등에서 활용되다가, 2005년 EU에서 온실가스 감축을 위한 도구로서 채택된 이후 전 세계 각국, 지역 단위로 급속하게 확산되어 왔다.

배출권거래제도는 시장에서 행위자들이 자발적으로 배출권을 사고팔게 해 준다는 점에서 시장유인적 규제이다. 그러나 배출권거래제도는 매우 복잡한 제도로서 시장에서 행위자들이 배출권을 사고파는 것 빼고는 사실 모든 것이 정부규제 영역이다. 대표적으로 아래 여섯 가지는 정부가 배출권거래제도를 운영함에 있어서 결정해야 할 주된 내용이다. 이는 실제 규제로 나타난다.

첫째, 배출권거래제도는 거래방식이 총량거래(Cap and Trade)와 기준인증거래(Baseline and Credit)인지로 구분되며, 이에 대한 결정해야 한다.

둘째, 온실가스 대상 물질의 적용 범위[예: 이산화탄소(CO_2), 메탄(CH_4)] 등 온실가스 물질 중 어떤 물질을 포함할 것인지를 결정해야 한다.

셋째, 적용 분야와 관련하여, 발전, 수송, 산업, 폐기물, 항공 등 중에서 어떠한 분야에 적용할지를 결정해야 한다.

넷째, 배출 총량(cap) 설정 방식으로 예를 들어, 배출량 전망치(BAU)를 기초로 설정할 수도 있고, 기준년도 값(예: 2005년 대비 몇 %)을 통해 목표치를 설정할 수 있다. 이 역시 정부가 결정해야 한다.

다섯째, 총량 배분 방식으로 크게 무상할당과 유상할당 방식으로 구분되며, 이 중 무상할당에는 불변실적 기준 무상분배(grandfathering), 벤치마킹(benchmarking)이, 유상할당은 경매(auction), 고정 가격제 등 여러 방식이 존재한다. 어떠한 방식으로 할당할 것인지 결정해야 한다.

여섯째, 배출권 운영도구로서 운영상 예치, 차입과 상쇄, 버블, 넷팅 등을 허용할지, 또 구체적으로 어떻게 운영할지 등을 결정해야 한다.

어떤 규제의 경우는 직접규제와 간접규제 간 경계구분이 생각만큼 단순하지는 않다. 규제마다 세부적인 분석이 필요한 이유이다.

3. 규제의 적용시점에 따른 구분

규제의 적용시점에 따라 사전과 사후로 구분될 수 있다. 사전과 사후의 구분이 용이하지는 않으나, 공익적 관점에서 사전적 규제와 사후적 규제로 구분하면 아래와 같다. '사전적 규제(ex-ante regulation)'는 어떤 사회문제의 발생 가능성을 예측하여 사전에 통제하기 위한 규제로서, 대표적으로 각종 인·허가 제도, 각종 성분 및 품질 규제 등이 있다. '사후적 규제(ex-post regulation)'는 어떤 사회문제의 발생 이후 이를 통제하기 위한 규제로서, 영업정지, 시설폐쇄 등이다.

사전적 규제와 사후적 규제는 각각 장·단점을 지니기 때문에 규제 설계 시 주의할 필요가 있다. 예를 들어, 사전적 규제는 경제활동 전반에 대한 진입규제 역할을 수행할 수 있어, 경제주체 간 경쟁을 제약하는 효과가 나타날 수 있다. 반면, 회복이 불가능한 피해가 발생될 가능성이 매우 높은 영역에서는 사전적 규제가 사후적 규제에 비해 사회적 비용 발생을 최소화할 수 있다는 점에서 우월하다. 특히, 환경 보건, 안전 등과 같은 영역에서 사전적 규제는 매우 유용하다. 따라서 사전적 규제와 사후적 규제의 특성들을 종합적으로 고려하여 사회문제에 부합된 규제를 설계해야 한다.

4. 규제의 공식성에 따른 구분

성문화된 법에 기초하여 규제가 집행되는지 여부에 따라 공식규제(formal regulation)와 비공식규제(informal regulation)로 구분된다. 규제는 법에 기초해야 하기 때문에 우리 주변의 많은 규제들은 공식적 규제이다. 다만, 현실에서는 문화, 사회규범, 관행, 관습, 이념 등에 따른 형성된 다양한 형태의 비공식적 규제가 존재한다. 이러한 비공식적 규제는 법령에 근거를 갖고 있지 않으나 공식적 규제만큼이나 강력한 영향력을 지니고 있다. 비공식 규제는 주로 각종 회의나 협의, 법령에 근거가 없는 행정지도 등의 방식을 통해 이루어진다. 예를 들어, 과거 소주 가격은 공식규제로 신고의무만이 존재하였으나, 이와 별도로 국세청의 사전 협의를 통해 소주 출고가격 인상률 등이 조율되었다.

5. 규제의 복합성 여부에 따른 구분

규제가 단일체로 존재하는지, 복합체(conglomeration)로 존재하는지에 따라 단일 규제와 복합규제로 구분될 수 있다. 현실에서의 규제는 많은 경우 다수의 규제들이 결합되어 있는 복합체로서 규제 모습을 띠고 있다. 복합체로서 규제가 나타나는 몇 가지 이유는 아래와 같다.

첫째, 규제의 효과와 관련되어 있다. 단일 규제가 갖는 한계로 인해 규제의 효과가 미흡하거나 나타나지 않는 경우가 많기 때문이다.

둘째, 규제의 대상이 되는 문제의 크기 및 문제의 복잡성과 관련된다. 문제의 크기가 클수록 문제의 복잡성이 클수록 복합체로서 규제가 나타난다. 특히, 개방체제를 지니고 있는 현실세계에서 나타나는 문제들은 다양한 사회적 변수들과 연계되어 있기 때문에, 이러한 연계를 배제하고 규제를 설계하기가 쉽지 않다.

셋째, 규제의 비의도된 부정적 효용 해결 및 층화(layering) 현상이 나타나기 때문이다. 즉, 규제는 의도된 긍정적 효용만이 나타나는 것이 아니라 비의도된 부정적 효용 역시 나타난다. 따라서 이를 해결하기 위해 기존 규제와 연계된 새로운 규제가 형성된다. 또 한편에서 규제는 한 번 형성되면 오랜 시간을 생명력을 유지하게 된다. 동 과정에서 서로 다른 시기에 서로 다른 목적과 기능을 갖는 규제들이 기존의 규제에 층화되는 현상이 나타나기도 한다.

넷째, 행정처리 기준 및 절차와 관련되어 있다. 규제는 필연적으로 행정처리 절차를 유발한다. 예를 들어, 공익사업을 위한 토지보상에 관한 법률은 핵심적으로는 공익사업에 필요한 토지의 취득 및 사용에 대해 손실을 보상하는 것이나, 이를 구체적으로 구현하기 위한 기준 및 절차 등 방대한 세부 규제를 담고 있다.

6. 규제의 기술 방식에 따른 구분

규제의 기술 방식에 따라 포지티브 리스트 방식(positive list)의 '포지티브 규제(positive regulation)'와 네거티브 리스트(negative list) 방식의 '네거티브 규제(negative regulation)'로 구분될 수 있다.

포지티브 규제는 법률에서 할 수 있는 것을 구체적으로 정해 놓은 것('원칙 금지 · 예외 허용')이고, 네거티브 규제는 법률에서 할 수 없는 것을 기술하는 방식이다. 원칙적으로는 모두 허용하지만 기술된 것만 허용하지 않는 방식('원칙 허용 · 예외 금지')이다. 이 양자 역시 각각의 장 · 단점과 특성을 지니고 있다. 예를 들어, 포지티브 방식보다 네거티브 방식은 규제지대의 형성 가능성이 매우 높다. 반면, 네거티브 방식은 포지티브 방식에 비해 사후규제 리스크 발생 가능성이 높다. 동 내용은 '규제관리도구'를 다룬 제9장에서 구체적으로 기술하였다.

7. 규제 목적에 따른 구분

규제의 목적이 무엇인가는 개별 규제의 형성 근원을 분석함으로써 알 수 있다. 이하에서는 규제가 공공의 이익을 극대화하기 위해 형성되었다는 공익이론 관점에서 몇 가지 유형의 규제를 예시적으로 제시한다.

'경쟁' 촉진을 위한 규제는 가장 대표적이고 오랜 역사를 지니고 있는 규제이다. 시장경제는 기본적으로 '경쟁'을 핵심으로 하고 있으나, 자본주의 구조에서 특정 기업과 자본에 의해 지배력 확대는 일상적으로 나타나고 있다. 이에 따라, 자본주의가 발달할수록 경쟁규제 역시 발달되고 있다.

환경규제는 환경보호 및 환경피해를 사전적, 사후적으로 예방 및 구제에 목적을 두고 있다. 환경문제는 산업화과정에서 필연적으로 발생된 문제로 국지적 수준을 넘어 전 지구적 문제로 확대되고 있으며 질적으로 심화되고 있다. 환경은 인간생활, 경제활동 전반과 관련되어져 있기 때문에, 이에 대한 규제는 전통적인 수질, 대기, 폐기물 등을 넘어 에너지, 산업활동 자체를 규제하는 수준으로 확대되고 있다.

노동규제는 인간의 노동권 보호와 관련되어 있다. 인간의 존엄과 가치는 본질적으로 인간의 노동력과 관련되어 있다. 그러나 인간의 노동력은 한편에서 다양한 재화 중 하나로 시장에서 거래되고 있다. 시장의 본질은 효율성 추구로서, 시장에서 거래되는 인간의 노동은 항상 침해될 수 있는 조건에 처해 있다. 이에 인간의 노동권을 자본과 시장으로부터 보호하고 인간의 존엄성 보호를 목적으로 한다.

소비자보호규제는 소비자 보호를 목적으로 한다. 생산자와 소비자 간에는 항상 정보비대칭, 자원과 권력 비대칭 상황에 처해 있다. 즉, 생산자는 개별 소비자에 비해 정보우위, 자원과 권력의 압도적 우위에 있다. 따라서 소비자보호를 위한 정부의 개입이 필요하며 이는 다양한 소비자보호규제로 나타나고 있다.

8. 규제 방식에 따른 구분

규제의 방식에 따라 진입규제, 가격규제, 수요규제, 공급규제 등으로 구분된다. 대표적으로 진입규제는 특정 지역이나 산업 영역에 진입을 제한하는 것으로 가장 광범위한 규제 방식 중 하나이다. 가격규제는 최고가격 혹은 최저가격 등 가격을 정부가 임의적으로 설정하여 규제하는 방식이다. 수요규제와 공급규제는 어떤 재화나 서비스의 수요와 공급을 통제함으로써 가격 안정 및 사회가 필요로 하는 수준의 공급을 유지하기 위해 주로 사용된다.

표 2-4 정부규제의 구분 및 유형

구 분	정부규제 유형
규제의 포괄범위	협의의 규제 광의의 규제
규제의 강제력 수준	직접규제(명령지시적 규제) 간접규제(시장유인적 규제)
규제의 적용시점	사전적 규제 사후적 규제
규제의 공식성	공식규제 비공식규제
규제의 복합성	단일규제 복합규제
규제의 기술 방식	포지티브 규제 네거티브 규제
규제의 목적	경쟁규제, 환경규제, 노동규제, 소비자보호규제, 안전규제 등
규제의 방식	진입규제, 가격규제, 수요규제, 공급규제 등

주: 경제적 규제와 사회적 규제의 구분은 바람직하지 않음.

[규제의 양면성] 규제로 산업을 진흥시킬 수 있을까?

규제는 일반적으로 제약을 담고 있기 때문에 '진흥'의 효과는 없는 것으로 생각할 수 있다. 그러나 제약과 진흥은 동전의 양면과 같다.

예를 들어, 신재생에너지 및 산업을 육성하는 방법은 아래와 같이 크게 두 가지이다.

첫 번째 방법은 기존에 화석에너지가 아닌 신·재생에너지원과 산업에 대한 정부지원과 투자를 대폭 늘리는 방법이다. 연구개발지원, 세금지원, 고용지원 등 뿐만 아니라 대규모 공공투자를 통해 신재생에너지 산업 육성을 도모할 수 있다.

두 번째 방법은 신재생에너지원과 산업에 대한 지원없이 화석에너지에 대한 규제를 하는 것이다. 예를 들어, 자동차 연비 규제를 대폭 강화하게 되면 휘발유, 경유차는 경쟁력이 낮아지고 전기차가 크게 성장할 것이다. 또 전력회사에게 전력생산에서 화석에너지 사용을 제약하게 되면, 전력회사들은 신재생에너지원을 찾을 수밖에 없게 된다. 다시 말해, 화석에너지원에 대한 규제는 신재생에너지 산업을 진흥시킬 수 있다.

전자와 후자는 산업육성을 위한 정책수단으로서 재정투자와 규제를 비교하고 있다. 각 방식별 효과와 예상되는 문제들을 논의해 보자.

9. 경제적 규제와 사회적 규제, 그리고 한계

1) 일반적 분류

오랜 기간 동안 규제연구에서 정부규제는 '경제적 규제'와 '사회적 규제'로 구분되는 규제이원론이 제기되어 왔다(Lilley & Miller, 1977; Wilson, 1984; Daneke & Lemark, 1985). 그러나 이러한 구분 역시 학자들마다 통일적이지는 않고 일반화될 만한 정의는 찾아보기 어렵다.

대표적으로, 미트닉(Mitnick, 1980: 14-15)은 경제적 규제를 시장활동에 영향을 주는 정부행위로, 사회적 규제를 규제 대상에 따라 국민에게 직접적인 영향을 주는 정부행위로 규정한다.

안문석(2001: 174)은 정상적인 경제활동에 초점을 맞추어서 규제를 하는 경우를 경제적 규제로, 정상적인 경제활동 과정이나 또는 부산물에 대하여 길을 설정해 주는 것을 사회적 규제로 구분한다. 이종범(1988: 75)은 경제적 규제와 사회적 규제라는 개념을 포괄하여 "정부가 시장에 직·간접으로 개입하여 경제행위자들에게 비용이나 편익을 제공함으로써 의무를 부과하거나 행동을 제한하는 것"을 경제적 규제라 하고, "부수적이기는 하지만 노동・보건・위생・공해 등과 같이 간접적으로 경제활동과 관련있는 규제"를 사회적 규제라 하며, 정부규제는 경제적 규제와 사회적 규제를 포함하는 개념으로 정의하기도 한다.

최병선(1992: 43-48)은 규제의 이론적 근거 차이, 규제 대상의 차이, 시장경쟁과의 관계, 정치경제학적 속성의 차이, 규제기관의 차이를 통해 경제적 규제와 사회적 규제를 구분한다. 구체적으로 경제적 규제(economic regulation)는 시장경쟁에 직접적으로 영향을 미치는 기업의 본원적 활동(진입, 가격, 생산량, 품질, 공급대상, 조건 등)에 대한 규제라고 할 수 있으며, 동일 산업에 속한 기업 간의 자유로운 경쟁을 제약하는 속성을 지니고 있다. 이러한 경제적 규제는 과당경쟁방지, 산업육성, 불공정한 기업 간 경쟁의 방지 등이라 할 것이다. 반면, 사회적 규제(social regulation)는 기업의 사회적 책임을 강제하기 위한 규제 혹은 기업의 사회적 횡포를 막기 위한 규제라고 정의할 수 있으며, 이에 환경규제, 작업장 안전 및 보건규제, 소비자보호규제, 사회적 차별에 대한 규제 등을 그 중심적 내용으로 하고 있다(최병선, 1992: 28-42).

한편, OECD(1997: 6)는 규제를 경제적 규제(economic regulations), 사회적 규제(social regulation), 행정규제(administrative regulations)로 구분하면서, 경제적 규제는 가격, 경쟁, 시장진입 등 과 같은 시장의 의사결정에 직접적으로 개입하는 것, 사회적 규제는 건강, 안전, 환경, 사회적 결속과 같이 공공의 이익을 보호하는 것으로 정의하고 있다. 참고로, 행정규제는 정부가 정보를 수집하고 개별적 경제 결정에 개입하는 서류 및 행정 형식을 말한다.

살라몬(Salamon, 2002a: 39)은 정책수단을 분류하면서, 규제를 경제적 규제와 사회적 규제로 구분하고 경제적 규제를 직접 수단으로, 사회적 규제를 간접 수단으로 구분하고 있다. 살라몬(Salamon, 2002b: 119)은 경제적 규제를 회사의 진출입(진입통제), 가격(가격통제), 산출(생산량 통제)을 통제하는 것으로 정의하고, 사회적 규제를 건강, 복지, 시민들의 삶의 질에 대한 경제적 활동의 효과를 다루는 것으로 정의한다. 사회적 규제의 예로서, 오염통제, 차별금지, 작업장 내 안전을 위한 규칙들을 제시하였다.

메이(May, 2002) 또한 사회적 규제는 건강, 안전, 복지, 삶의 질을 직접적으로 침해하는 행태들(behaviors)을 제약하는 것에 목적을 두고 있는 반면, 경제적 규제는 경쟁시장의 확보에 목적을 두고 있다고 주장한다. 또한 경제적 규제와 사회적 규제는 영향을 받는 대상이 다르다는 점에서 차이가 있다고 주장한다. 기존에 경제적 규제와 사회적 규제로 구분하는 규제이원론적 관점에서 특징을 제시하면 <표 2-5>와 같다.

표 2-5 규제 이원론의 규제 분류

구 분	규제의 분류	
	경제적 규제	사회적 규제
규제의 목적	시장의 건강한 기능, 생산자 및 소비자보호	삶의 질 확보, 인간의 기본적 권리 신장, 형평성 제고
규제의 근거(수요)	시장실패, 시장에 대한 불신	시장실패
피규제자	제한되고 특정된 대상	매우 광범위한 부류의 기업들
규제거버넌스	피규제산업, 소비자, 정부	언론의 큰 역할
규제기관의 포획	포획가능성이 높음.	포획의 우려가 별로 없음.

출처: 김태윤(2012, 13) 재인용.

2) 경제적 규제와 사회적 규제로의 이원적 분류의 한계

정부규제를 경제적 규제와 사회적 규제를 구분하는 것은 매우 간단하고 편리해 보이기도 한다. 그러나 이러한 구분은 이론적으로, 현실적으로 타당한 구분이 될 수 없다. 아직까지 어떠한 연구에서도 경제적 규제와 사회적 규제를 명료하고 설득력 있게 정의하지 못하고 있다. 이는 경제적 규제와 사회적 규제 자체의 구분이 어려움을 단적으로 보여준다. 구체적으로 규제이론, 규제 목적, 피규제 대상, 분류기준의 문제 차원에서 차이가 없음을 지적하고자 한다.

첫째, 규제이론 관점에서 경제적 규제와 사회적 규제의 차이는 발견하기 어렵다. 규제이론들은 제3장과 제4장에서 후술되겠지만 공익이론, 사익이론, 비의도된 효용이론, 신제도주의이론, 딜레마이론, 공공선택이론, 거래비용이론 등 방대하다. 그러나 어떠한 이론에서도 양자를 구분하여 설명하는 것이 불가능하다.

둘째, 경제적 규제와 사회적 규제의 목적 간 공유된 합의를 발견하기도 어렵다. 규제의 목적은 본질적으로 경제적 규제 혹은 사회적 규제인가에 따라 달라지는 것이 아니라 규제의 형성원인이 무엇인가에 따라 달라진다. 규제의 목적은 개별 규제마다 형성원인에 대한 분석과 고찰을 통해 발견할 수 있다. 예를 들어, 경제적 규제이든 사회적 규제이든 간에 공익이론에 따르면, 규제의 핵심적 목적은 시장실패를 극복하고 공공의 이익을 극대화하는 것이다. 사익이론에 따르면, 규제의 목적은 사익추구 행위의 결과이다. 진입규제는 공익추구를 결과일수도 사익추구의 결과일 수도 있다. 다시 말하지만, 규제의 근원을 살펴봐야 규제의 목적을 판단할 수 있다.

넷째, 경제적 규제와 사회적 규제를 받는 주체에 차이가 없다. 경제적 규제는 기업에, 사회적 규제는 개인, 기업, 혹은 국민 일반에 적용되는 것이 아니다. 정부규제는 본질적으로 개인, 기업 등 모든 행위주체를 대상으로 한다. 피규제 집단이 개인인지, 국민인지, 또 어떤 기업인지, 산업인지는 개별 규제별로 상이한 것으로 경제적 규제와 사회적 규제와 관련을 찾기 어렵다.

다섯째, 경제적 규제와 사회적 규제는 구분 기준 자체가 없거나, 서로 다른 구분 기준에 기초하여 왔다.

① 우선, 구분 기준 없이 구분되어 왔다. 예를 들어, 경제적 규제와 사회적 규제를 "시장활동에 영향을 주는 것" vs "국민에게 직접적인 영향을 주는 것", "정상적인 경제활동" vs "정상적인 결정활동 과정이나 부산물에 길을 설정하여 주는 것", "기업의 본원적 활동에 대해 규제하는 것" vs "기업의 사회적 책임을 강제하는 것", "시장의 의사결정에 직접적으로 개입하는 것" vs "공공의 이익을 보호하는 것" 등으로 구분 기준 자체가 없음을 알 수 있다.

② 경제적 규제와 사회적 규제는 서로 다른 분류 기준에 기초하고 있다. 일관적이고 통일된 것은 아니나 일반적으로 경제적 규제는 진입, 가격, 산출 규제가, 사회적 규제에는 환경, 보건, 안전, 복지 등이 제시되어 왔다. 그러나 이러한 구분은 그 자체로 경제적 규제와 사회적 규제의 구분이 잘못되었음을 보여준다. 구분은 동일한 기준에 따라 구분되어야 한다. 진입, 가격, 산출은 규제의 방식이며 한편에서는 규제의 종류에 해당된다. 반면, 환경 보건, 안전 등은 규제의 방식과 종류가 아니라 규제가 적용되는 영역을 의미한다. 서로 다른 기준으로 경제적 규제와 사회적 규제로 구분하여 왔던 것이다. 환경, 보건, 안전 규제에도 진입, 가격, 산출 규제는 존재한다. 다

른 말로, 진입규제, 가격규제, 산출규제는 환경, 보건 안전 등과 같은 규제 영역에도 존재한다. 예를 들어, CO_2 배출규제는 대표적인 환경규제이지만, 어떤 기업에게는 진입규제로 작용할 수 있고, 가격 및 산출 규제와 같은 영향을 미칠 수 있다.

살라몬(Salamon, 2002b: 199) 역시 규제를 경제적 규제와 사회적 규제로의 구분하였지만, 이러한 구분이 정교한 것과는 거리가 있음을 지적하였다. 즉, 어떤 경우 경제적 규제는 사회적 목적을 위해 사용되기도 하고, 어떤 경우 사회적 규제는 가격, 산출, 진입 통제를 위해 사용된다는 것이다. 김태윤(2012) 역시 규제 목적, 이론적 근거, 규제 대상, 포획가능성, 네트워크 차원에서 경제적 규제와 사회적 규제 간 차이가 없음을 지적한 바 있다.

결론적으로, 아직까지 경제적 규제와 사회적 규제는 그 의미의 모호성에도 불구하고 국내·외적으로 학문 및 행정 현장에서 광범위하게 활용되고 있다. 그러나 경제적 규제와 사회적 규제의 이분법적 구분은 적절하다고 평가하기 어렵다.[1] 이러한 구분은 학술적 문제를 넘어 규제를 본질을 이해하고 적용, 개선을 어렵게 한다. 예를 들어, 오랫동안 규범적으로 학계 및 정부 일반에서 "경제적 규제는 완화하고 사회적 규제는 강화해야 한다"는 주장이 지속되어 왔다. 그러나 동 주장은 규제의 본질과 거리가 있을 뿐만 아니라 규제의 본질을 왜곡하고 규제 개선의 방향 설정을 어렵게 한다.

---

1) 최병선(2009), 김태윤(2012)는 기존에 규제이원론적 분류의 문제를 지적하고 대안을 찾고자 하는 연구이다. 참고로, 김태윤(2012)은 기존 경제적·사회적 규제 분류에 대한 문헌의 입장을 일반적으로 개관하면 크게 세 가지로 구분한다. 첫째, 경제적 규제와 사회적 규제로 '적극적'으로 분류하는 규제이원론, 경제적 규제와 사회적 규제의 이원론적 분류를 인정하지만 다소 다른 분류를 제시하거나 경제적 규제와 사회적 규제, 그리고 다른 규제를 포함하여 분류한 경우, 이원론적 분류를 수용하지 않고 다른 분류를 제시하는 경우로 구분 제시하고 있다.

참고문헌

김용우(1998). 『규제행정론』. 대영문화사.

김태윤(2012). 경제적 규제와 사회적 규제의 비차별성에 대한 연구. 『규제연구』, 21(1): 3-32.

안문석(2001). 『정부와 기업 그리고 시민사회』. 박영사.

정용덕(1984). 자유시장경제와 정부규제: 연구문제의 선정. 『한국행정학보』, 18(2): 597-619.

최병선(1992). 『정부규제론』. 법문사.

______(2009). 규제수단과 방식의 유형 재분류. 『행정논총』, 47(2): 29.

Baldwin, R., C. Scott & C. Hood(1998). Introduction. In R. Bardwin, C. Scott & C. Hood(eds.). *A Reader on Regulation*. Oxford: Oxford University Press.

Buhler, Warren(1979). The Origins and Costs of Regulation. In G. David Hughes & E. Cameron Williams(eds.). *The Dialogue That Happened: Proceeding of Workshop on the Private Cost of Regulation*. Cambridge, Mass: Marketing Science Institute.

Coglianese, C. & Mendelson, E.(2010). Meta-Regulation and Self-Regulation. In R. Baldwin, M. Cave & M. Lodge(eds.). *The Oxford Handbook of Regulation*. 146-168. Oxford: Oxford University Press.

Jordana, J. & D. Levi Faur(2004). The Politics of Regulation in the Age of Governance. In Jordana, J. & D. Levi Faur(eds.). *The Politics of Regulation: institutions and regulatory reforms for the age of governance*. Cheltenham, UK: Northampton.

May, P. J.(2002). Social Regulation. In O. V. Elliott & L. M. Salamon. *The Tools of Government: A Guide to the New Governance*. 156-185. Oxford University Press.

Mitnick, B. M.(1980). *The Political Economy of Regulation*. New York: Columbia University Press.

OECD(1997). *The OECD Report on Regulatory Reform Synthesis*.

Salamon, L. M.(2002a). The New Governance and the Tools of Public Action: An Introduction. In O. V. Elliott & L. M. Salamon. *The Tools of Government: A Guide to the New Governance*. 1-47. Oxford University Press.

______(2002b). Economic Regulation. In O. V. Elliott & L. M. Salamon. *The Tools of Government: A Guide to the New Governance*. 117-155. Oxford University Press.

Thompson, F. & Jones, L. R.(1982). *Regulatory Policy and Practices: Regulating Better and Regulating Less*. New York: Praeger Publishers.

PART 02

규제 형성 및 변화 이론

Chapter 03

주요 규제이론

이론은 현상을 쉽게 설명하고 이해하는 데 기여한다. 규제이론은 규제가 왜 만들어졌는지, 또 규제는 왜 변화하는지에 대한 질문과 관련되어 있다.

규제이론은 처음과 끝을 찾기 매우 어려울 정도로 방대하며, 사회과학의 다양한 이론들과 사실 밀접하게 관련되어져 있다. 규제이론은 초기 규제의 형성원인이 무엇인지에 대한 해답을 찾으면서 발전되어 왔다. 즉, 규제의 형성원인이 공익에 있다는 공익이론(public interest theories)과 사익에 있다는 사익이론(private interest theories)이 규제이론의 양대 축을 이루어 왔다. 그러나 동 이론들은 현재의 다양한 규제 형성 및 규제 변화를 설명하는 데 한계를 지니고 있다.

이에 제3장에서는 대표적 규제이론으로 공익이론과 사익이론, 윌슨(J. Q. Wilson)의 규제이론, 비의도된 효용이론, 역사적 제도주의, 합리적 선택 제도주의, 사회학적 제도주의 등 신제도주의적 관점의 주요 이론, 딜레마 이론을 중심적으로 살펴보고자 한다. 참고로, 제4장에서는 규제완화와 보다 직접적으로 영향을 미친 공공선택이론과 거래비용이론에 대해 살펴볼 것이다.

제 1 절 | 공익이론의 주요 내용과 한계

1. 공익이론의 주요 내용

규제이론은 '이익(interest)'을 중심으로 논의되어 왔다. 여기서 이익은 이해관계자의 선호부터, 집단구성원의 선호, 관료 또는 다른 행위자의 효용극대화까지를 포괄하는 폭넓은 개념으로 이해할 수 있다. 이 중 규제의 공익이론(public interest theories of regulation)은 규제의 형성원인이 공공의 이익추구에 따른 결과로서 이해한다. 경제적 관점에서 공익이론은 정부규제를 효율적인 자원배분의 한 가지 방법으로 이해한다(Arrow, 1970).

공익이론 혹은 규제의 규범이론(normative theories)은 경제적 효율성(efficiency)과 시장실패(market failure)의 개념에 기초하고 있다. 경제학자들은 경제적 효율성을 파레토 효율성(Pareto efficiency)과 칼도-힉스(Kaldor-Hicks) 효율성에 따르며(Veljanovski, 2010: 19-22), 시장은 이론적으로 시장지배력(market power), 외부효과(externality), 공공재(public goods), 불완전 정보(imperfect information) 등에 따라 실패할 수 있다고 주장하며, 이러한 시장실패 영역에서 정부의 개입 필요성이 있음을 주장한다. 일반적으로 표준경제학에서 '시장'은 희소한 자원을 배분하는 가장 최적인 메커니즘이다. 그러나 현실의 시장은 칠판과 머릿속에 있는 시장과 달리 매우 불안전하다. 즉, 시장은 다양한 형태의 시장실패가 나타나고, 이러한 시장실패는 자원의 최적배분을 불가능하게 한다. 이러한 의미에서 정부규제는 효율적인 자원배분을 가능하게 하는 하나의 방법이며, 배분적 효율성을 개선할 수 있는 것으로 주장한다. 대표적인 정부규제의 근원으로서 대표적인 시장실패 유형은 아래와 같다.

1) 재산권 설정과 보호

규제는 시장의 운영, 유지 혹은 촉진을 가능하게 한다. 시장에서의 거래는 본질적으로 재산권(property rights) 설정이 되어야 하고 또한 보호되어야 가능하다. 그러나 시장은 스스로 재산권 설정과 보호를 할 수 없다. 재산권이 설정되지 않을 때 교환은 이루어질 수 없고, 교환이 없다면 시장도 없다. 즉, 시장이 존재하기 위해서는 본질적으로 재산권 설정이 이루어져야 한다.

나의 집에 다른 사람이 들어와서 살지 못하는 것은 나의 집이 나의 집이라는 재산권 설정이 이루어져 있기 때문이다. 자동차를 사고팔 수 있는 것은 본질적으로 재산권이 형성되어 있고, 또 거래 상대방에 대한 거래의 지속력이 존재하기 때문에 가능하다. 시장이 스스로 재산권 설정과 거래의 지속력을 담보할 수는 없으며, 현대사회에서 이는 다양한 정치·행정 체제 하에서의 규제를 통해 이루어지고 있다.

2) 균형의 불완전성

경제학은 시장에서의 균형(equilibrium)을 강조한다. 그러나 시장에서 수요와 공급 간 균형은 매우 불안전하다. 즉, 수요와 공급 간 균형이 일시적으로 가능할 수도 있으나 이러한 수요와 공급간 균형은 쉽게 불균형한 상태로 전환된다. 예를 들어, 계절 변동, 과당경쟁, 일시적인 수요 증가(예: 새로운 코로나 바이러스 증가에 따른 마스크 수요 폭증), 시장지배력 확대를 위한 공급주체들의 전략 등 매우 많은 원인에 따라 수요와 공급 간 불균형이 나타난다. 따라서 이러한 불균형은 시장에 의해 자연적으로 해소되기 어려우며, 또한 해소되더라 하더라도 오랜 시간이 걸리고 동시에 막대한 사회적 비용을 초래시킨다.

3) 재화의 특성과 시장실패

일반적으로 재화는 배제성과 경합성의 정도에 따라 크게 네 가지, 사적재(private goods), 공유자원(common resources), 요금재(toll goods), 공공재(public goods)로 구분한다(Ostrom et al., 1994). 여기서, 배제성(excludability)은 사람들의 재화 소비를 막을 수 있는 가능성을 의미한다. 따라서 비배제성은 사람들이 재화를 소비하는 것을 막을 수 없는 경우를 의미한다. 예를 들어, 비배제성을 지닌 재화는 어떤 재화가 한 개인이나 집단에게 공급되었을 경우, 타인이나 다른 집단에 대해 그 소비(혜택)을 배제하기 어려운 재화이다. 경합성(rivalry)은 한 사람이 재화 소비가 타인의 소비를 제한하는 것을 의미한다. 따라서 비경합성은 한 개인의 소비가 타인의 소비

표 3-1 재화의 분류(Ostrom et al., 1994)

		경합성의 정도	
		높음(있음)	낮음(없음)
배제성의 정도	용이(있음)	사적재 – 대부분의 재화(자동차, 옷)	요금재 (인터넷 방송, 골프)
	어려움(없음)	공유자원 (바다 물고기, 막히는 무료도로, 지구 대기, 지하수)	공공재 (태풍경보, 국방, 공기)

를 제한하지 않는 것을 의미한다.

(1) 사적재

사적재(private goods)는 배제성이 용이하고, 경합성이 높은 재화이다. 예를 들어, 어느 마을에 자동차가 1대 있고, 이 자동차를 철수가 소유하고 있다고 가정하자. 철수의 자동차는 배재성이 있다. 즉, 철수의 자동차이기 때문에 철수가 빌려주지 않는 한 다른 사람이 탈 수 없다. 또한 철수가 자동차를 타면, 다른 사람은 자동차를 탈 수 없기 때문에 경합성을 지닌다.

배제가 용이하고 경합성이 높다 해서 시장실패가 나타나지 않는 것은 아니다. 사적재 역시 대표적인 시장실패 영역이며, 독·과점, 정보 비대칭, 외부효과 등 역시 사적재 영역에서 발생된다. 다만, 사적재는 재화의 특성상 공공재나 공유자원 등보다 시장에 의해 해결될 수 있는 가능성이 높다.

(2) 공유자원

공유자원(common-pool resources)은 배제성은 낮으나 경합성은 높은 재화를 의미한다. 다시 말해, 공유자원은 내가 어떤 재화를 소비할 때 타인의 소비를 배제하기 어렵고, 나의 소비가 타인의 소비를 제약하는 재화를 의미한다. 대표적으로 바닷속의 물고기, 공기, 지하수 등이다.

서해 바다의 물고기를 예로 들어보자. 서해 바다의 물고기는 한국과 북한, 그리고 중국의 해상경계를 가로 지르며 살아가고 있다. 이러한 물고기를 잡는 데 있어 한국과 북한, 중국의 어부는 서로 제약없이 물고기를 잡을 수 있다. 즉, 비재제성을 지닌다. 한국의 어부가 중국의 어부가 물고기 잡는 것을 막을 수는 없다. 그러나 경합성은 매우 높아, 중국의 어부가 서해의 물고기를 많이 잡으면, 우리나라나 북한의 어부가 잡을 수 있는 물고기의 양은 현저히 줄어든다. 따라서 이러한 공유자원은 심각한 시장실패 영역으로 그동안 사회과학의 중심 영역으로 연구되어져 왔다. 이러한 점은 하딘(Hardin, 1968)의 공유지의 비극(tragedy of the commons)으로 잘 알려져 있다. 실제, 공유자원의 문제를 해결하기 위해, 17세기 영국은 구획짓기운동(enclosure movement), 즉 마을의 소유지를 분할하여 구획을 설정하는 운동을 진행하기도 하였다.

공유자원의 문제는 곧 집단(합)행동 딜레마(사회적 딜레마, collective action dilemma, social dilemma)의 문제이다. 즉, 집단행동 딜레마는 이기적 행위자들의 합리성 추구가 집단 수준에서는 비합리적 결과가 초래되는 것으로 이에 대한 해결은 크게 정부개입, 시장, 행위자들 간 자발적 합의에 의한 규칙 제정 등이 제시되어 왔다.

그러나 역사적으로 경험적으로 시장에 의해 공유자원 관리가 해결되는 경우 자체를 찾기가 쉽지 않다. 또한 오스트롬(Ostrom, 1990)은 공유자원과 관련된 행위자들이 스스로 규칙(제도)를 자발적으로 합의한 규칙(제도)를 마련하여 공유자원 문제를 해결할 수 있다고 주장하나, 이 역시 관련 사례의 발견이 쉽지 않다. 오스트롬(E. Ostrom) 스스로도 인정하듯이, 이러한 경우 조차 많은 경우 정부의 역할이 필요함을 지적한다. 결국, 정부규제는 공유자원 문제를 해결하는 가장 대표적이고 일반적인 방법으로 활용되고 있다.

(3) 요금재

요금재(toll goods)는 타인의 소비를 배제가 용이하나, 경합성이 매우 낮은 재화이다. 예를 들어, IPTV와 같은 인터넷 방송이다. 인터넷 방송은 돈을 지불할 수 있는 사람만 방송 서비스를 받을 수 있다. 반면, 내가 동 방송서비스를 이용한다 해서, 다른 사람의 이용을 사실상 거의 제약하지 않는다. 이러한 요금재 역시 다양한 시장실패가 나타난다. 대표적으로 독·과점, 공급주체와 소비자 간에 정보 비대칭 등에 따른 시장실패가 발생될 수 있다. 실제, 영화관, 휴대전화를 위한 통신회사 등은 대부분 과점형태를 취하고 있음을 쉽게 발견할 수 있다.

(4) 공공재

공공재(public goods)는 배제성도 낮고 경합성도 거의 없는 재화를 의미한다. 즉, 비재제성과 비경합성을 지닌 재화이다. 이러한 재화에는 국방, 공원, 등대, 전기, 수도, 하수도 등 대부분의 사회간접자본들이 이에 해당된다.

이러한 재화들은 타인의 소비를 배제하기도 어려울뿐더러, 나의 소비가 타인의 소비를 제약하지 않는다. 물론, 전기 같은 경우 전기세를 내고, 국가건설 고속도로의 경우 고속도로 통행료를 낸다. 따라서 전기세와 고속도로 통행료를 내기 때문에 배제성이 있다고 할 수 있다. 그러나 전기세와 고속도로 통행료가 전기소비와 고속도로 소비를 배제시킬 만큼 높지 않다면, 그러한 재화는 공공재라 볼 수 있다. 만약, 전기세와 고속도로 통행료가 매우 높아 보통사람들이 이용할 수 없다면, 그러한 전기와 고속도로는 이미 공공재로서의 특징을 상실하였다 할 것이다.

공공재는 시장에서 생산되지 않거나 혹은 최적의 수량으로 생산되지 않는다. 비배제성과 비경합성으로 인해 정확한 지불의사금액(willingness to pay) 설정 자체가 이루어지기 어렵다. 또한 어떤 사람이 어떤 재화를 소비하여 이득을 보았음에도 불구하고, 이에 대한 대가 지불을 회피하는 것을 의미하는 무임승차자(free-rider)가 발생되기 때문이다. 이러한 무임승자차로 인해, 공공재의 생산은 사회가 원하는 수준보다 낮게 이루어지게 되고, 이에 따라 사회가 원하는 수준만큼 공공재가 공급되지 못하는 시장실패가 나타난다.

4) 외부효과

외부효과(externality)는 일방이 타방의 의도와 관계없이 긍정적 혹은 부정적 영향을 미치는 것을 말한다. 구체적으로, 한 사람의 행위가 제삼자의 경제적 후생에 긍정적 혹은 부정적 영향을 미치지만 그 영향에 대한 보상이 이루어지지 않는 현상을 의미한다. 경제적으로는 시장경제 내부에서 한 소비자나 생산자의 소비활동이나 생산활동이 시장기구에 참여하지 않는 타 소비자나 생산자의 선택범위에 영향을 미쳐서 무상으로 효용이나 생산의 증감을 유발함을 의미한다. 이러한 외부효과에는 여러 가지 유형이 존재한다.

(1) 긍정적 외부효과, 부정적 외부효과

긍정적 외부효과(positive externality)는 한 경제주체의 행위가 타인의 의도와 관계없이 타인의 효용증대나 생산증대와 같이 유리한 영향을 미칠 경우를 의미한다. 대표적으로 전염병 접종, 교육 등에서 나타난다. 나의 교육수준이 높아질수록, 이러한 높은 교육수준은 개인에게만 영향을 미치는 것이 아니라 타인, 궁극적으로 국가 발전에 영향을 미친다. 내가 전염병 접종을 하면, 전염병 확산을 막아 타인의 전염병 감염 확률을 낮춘다.

긍정적 외부효과를 창출하는 재화에 대한 수요곡선은 사회적 가치를 반영하지 못한다. 즉, 시장에서 실제 생산되는 양은 사적가치를 반영하기 때문에, 사회적으로 바람직한 최적수준보다 적게 생산되는 시장실패가 나타난다.

다음 [그림 3-1a]는 이를 보여준다. 사적 수요곡선(PD)은 긍정적 외부효과를 반영한 사회적 수요곡선(SD)보다 항상 아래에 위치하게 된다. 따라서 사회적 수요곡선과 공급곡선이 만나는 qe에서 생산이 되는 것이 바람직하나, 현실은 사적 수요곡선과 공급곡선이 만나는 q*에서 생산이 이루어진다. 이로 인해, 외부효과가 존재할 경우는 사회적 최적 생산보다 과소생산이 나타난다. 이러한 과소생산 영역에서는 정부가 직접 재화와 서비스를 공급하거나 규제를 통해 생산량을 통제하거나, 혹은 보조금이나 세금지원 등을 생산자의 비용을 낮추어 줌으로써 사회적으로 최적 생산을 유도할 수 있다.

부정적 외부효과(positive externality)는 한 경제주체의 행위가 타인의 의도와 관계없이 타인의 효용감소나 생산감소와 같이 불리한 영향을 미치는 현상으로, 대표적으로 환경 분야에서 크게 연구되어져 왔다.

다음 [그림 3-1b]에서, 사적공급곡선(PS)은 사회적 공급곡선(SS)에 비해 아래에 위치한다. 사회적으로 최적 생산은 사회적 공급곡선과 수요곡선이 만나는 qe라 할 수 있으나, 현실에서는 사적 공급곡선과 수요곡선이 만나는 q*에서 결정이 된다. 이로 인해, 부정적 외부효과가 있으면, 시장에서 결정되는 생산량이 사회적으로 바람직한 수준보다 많게 된다. 예를 들어, 자동차 생산회사에서 오염물질을 유발한다고 하자. 이때, 자동차 회사가 인식하는 생산활동의 사적 한계비용(private marginal cost)보다 사회 전체가 인식하는 사회적 한계비용(social marginal cost)이 항상 크다.

그림 3-1 외부효과의 사회적 생산

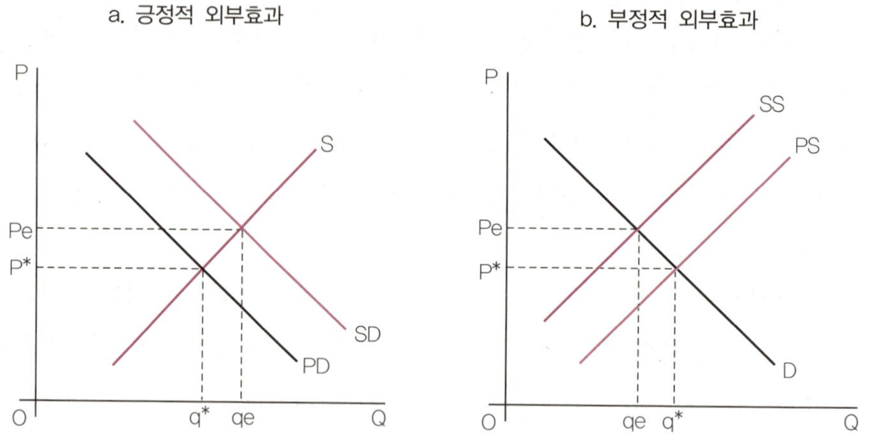

만약 자동차 회사가 자동차 생산에 따른 사회적 한계비용을 인식할 수 있다면, 자동차 생산량을 낮출 것이다. 그러나 현실에서 자동차 회사는 사회적 한계비용을 고려하지 못한다. 이에 따라, 사회적으로 필요한 양보다 과대생산된다.

한편, 코즈(Coase, 1960)는 부정적 외부효과가 존재하는 영역이라 하더라도 거래비용이 존재하지 않고 재산권 설정이 분명하게 이루어져 있다면, 자원이 효율적으로 배분될 것이라고 주장한다. 이를 스티글러(G. J. Stigler)는 코즈 정리(Coase Theorem)라 칭하였다. 그러나 코즈(Coase, 1991, 1992)가 주장하듯이, 이러한 세계는 현실세계에 존재하지 않는다. Coase Theorem에 대한 논의는 향후, 규제완화이론에서 구체적으로 논의한다.

Coase Theorem와 유령, 그리고 이익?

정부규제에서 떠돌아 다니고 있는 이상한 유령이 하나 있다. 이 유령은 Coase Theorem (코즈 정리)이다.

Coase Theorem 만큼, 다른 학자가 저자의 문장을 따와 이름을 붙이고 활용하여 널리 유명해진 것을 찾아보기 어렵다. Coase Theorem는 코즈(Coase, 1960)의 논문 「The Problem of Social Costs」에서 일부 기술된 내용을 당대 시카고 실증주의 학자인 스티글러(G. J.

Stigler)가 이름 붙인 것이다.

Coase Theorem는 실증주의를 앞세운 시카고 학파에서 만들어지고 확산되었으나, 이들에 의한 Coase Theorem의 실증 결과를 찾아보기 어렵다.

Coase Theorem 만큼, 저자(Coase)가 스스로 부정하고 학자들로 하여금 동 개념에서 떠나길 여러 번 호소하는 경우도 찾아보기 어려울 것이다.

학문세계에서 존재하는 수많은 이론, 정리 등 중에서 Coase Theorem 만큼 현실과 동떨어진, 진실과 멀리 떨어져 있는 것도 찾아보기 어렵다.

그럼에도 불구하고, Coase Theorem 만큼, 한동안 학계를 풍미한 것을 찾아보기 어렵다. 주 무대인 경제학을 넘어 행정학, 정책학 등 전반에서 다루어져 왔다. 특히, 정부와 시장 관계에, 정부의 역할에 관하여, 그리고 정부규제에서 중요한 지침처럼 활용되어 왔다.

이러한 현상은 우연이었을까? 아니면, 서로 다른 행위주체들의(일부 학자, 정부, 기업 및 산업계, 정치가 등) 이해관계의 결과였을까?, 아니면 그냥 따라하는 동형화(isomorphism)가 나타난 것일까?

해답을 찾기 어려울 때, 키케로(Marcus Tullius Cicero, BC 106년~BC 43년)의 추론을 생각해보자. 섹스투스 로스키우스(Sextus Roscius) 사건에서, 키케로는 범인은 살인을 통해 가장 큰 이익을 보는 사람이 범인임을 주장한다.

부정적 외부효과를 해결하기 위해, 오염으로 인한 사회적 비용만큼을 세금으로 추징하거나 생산량을 통제하거나, 혹은 오염배출 자체를 통제하는 규제가 이루어진다. 즉, 이는 사적 주체의 경제활동에 의해 발생된 오염의 사회적 비용을 사적 비용으로 내면화(internalization)시키는 것이라 볼 수 있다. 다시 말해, 정부규제는 부정적 외부효과가 존재하는 영역에서 자원의 효율적 배분을 위한 가장 중요한 수단이다.

(2) 소비 외부효과와 생산 외부효과

소비와 생산 관점에서 외부성을 구분한다. 소비의 외부성(consumption externality)은 한 소비자의 소비활동에 따라 타인의 효용에 변화를 유발한 경우를 의미한다. 예를 들어, 길거리 흡연은 특정 개인의 담배소비활동이나, 근처를 지나가는 타인들에게는 간접 흡연의 부정적 효과를 유발한다.

생산의 외부성(production externality)은 한 생산자의 생산이 타인의 효용에 변화를 유발하는 것을 의미한다. 예를 들어, 대규모 양돈업자는 돼지 생산을 하지만, 이러한 생산활동은 근처에 사는 사람들에게 심한 악취와 수질오염에 따른 효용감소를 초래시킨다. 한편, 과수원 농장은 과일을 생산하면서 양봉업자에게 꿀생산이라는 효용증대를 유발한다.

(3) 일방적 외부효과와 쌍방적 외부효과

외부효과는 일방과 타방 간의 관계이다. 여기서, 외부성의 경로를 기준으로 하여, 두 주체 간에 일방적인 외부효과도 있고, 두 주체가 쌍방적으로 영향을 미치는 외부효과 역시 존재한다. 일방적 외부효과는 일방이 타방에게만 영향을 미치는 경우를 말한다. 예를 들어, 위에서 논의한 양돈업자와 이웃주민 간의 관계에서, 양돈업자가 이웃주민에게 일방적으로 영향을 미친다.

쌍방적 외부효과는 양 주체가 서로 영향을 주고 받는 경우를 말한다. 즉, A가 B에게, B가 A에게 영향을 미치는 경우라 할 수 있다. 예를 들어, 양봉업자의 꿀벌들은 꽃의 수분을 도와 과일을 열게 하여, 과수업자에게 도움을 주고 동시에, 과수업자도 과일나무에서 꿀벌들이 꿀을 채취할 수 있게 함으로써, 양봉업자에게 도움을 준다.

외부효과 중 무엇이 문제일까?

긍정적 외부효과와 부정적 외부효과 모두 문제를 발생시킨다. 긍정적 외부효과는 과소생산을 부정적 외부효과는 과대생산이 대표적이다. 하지만, 현실에서 정부규제의 주요 대상은 부정적 외부효과이다. 이는 몇 가지 이유에 기인한다.

첫째, 일방적이든, 쌍방적인 긍정적 외부효과이든 간에 긍정적 외부효과가 나타나는 영역에서는 행위자 간 자발적 협상이 쉽게 이루어질 수 있다. 예를 들어, 양봉업자는 과수원 업자에게 벌통을 과수원에 설치하는 대가로 일정 금액을 요구할 수 있고, 과수원 업자도 꽃의 수정에 필요하기 때문에 이에 응할 가능성이 매우 높다.

둘째, 긍정적 외부효과는 피해자가 없음으로 인해, 행위자간 분쟁이 발생되지 않거나 발생되더라도 그 정도가 심하지 않다.

셋째, 긍정적 외부효과를 유발하는 주체는, 자신이 유발하는 긍정적 외부효과만큼 보상을 받기 위해 자발적으로 노력할 가능성이 매우 크다. 이로 인해, 일부 영역에서는 과소생산이 나타나지 않을 수 있다.

코로나 전염병을 어떻게 예방해야 할까?

2019년 12월 창궐한 코로나 바이러스는 전 세계 모든 국가에게 이전에 경험하지 못한 충격을 주고 있다. 세계적으로 손꼽히는 성공적 방역을 이루어내고 있는 우리나라 역시 건국 이래 처음으로 학생들이 학교에 가지 못할 정도로 경제사회 전반이 멈추었다.

코로나 바이러스에 감염된 사람은 의도를 갖고 다른 사람을 감염시키는 것은 아니다. 전혀 나쁜 의도가 없더라도 다른 사람에게 감염시킬 수 있고, 이는 치명적인 결과를 초래시킬 수 있다. 더욱이 한 사람은 한 사람만을 전염시키는 것이 아니라 수많은 사람들을 전염시킬 수 있다. 즉, 가장 선명한 부정적 외부효과의 사례이다.

코로나 바이러스와 같은 부정적 외부효과에서 해결책은 행위주체 간 협상이나 시장을 통해 해결될 수 없다. 오직 강력하고 선제적인 정부규제를 통해서만이 해결될 수 있다.

5) 독 · 과점

독점(monopoly)은 밀접한 대체재가 없는 어느 상품의 공급이 오직 하나의 기업에 의해서만 이루어지는 경우를 말한다. 이러한 독점은 어느 기업이 주요 생산요소를 독점하거나 규모의 경제에 따라 발생할 수도 있고, 특허권 등에 따른 제도적 보장으로 나타날 수도 있다.

이러한 독점은 사회적으로 비효율성을 유발한다. 즉, 독점기업은 가격을 한계비용보다 높게 설정할 수 있기 때문에 자원의 비효율성을 유발한다. 일명 후생삼각형(welfare triangle, Harberger's triangle), 사중손실(deadweight loss)은 이를 잘 묘사하고 있다.

경쟁시장에서는 수요와 공급곡선이 교차하는 E점에서 생산량(Q_e)과 가격(P_e)이 결정된다. 그러나 독점이 되면, 독점기업은 공급곡선과 한계수입곡선(MR)이 교차하는 F를 찾아 Q_1의 생산량과 P_1의 가격을 책정한다. 이에 따라, 소비자들은 사다리꼴 AP_1P_eE 만큼 후생이 줄어들 게된다. 독점기업은 사각형 AP_1P_eB 만큼의 독점이윤을 얻게 된다. 사회 전체적으로는 소비자 잉여 감소분(ABE)과 생산자 잉여 감소분(BFE)을 합친 삼각형 AEF 만큼 손실이 나타난다. 이는 후생삼각형, 하버거의 삼각형, 독점에 따른 사중손실이라 불린다. 즉, 독점은 소비자 잉여의 감소뿐만 아니라 사회 전체적인 순손실을 초래시킴을 알 수 있다.

그림 3-2 독점과 사중손실

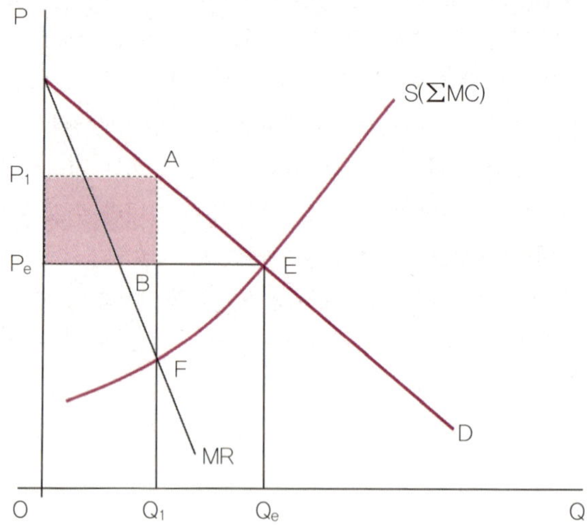

이에 완경경쟁체제와 비교하여, 독점은 생산량은 적게, 가격은 더 높게 나타난다. 뿐만 아니라 X-비효율성 문제, 독점유지 지속을 위한 비용 지출, 기술진보 저해 등 다양한 문제를 유발한다. 무엇보다 독점은 경쟁을 지속적으로 저해시킨다는 점에서, 경쟁저해에 따른 막대한 사회적 문제들을 파생시킨다. 과점(oligopoly) 역시 소수의 기업이 상품을 지배한다는 점에서 기본적으로 경쟁을 저해함으로써 사회적 비효율성뿐만 아니라 다양한 사회적 문제를 양산시킨다.

경제의 범위가 단일 국가를 넘어 세계화됨에 따라 독·과점의 문제는 단일 국가를 넘어 전 세계적인 문제로 확대되고 있다. 특히, 지식정보화사업에서 독·과점의 등장 및 고착화의 수준은 매우 이례적일 정도로 빠르게 진행되고 있다. 일례로, MS Window와 같은 컴퓨터 운영체제, 반도체, 퀄컴(Qualcomm)의 무선통신기술(CDMA) 등은 전 세계적으로 독점적 지위를 누리고 있다.

독·과점에 대한 규제는 규제의 가장 중요한 부분을 차지하고 있으며 그 중요성이 증대되고 있다.

6) 정보 비대칭

정보 비대칭(information asymmetry)은 정보 소유에 있어서 차이를 말한다. 애로우(Arrow, 1963)에 의해 강조된 정보 비대칭 문제는 일반적으로 모든 행위주체가 동일한 수준의 정보를 지니고 있지 못함에서 비롯된다. 대부분은 심각한 정보 비대칭 상황에 처해 있다. 의사가 갖는 의료 정보와 환자가 갖는 의료 정보의 차이, 식료품을 만든 기업과 소비자 간의 차이, 주인(principal)과 대리인(agent) 간의 정보의 차이는 매우 크다.

정보 비대칭 문제는 비대칭 자체의 문제를 넘어 다양한 문제, 특히 역선택(adverse selection), 도덕적 해이(moral hazard) 등이 발생시킨다. 실례로 애컬로프(Akerlof, 1970)는 1970년 미국의 중고차 시장에서 품질이 좋지 않은 차만 팔리고, 결국 중고차 시장 자체가 붕괴되는 현상이 역선택의 결과임을 분석하였다. 즉, 중고차 시장에서 구매자들은 중고차의 품질을 정확히 알기 어렵기 때문에 평균 가격으로 구매하고자 하고, 파는 사람 역시 이를 고려하여 구매자들이 구입하고자 하는 평균가격 이상의 좋은 제품을 팔려고 하지 않고 평균가격 이하의 자동차만 팔게 된다. 결국, 판매되는 자동차는 불량품만이 선택되는 일이 나타난다.

레몬시장(Lemon Market)

미국에서 레몬(lemon)은 사고 보니 하자 많은 중고차를 나타내는 은어로 사용되었다. 레몬시장은 정보 비대칭으로 실제 품질을 알 수 없는 재화가 거래되는 시장을 말하며, 노벨 경제학자인 애컬로프(Akerlof, 1970)가 판매자와 구매자 간 정보 비대칭의 문제를 계량경제학적으로 분석하면서, 레몬시장이 학술적으로 활용되고 있다.

애컬로프(Akerlof, 1970)는 정보 비대칭에 따른 문제, 특히 양질의 재화의 거래가 시장에서 사라지는 시장실패를 해소하기 위해 정부규제의 필요성을 제시했고, 5년 후 실제 미국은 일명 레몬법("lemon law")을 제정하여 소비자를 보호하고 있다.

역선택과 도덕적 해이는 보험시장에서 초기에 연구되었다(Rothschild & Stiglitz, 1976).

의료보험시장에서, 피보험자는 자신의 건강에 대해 보험회사보다 더욱더 많은 정보를 가지고 있다. 즉, 피보험자와 보험회사 간에는 정보 비대칭이 존재한다. 이에 따라, 의료보험에 가입하는 사람들은 주로 건강에 문제가 있거나, 혹은 건강에 문제가 있을 확률이 매우 높을 것으로 판단하는 사람들이 보험에 가입하는 역선택의 문제가 나타나고 동시에, 보험에 가입한 사람들은 보험을 받을 수 있기 때문에 건강관리 등 자기 책임을 소홀하게 하는 도덕적 해이가 나타날 수 있다. 그러나 현재 역선택과 도덕적 해이는 판매자와 소비자 간의 문제뿐만 아니라 조직, 인사, 민주주의 등 정치체제 전반에서 발생되고 있음이 증명되어져 왔다.

정보 비대칭의 더욱 큰 문제는 정보 비대칭이 현재의 고착화된 구조를 유지 · 강화시키는 데 활용될 수 있다는 점이다. 정보 비대칭에 따른 행위자의 이익이 존재하는 한 시장에 의해 해결되기는 쉽지 않다. 이에 따라, 정보 비대칭을 해소하는 데 있어 정부규제는 매우 유용한 수단이다.

사기꾼과 주식시장

보통 사람들은 사기꾼에게 당할 가능성이 매우 높다. 이는 사기꾼과 사기를 당하는 사람 간에 정보 비대칭이 존재하기 때문이다. 사기꾼은 사기 칠 대상, 사기 칠 주제, 사기 칠 방법에 대해 철저하게 연구하고 사기 칠 대상에게 접근한다. 반면, 사기를 당하는 사람은 사기꾼에 비해 아는 정보가 아무것도 없다. 결국, 이 양자 간의 게임 결과는 명약관화(明若觀火)하다.

주식시장에서 개미가 돈을 많이 벌었다는 이야기보다는 주식해서 망했다는 소리를 자주 들었을 것이다. 주식시장에서 개미는 정말 돈 벌기가 어려울까? 아쉽지만 그렇다. 주식시장은 제로섬(zero sum) 게임이다. 누군가 돈을 벌면 누군가는 손해를 본다. 기업정보뿐만 아니라 주식시장에 영향을 미칠 수는 정보를 압도적으로 많이 알고 있는 기관과 외국인, 관련 정보가 지극히 제한적인 개미의 제로섬 게임에서 기관과 외국인이 이기는 것은 쉽게 예측 가능한 일이다. 주식을 통해 우연히 단기적으로 수익을 낼 수 있을지 모르지만, 정보 비대칭이 해결되지 않는 한 장기 반복 게임에서는 손실이 날 수밖에 없다.

2. 사회적 가치와 규범

공익이론은 경제적 관점에서 시장실패를 지적하고 시장실패를 해결하는 방법으로서 정부규제를 제시하여 왔다. 주로 경제학에서 제시된 것으로, 핵심적 가치는 '효율성'이다. 즉, 사회적 자원을 어떻게 하면 효율적으로 배분하는가에 초점이 있다. 예를 들어, 독점규제나 공정거래 규제 역시 본질은 '경쟁'을 촉진하는 데 초점이 있는 것이지 사회적 정의나 형평성 등과 같은 사회적 가치 혹은 공공가치를 고려한 것은 아니다.

아래 두 가지 예는 단순히 효율성 차원에서만 규제가 접근될 수 없음을 생각하게 한다.

온라인 게임산업은 정보통신, 금융 등 관련 산업과 연계되어 있기 때문에 미래 성장산업 중 하나이며, 매년 급속히 성장하고 있다. 게임산업이 발전되기 위해서는 무엇보다 많은 사람들이 오랫동안 게임을 해야 한다. 특히, 청소년 및 청년층이 게임을 많이 하면 게임산업도 성장하고 좋겠지만, 이것이 장기적으로 각 게임을 소비한 개인뿐만 아니라 국가사회에 바람직한 것인지는 생각할 필요가 있다.

또 하나의 예로, SNS(social network service)는 초기 자신을 표현하고 인간관계를 맺는 새로운 방식 정도로 이해되었으나, 현재는 전통적인 경제 시스템뿐만 아니라 정치 도구로까지 발전되고 있다. 하지만, 한편에서는 각종 범죄의 도구가 되고 있거나 심각한 도덕적 문제를 유발하고 있다.

결국, 규제는 오직 경제적 논리에 따라서만 이루어지는 것은 아니다. 사회적 정의, 형평성 등 다른 사회적 가치도 고려해야 한다. 이와 관련하여 대표적으로 롤스(Rawls, 1999)의 논의[1)]는 유용하다.

롤스(Rawls, 1999)는 정의의 원칙들이 합의의 대상이라는 점에서 '공정으로서 정의(justice of fairness)'를 주장한다. 정의의 원칙은 자유롭고 합리적인 사람들이 평등한 최초의 입장에서, 그들 조직체의 기본 조건들을 규정하는 것으로 채택하게 될 원칙으로 이해한다. 즉, 롤스(Rawls, 1999)는 정의의 원칙에 합의를 도출하기 위해, 원초적인 평등한 입장이라는 가상적 상황을 설정한다. 여기서, 원초적 입장은 전통적

1) 이하, 롤스(Rawls, 1999)에 대한 논의는 김태은(2018)의 내용을 일부 발췌한 것임.

사회계약론에서 말하는 자연 상태(state of nature)를 말하며, 동 상태에서는 아무도 자신의 사회적 지위나 계급이 무엇인지 모르고, 누구도 그의 부나 능력, 지식, 체력적 강인함 등에 대해 알지 못한다. 즉, '무지의 베일(veil of ignorance)' 속에 있으며, 이러한 상황에서 마련된 기본적 합의(agreement)는 공정(fair)하다는 것이며, 이에 공정으로서 정의(justice of fairness)를 도출한다.[2)]

이러한 초기 상황에서 행위자들은 합리적이고 상호 무관심한다는 것을 가정한다. 특히, 합리성은 표준경제이론과 같이 주어진 목적 달성을 위해 가장 효과적인 수단을 선택할 수 있다는 좁은 의미의 합리성으로 가정한다(Rawls, 1999: 12).

이러한 원초적 평등 입장, 행위자 가정에서 당사자들은 정의의 두 가지 원칙에 합의할 것이라고 주장한다(Rawls, 1999: 53).

첫째, 모든 사람들은 다른 사람들의 유사한 자유의 체계와 양립할 수 있는 기본적 자유의 가장 광범위한 체계에 대해 평등한 권리를 가져야 한다. 즉, 정치적 자유, 언론과 결사의 자유, 양심의 자유와 사상의 자유, 인신의 자유, 사유재산을 소유할 권리, 이유없는 체포와 구금으로부터의 자유 등은 평등해야 한다는 것이다.

둘째, 모든 사회적·경제적 불평등은 ① 사회적 경제적 불평등이 모든 사람들의 이익이 될 것이라는 합리적 기대가 있고, ② 사회적·경제적 불평등은 모든 사람들에게 직위와 직책의 개방이 결합되어 있어야 한다. 재산과 소득의 분배가 평등할 필요는 없으나 그러한 불평등이 모든 사람들에게 이익이 되어야 하며, 동시에 권위와 책임을 갖는 지위는 누구에게나 접근이 가능해야 한다는 것이다. 특히, 롤스(J. Rawls)는 제2원칙 중 '모든 사람들의 이익'과 '모든 사람들에게 평등하게 개방된'을 해석하면서, 저자는 '공정한 기회의 균등 원칙'과 '차등의 원칙(difference principal)[3)]'이 결합된 민주주의 평등(democratic equality)' 입장에 있음을 강조한다. 이를 통해 제2원칙은 아래와 같이 정리한다(Rawls, 1999: 72). 사회적·경제적 불평등은 두 가지 조건을 충족해야한다. ① 최소 수혜자에게 가장 큰 기대 편익을 얻도록 해야 하고, ② 공정한 기회 균등의 조건하에 모든 사람들에게 직책과 직위가 결합되도록 배열(조

2) 물론, 이것은 은유로서 시(poetry as metaphor)에서 은유와 시가 동일하지 않듯이, 정의(justice)와 공정성(fairness)이 동일하다는 것을 의미하는 것은 아니다(Rawls, 1999: 11).

3) 롤스(Rawls, 1999: 72)는 차등의 원칙은 정의의 원리로, 최소극대화 기준(maximin criteria)은 불확실성하에서 선택 규칙이기 때문에 두 개념이 서로 다르다고 주장한다.

정)되어야 한다.

그리고 이러한 원칙 간에 질서가 존재함을 강조한다. 즉, 제1원칙이 제2원칙에 우선하는 서열적 순서로 배열되어야 한다는 것이다. 다시 말해, 제1원칙이 요구하는 평등한 기본적 자유에 대한 침해가 사회적·경제적 이득에 의하여 정당화되거나 보상될 수 없다는 것이다(Rawls, 1999: 53-54).

사회적 가치에 따른 정부규제는 실제 우리 삶 속에 많은 부분 배태되어 있다. 예를 들면, 공공임대주택에는 소득수준이 낮은 사람들만 거주할 수 있도록 규제하거나 공공조달에서 중소기업제품에 대한 우선 구매 및 촉진을 위한 다양한 규제(예: 종소기업자 우선조달제도, 종소기업제품 구매목표비율제도, 소기업제품 우선구매제도 등)를 시행하고 있다.

그러나 사회적 가치가 매우 중요함에도 불구하고 규제로의 적용에 있어서 고려해야 할 부분이 존재한다. 무엇보다 사회적 가치에 대한 서로 다른 정의가 존재함을 고려해야 한다. 즉, 정의(justice), 형평성(equity), 평등(equality), 공정성(fairness)의 개념은 고정된 것이 아니라, 시대에 따라, 사회문화적 맥락에 따라, 주체에 따라 서로 달리 정의되고 있다. 예를 들어, 현대 행정과 정책에 중대한 영향을 미치는 벤담(Jeremy Bentham)의 '최대 다수의 최대 행복'으로 이해되는 공리주의적 접근에서 정의와 노직(R. Nozick)으로 대표되는 자유주의적 관점의 정의, 그리고 평등주의적 접근에 있는 롤스(J. Rawls)의 정의가 서로 상이하다. 심지어, 이들의 정의는 서로 상충성이 느껴질 정도로 이질적인 부분이 존재한다. 사회구성원에 따라 사회적 가치에 대한 서로 다른 정의가 이루어지고 있는 상황에서 행위를 제약하고 통제하는 데 사회적 가치를 반영하는 것이 쉽지 않다. 따라서 사회적 가치의 구현은 정부규제뿐만 아니라 정부재정직접투자, 경제적 유인 등 다양한 정책수단을 복합적으로 활용하는 것이 필요하다.

3. 주요 비판과 재평가

공익이론이 정부가 시장에 개입할 수 있는 이론적 틀을 제공하였음에도 불구하고 여러 비판이 존재하며, 이는 주로 후술될 사익이론가들에 의해 지적되어 왔다.

첫째, 공익이론은 정부규제가 효과적이고 비용없이 수행될 수 있다고 가정한다 (Posner, 1974). 그러나 정부가 규제를 통해 자원을 효율적으로 배분할 수 있다는 이론적 논거를 찾기 어렵고, 동시에 정부의 규제 역시 거래비용과 관리비용 등 '비용'을 유발한다는 비판이 있다. 특히, 정부의 독점으로 인해 발생되는 레이번스타인(Leibenstein, 1966)의 X-비효율성(x-inefficiency)은 정부규제에서 또한 발생될 수 있다. 다시 말해, 정부규제가 효과적이고 비용없이 수행될 수 있다는 가정이 잘못되었음을 강조한다. 모든 정책수단은 비용이 발생된다. 정부규제 역시 규제의 집행과정에서 또는 규제집행 이후 사후에 비용이 발생된다. 그러나 규제의 비용이 발생된다고 해서 정부규제가 불필요한 것은 아니다. 즉, 규제의 편익과 규제의 비용을 종합적으로 고려하여 판단해야 한다.

둘째, 사익이론가들은 공익이론에 전제된 '시장실패' 자체를 비판함으로써 공익이론을 비판한다. 즉, 시장실패 접근은 시장의 자기교정력을 간과하고 있다는 것이다. 시장이용에 있어 비용이 발생된다면, 그러한 비용에 대응하여 비용효과적인 제도가 (자발적으로) 형성될 수 있다는 점이다. 역선택과 비대칭 문제도 기업의 스스로 해결할 수 있고, 부정적 외부효과 문제도 코즈 정리(Coase Theorem)에 의해 해결될 수 있다고 주장한다.

사익이론가들의 이러한 비판은 태초에 시장이 있다는 시장 우월주의에 따른 것으로 적절하다고 보기 어렵다. ① 시장의 자기교정력이 항상 존재한 것은 아니다. 이론적으로, 경험적으로 시장은 불완전하고 자기교정력이 주기적으로 상실되어 왔다. ② 시장의 자기교정력은 존재할 수 있다. 그러나 그러한 자기교정이 언제 구현되는가, '시간'은 매우 중요하다. 막대한 사회적 피해와 손실이 발생된 이후 시장의 자기교정은 가치를 지니기 어렵다. 다시 말해, 시장에서 자기교정력이 있는가 여부가 중요하기보다는 그러한 자기교정력이 필요한 시점에 적절하게 나타날 수 있는가가 정부규제 논의에서는 중요하다. 또한 역선택과 비대칭 문제를 시장이 스스로 해결할 수 있는가에 대해서, 이를 뒷받침할 증거들을 찾기가 쉽지 않다. 소수의 사례로 일반화하는 오류가 존재한다. ③ 외부효과와 관련된 Coase Theorem은 이미 이론적으로, 경험적으로도 불가능한 것으로 밝혀져 왔다. 이는 코즈(R. H. Coase) 주장이기도 하다.

셋째, 공익이론은 합리적이고 객관적인 정책결정자라는 행태학적 가정에 기초한다. 그러나 사익이론가들, 특히 공공선택론자들은 정치인과 규제기관 역시 경제적 존재로, 사익을 추구하다고 주장한다. 즉, 공직자나 시장주체나 민간 소비자 모두 경제인(homo economicus)이라고 주장한다. 따라서 공직자 역시 공익보다는 재선 가능성과 조직의 영향력, 예산 극대화, 규제 영역 확대 경향을 가진다고 비판하고 있다(Niskanen, 1971; Joskow & Now, 1981: 36). 사익추구자들인 이들에 의한 정부규제는 자원배분을 효율적으로 하기보다는 오히려 악화시킬 수 있다고 비판한다.

그러나 이러한 비판은 ① 합리적인 행태가정은 공익이론에만 해당되는 문제는 아니다. 인간의 합리성 가정은 신고전경제학의 중심적 가정으로서, 이는 공익이론 뿐만 아니라 사익이론 모두에 해당된다 할 수 있다. ② 공직자가 사익추구자인지, 아니면 객관적인 공익추구자인지 여부는 어려운 난제 중 하나이다. 무엇보다 공직자가 오직, 항상 사익만을 추구하는 경제인인가 하는 것은 쉽게 단정하기 어렵다. 실제, 많은 행태실험들은 공직자뿐만 아니라 민간 시장주체들 역시 오직 사익만을 추구하지 않을 수 있다는 연구 결과들을 제시하고 있다. ③ 공직자가 사익추구자라 하더라도 민간과 달리 사익을 추구함에 있어 다양한 정치적, 법적, 제도적 제약조건에 놓여있다. 이론적 주장과 달리, 실제 모든 공공기관의 조직과 예산은 정치, 법 및 다양한 제도적 제약 하에 놓여 있다.

넷째, 공익이론은 경제적 효율성과 더불어 공정성, 재분배, 평등 등 비경제적 가치를 강조한다. 그러나 이론적인 비판으로 주로 경제적 효율성의 경우는 파레토 효율성(Pareto efficiency) 또는 파레토 최적(Pareto optimality), 칼도-힉스 보상기준(Kaldor-Hicks criterion) 등이 존재하나, 평등이나 공정성에 있어서는 적용할 수 있는 기준이 존재하지 않는다고 주장한다.

그러나 가치와 규범은 사회구성원의 인식, 경제적 상황, 문화 등 다양한 변수들에 의해 영향을 받는 상대성을 특징으로 한다. 따라서 평등이나 공정성과 같은 가치(value)에 어떤 기준을 요구하는 것 자체가 바람직한 비판이라 보기 어렵다.

다섯째, 이론적 예측 가능성과 관련하여, 규제의 공익이론은 시장실패 혹은 사회적 바람직성을 구현하기 위한 필요성이 존재한다면 규제가 존재해야 한다. 그러나 현실에서 시장실패가 있다 해서 규제가 당연스럽게 존재하는 하지 않는다. 또한 시장실패가 있을 때 향후 어떠한 모습으로 규제가 형성될 것인지를 예측하는 것이 쉽지 않다. 이는 무엇보다 규제가 필요가 있으면 자동적으로 형성되는 것이 아니라 다양한 정치적, 경제적 이해관계자들 간 투쟁의, 혹은 이익추구의 결과물일 수 있기 때문이다.

공익이론에 대한 이러한 비판은 공익이론이 본질적으로 시장실패를 인정하고 이를 해결하여 사회적 후생 증가에 목적을 두고 있는, 규범성을 띠고 있기 때문에 당연한 비판이다. 그러나 이론적 예측 가능성이 낮은 것은 공익이론뿐만 아니라 사회과학 전반에서 주로 제기되는 문제이다.

여섯째, 공익이론은 규제 형성에 변수들을 충분히 고려하지 못하고 있다는 비판이 존재한다. 현실에서 규제는 진공 상태에서 형성되지 않는다. 즉, 규제에는 다양한 정치세력, 이익집단, 시민사회 등이 영향을 미칠 수 있으며, 정부가 공익을 위해서 규제 형성을 의도한다 하더라도 반드시 구현되는 것은 아니다. 특히, 사익이론을 주장하는 학자들은 규제 형성에서 이익집단의 역할이 매우 중요함에도 이를 고려하지 않고 있다고 비판한다.

공익이론이 규제를 둘러싼 다양한 행위자, 특히 이익집단을 고려하지 못하고 있다는 이러한 비판은 매우 적절하다. 우리 사회에서 흔히 발견되듯이, 공익을 위해 규제가 필요하다고 생각한다해서 반드시 규제가 만들어지는 것은 아니다. 또 규제가 만들어진다 하더라도 반드시 사회가 원하는 내용을 담고 있는 것은 아니다. 규제는 진

공익이론 관점에서의 정부규제의 정의

정부규제는 정부가 어떤 목적성을 지니고 민간부문을 제약하는 것을 의미하며, 여기서 어떤 목적성은 곧 사회적인 바람직성을 의미한다. 즉, 이는 정부가 사회적으로 바람직한 어떤 목적을 달성하기 위해 민간부문을 제약하는 것이라 할 수 있다. 여기서 전제는 정부를 구성하는 행위주체들(예: 정책결정자, 관료 등)이 공익추구자라는 점이다. 공공선택이론처럼 행위주체들 자체가 사익추구자라면, 공익을 위한 규제 형성은 불가능할 것이기 때문이다.

이러한 공익이론에서 또 한 가지 중요한 고려사항은 사회적인 관점에서 바람직성이다. 매우 규범적이고 비가시적인 개념으로 무엇이 바람직한 것인가에 대한 정의를 사실상 매우 어렵다. 이러한 바람직성은 시간과 공간에 따라 상대적인 개념이다. 따라서 사회적으로 바람직한지 여부는 당대 구성원들의 인식에 의해 결정될 수밖에 없다.

공상태에서 만들어지지 않는다.

제 2절 | 사익이론의 주요 주장과 한계

1. 사익이론의 주요 내용

정부규제의 형성 및 변화원인에 대해 공익이론(public interest theory)을 비판하면서 등장한 사익이론은 규제의 형성과 변화를 공익추구가 아닌 사익(혹은 생산자 이익)을 추구하는 과정에서 비롯되었음을 주장한다(김태은, 2007a: 59).

사익이론은 규제의 실증이론(positive thoeries) 혹은 사익이론으로 불리우며, 시카고 학파(Chicago theory of regulation)에 의해 제시되었다.

대표적으로, 스티글러(Stigler, 1971)는 규제의 실증이론을 개발했다. 스티글러(Stigler, 1971)는 경제학자들의 합리적 행태 패러다임을 규제 영역으로 확장시켰으며, 규제연구에서의 방법론적 혁신(규제효과를 통계모형을 통해 추정)을 가져왔고, 경험적 연구방법의 과정에 커다란 영향을 미쳤다(Peltzman, 1993: 818-832).

스티글러(G. J. Stigler) 이론의 핵심은 규제과정의 참여자들(정치가, 관료, 특수 이익집단, 규제자)을 모두 사익추구자로 가정한다는 점이다. 미국에서 규제 포획(regulatory capture)의 증거 확대(Bernstein, 1955)는 경제학자들로 하여금 그들의 분석에 정치적 과정을 포함시키도록 하였고, 스티글러(Stigler, 1971)의 규제이론은 이러한 맥락에서 등장하였다고 볼 수 있다.

스티글러(Stigler, 1971: 3-21)는 정치가와 사익을 추구하는 생산자 집단에게 보다 큰 편익을 주는 방향으로 규제정책이 이루어진다는 주장을 통해 기존의 규제이론의 패러다임을 전환하는 데 결정적 공헌을 수행하였다. 스티글러의 "중심 논제(central thesis)"는 규제는 기업에 의해서 형성되고, 그리고 기업의 이익에 유리하도록 운영되고 설계된다는 것이다(Stigler, 1971: 3). 그는 공익이론을 이상주의자의 견해(idealistic view)로 보고, 정부규제를 경제적 재화로 보면서 수요와 공급측면에서 규제를 설명한다. 즉, 규제의 수요자는 규제를 통해 이익을 얻는 규제의 수혜자들로 이익(경제)집단이라 할 수 있고, 규제의 공급자(규제자)는 정치가 및 행정가라 할 수 있다.

국가는 기업(이익추구집단)에게 그들의 이익을 증가시킬 수 있는 힘을 지니고 있는데, 이로 인해 정부규제에 대한 수요가 발생한다. 이익집단들은 장기적이고 안정적으로 이익을 보장받기 위해 다른 수단(예: 보조금 등)보다 정부규제를 원한다는 것이다.[4)]

정부규제의 공급측면에서도, 정부규제가 형성될 경우 규제의 사회적 비용이 편익을 초과하므로, 민주적 정치과정에서 정부규제가 이루어지기 위해서는 정치인이나 관료에게 물적 보상을 할 수밖에 없는데, 이것이 정부규제의 공급가격이 된다는 것이다.

스티글러는 이익집단(혹은 생산자) 집단이 왜 개인(혹은 소비자) 집단에 비해 정치적 지지를 얻기 쉬운지를 올슨(Olson, 1965)에서 찾고 있다. 즉, 올슨(Olson, 1965)은 집단행동의 논리(The Logic of Collective Action)에서 집단의 구성원 수가 작고 구성원들을 공동의 이익을 위하여 행동하게 하는 강제장치가 없다면, 이기적이고 이기적인 개인들이 공동의 이익을 위해 자발적인 행동이 나타나지 않음을 보여준다. 집단의 절대적 크기, 집단의 크기가 중요하기보다는 집단행동의 비용과 편익 분포가 매우 중요함을 지적한다.

구체적으로, 올슨(Olson, 1965)은 집단행동을 조직의 규모 차원에서 다루면서 가장 의미있는 주장을 제시한 바 있다. 즉, 올슨(Olson, 1965: 48)은 대규모 집단[5)]에서 집단행동이 어려운 세 가지 이유를 제시한다.

첫째, 집단이 클수록 집단 내에서 활동하는 어떤 개인이 받는 편익의 양도 작아지

---

4) 저자는 두 가지 실증분석을 수행하는데, 하나는 운송규제이고 하나는 직업면허(허가) 규제(occupational licensing)이다. 첫째, 운송규제와 관련하여, 각 주의 트럭에 대한 무게(weight)제한을 결정하는 회귀분석을 통해, 무게에 대한 규제는 트럭 수가 많을수록 적으며, 트럭이 철도에 비해 덜 경쟁적일수록 적고, 고속도로망이 잘 발달될수록 적다는 결과를 제시하고 있다. 분석을 위해 사용된 회귀식은 $X_1(X_2) = a + bX_3 + cX_4 + dX_5$($X_1$, X_2는 각 주에 네 바퀴 트럭과 여섯 바퀴 트럭에 대한 무게 제한량, X는 1930년 1,000명의 농업노동력당 트럭 수, X_4는 1930년 철도화물운송의 평균거리, X_5는 1930년 고품질 표면을 갖는 주 도로의 비율), 둘째, 직업면허 규제 분석결과를 보면, 면허가 있는 직업이 면허없는 직업에 비해 수입이 높고 안정적임을 보여줬다.

5) 심지어, 조직화되지 않은 집단을 논함에 있어서도, 압력집단 혹은 집단이론을 다룸에 있어서 집단(group)은 공유된 이해(common interest)를 갖는 다수의 개인들이라고 정의한다(Olson, 1965: 8).

며, 또한 집단 지향적 행동에 대한 보상의 적절성도 낮아진다. 따라서 집단은 집단재(collective good)[6]의 최적 공급을 달성할 수 없다. 둘째, 집단이 클수록, 집단 내 어떤 개인이나 하부조직 얻을 수 있는 전체 편익의 양도 줄어든다. 따라서 개인이나 집단내 하부조직도 집합재 공급에 따른 부담보다 집합재 획득에 따른 이득이 크지 않을 것이다. 즉, 집단이 클수록 재화를 획득하기 위한 과점적 상호작용(oligopolistic interaction)의 가능성은 줄어든다. 셋째, 집단구성원의 수가 많아질수록 조직 비용(organization costs)이 증가한다. 이러한 이유로 인해, 집단이 클수록 집단재의 최적 공급에 실패할 것이고, 강제나 외적 유인의 부재 속에서 대집단은 집단재의 최소 양조차 그들 스스로 제공하지 않으려 할 것이다.

따라서 잠재적 집단[7]에서는 오직 선택적 유인만이 합리적인 개인들을 집단행동을 할 수 있도록 촉진시킨다.[8] 그러나 대집단과 달리 소집단은 집합재 그 자체로부터 분리된 강제 및 능동적 자극에 의존하지 않고서도 그들 스스로 집합재를 제공할 수 있다. 이는 작은 집단에서의 각각 구성원은(최소한 그들 한 명은) 집합재를 가짐으로써 얻는 개인적 이득이 어떤 양의 집합재를 제공하기 위해 필요한 전체 비용을 초과하기 때문이다(Olson, 1965: 34-35; 김태은, 2011a: 32-36).

이러한 맥락에서 스티글러는 작은 집단(생산자 집단)이 큰 집단(소비자 집단)에 비해 조직화의 비용이 낮다. 구성원 수가 적기 때문에 거래비용도 낮고 무임승차(free-rider) 문제도 낮게 나타난다. 또 구성원당 편익의 절대적 규모가 작은 집단이 큰 집단에 비해 매우 크다. 따라서 생산자 집단은 조직화 및 집단행동에 나타나고 소비자 집단은 조직화 및 집단행동이 나타나기 어렵다는 것이다. 정치가들은 역시 이들의 궁극적 목적은 재선(re-election)인데, 조직화된 집단이 정치가들에게 실질적

---

6) 올슨(Olson, 1965: 14)은 집합재(collective good)를 common good, public good과 같은 개념으로 사용하고 있다.

7) 여기서, 잠재적 집단은 대집단(large group)을 의미한다. 저자는 대집단이 행동을 위한 잠재적인 힘과 능력을 가지고 있으나, 그러한 잠재적 힘은 오직 선택적 인센티브가 추가되었을 때에만 동원 가능하고 실현가능하기 때문에 잠재적 집단이라 칭하고 있다(Olson, 1965: 51).

8) 이외에도 하딘(Hardin, 1982)은 올슨(M. Olson)이 주장한 세 가지 이외에도 아래 조건에 의해 작은 집단이 큰 집단에 비해 집단행동에 성공할 가능성이 많음을 주장한다. 첫째, 감정적 유대, 이타심, 도덕적 책임감 등의 요소가 대집단보다는 작은 집단에서 보다 강력히 작용한다. 둘째, 소집단에서는 각 개인의 행동이 쉽게 관찰될 수 있다. 즉, 익명성의 정도가 낮아진다. 셋째, 대집단에서는 제재 혹은 처벌 비용이 높아질 가능성이 크다.

편익(선거운동, 정치자금모금 등)을 줄 수 있다.

결론적으로, 규제는 시장실패를 해결하고자 형성된 것이 아니라 사익을 추구하는 경제(이익)집단에 의해 수요되고, (사익을 추구하는) 정치가들에 의해 공급되는 재화라고 주장한다.

포스너(Posner, 1971)는 스티글러에 의해 설명되지 않는 현상들이 존재함을 지적한다. 예를 들어, 전기, 물, 철도 등 많은 부분에서 표준 요금이 책정되어 있고, 서비스 공급 비용은 소비자 집단 간에 서로 다르다. 또한 이러한 부분에서 공급은 한계비용보다 낮게 공급되기도 한다. 예를 들어, 군인종사자나 노동자들에게 무료로 철도 이용을 가능하게 해준다든지, 병원에 부과되는 전기세 등은 한계비용보다 훨씬 낮다는 것이다. 즉, 저자는 현실에서 다양하게 관찰되는 내부 또는 교차 보조(internal or cross-subsidization)가 이루어지고 있음을 지적한다. 여기서 내부보조는 동일 산업 내에서의 결손을 다른 부분의 이익으로 충당하는 것을 의미하는데, 공공서비스 산업 분야에서 실제 광범위하게 활용되고 있다. 예를 들어, 적자를 보면서 값싼 보통우편 서비스를 제공하고, 대신에 특급우편을 비싸게 받아 특급우편에서 얻은 잉여자금을 통해 보통우편 서비스에서 발생한 결손을 해결하거나, 시내전화요금은 값싸게 받고 시외나 국제전화 요금은 비싸게 받아 시내전화에서의 결손을 충당하는 것이다. 즉, 산간오지 버스 운영 등 내부보조가 없는 경우 서비스 제공 자체가 되지 않는 영역에서 서비스 공급을 가능하게 하는 수단으로서 규제를 활용하는 것이다.

이러한 내부보조는 특정 산업에 대한 규제를 통해 정부가 특정 소비자에게 아주 낮은 가격으로 서비스를 제공하려는 의도가 있음을 보여주는 것으로 앞서 스티글러의 이론으로서는 포괄할 수 없는 규제의 기능을 설명하고 있다.

특히, 규제의 과세개념에서 중요한 점은 이것이 곧 소득재분배를 의도하던 안 하던 간에 유발할 수 있다는 점이다. 다만, 내부보조가 소득재분배를 유발할지 여부는 규제에 따라 다양하게 나타날 수 있다. 예를 들어, KTX 요금은 상대적으로 높게 편성하고 일반기차는 상대적으로 낮게 편성할 경우, 소득재분배가 나타나기 위해서는 KTX 이용자는 고소득자이고, 일반철도는 저소득자이어야 한다. 만약 KTX 이용자나 일반기차 이용자 간에 차이가 없다면 소득재분배는 발생되지 않는다.

이러한 포스너(R. A. Posner)의 내부 또는 교차 보조는 펠츠만(Peltzman, 1976)

의 규제연구로 확대되었다.

펠츠만(Peltzman, 1976)은 정치가들은 자신들의 정치적 지지를 극대화하기 위해 규제를 선택한다고 주장한다. 즉, 소비자 집단의 조직화가 가능할 수 있다는 전제 하에, 정치가가 추구하는 것은 최대한 많은 표(votes)라는 점을 강조하면서 전체적인 효용 차원에서 규제가 이루어진다는 주장(Peltzman, 1976) 등이 제기되었다.

펠츠만(S. Peltzman)은 규제과정(process)에 관심을 갖고, 규제자(정치가)의 관점에서 규제 형성을 분석하고 있다. 즉, 사익의 극대화를 추구하는 규제자인 정치가의 입장에서 정치가가 가장 추구하는 이익은 표(vote)이고, 이에 이 표를 많이 얻기 위해 전체적인 차원에서 정치적 효용을 판단한다는 것이다. 예를 들어, 가격을 낮추면 소비자들에게 받을 수 있지만 반대로 가격을 높이면 산업으로부터 지지를 받을 수 있다. 특정 기업에 유리하게 지속적으로 정치가가 규제를 형성하고 지속시킨다면, 특정 기업에 한하여, 또는 그러한 규제에 의해 수혜를 받는 집단에게서는 이익(표)을 얻을지 모르지만, 그 규제에 의해 피해를 입는 집단에게서는 이익(표)을 얻지 못한다. 따라서 규제자는 양 집단에게서 모두 표를 얻을 수 있는 '정치적 균형(political equilibrium)'을 찾는다는 것이다(Peltzman, 1976: 211-240). 즉, 이를 생산자와 소비자의 입장에서 해석해보면, 기존의 스티글러의 주장처럼 생산자의 입장에서만 규제가 형성되는 것이 아니라 사익을 추구하는 정치가는 생산자와 소비자 양측을 모두 고려하여 자신이 최대의 표를 얻을 수 있는 균형점에서 규제가 이루어진다는 것이다.[9)]

베커(Becker, 1983)는 스티글러와 동일한 행태 가정을 취하고 있으나 규제의 수요와 공급보다는 이익집단 간 경쟁, 특히 이익집단 간 상대적 압력(relative pressure)에 초점을 둔다. 베커(Becker, 1983)는 세금, 보조금, 규제 등 모든 정치적 수단들은 영향력있는 압력집단(pressure groups)의 후생을 증가시키기 위한 것이라는 가정 하에 분석을 실시하는데(Becker, 1983: 373), 분석을 통해 저자는 정치적 재분배 정책 및 다른 공공정책은 정치적 이익을 위해 압력집단 간 경쟁에 의해 수립된다는 것이

9) 이후 저자의 규제 연구는 펠츠만(Peltman, 1989, 1993)을 참고, 특히 전통규제이론가(Stigler, Peltman, Becker)에 대한 간략한 분석과 더불어 탈규제 이후 규제이론에 대한 논의는 펠츠만(Peltman, 1989) 연구를 참고.

다. 활동적인 집단은 그들의 정치적 영향력을 증가시키기 위해 압력(pressure)을 생산하는데, 그러한 영향력은 여러 집단에 의해 생산되는 압력에 의해 결정되며, 정치적 균형(political equilibrium)은 각각 집단에 의해 생산되는 정치적 압력의 효율성(efficiency), 그들 영향력에 대한 부가적 압력의 효과, 서로 다른 집단 내 사람 수, 세금과 보조금의 사중(자중)손실(deadweight costs)에 의해 결정된다는 것이다. 여기서, 생산압력의 효율성은 무임승차구성원에 대한 통제 비용, 집단의 크기에 의해 결정된다(Becker, 1983: 395).

간략히 말해, 규제는 압력집단의 상대적 효율성에 영향을 받고, 이러한 압력집단 간의 경쟁은 보다 효율적인 규제 형태를 이끌 수 있다고 주장한다. 이러한 베커(G. A. Becker)의 규제관점은 재분배를 강조하는 경제적 이론(economic theory)과 효율성(efficiency)을 강조하는 NPT(normative analysis as a positive theory, 공익이론)와 연계성을 나타낸다(Peltzman, 1989: 11).

주장하는 방향에 있어 학자마다 차이가 있음에도 불구하고 사적 이익(private interest)를 강조하는 규제의 경제이론(사익이론)은 다음과 같은 특징을 지닌다 할 것이다(Peltzam, 1989: 13). 첫째, 압축적이고 잘 조직된 집단(compact, well-organized groups)이 넓고 확산적인 집단에 비해 규제의 편익을 더 많이 얻을 것이며, 이는 곧 생산자 집단이 소비자 집단에 비해 조직화가 더 잘 되기 때문에, 생산자 집단에 유리하도록 규제의 편의(bias)를 창조할 것이다.

둘째, 규제정책은 정치적으로 규제연합(coalition) 간에 지대의 최적 배분의 보전을 추구한다. 따라서 시간이 흘러, 최적 배분에 변화가 발생하면 수요와 가격조건의 이동을 통해 이러한 변화를 제거하려 한다.

셋째, 규제에 따른 정치적 보상은 부의 분배를 통해 발생하기 때문에, 규제정책과정은 사중손실(deadweight losses)에 민감하다. 따라서 재분배를 통해 전체 부(total wealth)를 감소시키는 정책은 피하게 되는데, 이는 다른 변수들이 동일할 때, 규제를 통한 정치적 보상을 감소시키기 때문이다.

사익이론의 범주

사익이론의 범주를 결정하는 것은 쉽지 않다. 또한 주요 학자들 간에 통합적 관점을 지니고 있지는 않다. 다만, 규제를 사적 이익의 추구 결과로 이해할 때, 모든 경제학자들은 사익이론가이다. 특히, 사익이론과 공공선택이론(public choice theory)은 인간에 대한 동일한 가정을 취하고 있다. 실제로, 펠츠만(Peltzman, 1993: 823)은 스티글러(G. J. Stigler)의 정치적 효용극대화(poltical utility maximization)의 기본가정이 뷰캐넌(J. M. Buchanan)과 털록(G. Tollock) 연구의 주요 구성요인이였음을 밝히고 있다(김태은, 2007b: 59). 공공선택이론에서 규제와 직접적으로 연관있는 대표적 개념은 지대추구(rent-seeking)의 개념(Tullock, 1967; Krueger, 1980)이다. 지대추구는 추가적인 생산증가 없이 부의 증가를 추구하는 것으로써, 이익집단이 자신에게 유리한 입법(주로 규제)을 통해 비생산적인 이익을 추구하는 것을 의미한다. 법에 의해, 규제에 의해 경쟁을 제거하면 독점 권리를 확보할 수 있고, 이에 따라 장기적이고 안정적인 독점이익을 얻을 수 있다. 이러한 독점적 이익은 비생산적이고 비효율적인 결과가 초래된다.

2. 이론적 한계와 평가

규제연구에서 사익이론은 기존의 규제에 대한 인식을 완전히 새롭게 하는 데 크게 기여했다. 규범이 아니라 실제 규제 영역에서 공익과 관계없이 사익추구의 결과로서 규제가 형성될 수 있음을 보여준다. 특히, 규제 형성이 매우 폐쇄적이고 일반인의 접근이 제한되어 있다는 점에서 사익이론의 유용성은 크게 증가되어 왔다. 다만, 이론적·실증적 공헌에도 불구하고 몇 가지 한계를 지니고 있다.

첫째, 규제정책 결정과정의 단순화, 정태적 모형이라는 한계를 보이고 있다(최진욱, 2002: 147-153). 현실의 규제 형성에는 매우 다양한 행위자들이 존재한다. 또한 동 행위자들은 상호 견제하기도, 상호 협력하기도 하는 역동적 관계를 지니고 있다. 정책 네트워크(policy networks) 혹은 거버넌스(governance) 이론들은 이러한 점을 잘 보여준다.

둘째, 또한 규제가 생산자 집단이나 정치가들이 표를 가장 많이 얻기 위한 '균형' 관점에서, 혹은 이익집단 간 경쟁의 결과로 이해한다면 규제의 변화를 설명하는 것이 쉽지 않다. 특히, 스티글러 모델(Stigler model)은 사익이론을 개발시킨 후속 연구자들에 의해서도 많은 부분 지지되지 못했다(Posner, 1974; Peltzman, 1989 참고). 우리나라에서 산업자본의 은행 주식 소유제한 규제는 한 예이다(김태은, 2007a 참고). 산업자본의 은행 주식 소유제한은 전두환 정부에서 형성되어 김대중 정부까지 지속적으로 강화되어 왔다. 즉, 전두환 정부에서 형성된 은행 소유규제는 초기 8% 소유규제의 형성에서 시작해서, 노태우 정부에서는 동일인 개념의 확대 및 구체화로, 김영삼 정부에서는 4%로 강화되었고, 김대중 정부에는 외환위기라는 외부변수의 등장에도 불구하고 산업자본(비금융주력자)에 대한 규제는 지속되었다. 특히, 전두환 정부에서의 은행 소유규제 형성은 당시, 순수 금융자본이 존재하지 않았다는 점에서, 더욱 왜 그렇게 형성되었는가를 설명하는 데 제약적이며, 더욱이 민주화가 진행되고, 더욱더 산업자본을 대표하는 이익집단의 영향력이 확대되어져 왔음에도 불구하고, 이들의 이익과 상충되는 규제의 강화는 사익이론으로 설명하기 어렵다.

셋째, 1970년대 후반부터 미국에서 나타난 규제완화와 강화 현상이 동시에 발생되는 현상을 설명하는 데 한계를 보인다(Hahn, 1990 참고). 사익이론의 예측과 달리 통신, 금융 부분 등의 규제는 크게 완화가 된 반면, 노동, 환경, 안전 등과 같은 규제

사익이론 관점에서의 규제

규제는 사익추구의 결과라는 것이 사익이론의 핵심이다. 물론, 사익추구의 초점을 생산자에게 혹은 정치가에게 두든 간에, 사익추구과정에서 공익적 효과가 나타나든 그렇지 않든 간에 사익추구의 결과이다. 이러한 의미에서 정부규제는 '정부가 어떤 목적성을 지니고 민간부문을 제약하는 것'이다.

여기서, 첫째, 규제 형성의 주요 행위자인 정치가, 관료, 이익집단 모두 사익추구자이다.

둘째, 어떤 목적성을 지닌다는 것은 정책결정주체 혹은 이익집단(생산자 집단)의 사익을 추구하기 위한 것이다.

셋째, 민간부문을 제약하는 것은 여러 가지 차원에서 이해할 필요가 있다. 예를 들어, 특정 이익집단들이 자신들의 이익을 위해 경쟁적 관계에 있는 기업, 혹은 산업을 제약하기 위해 규제를 만들 수도 있고, 특정 이익집단들이 자신들의 이익을 극대화하기 위해 규제를 만들어내어 지대 편익을 향유할 수도 있다. 또는 정치가나 정책결정자들이 자신들의 이익을 위해 민간기업을 제약할 수도 있다.

넷째, 항상 그러한 것은 아니지만, 규제자가 정치적 균형을 고려할 경우, 규제의 목적이 사익추구에 있다 하더라도 규제의 효과는 공익에 기여할 수 있다.

들은 크게 증가하였다. 이러한 추세는 우리나라를 비롯한 선진국에서 쉽게 발견되고 있다.

제 3절 | 윌슨의 규제이론[10)]

윌슨(Wilson, 1974: 135-168)은 규제의 공익이론과 사익이론이 정부규제의 근원에 대한 설명에 한계가 있음을 지적한다. 즉, 저자는 ICC(Interstate Commerce Commission) 설립법과 관련하여 공익이론(public interest theory)과 사익이론(self-interest theory)이 서로 달리 해석하고 있다면서, 규제법은 다양한 정치적 원인을 가질 수 있기 때문에 어떤 상황에서 원인 간에 어떻게 상호작용하고, 왜 규제가 발생하는지를 이해해야 함을 강조한다.

'규제의 정치(politics of regulation)'에 관심을 둔 윌슨(J. Q. Wilson)은 "정치규제가 정치적으로 가능하게 되는 상황(circumstances), 특정한 정치적 맥락에서 등장할 수 있는 규제의 유형(pattern), 규제기관의 집행에 영향을 미치는 힘(forces)"을 체계적으로 설명(Wilson, 1974: 137)하였다.

윌슨은 규제를 둘러싼 정치적 상황을 중시하면서, 이 상황을 "규제의 인지된 편익과 비용(perceived costs and benefits)의 분포"를 통해 구분한다. 즉, 비용을 넓게 분포(widely distributed)된 비용(예: 세금징수, 가격인상)과 좁게 집중(narrowly concentrated)된 비용(특정 산업, 기업, 지역에 부과하는 세금이나 수수료)으로 구분하고, 편익 역시 넓게 분포된 편익(예: 가격과 세금 인하, 생산과 서비스의 개선 등)과 좁게 집중된 편익(특정 산업과 기업에 대한 보조금, 면허 등)으로 구분한다.

이러한 비용과 편익의 분포는 규제정치에 두 가지 방식으로 영향을 미친다는 가정

---

10) 이하 내용은 김태은(2007a, 2010, 2011)을 토대로 작성하였다. 참고로 윌슨(J. Q. Wilson)의 규제이론은 윌슨(Wilson, 1974, 1980b, 1989)에서 주로 소개되고 있다. 이외에도 윌슨 논의는 미트닉(Mitnick, 1980: 85-91), 정용덕(1984: 609-611), 최병선(1992: 125-139) 등에 의해 소개되어 왔다. 특히, 정용덕(1984: 609-611)은 윌슨의 이론을 사익이론 관점에서 설명하고 있는데, 윌슨의 규제이론이 기본적으로 비용과 편익분포 맥락에서 기술되고 있다는 점에서, 시카고 학파는 아니지만 사익이론의 범위 내에 포함시키는 것 역시 가능할 것으로 판단된다.

을 제시하는데, 첫째, 개인과 집단은 그들의 순편익(net benefits)의 증가보다는 순편익(net benefits)이 갑작스럽고 중대한 감소에 더욱 민감하다는 것이다. 즉, 개인과 집단이 기회보다는 위험(threat)을 더욱 중시함을 의미한다. 따라서 단일 산업과 기업의 행태를 통제하기 위한 대부분의 정부규제기관들이 경제적 불안전성에 대응하기 위해서 만들어졌다.[11]

둘째, 올슨(M. Olson)과 맥을 같이하는 윌슨(Wilson, 1974) 역시 규제의 정치적 상황을 논함에 있어서 집단행동을 핵심적 변수로 다루고 있다. 즉, 작은 집단 내의 개별 행위자들의 공헌은 조직의 목표달성에 유의미한 중요성을 지니며, 또한 그러한 공헌은 집단 내 다른 구성원에 의해 주목받고 보상을 받을 정도로 충분히 가시적이라는 것이다(Olson, 1965: 48-50, 126-128; Wilson, 1974: 140-141). 따라서 집단의 규모(size)가 중요하다고 주장한다. 한편, 조직활동은 직업, 산업, 지역 등으로 정의될 수 있는 사회 영역 간의 신념과 이해의 동질성(homogeneity of interest)이 클수록 조직활동은 쉽게 일어난다. 예를 들어, 수입 시계에 대한 관세 인하가 제기될 경우, 시계 제조 회사를 대표하는 조직에서의 조직활동이 시계를 사거나 파는 기업가를 대표하는 조직에 비해 활발하게 일어난다는 것이다(Wilson, 1974: 141; 김태은, 2011a: 32-36).

이러한 가정 하에 규제가 발생하는 정치적 상황을 크게 감지된 편익과 비용이 얼마나 집중되었는가 분산되었는가에 따라 네 가지 유형, 대중 정치(majoritarian politics),[12] 고객 정치(client politics), 가업가적 정치(entrepreneurial politics), 이익집단 정치(interest-group politics)로 구분하여 설명하고 있다(Wilson, 1974: 141-146; Wilson, 1980b: 429; Wilson, 1989: 79-83; 최병선, 2002: 126; 김태은, 2010: 66).

첫째, 대중 정치(majoritarian politics) 상황은 이익집단 정치 상황과는 정반대로 해당 정부규제에 대한 감지된 비용과 편익 모두 이질적인 불특정 다수에 미치나 개개인으로 보면 그 크기는 작은 경우이다. 주요 특징은 이런 유형의 규제 필요성은 공

11) Interstate Commerce Commission, Federal Radio Commission, National Bituminous Coal Commission, Civil Aeronautics, Federal Reserve Board, National Labor Relation Board, Federal Power Commission 등(Wilson, 1974: 140).

12) 초기 1974년 연구에서는 네 가지가 아닌 세 가지 정치상황에 대해 논의하였으며, 이후 diffused benefits-diffused costs 상황, 즉 대중적 정치 상황이 추가되었다(김태은, 2010: 66).

표 3-2 규제의 네 가지 정치적 상황

		감지된 편익(perceived benefits)	
		넓게 분산 (widely diffused)	좁게 집중 (narrowly concentrated)
감지된 비용 (perceived cost)	넓게 분산 (widely diffused)	대중 정치 (majoritarian politics)	고객 정치 (client politics)
	좁게 집중 (narrowly concentrated)	기업가적 정치 (entrepreneurial politics)	이익집단 정치 (interest-group politics)

출처: Wison(1980b, 429), 최병선(2002: 126).

익집단에 의해 먼저 제기되며, 여론 형성이 중요하고, 이념적 반대가 극복되어야 하며, 규제업무 집행에 있어서 규제기관의 책임자, 혹은 대통령의 생각이 중요하게 작용한다.

둘째, 고객 정치(client politics) 상황은 정부규제로 인해 발생하게 될 비용은 상대적으로 작고 이질적인 불특정 다수인에게 부담되나 그것의 편익은 대단히 크며, 동질적인 소수인에 귀속되는 상황이다. 인·허가 규제, 수입규제 등 대부분 경제적 규제와 관련된 규제인데, 동 유형의 정치규제는 높은 수익성을 보장하며, 신규사업자의 진입이 제한되거나 진입에 많은 비용이 수반되고, 규제의 수혜자는 조직화가 잘 되어 규제결정 및 집행에 강력한 영향력을 행사하며, 규제가 공익의 필요성에 기인함을 강조한다. 또한 정부규제에 도입되는 과정에서는 막후교섭과 로비 등이 나타나며, 은밀하게 이루어지는 것이 통례이다.

셋째, 기업가적 정치(entrepreneurial politics) 상황은 비용은 소수의 동질적 집단에 집중되어 있으나, 편익은 대다수에 넓게 확산되어 있는 경우이다. 환경오염규제, 안전규제 등 대부분 사회적 규제와 관련되어 있다. 동 규제가 이루어지기 위해서는 사회적 분위기와 정치적 계기의 형성이 매우 중요하다.

넷째, 이익집단 정치(interest-group politics) 상황은 정부규제로부터 예상되는 비용과 편익이 모두 소수의 동질적 집단에 국한되고, 그것의 각각의 크기도 개개인의 입장에서 볼 때 대단히 크기 때문에 쌍방이 모두 조직화와 정치행동의 유인을 강하게 갖고 있고, 조직적 힘을 바탕으로 서로의 이익확보를 위해 서로가 첨예하게 대립하는 상황이다. 근로기준, 중소기업, 대기업 간의 규제 등이 대표적이라 할 것이며,

동 정치 상황은 정부가 중립적인 이해관계자의 역할을 벗어나기 어려우며, 가시성(visibility)이 높고, 규제기관이 이익집단에 포획(capture)될 가능성이 약한 특성을 가지고 있다.

[참고: 곰리(Gormley)의 중요성-복잡성 모델]

곰리(Gormley, 1986)는 서로 다른 행위자들이 어떻게 주(state)의 규제정책에 영향을 미치는지를 설명하기 위해, 이슈의 중요성(salience)과 이슈의 복잡성(complexity) 개념을 도입하여 설명하고 있다.

아래 <표 3-3>은 동 모델을 설명하고 있다. 셀(cell) 1은 "hearing room" 정치로 칭하는데, 낮은 복잡성 이슈와 높은 중요성에 관심을 갖는 행위자들에 의해 영향을 받는다는 것이다. 즉, 이는 윌슨(Wilson, 1980)의 기업가적 정치, 국내정치를 반영하고 있으며, 정치적 리더가 정책선택을 형성하는 것이지 관료나 이익집단은 실질적인 결정권(권한)을 가지고 있지 않다는 것이다. "operating room" 정치로 불리는 셀(cell) 2는 높은 중요성과 높은 복잡성 규제의 특징을 갖는다. 여기에서 정치가들은 실질적 행동보다는 절차(procedure)적 행동에 관심을 가지며, 규제 대상인 기업은 관료를 포획하지 못하기 때문에 해당 기관은 커다란 재량권을 지닌다. 따라서 대부분의 정책결정은 전문능력을 지닌 높은 수준의 관료들에 의해 수행된다.

표 3-3 Gormley's Placements

		복잡성	
		Low	High
중요성	High	1 소비자 보호 지대설정(zoning)	2 환경 및 폐기물 OSHA/노동자 보상 에너지
	Low	3 직업규제 주류 면허 자동차 판매	4 병원/건강 은행, 통신 운송, 보험

출처: Gerber & Teske(2000, 866).

"streetlevel" 정치로 불리며, 낮은 중요성과 낮은 복잡성을 특징으로 하는 셀(cell) 3은 하급관료의 표준운영절차가 중요하고, 피규제기관에 포획되거나 관료제적 엄격성(rigidity)이 모두 나타날 가능성이 크다. 그러나 연구 결과에 따르면, 관료적인 엄격성보다는 포획이 보다 일반적인 현상이다. 낮은 중요성과 높은 복잡성을 특징으로 하고 "board room"으로 불리는 셀(cell) 4에서는 일반적으로 소수의 기업 엘리트들이 규제자를 포획하나, 만약 외부 이익집단이 분절되어 있을 경우 규제자는 상당한 재량권을 지닌다(Gerber & Teske, 2000: 866-869).

제 4 절 | 비의도된 효용(Unintended Utility)이론

1. 비의도된 효용의 개념과 실례[13)]

모든 규제는 의도를 지니고 있다. 특정 산업을 육성하기 위해서, 혹은 진입장벽을 통해 산업을 보호하기 위해서, 혹은 특정 기업에게 규제지대를 창출해주기 위해서 등 모든 규제는 규제자의 입장에서 볼 때 의도를 지니고 있다. 그러나 개인의 행위, 정책, 규제를 막론하고 항상 의도된 것만 나타나는 것이 아니다. 의도된 것뿐만 아니라 의도하지 않은 것 역시 나타날 수 있다.

'비의도된 효용(unintended utility)이론'은 특정 규제가 발생시킨 비의도된 효용의 축적을 해결하는 과정에서 새로운 규제가 형성되거나 변화할 수 있다는 것을 말한다. 다시 말해, 특정 규제(혹은 정책이나 조치 등)는 의도된 효용을 위해 추진된다. 그러나 특정 규제는 의도된 효용뿐만 아니라 의도하지 않은 효용을 유발하게 되는데, 이러한 비의도된 효용이 축적되어 어느 수준에 이르게 되면, 이를 해결하기 위해 새로운 규제(혹은 정책, 조치 등)를 취하게 되는데, 이에 따라 관련 규제가 변화한다는 것이다.

여기서, 효용(utility)이라는 용어는 경제학에서 의미하는 효용의 개념을 차용한 것

13) 이하는 김태은(2007a, 2007b)을 기반으로 수정 기술함.

이다. 벤담(Jeremy Bentham)의 공리주의[14]에서 비롯된 효용은 초기 어떤 대상의 속성(property in any object)을 의미하다가 한계효용학파[15] 이후 재화를 소비함으로써 얻는 주관적 만족감을 의미한다.

이 책의 비의도된 효용이론에서 '효용'은 규제에 따른 만족감을 의미하며, 크게 긍정적 효용과 부정적 효용으로 구분되어질 수 있다. 긍정적 효용은 효용과 동일어로서 만족감을 의미하고, 부정적 효용은 마이너스(-) 효용으로서 불만족감을 의미한다. 예를 들어, 경제학에서는 공해물질을 "정상적인 경제활동의 결과 나타나는 마이너스(-)의 효용을 갖는 부산물"(안문석, 1995: 207)로 정의한다.

규제에 따른 효용은 크게 아래의 주체에서 나타날 수 있다.

첫째는 규제자이다. 규제집행자는 규제집행을 통해 어떤 만족감을 얻을 수 있다. 예를 들어, 규제가 의도한 목적을 잘 달성할 경우 공공의 이익에 기여했다는 사명감이 높아질 수도 있고, 한편에서는 성취감을 얻을 수 있고 주변의 평판이 좋아질 수도 있다. 사익이론처럼 규제자가 포획되어 특정 기업을 위한 규제지대를 형성에 성공하였다면 향후 기업으로부터의 보상 기대에 대한 만족감이 형성될 수도 있을 것이다.

둘째, 피규제자이다. 피규제자 입장에서 규제가 합리적이어서 규제 순응에 어려움이 없을 경우 만족감이 높아질 것이나, 규제 순응에 많은 비용이 필요할 경우 규제에 대한 만족감은 낮아질 것이다.

셋째, 피규제자 혹은 집단이 아니더라도 일반국민에게 역시 나타날 수 있다. 예를 들어, 청소년 보호를 위한 온라인 음란물 규제, 공장 배출규제와 같은 환경규제 등은 직접적 피규제 대상이 아니라 하더라도 규제에 대해 만족감이 나타날 수 있다.

이 중 비의도된 효용이론에서 효용의 핵심 주체는 광의의 규제자에 초점을 둔다.

규제는 규제자 입장에서 '의도된 효용'과 '비의도된 효용(unintended utility)'을 유

---

14) 홉스(Thomas Hobbes), 흄(David Hume), 그리고 벤담(Jeremy Bentham)으로 이어지는 서구의 우세공익이론(preponderance theories)은 영미적 전통에서 가장 두드러진 경향이며, 오늘날 경제학자들은 대개 이러한 전통에 있다. 경제학자들은 벤담의 주장처럼 효용을 합산하기는 어렵다는 점을 인정하면서, 그에 대신하여 개인의 선호도 혹은 선호의 순서를 판단의 주요 준거로 삼는다. 그러나 공익판단이 비용편익분석에 이루어지는 경우가 있음을 고려하면 벤담의 효용의 합산이라는 것이 현대에 와서 포기된 것이 아니라 기술적 형태로 구현되고 있다고 볼 수 있다(김유환, 2006: 57).

15) 한계효용학파는 마르크스주의와 대조적으로 개인의 쾌락과 고통이라는 공리주의 입장에 한계원리를 결합시켜 경제행위와 현상을 설명함으로써 신고전학파의 기반을 마련했다.

발한다. 규제에 따라 규제자가 의도한 효용이 나타날 수 있지만, 한편에서는 전혀 의도하지 않았던 효용, 즉 비의도된 효용이 나타날 수 있다. 여기서 '비의도된 효용'은 다시 '비의도된 (긍정적) 효용'과 '비의도된 부정적 효용'으로 구분되어질 수 있다. '비의도된 긍정적 효용'은 규제에 따라 의도하지는 않았던 긍정적 만족감을, '비의도된 부정적 효용'은 규제에 따라 의도하지 않았던 부정적 만족감을 의미한다. 그러나 규제의 변화와 관련하여서는 부정적(-) 효용에 초점이 맞추어져 있다. 긍정적(+) 효용의 경우는 만족감을 의미하는데, 결국 이는 규제자의 입장에서 굳이 해결해야 할 필요성을 느끼지 못하기 때문이다. 따라서 비의도된 효용이론에서 '비의도된 효용'은 '비의도된 부정적 효용'에 초점을 둔다.

예를 들어, 다음 [그림 3-3]에서 보이듯이, 외환위기 직후 정부가 제조업의 투자 활성화를 유도하기 위해 금리인하를 시행한 경우에 금리인하에 따라 제조업의 투자 활성화가 촉진되었다면 의도된 효용(기업의 투자 활성화)은 얻었다 할 것이다. 그러나 금리인하는 제조업 투자활성화라는 의도된 효용뿐만 아니라 비의도된 긍정적 효용과 비의도된 부정적 효용을 모두 가져왔다. 즉, 긍정적 비의도된 효용으로는 당시 심각한 경영위기를 겪고 있던 건설업체의 경영정상화[16]를 가져왔고, 반면 부정적 비의도된 효용으로는 부동산 가격의 폭등('부동산 버블')이 유발되었다.

그림 3-3 규제가 유발하는 의도된 효용과 비의도된 효용 예시

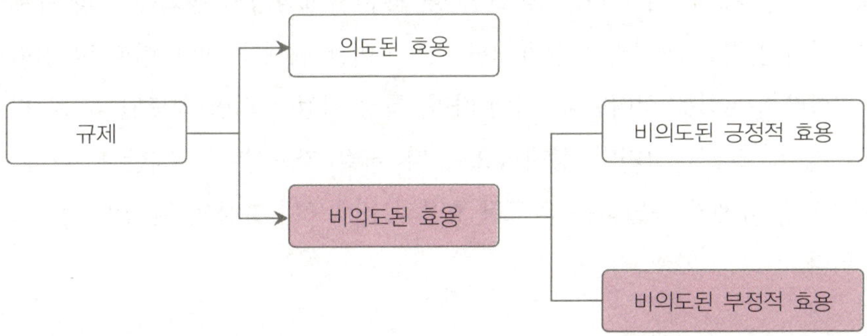

16) 실제, 저금리 상황은 부동산으로의 투자 유입을 촉진시킨다. 이는 저금리는 예금이자를 통한 수익 및 자본시장을 통한 수익이 낮게 만들기 때문에[오히려, 인플레이션을 고려하면 마이너스(-) 금

이 중 규제자에게 문제가 되는 것은 비의도된 효용 중 부정적인 비의도된 효용인 부동산 버블이다. 따라서 이를 해결하기 위한 시도(규제 신설 및 강화, 관련법 제·개정, 세금제도 개편 등)를 추진하게 된다. 반면, 건설업체 정상화라는 긍정적인 비의도된 효용은 굳이 해결필요성이 제기되지 않는다. 따라서 비의도된 효용은 긍정적인 비의도된 효용과 부정적인 비의도된 효용을 가지며, 이 중 부정적인 비의도된 효용에 초점이 맞추어짐을 알 수 있다.

2. 비의도된 효용이론의 주요 특징

비의도된 부정적 효용의 개념의 주요 특징을 제시하면 아래와 같다.

첫째, 모든 규제는 정도의 차이가 있을 뿐 비의도된 부정적 효용을 유발한다. 즉, 의도하지 않은 불만족을 발생시킨다. 어떤 규제는 비의도된 부정적 효용이 매우 클 수도 있고, 어떤 규제는 무시할 만큼 작을 수도 있다. 이는 규제를 합리적으로 설계하였는지 혹은 피규제 산업의 특성, 피규제 대상의 특성 등에 따라 달라지기 때문이다.

둘째, 비의도된 효용이론에서 효용주체는 '광의 개념의 규제자(이하, 규제자)'이다. 이는 규제의 '의도성'을 반영하기 위한 것으로, 규제 형성 주체인 공무원, 정치가, 혹은 이익집단 등 규제 형성과 직접적으로 관련된 행위주체들을 말한다.

셋째, 항상 그러한 것은 아니나 시간이 지날수록 비의도된 부정적 효용의 상대적 크기는 증가될 가능성이 크다. 기술발전 등 외부 규제환경의 변화에 따라 규제의 적절성이 낮아질 뿐만 아니라 피규제집단으로 하여금 규제에 대한 회피 및 전략적 대응의 기회가 주어짐을 의미한다. 이에 따라, 특정 시점이 되면 의도된 효용보다 비의도된 부정적 효용의 크기가 상대적으로 더 커질 가능성이 존재한다. 다음 [그림 3-4]는 특정 규제가 유발하는 의도된 효용과 비의도된 효용의 발생과 축적을 묘사하고 있다.

리가 형성되기도 한다], 정상적 경제행위자들은 새로운 투자처를 찾아다니게 된다. 만약, 금융시장이 이러한 자본을 흡수하지 못하는 상황에서는 필연적으로 자금이 부동산으로 유입될 수밖에 없게 된다. 외환위기 이후 한국 상황은 이를 잘 보여준다.

그림 3-4 의도된 효용과 비의도된 부정적 효용 축적 예

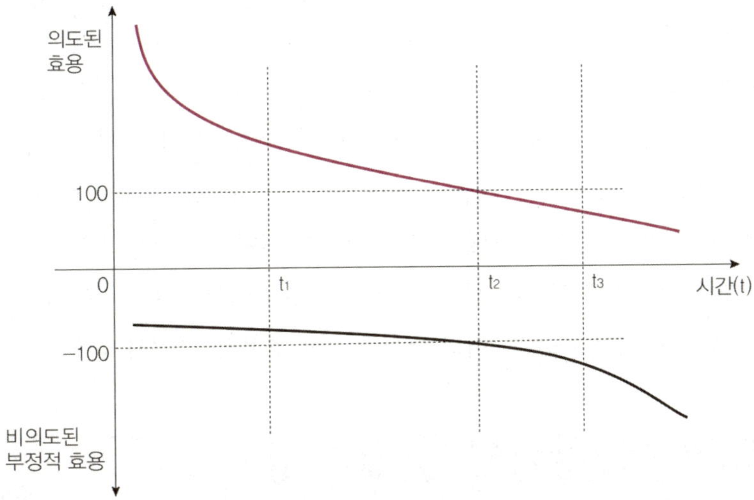

주: 여기서, 의도된 효용과 의도하지 않은 효용의 크기는 상대적인 것이며, 이해의 편의상 위와 같이 표현하였음. 즉, 의도된 효용과 의도하지 않은 효용의 크기는 규제 유형에 따라 그 크기와 정도가 정해진다 할 것임.

출처: 김태은(2007a, 81).

넷째, 비의도된 부정적 효용의 해결은 의도된 효용보다 비의도된 부정적 효용이 더 큰 경우(의도된 효용 < 비의도된 부정적 효용)에 발생될 가능성이 크다. [그림 3-4]에서 t_2 시점 이후부터는 의도된 효용보다 비의도된 효용의 크기가 더욱 크다. 따라서 비의도된 부정적 효용의 해결을 위한 규제 형성과 변화는 t_2 이후 시점이 될 가능성이 크다.

다섯째, 비의도된 부정적 효용을 해결하는 과정에서 기존 규제의 변화, 다른 규제의 변화, 관련된 새로운 규제의 형성 등이 개별적으로 나타나거나 복합적으로 나타날 수 있다.

① 비의도된 부정적 효용을 해결을 위해, 비의도된 부정적 효용을 유발하는 기존 규제의 폐지, 완화, 강화 등이 나타날 수 있다.

② 비의도된 부정적 효용을 해결을 위해, 다른 규제의 변화를 가져올 수 있다. 예를 들어, 주택대출규제에 따라 비의도된 부정적 효용이 증가되면, 기존의 대출규제

는 유지한 채 분양권 전매제도를 강화시킬 수 있다.

③ 비의도된 부정적 효용을 해결을 위해, 기존 규제를 유지한 채, 완전히 새로운 규제를 형성할 수 있다.

여섯째, 비의도된 효용 축적의 해결 결과는 비의도된 효용의 축적이 해결되어 비의도된 효용의 축적규모가 줄어들 수도 있고, 반면 축적규모가 줄어들지 않고 지속될 수도 있을 것이다. 예를 들어, 저금리 하에서 인플레이션은 고금리정책으로 전환할 경우, 인플레이션을 제거할 수 있을 것이다. 반면, 일반적인 부동산 및 주택규제처럼, 저금리에 따른 주요 변수인 부동산 가격 폭등이라는 비의도된 부정적 효용을 해결하기 위한 다양한 규제나 조치는 비의도된 부정적 효용을 해결하지 못할 수도 있다.

규제와 재미있는 효과들, 타르 베이비 효과와 풍선효과

[타르 베이비 효과]

맥키(McKie, 1970)에 의해 주장된 타르 베이비 효과(혹은 규제의 피라미드)는 자연독점 영역에서의 규제 범위의 점진적 확대를 묘사한다(Steiner, 1983: 1291; Leibig, 1986: 183).

맥키(J. M. McKie)는 경제활동에 대한 직접규제(direct regulation)의 적절한 경계(boundary)의 문제를 제기하면서, 초기 규제의 사라진 효과에 대한 대응으로서 점진적 규제의 확대를 타르 베이비 효과(tar-baby effect)로 묘사했다(McKie, 1970: 9). 다시 말해, 규제기관이 공익사업체의 어떤 단일한(a single aspect) 측면에 대한 규제를 시행하게 되면, 공익사업체는 그러한 규제가 적용되지 않는 부분에서 대응하게 되고, 이러한 대응에 따라 다시 규제기관은 공익사업체의 추가적 측면에서(additional aspects) 새로운 규제의 필요성이 제기되며, 이에 따라 그러한 측면에서 규제를 실시한다. 이에 또다시 공익사업체는 이러한 규제에 대응하게 되고, 이러한 과정에서 규제의 범위가 확대되고 전문화된다는 점을 강조하고 있다.[17)]

---

17) 이와 유사하게 정책 영역에서 윌다브스키(Wildavsky, 1979)는 왜 정책문제들이 해결되는 것으로 보이지 않는가라는 질문에 대해 정책 그 자체가 지속적으로 또 다른 정책의 원인으로 작용하기 때문임을 강조한다. 즉, "정책은 정책의 원인이다(policy is evermore its own cause)"라는 것이다. 다시 말해, 어떤 문제를 해결하고자 하는 정책의 해결책 그 자체로 또 다른 문제로 변형이 되며(또한 이러한 변형은 정책결정자가 예측하거나 통제할 수 있는 것보다 훨씬 빠르게 문제로 전환된다), 이에 다시 이를 해결하기 위한 정책이 나오고, 이러한 정책은 또 다른 문제를 유발한다는 것이다(Wildavsky, 1979: 62-85). 이러한 윌다브스키의 주장은 현대사회에서 정책문제들이 해결되지 않고, 정책이 점진적으로 증가되는 현상을 보여주고 있다.

예를 들어, 독점적 이익을 방지하기 위해 이익률(rate of return)을 규제한다고 할 때,[18] 공익사업체의 관리자들은 효율적으로 생산하고 비용을 낮추고자 하는 유인이 사라지게 되고, 이에 그들은 비용이 어떠하든지 간에 가능한 수입을 얻으려 노력한다. 만약, 허락된 이익률이 자본비용보다 높게 설정된다면, 자본집약적인 곳에 과대투자를 시행하거나(이를, Averch-Johnson effect라 한다) 가격차별을 시행할 것이다. 이에 대응하여, 규제기관은 새로운 직접적 통제 즉, 임금규제, 새로운 자본투자 인가, 요금설정(가격규제)을 시도한다. 공익사업체는 또다시 이에 대응하여 서비스 질을 낮추게 되고, 규제기관 역시 이에 대응하여 서비스 질에 대한 감독을 하게 된다(McKie, 1970: 7-9; Wilson, 1974: 153-154). 결국, 이러한 과정에서 규제가 점진적으로 증가한다는 것이다. 즉, 이익률 제한, 진입 및 퇴출 제한, 가격 제한, 서비스의 질 등 정부가 어떤 기업에 적용할 수 있는 규제수단 중, 한 수준에서의 개입은 다른 수준에서는 더욱더 많은 규제를 요구한다는 것을 의미한다(Berg & Tschirhart, 1995: 316).

[풍선효과]

풍선효과(balloon effect)는 규제 영역에서 서로 다른 의미로 사용되고 있다.

첫째, 학술적으로 풍선효과는 최성모 · 소영진(1994)에 의해 제시된 것으로, 규제기관이 규제완화 압력에 전략적으로 대응하면서 완화된 규제를 다시 강화시키는 현상을 의미한다. 저자들은 규제를 풍선에 비유했다. 풍선이 탄력성을 지니고 있어, 외부압력에 따라 그 용적과 모양새가 변화하듯이, 규제 역시 외부의 압력과 요구에 따라 강화 혹은 완화된다는 것이다.

둘째, 또 다른 차원에서 풍선효과는 학술적인 엄밀성은 없으나 대중적으로 사용되고 있다. 여기서 풍선효과는 미국에서 마약정책을 비판하면서 등장한 것으로, 풍선처럼 한쪽을 누르면 다른 쪽이 튀어나오는 현상을 의미한다. 즉, 특정 마약 생산지를 제약하면 다른 지역에서 생산이 늘어나(예: 멕시코 → 콜롬비아) 마약정책과 규제가 효과가 없어진다. 다시 말해, 규제 실패를 지적하고 있다. 규제 영역에서 풍선효과는 쉽게 발견된다. 예를 들어, 주택규제에서 주택가격이 급격히 상승하는 특정 지역을 목표로 한 핀셋(pinset) 규제는 해당 지역의 집값을 잡을 수 있을지 모르나, 바로 옆 동네의 집값을 폭발적으로 상승시켰다. 성매매특별법을 통해 집창촌 성매매를 단속하여 집창촌이 사라졌지만 온라인 성매매가 크게 증가했다. 규제의 풍선효과를 예방하기 위해서는 피규제 집단의 특성과 규제를 둘러싼 환경을 정확하고 종합적으로 이해하고 분석할 역량이 필요하다.

---

18) 이론적으로, 이러한 전략은 경제적 접근으로 가장 부합되는 전략이다. 즉, 단일의 핵심변수를 규제하고, 규제임무는 모호하지 않은 양적 제약의 형태를 띠고 있으며, 공적 목적이 분명하고 쉽게 정당화 할 수 있기 때문이다(Wilson, 1974: 7-9).

제 5 절 | 신제도주의 관점의 주요 이론[19]

규제는 진공상태에서 형성되지 않는다. 사람들의 선호와 선택은 다양한 공식 및 비공식적 제도에 의해 제약을 받는다. 전통적 규제이론, 특히 공익이론과 사익이론은 인간의 합리성에 대한 과도한 믿음이 존재하였고, 행위자는 자유로운 의사결정을 할 수 있는 것으로 가정했다. 그러나 과거의 경험, 종교, 자신의 소득, 기대, 법, 규칙 등 수많은 것들이 인간을 지배한다.

1. 신제도주의 이론의 개념과 특징[20]

행태주의 등 기존의 주류 사회과학적 접근에 대한 비판에서 비롯된 신제도주의[21]적 접근(new institutionalism approach)은 개인의 행위에 영향을 미치는 구조적 제약요인, 즉 '제도'를 중시한다.

신제도주의적 접근은 제도에 대한 다양한 정의만큼이나 다양한 시각이 존재하며, 1980년대 이후 행정학, 경제학, 사회학, 정치학 등 사회과학 전반을 아우르고 있어 전체를 파악하는 것이 쉽지만은 않다. 일반적으로 신제도주의는 크게 세 가지 접근이 있는 것으로 구분되고 있다.

역사와 맥락, 그리고 행위자 간 권력관계를 강조하는 역사적 제도주의(historical institutionalism), 신고전파 경제학의 기본가정에 거래비용 개념(Coase, 1984; Williamson, 1985), 그리고 규범, 관행 같은 제도의 비공식적 개념(North, 1998)까지 고려되어 발전하고 있는 합리 선택적 제도주의(rational choice institutionalism), 인지·문화적 접근(cognitive-cultural approach)을 강조하는 사회학적 제도주의(sciological institutionalism) 등에 의해 설명되어지고 있다(김태은, 2007a: 27-28).[22]

---

19) 이하 내용은 김태은(2007a, 2009b, 2011a, 2012, 2015a, 2017)을 토대로 재구성하여 기술하였다.

20) 이하 내용은 김태은(2007a: 27-38)을 재인용함.

21) 정치학에서 '신제도주의(new institutionalism)'의 용어와 개념의 시작은 일반적으로 마치와 올슨(March & Olsen, 1984, 1989, 1994, 1996)이 기존의 주류 사회과학을 비판하면서 정립되어진 것으로 이해되고 있다(Peters, 1999: 25).

22) 신제도주의에 대한 다양한 접근은 그 분류에 있어서도 통일된 것은 아니나 일반적으로 홀과 테일

신제도주의에서의 '제도'는 신제도주의를 구성하는 다양한 시각만큼이나 상이하고, 또한 같은 관점을 갖는 분파의 학자 간에도 제도가 무엇인가에 대한 통일은 이루어지지 않고 있다. 대표적으로, 역사제도주의의 관점에 있는 홀(Hall, 1986: 19)은 "정치와 경제 각 부문에서 개인들 간의 관계를 구조화시키는 공식적 규칙, 순응절차, 표준화된 관행"으로 이해하고 있다.[23] 합리선택론적 제도주의 관점에서 노스(North, 1994: 360)는 제도를 "인간의 상호작용을 구조화하는 인위적 고안된 제약"으로 보면서, 제도는 공식적 제약(법, 규칙, 헌법 등)과 비공식적 제약(규범, 관습 등)으로 구성되어 있으며, 제도는 사회 · 경제적 유인구조를 의미하는 것으로 보고 있다.[24] 사회학적 제도주의 관점에서 스콧(Scott, 1995: 33)은 "제도는 사회적 행태에 대한 의미와 안정성을 제공하는 인지적, 규범적, 규제적 구조와 활동"으로 정의하고 있다. 즉, 사회학적 제도주의에서는 제도를 공통된 의미해석의 틀(Scott, 2001: 58)로 이해하고 있으며, 이에 인간의 비의식적 산물로 공식적, 비공식적 규칙뿐만 아니라 인간 행위에 의미를 부여하는 상징, 문화, 인지 등을 포함하는 개념으로 파악되고 있다(Dimaggio & Powell, 1991; Nichols, 1998; Jepperson, 1991; 김태은, 2007a, 27-28).

각각의 관점에 있어 차이가 있음에도 불구하고 이들이 제도를 보는 입장에 있어서 일반적 공통점이 존재하고 있는데, 첫째, 제도는 정치 · 사회의 어떤 구조화된 측면을 의미하며, 이는 공식 · 비공식 측면을 모두 포함한다. 둘째, 제도는 시간이 지나도 안정성(stability)을 지닌다. 셋째, 제도는 인간의 개별 행태(behavior)에 영향을 미친다. 넷째, 구성원 간에 공유된 가치와 의미(shared values and meaning)를 지닌다(Peters, 1999: 18; 김태은, 2007a: 27-28).

러(Hall & Taylor, 1996: 937-954)의 분류, 즉 역사적 제도주의, 합리적 선택 제도주의, 사회학적 제도주의로 구분하고 있으며, 이 글도 이의 분류에 따른다.

23) 홀(Hall, 1992: 96-97)은 제도를 세분화하여 세 가지 수준으로 정리하였는데, 가장 포괄적인 수준의 제도는 민주주의 및 자본주의와 관련된 기본적인 조직구조를, 중범위 수준의 제도는 사회집단 간의 세력관계와 정책의 형성과 집행에 영향을 미치는 조직적 특성을(예: 노동조합 조직률, 자본조직화 형태 등), 협의의 제도는 공공조직의 표준화된 관행, 규정, 일상적 절차 등을 제시하고 있다.

24) "Institutions are the humanly devised constraints that structure human interaction. They are made up of formal constraints (e.g., rules, laws, constitutions), informal constraints (e.g., norms of behavior, conventions, self-imposed codes of conduct), and their enforcement characteristics. Together they define the incentive structure of societies and specifically economies"(North, 1994: 360).

2. 역사적 제도주의[25]

1) 주요 내용

역사적 제도주의는 1970~1980년대 분석 개념으로서 국가에 대한 비교정치학자들의 관심과 서구 국가들에 있어서 행태와 정책 선택, 정책 차이를 설명하는 데 있어 공식·비공식적 제도적 배열에 분석의 의미를 가지면서 발전되어 왔다(Evans et al., 1985; Hall, 1986; Peters et al, 2005: 1280). 특히, 당시 사회과학의 지배적 패러다임인 '행태주의'에 대한 비판적 의식과 그에 따른 대안 고찰에 있어 신제도주의, 특히 역사적 제도주의가 그 유용성을 인정받게 됨으로써 급격하게 사회과학의 주된 접근으로 대두되었다.

역사적 제도주의에서 가장 핵심은 신제도주의의 모든 분파가 그러하듯이, '제도'이다. 역사적 제도주의에서 제도는 홀(Hall, 1986: 19)의 정의가 가장 보편적으로 인용되어 왔으나, 제도에 대해 적절한 정의를 내리지 못하여(Peters et al., 2005: 1285-1286) 왔으며, '제도' 자체를 통해 제도 변화를 적절히 설명하지 못함에 따라 이론적 한계를 드러내기도 했다. 이러한 한계에도 역사적 제도주의는 이익(interests)의 구성과 행위자 행태를 개념화하고 설명함에 있어서, 그리고 제도의 기원과 변화를 연구하는 분석도구를 만들어낸다는 점에서 유용하다(Immergut & Anderson, 2008: 360). 이에, 합리적 선택 및 사회학적 제도주의에 비해 보다 적실성 있는 정치·행정현상을 설명하여 왔다(Hall & Taylor, 1996; Immergut & Anderson, 2008; Mahoney & Thelen, 2010a; 김태은, 2011: 30).

역사적 제도주의에서 '제도와 행위'는 크게 두 가지 관점에서 이해될 수 있다. 첫째는 제도가 행위에 영향을 미치는 변수로 이해한다는 점이다. 역사적으로 구성된 일련의 제도적 제약과 기회는 정책과정에 있는 정치적 행위자 및 이익집단의 행태에 영향을 미친다(Immergut, 1998; Orren & Skowronek, 2004; Pierson, 1994; Steinmo et al., 1992; 김태은, 2009a: 46-47). 즉, 역사적 제도주의는 '독립변수로서 제도'를 강조하여 왔다. 따라서 인간의 행위는 능동적 대상이라기보다는 수동적인 대상이다.

---

25) 이하 내용은 김태은(2015a, 2017)을 재구성하여 기술했다.

이는 역사적 제도주의가 구조주의(structuralism)의 큰 틀에서 이해되는 이유이기도 하다. 둘째는 역사적 제도주의는 행위자 간 불균등한 권력관계를 가정한다(Hall & Taylor, 1996). 이는 합리적 선택 제도주의와 극히 상반되는 가정으로, 역사적 제도주의가 보다 현실적인 인간을 대상으로 분석하고 있음을 보여준다.

그러나 오직 독립변수로서 제도만으로 복잡하고 다양한 현실을 설명하는 것은 설명력의 한계가 나타나기도 했다. 이러한 점은 독립변수로서 '행위자', '구조' 등의 변수가 역사적 제도주의의 독립변수로서 등장하게 된 배경이다.

역사적 제도주의에서 제도가 역사적 과정의 산물이라는 점은 필연적으로 '행위'를 고려하지 않을 수 없게 한다. 즉, 역사적 과정의 핵심주체는 바로 인간이기 때문에, 역사적 과정의 산물인 제도를 고려함에 있어 인간의 행위는 중요한 변수가 될 수밖에 없다. 이외에도, 역사적 제도주의가 주로 중범위 수준의 '제도'를 설정함에 따라 거시수준의 '구조'를 영향을 반영하기 위해 독립변수로서 구조가 등장하기도 했다. 실제, 많은 역사적 제도주의 연구들은 특별한 역사적 맥락에서, 제도적 제약 하에서 행위자와 구조 간의 상호작용으로서 정치, 경제, 사회적 과정을 분석하였다. 즉, 제도가 어떻게 다른 행위자와 관계를 맺고 있는 행위자의 권력, 이익, 선호, 행태를 형성하는가를 분석하였다(Immergut, 1998; Clemens & Cook, 1999; Thelen, 1999; Campbell, 2004).

결국, 역사적 제도주의는 '독립변수로서 제도'를 강조하지만, '행위'를 고려한 연구가 지속되고 있고, 한편에서는 제도, 행위, 구조를 포괄한 연구가 제시되기도 했다.

2) 제도 변화

역사적 제도주의에서 '제도'는 지속성을 설명하는 데 적절하기 때문에(Peters et al., 2005: 1288; Peters, 2005: 76-77), 변화를 설명하기 어렵다. 이는 곧 역사적 제도주의의 행위 가정에서 비롯된다. 가벤타(Gaventa, 1980)의 주장처럼, 권력의 비대칭은 경로의존성, 긍정적 환류를 반영한다. 권력이 비대칭되어 있기 때문에 그러한 권력의 비대칭을 반영한 제도는 시간이 지날수록 권력의 비대칭 수준을 증가시키므로 제도는 쉽게 변화하기 어렵다(Pierson, 2000: 259).

특별한 행위자에게 정치적 권위의 할당은 긍정적 환류의 핵심적 원천이며, 이는 경로의존의 원천이다. 즉, 어떤 행위자가 다른 사람에게 규칙을 부과할 수 있는 위치를 소유하게 되면, 권력의 사용은 자기 강화적이다(Pierson, 2000a: 259). 다시 말해, 제도는 불균등한 권력관계를 반영하는데, 이러한 불균등한 권력관계가 배태된 제도는 곧 제도가 쉽게 변화하지 않는 지속성, 생명력을 지닌다는 것이다.

그러나 현실의 제도는 변화한다. 초기 역사적 제도주의자들은 제도 변화를 외부변수를 강조하여 단절적 균형(punctuated equilibrium)(Krasner, 1984)을 제시(Krasner, 1984; Baumgartner & Jones, 1993; Collier & Collier, 2002)하거나, 혹은 제도의 역동성(Thelen & Steinmo, 1992) 같은 이론적 체계가 미약한 채로 설명되어져 왔다. 이는 본질적으로 제도 변화를 외부변수, 우연성(contingency)을 통해 설명하고자 하는 것으로, 이는 동 접근의 한계를 잘 보여준다.

역사적 제도주의 연구 초기, 제도 변화의 설명력 부재는 무엇보다 동 접근이 제도의 형성에 대해 분명한 답을 제시하지 못하기 때문이다. 제도 변화 설명 한계는 역사적 제도주의자들이 제도가 무엇인지, 또 제도가 어떻게 형성되는가를 정확하게 설명하지 않고, 역사적 맥락이라는 추상적인 개념을 통해 설명했기 때문이다. 즉, 초기 저작인 홀(Hall, 1986)의 연구에서 잘 드러나듯이, 제도 개념보다는 제약요인으로서 제도의 영향에 관심을 가져 왔다.

그러나 이후 역사적 제도주의자들은 제도를 통해 제도의 변화를 설명하고자 했다. 대표적으로, 역사적 제도주의 관점에서의 제도 변화 한계를 극복하기 위한 대안으로서, 제도 자체에서 제도 변화를 설명하고자 하는 '내생적 제도 변화'에 대한 연구가 지속되어져 왔다(Beland, 2007; Campbell 2004; Mahoney & Thelen, 2010a, 2010b; Orren & Skowronek, 2004; Pierson, 1996, 2004; Streeck & Thelen, 2005; Thelen, 1999, 2003; 염재호, 2009; 김태은, 2009a). 동 관점의 최근 흐름은 어떻게 제도와 행위자 상호간 영향을 미치고 제도적 변화의 메커니즘을 형성하는지(Streeck & Thelen, 2005), 어떻게 제도가 스스로 가능한 발달(전개) 경로를 형성하는지, 어떻게 정치 행위자들이 변화를 유도하기 위해 상호작용하는지에 대해 관심을 갖고 있다(Asiskovitch, 2009: 229; 김태은, 2011a: 30). 이는 제도 변화는 지속되고 제도적 변형은 점진적 조정의 산물일 수 있다는 점을 보여준다(Palier, 2005; Hall, 2010: 205).

대표적으로, 해커(Hacker, 2004)는 표류(drift), 전환(conversion), 층화(layering),

개정(revision)을, 슈트랙과 텔렌(Streeck & Thelen, 2005)은 변화 발생의 원인을 통하여 서로 다른 메커니즘의 유형[예: 전환(Thelen, 2003, 2004), 층화(Schickler, 2001; Thelen, 2003, 2004; Hacker, 2004)]을 포괄하여, 전(대)치, 층화, 표류, 전환, 소모(exhaustion)를 제시하였다. 마호니와 텔렌(Mahoney & Thelen, 2010b)은 슈트렉과 텔렌(Streeck & Thelen, 2005) 연구를 기초로 보다 체계화된 모형을 제시하면서 전(대)치(displacement), 층화(layering), 표류(drift), 전환(conversion)을 제시했다(Mahoney & Thelen, 2010b: 14-18; 김태은, 2011: 30-31; 김태은, 2017).

여기서, 첫째, 전치(혹은 대치)는 "기존 규칙의 제거와 새로운 규칙의 도입"을 의미한다. 즉, 기존 규칙이 새로운 규칙에 의해 대체(replacement)되는 것을 말한다. 이러한 변화 유형은 갑작스럽고, 급격한 변화를 수반한다. 이러한 전치는 급격하고 갑작스럽게 나타날 수도 있고, 천천히 움직임의 과정에서 발생되기도 한다. 새로운 제도는 종종 기존 제도의 패배자(losers)에 의해 도입되어진다. 만약 기존 시스템의 제도적 지지자들이 새로운 규칙으로의 변절(defection)을 막아지내 못하는 것으로 증명된다면, 점진적 전치는 발생한다.

둘째, 층화는 "기존 규칙의 옆 혹은 위에 새로운 규칙의 도입"을 의미한다. 즉, 층화는 새로운 제도가 기존 제도에 부착될 때 발생하므로, 기존 규칙 내에서의 방식 변화는 생태를 구성한다(Schickler, 2001; Thelen, 2003). 전치와 달리, 층화는 전체적인 새로운 제도 또는 규칙을 도입하기보다는 개정, 수정, 또는 기존 제도 및 규칙에 추가한다. 층화 과정은 기존 제도에 대한 도전자들이 실질적인 변화를 가져올 수 있는 능력이 부족할 경우 발생한다. 이러한 상황에서 기존 제도에 대한 도전자들은 기존 시스템 내에서 새로운 규칙을 추가하거나 부가한다. 각각의 새로운 (부가된) 요소들은 그 자체로 미시적 변화를 갖을 수 있고, 이러한 작은 변화가 축적되면, 장기적으로 커다란 변화를 가져올 수 있다.

셋째, 표류는 "환경의 변화로 인한 기존 규칙의 변화된 영향"을 의미한다. 표류는 "규칙이 공식적으로는 남아 있으나 외부 조건의 변화의 결과로서 그러한 규칙의 영향력이 변화한 것"을 말한다(Hacker, 2005). 행위자들이 환경 변화에 대응하기 위한 선택이 이루어지지 못할 때, 제도의 영향력에 변화가 올 수 있음을 보여준다.

넷째, 전환은 "전략적 전환으로 인해 기존 규칙의 변화된 설정(enactment)"을 의미한다. 전환은 "규칙이 공식적으로는 동일하게 남아 있으나 새로운 방식으로 해석 및 설정되어지는 경우(Thelen, 2003)" 혹은 "기존의 제도가 새로운 행위자들의 이익에 부합하거나 새로운 목적을 수행하기 위해 적응된 것(Streeck & Thelen, 2005)"을 말한다.

슈트렉과 텔렌(Streeck & Thelen, 2005)은 전환을 논의하면서, 제도화된 규칙과 집행 간의 '격차'에 의해 정치적 경쟁이 가능하게 될 수 있음을 주장하였다. 그리고 격차의 원인으로 크게 네 가지를 제시하였다. 첫째, 제도 설계자의 인지적 한계와 비의도된 결과(unintended consequences)와 관련되어 있는데, 제도의 이러한 문제에 의해 정치적 경쟁을 가능하게 만든다는 것이다. 둘째, 제도 형성은 정치적 협상의 산물이므로, 규칙 내에 모호성(ambiguities)을 지니게 된다. 이러한 모호성은 제도화된 행위자들에게 그러한 규칙을 어떻게 해석하고 적용해야 할 것인가에 있어 정치적 경쟁의 여지를 제공한다는 것이다. 셋째, 제도 설계에 참여하지 않았던 전략적 행위자들 역시 자신들의 이익에 유리하게 규칙을 해석하기 위해 그들의 권력을 사용하려 한다는 것이다. 넷째, 시간(time)의 중요성과 관련된 것으로, 제도는 제도를 설계한 설계자나 옹호연합보다 혹은 제도의 형성시점의 외적 조건보다 더 오래 생존한다. 따라서 제도와 제도의 설계자, 그리고 조건 간에 시차가 존재할 수 있다는 것이다. 이에 따라, 권력균형 및 행위자의 특성 변화에 따라 어떤 이해를 대변하기 위한 제도의 창조를 허용한다는 것이다(김태은, 2009b: 49).

표 3-4 점진적 변화의 유형

	전치 (displacement)	층화 (layering)	표류 (drift)	전환 (conversion)
기존 규칙 제거	Yes	No	No	No
기존 규칙 무시	–	No	Yes	No
기존 규칙의 변화된 영향/설정	–	No	Yes	Yes
새로운 규칙의 도입	Yes	Yes	No	No

출처: Mahoney & Thelen(2010b, 16).

3. 합리적 선택 제도주의[26]

1) 주요 내용

신제도경제학(new institutional economics) 혹은 합리적 선택 제도주의(rational choice institutionalism)[27]에서 특히 강조되어 왔다. 신제도경제학적 접근은 제도를 역사적, 문화적으로 주어지는 것이 아니라 행위자들 간 상호작용의 결과로서 이해(장하준, 1996: 205-206)하며, 집단행동 딜레마에 처할 경우 행위주체들이 자발적 협력을 통해, 집단행동 딜레마에 빠지지 않을 '제도'를 인위적으로 형성하고 이러한 제도에 행위주체 스스로가 제약을 받음으로써, 집단행동 딜레마에 빠지지 않는다는 점을 강조한다.

구체적으로 첫째, 합리적 선택 제도주의는 제도 형성에 있어 행위주체들의 자발성과 인위성을 강조한다. "제도[28]의 본질은 상호간에 이로운 교환과 협력을 강제하기 위한 것(Weingast, 2002: 670)"으로 "인간의 상호작용을 구조화하는 인위적으로 고안된 제약(North, 1994: 360)", "규칙(rules)이나 규범(norms), 전략(strategies)들에

---

26) 이하 내용은 김태은(2011a, 2017)을 재구성하여 기술함.

27) 신제도경제학은 코즈(Coase, 1937)를 시점으로 재산권, 계약이론, 거래비용이론, 집단행동이론, 공공선택이론, 노스(D. C. North)류의 신경제사 연구, 네오 슘페터주의(neo-schumpeterian)와 같은 진화론적 접근 등 매우 다양한 이론들, 많은 주제들로 구성되어 있다. 장하준(1996: 205)과 쉡슬(Shepsle, 2006: 24)의 지적처럼 이들을 간단히 정리하는 것은 쉽지 않다.

28) 합리적 선택 제도주의자들이 제도를 어떻게 이해하는가는 서로 상이한 부분이 있다. 외생적(exogenous)으로 주어진 것으로 이해하는 관점과 행위자들이 자발적인 합의에 따라 내생적으로 만들어지는 것으로 이해하기도 한다(Shepsle, 2006: 24). 제도의 정의 역시 카이저와 오스트롬(Kiser & Ostrom, 1982: 17), 노스(North, 1990: 3-5)처럼 제도의 정의를 구체적으로 정의하기도 하지만, 카이저와 오스트롬(Buchanan & Tullock, 1962)처럼 헌법 혹은 헌법적 규칙 이상 조작적 정의를 내리지 않기도 한다. 이와 관련하여, 크래포드와 오스트롬(Crawford & Ostrom, 1995)은 제도에 대한 주된 접근으로, 균형으로서의 제도(institutions as equilibria), 규범으로서 제도(institutions as norms), 규칙으로서 제도(institutions as rules)를 소개하고, 제도의 구성요소로 참여자의 속성(attributes), 허락, 의무, 금지를 담고 있는 규범논리(deontic), 규범논리에 의해 부여된 특별한 행동과 결과를 담고 있는 목표(aim), 언제, 어디에, 어떻게, 어느 정도의 목표가 허용, 의무, 금지되는지를 담고 있는 조건(conditions), 규칙을 따르지 않을 때 부과되는 처벌로 정의되는 기타를 제시한다(Ostrom, 1995: 584). 제도의 범위도 규칙, 조직, 시장에 이르기까지 매우 넓고, 주로 공식적 제도를 강조하나 비공식적 제도 역시 강조되기도 한다. 물론, 이 역시 학자들에 따라 일치된 것은 아닌 것 같다. 예를 들어, 노스(North, 1994: 361)는 조직과 제도를 분리한다[제도 정의와 노스의 제도 정의에 대한 비판은 호지슨(Hodgson, 2006) 참고].

의해 조직화되는 반복적 상황속에서 사람들에 의해 이용되는 공유된 개념(shared concepts)(Ostrom, 2007: 23)"에서 알 수 있듯이, 제도를 행위자들이 자발적으로 형성한 규칙 체계로 이해하며, 행위주체들이 제도를 특정 목적과 필요에 의한 인위적 형성을 강조한다.

둘째, 제도 형성의 자발성과 인위성을 전제로 하기 때문에 제도 형성 역시 매우 기능적인 것, 즉 기능주의(functionalism) 관점에 있다(Peters, 1998: 54-55). 예를 들어, 합리적 선택 제도주의 출발점이라 할 수 있는 코즈(Coase, 1937)는 시장은 거래비용이 발생되기 때문에, 이러한 거래비용을 해결하기 위해 제도(즉, 기업)가 나타났음을 지적하였다. 윌리엄슨(Williamson, 2005) 역시 거래의 속성과 가장 효율적인 거버넌스 구조를 연계시키면서 자산특정성, 불확실성, 거래빈도가 높다면 시장에서 교환보다 계층제화(예: 조직)하는 것이 효율적이라고 주장한다. 노스(D. C. North)는 실제 서구의 발전에 거래비용을 낮추는 제도가 중요하게 영향을 미쳤음을 밝힌 바 있으며, 오스트롬(Ostrom, 1990)은 행위주체들이 자발적 협력을 통해 규칙(제도) 형성을 통해 공유자원의 문제를 해결할 수 있다고 주장한다. 모(Moe, 1990: 217-218) 역시 경제조직과 제도는 동일한 방식으로 설명이 가능하며, 이들은 집단행동문제를 해결하기 때문에 특별한 형태를 지니고 출현한다고 주장한다.

셋째, 위와 같은 특징에 따라 합리적 선택 제도주의는 '제도'를 개별 선호를 갖는 행위자의 합리성 충돌을 조정하는 메커니즘으로 이해하기 때문에 제도를 집단행동 딜레마 해결도구로서 이해한다. 즉, 이들은 균형(equilibrium)을 강조하며 특별한 균형을 지속하는 조정 메커니즘으로 제도를 이해한다(Levi, 1997: 27; Mahoney & Thelen, 2010b: 6). 전형적으로 제도를 파레토 최적 균형(Pareto-optimal equilibria) 또는 집단행동 딜레마의 해결책을 반영하는 규칙화된 행태의 패턴으로 이해한다(Koremenos et al., 2003; Greif & Laitin, 2004; Hall, 2010; Weingast, 2002). 공유자원의 집단행동 딜레마에서 해결하기 위해 제시하는 오스트롬(Ostrom, 1990)의 규칙(rules) 역시 이러한 맥락과 일치한다(Peters, 1999: 48). 즉, 개인들은 제도 내에서 어떤 편익을 얻을 수 있다면, 그러한 편익을 얻기 위해서 기꺼이 약간의 행동의 범위(자유)를 희생하려한다는 것이다(Peters, 1999: 47). 이들이 의미하는 제도는 자신의 효용을 극대화하고자 하는 합리적 행위자들이 그러한 효용을 극대화하기 위해, 집단행동의 딜레마에 빠지지 않기 위해 제도를 만들고, 그러한 제도에 스스로 제약받는다는 것이다. 웨인게스트(Weingast, 2002)는 이들의 입장을 이해하기 쉽게 설명한다. 즉, 제도는 행위자들 사이의 상호작용 순서, 행위자들이 선택할 수 있는 대안, 행위자들이 활용 가능한 정보의 수준과 그에 따른 행위자의 신념, 그리고 개인과 집단에 대한 보수 등에 영향을 미친다. 그러므로 일단 규칙이 만들어지면 어떤 방식으로 행동하는 것이 가장 좋은지, 혹은 어떤 행동은 하지 말아야 할 것인지 등이 정해지게 되는 것이다. 그리고 이러한 규칙이 집단행동의 딜레마를 해결해 주기 때문에 공동체 구성원 모두에게 혜택을 주는 것으로 이해된다(Weingast, 2002: 661; 하연섭, 2003: 86-87).

결국 합리적 선택 제도주의 관점에서 제도는 집단행동 딜레마 상황에서 이를 해결하기 위해 행위주체들이 자발적이고 인위적으로 형성한 것으로 이해할 수 있다.

합리적 선택 제도주의 관점에서 오스트롬(E. Ostrom)의 연구는 기념비적이다. 저자는 자발적 협력과 규칙(제도)을 강조하는 오스트롬(Ostrom, 1990)은 자력 부담의 계약 이행 게임(self-financed contract-enforcement game) 모델을 제시하면서 자치적 공유관리제도를 제시하였다. 저자는 공유자원 관리의 자치적 관리의 성공과 실패요인을 분석하고, 이를 통해 공유자원의 자발적 관리를 가능하게 하는 여덟 가지 '제도디자인 원리'로 명확하게 정의된 경계, 사용 및 제공 규칙의 현지 조건과의 부합성, 집합적 선택 장치, 감시활동, 점증적 제재 조치, 갈등해결 장치, 최소한의 자치 조직권 보장, 중층의 정합적 사업 단위를 제시하였다(Ostrom, 1990: 88-102; 2007; 2009; 2011 참고). 이후 이를 체계적으로 묘사하여 제도 분석틀(Institutional Analysis and Development Framework)[29]을 제시하였다(Ostrom, 2007). 또한 오스트롬(Ostrom, 2009, 2011)은 기존 제도분석틀을 보완하여 사회, 경제, 정치적 환경을 강조한 사회생태체계(social ecological systems) 모형[30]을 제시하였다.

---

29) 동 모델에 관한 체계적인 선행연구와 평가는 오스트롬(Ostrom, 2007: 21-54)을 참고 바란다.

30) 사회생태체계 모형은 시스템 관점에 있는 것으로 판단되며, 사회적, 경제적, 정치적 환경변수와 관련 생태계(related ecosystems), 자원시스템(resource systems), 거버넌스 시스템(governance systems), 자원단위(resource units), 사용자(users) 및 각각의 하위변수들로 고려할 수 있는 변수가 총 망라되어 있다.

오스트롬과 정부 역할

오스트롬(Elinor Ostrom)은 공유자원 관리에 관심을 갖고, 기존에 정부개입 혹은 시장의 이분법을 넘어 자치를 강조한 연구를 수행했다. 오스트롬이 공유자원 관리에 있어서 자치적 해결을 강조하였으나, 그의 연구 전반에서 정부 역할이 지속적으로 제시되어 왔다. 한편에서는 소극적인 정부 역할로 보이기도 하고, 한편에서는 적극적인 정부 역할이 나타나기도 한다. 학자들 역시 오스트롬이 공유자원 관리에 있어서 정부의 역할을 어떻게 보는지 서로 달리 이해하는 듯 하다.

첫째, 정부 역할을 제한적으로 이해한다. 오스트롬(Ostrom, 1990) 역시 성공적인 자치관리에 있어 여러 가지 정부가 역할을 수행할 수 있다고 보고 있으나 조력자 혹은 지원자 수준에 한정하는 것으로 이해한다. 이러한 점은 촉진적 정치체제에서 잘 드러나는데, 동 체제는 정부가 문제의 해결을 떠맡지 않으면서 다양한 방법을 통해서 자치적 해결을 위한 노력의 성공을 돕는 것으로 보고 있다(안도경, 2011: 48 참고).

둘째, 오스트롬이 공유자원 관리에 있어서 정부의 역할을 적극적으로 제시하고 있다는 주장이 있다. 예를 들어, 맨스브리지(Mansbridge, 2014)는 오스트롬의 국가 역할에 대한 고찰을 통해, (일반적인 이해와 달리) 복잡한 공유자원 문제를 해결하는 데 있어 높은 수준의 정부 역할을 제시하고 있다는 것이다. 예를 들어, 지역주체들이 협상에 합의를 이르지 못할 경우 해결책 강요, 상대적으로 중립적인 정보 원천 제공, 낮은 비용과 구속력있는 협약을 촉진하기 위한 협상의 장(area) 제공, 순응을 모니터하고 배반에 대한 제재 지원 등이다.

본 연구자가 판단할 때, 오스트롬은 정부개입이 없이 행위자 간 자발적 협력을 통해 공유자원문제가 해결된 것에 관심을 둔 것으로 이해된다. 그러나 그러한 사례가 사실 매우 희귀하고 동시에, 현실에서는 정부가 어떠한 방식으로든 간에 개입하고 있다는 점을 고려할 수밖에 없었던 것으로 판단된다. 과연 정부의 개입이 전혀 없는, 순순하게 행위자 간에 자발적 합의에 의한 공유자원 관리가 현실에서 얼마나 될까?

2) 제도 변화

합리적 선택 신제도주의 역시 제도 변화를 설명하는 데 어려움을 보여 왔다. 합리적 선택이론가들이 설정하는 제도는 노스(North, 1994: 360)의 제도 정의 "인간의 상호작용을 구조화하는 인위적으로 고안된 제약"에서 알 수 있듯이, 기본적으로 개별 선호를 갖는 행위자의 합리성 충돌을 조정하는 메커니즘으로 이해한다. 즉, 이들은 균형(equilibrium)을 강조하며 특별한 균형을 지속하는 조정 메커니즘(coordinating mechanism)으로서 제도를 바라보는 관점과 관련되어져 있다(Shepsle, 1989: 145;

Levi, 1997: 27; Mahoney & Thelen, 2010b: 6).

구체적으로, 합리적 선택 제도주의는 전형적으로 제도를 파레토 최적 균형(Pareto-optimal equilibria), 또는 집단행동 딜레마(collective action dilemma, social dilemma)의 해결책을 반영하는 규칙화된 행태의 패턴으로 이해하였기 때문에 제도는 안정적인 것으로 이해되었다(Shepsle, 1989; Koremenos et al, 2003; Greif & Laitin, 2004; Hall, 2010: 204-205). 그러므로 제도적 변화는 제도에 외생적 충격이 맥락을 변화시킬 때 발생하며, 이는 단절적 균형(punctuated equilibrium) 모델과 매우 유사하다. 그러나 이러한 접근은 제도의 재생산 논리와 제도 변화의 논리를 구분하고 있어 내생적 변화의 점진적 과정을 이론화하고 개념화하는데 어렵다(Greif & Laitin, 2004: 633). 다시 말해, 합리적 선택 제도주의는 제도 운영에 관련한 강력한 시각을 제시하나, 제도 변화에 대해서는 효과적인 분석을 수행하지 못하고 있다(Hall, 2010: 205; 김태은, 2011a).

예를 들어, 거래비용이론은 이를 잘 설명해준다. A, B, C라는 세 주체가 있다고 하자. 이들은 서로 거래를 수행하는 데 있어 서로 계약 이행을 불충분하게 하는 문제를 지니고 있었다. 예를 들어, A는 B에게 일정한 성능조건을 충족하는 부품을 일정 시점까지 조달해달라고 계약을 맺었는데, B가 성능 미달하는 제품이나 혹은 계약일정을 맞추지 못하는 일이 빈번하였다. 한편, A 역시 계약에 기초한 대금을 제때 주지 않거나 적게 주는 등의 문제를 지니고 있었다. 이에, 이들은 서로 A, B, C 간 협약을 체결하여 계약이행을 강제하고, 계약 불이행에 따른 책임을 분명히 하는 협약을 체결하였다. 결국, 이는 A, B, C가 상호 필요에 의해 어떤 규칙과 규율을 형성하고 이러한 (자신들이 만든) 규칙에 자기 스스로 구속됨을 보여준다. 여기서 규칙과 규율은 규제의 또 다른 이름이라 할 것이다.

이들의 주장은 민간부문의 다양한 협회나 이익집단의 조직내규에서 잘 발견된다. 다만, 이들의 주장은 행위자 간의 불균형성을 고려하지 못한다는 단점을 지니고 있다. 규제 형성 주체인 행위자들은 서로 다른 자원과 권력을 지니고 있어, 규제 형성에 서로 다른 영향력을 지니고 있다. 그러나 합리적 선택이론가들은 행위자들의 불균형을 고려하지 못한다. 이는 합리적 선택 제도주의자들 역시, 신고전경제학에 기초한 행위 가정을 전제하고 있기 때문이다.

4. 사회학적 제도주의[31)]

1) 주요 내용

사회학적 제도주의는 조직 연구(Meyer & Rowen, 1977; DiMaggio & Powell, 1991)에서 발전되었으나, 이후 사회정치적 변화의 국제적 과정에 대한 분석을 포함한 제도 변화의 분석에까지 확대(Meyer, 2009)되어 왔다. 사회학적 제도주의는 인지·문화적 관점에서 제도를 이해하고, 개인의 선호와 선택을 문화적 환경에서 이해한다. 동 접근은 제도를 "사회적 행태에 대한 의미와 안정성을 제공하는 인지적, 규범적, 규제적 구조와 활동"이라는 정의(Scott, 1995: 33)에서 알 수 있듯이, 제도를 의미해석의 틀로서 이해하고 있으며, 조직 환경의 사회·문화적 측면의 중요성을 강조한다. 특히, 이들은 의미해석의 틀로서 문화를 강조함에 따라 변화의 역동성을 담아내기보다는 제도의 지속성 또는 자기재생산적 특성(self-reproductive properties)을 강조한다. 즉, 제도는 일상적이고 당연스럽게 받아들여지는 것(taken for granted)으로 이해되었으며(Berger and Luckmann, 1967; Zucker, 1983: 2), 동형화(iso-morphism)(DiMaggio & Powell, 1983; Dobbin, 1994; Scott, 1995)에서 알 수 있듯이, 다양한 영역에서 동일한 제도적 논리의 재생산을 주장한다(Mahoney & Thelen, 2010b: 5). 또한 조직 형태의 기능적·합리적 설명의 대체에 관심을 가지고 있었으며(Meyer & Rowan, 1977), 조직의 유사성과 안정성을 이해(DiMaggio & Powell, 1983)하고자 하였다.

2) 제도 변화

사회학적 제도주의 역시 제도 변화를 위해 외생적 실재 및 힘을 강조한다. 즉, 새로운 해석 틀(interpretive frame)이 외부로부터, 혹은 폭넓은 정치, 법, 시장 영역의 진화에 의해 부여된다고 주장한다(Mahoney & Thelen, 2010b: 5). 물론, 사회학적 제도주의는 로렌스(Lawrence, 2008)에서 잘 정리되었듯이, 외적 쇼크(exogenous shock)뿐만 아니라 행위자, 권력 및 권력관계를 통해 제도 변화를 연구하여 왔다(김

31) 이하 내용은 김태은(2011, 2012)을 토대로 재구성하여 기술함.

태은, 2011a).

대표적으로 디마지오와 포웰(DiMaggio & Powell, 1983)에 따르면, 제도화된 아이디어는 조직으로 하여금 유사한 구조와 형태에 적응하도록 압력을 미치며, 이에 따라 조직의 유사성은 점진적으로 증가하게 된다고 주장하면서, 제도적 동형화의 중요성을 강조하였다. 이들은 유사성(homogeneity)을 증대시키는 요인으로, 두 가지 형태의 동형화, 즉 경쟁적(competitive) 동형화와 제도적(institutional) 동형화를 소개[32]하였다(김태은, 2012: 234-236).

첫째, 경쟁적 동형화는 시장경쟁, 적소 변화(niche change), 적합도 측정을 강조하는 체계 합리성(system rationality)을 가정한다. 이러한 관점은 자유롭게 개방적인 경쟁이 존재하는 영역과 관련되어져 있으며, 베버(Max Weber)의 관료제화의 과정을, 혹은 혁신의 초기과정을 부분적으로 설명한다(DiMaggio & Powell, 1983: 149-150). 부연하면, 경쟁적 동형화는 베버의 합리성의 'Iron Cage'으로 잘 드러나는데, 경쟁시장은 환경적 도전에 대해 가장 합리적이고 효율적인 해결책의 출현과 확산에 호의적이라는 것이다(Radaelli, 2000: 27). 이러한 주장은 효율성의 추구 결과로서 조직의 유사성을 주장하는 합리적 적응 이론가들이나, 환경적 경쟁선택은 조직화된 객체를 구조적으로 유사하게 만든다고 주장하는 조직군 생태이론가들의 주장과 일치한다(Boxenbaum & Johnson, 2008: 79-80). 다시 말해, 경쟁적 압력은 비효율적인 제도적 해결책을 사장시키기 때문에 조직 및 제도 간 수렴을 가져온다는 것이다. 예를 들어, 신고전경제학자들은 완전경쟁 시장 하에서 경쟁적 압력은 최적의(optimal) 생산 기능에 수렴하게 된다고 주장한다. 즉, 기업들이 비용을 최소화하는 최적의 제도적 구조에 수렴하게 된다는 것이다. 이러한 관점은 행위자들이 서로 다른 제도 설계의 비용구조를 분명하게 구분할 수 있고, 집단행동의 문제나 정치·문화적 저항에도 불구하고 가장 효율적인 제도를 구축할 수 있는 능력이 있다고 가정한다(Beckert, 2010: 150).

둘째, 제도적 동형화는 사회적 적합성, 정당성을 강조하는 것으로, 조직은 다른 조직을 고려하는데, 단순히 자원과 소비자에 대해서만 경쟁하는 것이 아니라 정치 권

32) 물론, 이들이 강조하는 것은 제도적 동형화이며, 경쟁적 동형화는 현대사회의 조직을 설명하는 데 적절하지 않다고 주장한다.

력과 제도적 정당성(institutional legitimacy)을 위해서 경쟁한다. 즉, 경제적인 적합성뿐만 아니라 사회적인 적합성을 위해 경쟁한다는 것이다(Aldrich, 1979: 225; DiMaggio & Powell, 1983: 150, 1991: 66). 따라서 조직구조의 형성은 효율성 관점에서 진행되는 것이 아니라 정책적 정당성을 확보하기 위한 것으로 이해하며, 동 과정에서 조직 간 유사성이 나타난다고 주장한다. 다시 말해, 정당성은 왜 조직이 동형화가 나타나는지를 설명한다(Scott, 1995: 4).

실제, 디마지오와 포웰(DiMaggio & Powell, 1983)은 많은 조직들의 동질화를 발견하고, 그러한 동질성의 원인을 베버와 달리 제도적 동형화에서 찾고 있다. 이에, 저자는 경험적으로 엄밀히 구별될 수 있는 것은 아니나(DiMaggio & Powell, 1983: 150), 제도적 동형화의 메커니즘으로 세 가지 동형화 압력(제도적 동형 변화 메커니즘)을 제시한다(DiMaggio & Powell, 1983: 150-154).

첫째, 강압적(coercive) 동형화는 정치적 영향이나 정당성의 문제에서 비롯된다. 동 동형화는 어떤 조직이 의존하는 다른 조직으로부터, 혹은 조직적 기능과 관련한 문화적 기대에 의해 조직에 가해지는 공식적, 비공식적 압력에 따른 결과이다. 여기서, 압력(pressures)은 (해당 조직들에게는) 강제, 설득, 혹은 회유 같은 것으로 느껴진다(DiMaggio & Powell, 1983: 150).

둘째, 모방적(mimetic) 동형화(혹은 modeling)는 불확실성(uncertainty)에 대한 대응으로서 나타난다. (어떤 목적 달성을 위한) 조직의 기술이 제대로 이해되지 못했거나, 목표가 모호하거나, 혹은 환경이 불확실성을 유발할 때, 조직은 정당성이 높거나 성공적으로 보이는 다른 조직을 본받으려 한다는 것이다(DiMaggio & Powell, 1983: 151-152). 특히, 조직이 모호한 원인 또는 불분명한 해결책을 지닌 문제에 직면할 때, 적은 비용으로 문제를 해결하게 해 줄 수 있다는 점에서 모방의 경제적 이익은 크다는 것이다(DiMaggio & Powell, 1983: 151).

셋째, 규범적(normative) 동형화는 본질적으로 (직업) 전문화(professionalization)에 기인한다. 여기서, 전문화는 직업 구성원들이 작업의 조건과 방법을 규정하기 위해, 생산자의 생산을 통제하기 위해, 그리고 그들의 직업적 자율성을 위한 인지적 기초와 정당화를 획득하기 위한 집단적 투쟁과정(노력)으로서 이해한다. 이러한 전문화의 두 가지 측면, 즉 대학교육에 의해 공식교육과 인지적 기초의 정당화, 전문 네트워크의 성장은 동형화의 중요한 원천이다. 이러한 메커니즘들은 조직의 범위를 넘어 유사한 지위와 성향, 경향을 갖는 상호 교환 가능한 인력군을 형성한다. 규범적 동형화의 또 다른 메커니즘은 인력충원이다. 동성적 재생산(homosexual reproduction)과 같이, 조직의 관리자와 핵심 인력이 동일한 대학을 나오고 일련의 공통된 특질을 통해 인력충원이 이루어진다면, 이들은 유사한 방식으로 문제를 이해하고, 규범적으로 정당화되는 정책, 절차와 과정을 수용할 것이며, 동일한 방식으로 의사결정이 이루어질 것이다(DiMaggio & Powell, 1983: 152-153). 부연하면, 전문가 집단 간에 공유된 교육 경험과 밀접한 교류 네트워크에 의해 나타나는 전문화는 특별한 정책 활동을 조직하고 통제하는 적절한 방식에 관하여 정책 전문가 간 합의를 가능하게 한다(Lodge & Wegrich, 2005: 217). 이에, 조직은 합리적인 판단보다는 전문가 집단에 의해 정당하다고 고려되어지는 시스템과 기술을 적용하고, 전문가주의(professionalism)의 표준을 따른다는 것이다(Ashworth et al., 2009: 167).

마이어와 로완(Meyer & Rowan, 1977)는 동형화가 조직에 중대한 결과를 가져온다고 주장한다. 첫째, 효율성의 개념보다는 대외적으로 정당해 보이는 요소들과 통합하고, 둘째, 구조적인 요소들의 가치를 규정하기 위해 외적이거나 혹은 의식적인 평가기준들을 적용하며, 그래서 셋째, 외적으로 확립된 제도에 대한 의존은 혼란을 감소시키고, 안정성을 유지시킨다는 것이다. 결과적으로, 제도적 동형화는 조직의 생존과 성공을 촉진한다(Meyer & Rowan, 1977: 348-353). 그러나 이러한 경우, 조직은 효율성과 의식적인 규칙들(ceremonial rules) 간의 충돌을 해결해야 할 상황에 처하게 되는데, 마이어와 로완(Meyer & Rowan)은 이를 해결하는 상호 연관된 방법으로서 분리(decoupling)와 확신의 논리를 강조한다. 또한 제도화된 조직은 정당성의 침해를 방지하기 위해 조사와 평가를 최소화하고 의식화한다고 주장한다(Meyer & Rowan, 1977: 356-359).

5. 경로의존과 제도 변화

신제도주의 전반에서 경로의존성은 중요한 개념으로 제시되어 왔다.[33)]

33) 이하 김태은(2011a: 32-36)을 재인용함.

경제학에서 개발된 기술발달의 모델(David, 1985; Arthur, 1989)인 경로의존성은 정치 및 행정학 영역에서 제도의 지속 및 강화를 설명하기 위해 광범위하게 활용되어져 왔다.

이러한 경로의존은 어떤 분명한 의미가 부족한 변덕스러운(faddish) 개념(Pierson, 2000a: 251)[34)]으로 그 개념을 명확하게 정의하기는 어렵다. 다만, 피어슨(Pierson, 2000a)과 마호니(Mahoney, 2000) 연구 이후 크게 두 가지 의미로 정리되고 있다. 마호니(Mahoney, 2000)는 이를 각각 '반응적 시퀀스(reactive sequence)'와 '자기강화 시퀀스(self-reinforcing sequences)'로, 피어슨(Pierson, 2000a)은 경제학에서 제기된 체증(increasing returns) 개념을 정치학에서 적용할 수 있음을 주장하면서, 경로의존을 크게 좁은 의미와 넓은 의미로 구분 제시한다.

첫째, 넓은 의미로서 스웰(Sewell, 1996: 262-263)은 "시간적으로 선행하여 발생한 어떤 사건이 이후에 발생하는 어떤 사건의 결과에 영향을 미칠 수 있다는 것"을 말한다. 이는 곧 역사의 중요성을 강조하며, 동시에 어떤 현상에 도달하게 된 경로를 이해하지 않고서는 특별한 사회적 변수의 중요성을 이해할 수 없다는 것이다. 그러나 동 개념은 이전의 사건이 미래의 결과 및 궤적에 영향을 미치기는 하지만, 그것의 방향이 필수적으로 (이전의 방향과)동일하다는 것을 의미하지는 않는다(Pierson, 2000a: 252).

둘째, 레비(Levi, 1997: 28)의 정의에서 알 수 있는 경로의존의 좁은 개념은 수확체증(increasing returns)에 의해 포착될 수 있다. 좁은 의미의 경로의존은 특별한 방향을 갖는 선행 단계는 미래에 동일한 방향을 유도한다는 것이다. 이는 현재 활동의 상대적 편익이 다른 가능한 대안에 비해 시간이 갈수록 증가하기 때문이다(전환 비용의 증가). 이러한 수확체증은 자기강화(self-reinforcing) 및 긍정적 환류과정(positive feedback process)으로 설명되기도 한다(Auther, 1994; North, 1990; Pierson, 2000a: 252). 또한 여기서, '수확체증'은 제도 내 긍정적 환류의 강력한 메커니즘을 창조하기 때문에, 왜 어떤 제도가 시간이 지날수록 자기강화의 경향과 의도적으로 제도의 변화를 어렵게 하는지를 설명한다(Pierson, 2004; Bennet & Elman, 2006: 254-249;

---

34) 케이(Kay, 2005: 554)는 경로의존성 이론은 분석틀 및 이론 혹은 모델이라기보다는 경험적 범주(empirical category), 일시적 과정의 어떤 유형에 이름을 붙여 사용하는 조직된 개념이라 비판한다.

Duit, 2007: 1100-1101; 김태은, 2009b: 48).

유사(혹은 동일)개념으로 제도적 재생산 메커니즘(mechanism of institutional reproduction)이 논의되어져 왔다. 피어슨(Pierson, 2004: 21)을 제도적 재생산 메커니즘은 전환비용(switching cost)을 증가시키거나 유지시키는 제도적 특징으로서 이해한다. 듀이(Duit, 2007: 1100-1101)는 제도적 재생산 메커니즘을 공식 또는 비공식 규칙(rule), 행태적 패턴(behavioural pattern), 제도적 행위자를 위하여 전반적 교환비용을 증가시키는 규칙과 행위자 간의 상호작용(interaction)으로 정의하고 있다.

수확체증이 발생되는 이유에 대해서, 아서(Arthur, 1994: 112)는 경로의존의 원천으로서 고정비용, 학습효과, 조정비용, 적응적 기대(adaptative expectations)를 주장하였으며, 노스(North, 1990: 95)는 기술에 한정한 아서(W. B. Arthur)의 주장을 수용하여 복잡한 사회적 상호작용의 맥락에서, 새로운 제도는 높은 고정 및 초기비용, 학습효과, 네트워크 효과, 적응적 기대(adaptive expectations)를 포함한다고 주장하였다. 피어슨(Pierson, 2000a, 2004) 역시 노스(D. C. North)의 관점을 따르고 있다. 즉, 한번 구축된 제도는 제도 자신의 안정성을 강화하는 강력한 유인을 발생한다는 것이다(Pierson, 2000a: 255; 김태은, 2009b: 48).

QWERTY 자판과 경로의존성

키보드 자판의 제일 위 영어 단어들은 QWERTYUIOP이다. 일명, QWERTY 자판은 원래 타자기 자판이었는데, 현재 컴퓨터 자판에서도 가장 보편적으로 활용되고 있다.

어떻게 타자기 시대의 QWERTY 자판이 컴퓨터 시대의 자판까지 시장을 지배하게 된 것일까? 아마도, 위와 같은 영문 배열이 보다 효율적이기 때문일 것이라고 생각하기 쉽다.

그러나 데이비드(David, 1985)라는 학자는 이를 연구하여, 기술적 상호의존(technical interrelatedness), 규모의 경제(economics of scale), 투자의 준불가역성(quasi-irreversibility of investment)을 통해 설명한다.

용어가 어렵지만 쉽게 말하면, QWERTY 타자기가 (우연히) 시장에서 등장하여 시장 점유율이 높아지면, QWERTY 자판과 이러한 자판에 익숙하고 숙련된 타자수 간에 상호 의존관계가 형성된다. 해당 자판과 타자수 간에 상호 의존관계가 형성될수록, 기업들도, 타자학원도, 새로 구매하는 구입자들도 QWERTY 자판이 든 타자기를 선택이 증가하게 되어 규모의 경제를 달성하게 된다. 이러한 상황에서는 새롭고 보다 효율적인 타자기가 등장한다 하더라도 기존 QWERTY 자판을 버리고, 새로운 타자기 자판으로 전환비용(switching cost)이 막대하기 때문에 잠김효과(lock-in)가 나타난다는 것이다.

QWERTY 자판은 경로의존성을 잘 보여주는 사례로 제시되어 왔다. 또 경제학에서는 비효율적인 기존 방식을 포기하지 못하는 잠김효과(lock-in effect)의 예로서 자주 제시되어 왔다. 잠김효과는 고착효과, 자물쇠 효과라고도 불리는데, 특정 재화나 서비스를 이용하게 되면 동 서비스에 익숙해지면서, 다른 재화나 서비스 이용이 제한되는 현상을 말한다. 잠김효과가 발생되는 대표적인 이유로 전환비용이 제시되고 있다. 잠김효과는 대부분의 재화에서 나타나지만, 특히 정보재에서 매우 강하게 나타난다.

우리나라는 전 세계적으로 드물게 독자적인 '한글' 프로그램을 갖고 있다. 한글 프로그램이 MS Word보다 우수하거나 업무처리에 효율성이 높아서일까? 아니면 애국심 때문일까? 아니면 경로의존성 때문일까?

6. 신제도주의와 규제

신제도주의 관점은 기존에 공익이론과 사익이론으로 대표되는 규제이론과는 그 결이 심히 다르다. 규제의 형성과 변화 원인에 있어 역사적, 합리적 선택, 사회학적 제도주의는 유용한 함의를 제공한다. 대표적으로 몇 가지를 제시하면 아래와 같다.

1) 역사적 제도주의와 규제

첫째, 규제는 권력관계의 비대칭 속에서 형성될 수 있다. 즉, 규제는 상대적으로 권력을 많이 지닌 어떤 행위자나 집단이 자신들의 이익을 극대화하기 위해 규제를 형성할 수 있음을 보여준다. 이러한 규제는 지속적으로 규제 형성주체에게 추가적이고 지속적인 이익을 창출해냄으로써 권력관계의 비대칭을 보다 심화시킬 수 있다. 즉, 자기강화적으로 긍정적 환류가 지속될 수 있음을 보여준다. 즉, 비대칭 권력관계에서 상대적으로 권력이 많은 행위자가 규제 형성에 많은 영향을 미침 → 해당 규제는 권력이 많은 행위자에게 추가적 이익을 생산 → 권력관계의 비대칭 수준 심화 → 규제의 지속과 강화의 순환이 지속될 수 있음을 보여준다.

둘째, 규제의 핵심적 내용이 변화하지 않고 생명력을 지니고 지속될 수 있음을 예측할 수 있다. 규제가 권력관계의 비대칭 속에서 형성되고, 이러한 비대칭을 더욱 심화시킨다면, 규제 형성자 입장에서 규제의 핵심 내용을 변화시킬 필요성을 인식하기 어렵다. 따라서 규제가 한번 형성되면 오랜 기간 지속될 가능성이 매우 크다.

셋째, 규제의 핵심적 내용 변화는 중대한 외부변수에 기초할 가능성이 크다. 심각한 금융위기, 전쟁, 정권 교체 등 외생적 변수가 등장하지 않는 한 규제의 핵심적 내용은 쉽게 변화하지 않는다.

넷째, 외생적 변수 없는 상태에서 규제 변화는 내생적 원인에 따를 수 있다. 즉, 규제는 단일체로서가 아니라 '복합체로서 규제'로 이해한다면, 전치, 층화, 표류, 전환과 같은 변화가 있을 수 있다. 예를 들어, 오랜 기간 층화되어 단일체가 아니라 복잡한 복합체로 존재할 수 있고, 규제가 공식적으로는 존재하나 전혀 기능을 수행하지 못하거나(사문화), 한편에서는 규제가 형성시점과 달리 전혀 다른 기능을 수행할 수 있음을 보여준다.

2) 합리적 선택 제도주의와 규제

첫째, 합리적 선택 제도주의에서 규제는 권력관계가 동등한 행위자들 간에 집단행동 딜레마를 해결하기 위한 게임의 규칙 같은 것이다. 공익·사익 추구와 관련이 없고 어떤 행위주체들이 집단행동 딜레마(social dilemma) 상황에 처하지 않기 위해 인위적으로 형성된 것이다. 특히, 이러한 점은 합리적 선택제도주의가 민간 시장 주체들의 '자기규제'를 설명하는 데 유용할 수 있음을 보여준다. 실제, 각종 이익집단들은 또는 친목단체들은 자발적으로 조직화하고, 스스로를 제약하는 규약 등을 만들다. 또한 주요 행위주체들이 자신들의 이익을 위해 규제를 형성한다는 사익이론과 매우 밀접하게 연계될 수 있음을 보여준다.

둘째, 행위자들은 자신들이 스스로 만든 게임의 규칙인 규제에 스스로 지배를 받는다. 또 행위자들은 이러한 규제의 실효성을 담보하기 위해 스스로 규제 위반자를 처벌하고 감시하는 체계를 형성하고 운영한다.

셋째, 규제는 궁극적으로 행위자들의 이익을 위한 것이다. 즉, 행위자들이 자신들의 이익을 위해서만 행동할 경우, 장기적으로 파국적 결과가 초래될 것이기 때문에, 이를 인지한 행위자들이 이러한 이기적 행동들을 통제하기 위해 규제를 만든 것이다. 따라서 단기적으로, 일시적으로 손실일 수 있으나 중·장기적으로 규제는 행위자 모두에게 이익을 장기적으로 향유하게 하여 준다.

넷째, 규제는 파레토 최적 균형(Pareto-optimal equilibria) 또는 집단행동 딜레마의 해결책을 반영하는 규칙화된 행태의 패턴으로서, 매우 안정적이다. 내·외부 조건이 크게 변화하지 않는 한 쉽게 변화할 이유가 없다. 규제는 경로의존성을 지니며, 자기 강화적이다. 예를 들어, 강수량이 적어 지하수를 통해 식수를 공급받는 마을이 있다고 가정하자. 마을 사람들이 서로 지하수를 많이 사용하고자 한다면, 결국 지하수는 고갈되어 마을 사람들 모두 죽게 된다. 이러한 상황에서 행위자들은 스스로 '지하수 사용 규칙'을 제정하고, 이러한 행위 규제에 스스로 통제를 받는다. 이러한 행위 규제는 마을 사람들 모두에게 편익을 지속시키기 때문에 지하수 사용 규칙은 바뀔 이유가 없다. 즉, 지하수 사용 규칙은 강수량이 매우 크게 변화되거나 혹은 행위자의 수(마을 사람 수)가 크게 변화되지 않는 한 지속될 것이다.

3) 사회학적 제도주의와 규제

사회학적 제도주의는 역사적, 사회학적 제도주의와 달리 규제가 왜 합리적이지 않고, 또 사회적 기능을 수행하지 못하는지, 또는 왜 정부의 선언과 달리 규제 효과가 없는지를 설명하는 데 유용하다. 또한 지방자치단체 간, 정부 간 규제의 유사성을 설명하는데 역시 매우 유용하다.

첫째, 사회학적 제도주의 관점에서 규제는 행위자들을 지배하는, 의미해석의 틀로서 당연스럽게 받아들여지는 것이다. 규제는 행위자들에게 일방향적으로 영향을 미친다. 행위주체가 규제에 영향을 미치지 못하며 오직 독립변수로서 규제만이 있다.

둘째, 규제는 공식 및 비공식 규제를 포괄하며, 특히 비공식 규제를 강조한다. 성문화된 규제뿐만 아니라 관행적, 관습적인 비공식적 규제들을 매우 중시한다.

셋째, 합리적이고 기능적인 관점에서 규제가 형성되고 혹은 변화되는 것이 아니라 조직이나 행위자들의 사회적 정당성을 확보하기 위한 도구로서 규제가 존재한다. 즉, 규제는 합리적 선택의 결과가 아니며, 해당 규제는 도구적인 기능을 수행할 수 없다.

넷째, 규제는 동형화에 따라 형성되고 변화된다. 즉, 강제적, 규범적, 모방적 동형화의 결과로서 규제가 형성되고 또한 변화될 수 있다. 규제의 변화는 합리적이고 기능적 필요에 의한 것이 아니라 모방에 따른 결과이다. 예를 들어, 미국에서 미세먼지 규제를 만들면 우리나라도 미세먼지 규제를 만들고, WTO에서 미세먼지 규제 수준을 변화하면 우리나라도 이에 맞추어 미세먼지 규제 수준을 변화시킨다는 것이다.

제 6 절 | 딜레마 이론

1. 딜레마의 개념[35)]

기존의 공익 · 사익이론, 비의도된 효용이론, 신제도주의적 접근 모두 규제 결정자의 선택(choice)이 가능한 것으로 가정한다. 즉, 공익이든, 사익이든, 비의도된 효용 해결 필요성이든 규제가 필요하다면 규제를 형성 및 집행할 수 있는 것으로 가정한다. 신제도의적 접근 또한 제도적 요인들에 의해 선택이 제한되기는 하나 규제 선택 자체가 어려운 것은 아니다. 그러나 규제 현실에서는 규제를 할 수도, 규제를 하지 않을 수도 없는 상황이 존재한다. 특히, 신규산업과 전통산업 간 제로섬(zero sum) 경쟁 구조에서, 권력관계가 엇비슷한 이익집단이 매우 발달된 정책 영역에서, 형평성과 효율성, 환경과 발전 등 가치가 상충되는 영역 등에서 일반적으로 나타난다. 몇 가지 예를 들어보면 아래와 같다.

수도권 입지 규제강화는 정치적으로 지역 유권자의 표를 얻을 수 있지만 수도권 유권자의 표는 잃을 수 있다. 경제적으로는 지방경제 활성화를 유도할 수 있지만 자본 유치의 어려움으로 인해 국제적 차원에서는 경쟁력이 낮아질 수 있다.

서해 바다의 어족자원은 한정되어 있고 한국, 북한, 중국과 공유하는 공유자원이다. 이러한 상황에서 어족자원 보호를 위해 우리나라만 강력한 규제를 시행하면, 규제의 편익은 세 개 국가가 나누어 갖는(1/3) 반면에, 규제의 비용은 우리나라만 부담(1)하게 된다. 결국, 어족자원을 보호하기 위해서 규제를 해야 하지만, 우리나라만 규제를 하면 우리나라만 손해를 보는 구조가 형성된다.

정보화가 빠르게 진행되면서 게임산업은 주요 산업으로 부상하고 있다. 그러나 한

35) 김태은(2009: 183-148), 김태은 · 윤견수(2011: 72-74) 내용을 보완 인용함.

편에서 중독, 폭력, 음란, 금전적 문제 등 다양한 부정적 영향이 나타나고 있다. 특히, 청소년들에게 미치는 부정적 영향은 심각한 상황이다. 이 상황에서 게임 규제를 강하게 시행해야 하지만, 게임 규제를 강하게 시행할 경우 게임 산업과 연관 산업에 부정적 영향을 미친다.

최근 '타다' 논란, 그리고 원자력 발전 논란의 본질은 이익집단 간 충돌이다. 신규사업을 촉진하기 위한 규제완화는 전통 산업의 이익을 침해하게 되고 이에 따른 강력한 집단저항에 직면하게 된다.

동 차원에서 딜레마 이론은 규제이론에 유용한 함의를 제공한다.

딜레마 이론은 제도 변화를 설명하는 유용한 도구로서 인정받아왔다. 일반적으로 딜레마(dilemma)는 한 대안의 선택으로 인해 포기된 다른 대안이 가져올 기회손실이 큰 상황(이종범, 1994: 216)으로, "두 개의 대안이 존재할 때, 두 개의 대안을 동시에 선택할 수 없으며, 그 중 한 개의 대안을 선택하기도 곤란하지만, 제한된 시간 내에 선택을 하지 않을 수도 없는 상황(윤견수, 2006: 73)"을 의미한다. 구체적으로, 딜레마는 두 개의 대안의 존재, 대안 간 단절성, 대안 간 상충성, 결과가치의 등가성 및 선택을 전제로 한다는 특성을 지니고 있는 것으로 정리되고 있다(이종범 외, 1992; 소영진, 1999; 최흥석 · 윤견수, 2000; 김태은, 2008: 183). 이는 곧 딜레마의 조건이라 할 수 있다.

딜레마는 어떤 선택에 있어서, 대안 A와 대안 B가 존재하고 이들 대안의 결과가치 즉, 대안 A의 결과가치(효용)와 대안 B의 결과가치(효용)가 엇비슷하기 때문에 대안 A와 대안 B 중 어느 것도 선택하기 어려운 상황이라 할 것이다. 따라서 이를 표시하면, [그림 3-5]에서 검은 직선이라 할 수 있다. 이러한 직선은 각각의 점들이 연결되어 있음을 가시성 있게 그림으로 제시한 것이다. 물론, 완전한 딜레마 상황은 [그림 3-5]에서 직선의 폭(z)가 가능한 0에 가까울 때를 의미할 것이다. 그러나 인간의 인지적 한계를 고려한다면 완전한 딜레마 상황을 가정하기는 현실적으로 매우 어렵다. 따라서 z는 이를 고려하여 딜레마 영역을 의미한다.

[그림 3-5]에서 흐릿하게 표기된 영역은 의사 딜레마 영역으로 나타내고 있다(김태은 · 박종수, 2008: 375). 즉, 의사 딜레마는 현재 상황이 딜레마가 아님에도 불구하고 딜레마 상황으로 결정자가 설정하는 것으로, 이는 결정자의 인지상 착오나 혹

은 의도적인 설정에 따른다(이종범 외, 1992: 17).

한편, 딜레마 강도(dilemma strength)는 '결정주체가 인식하는 딜레마의 크기'를 의미한다(김태은·윤견수, 2011: 71). [그림 3-5]에서 딜레마의 강도는 a<b<c의 순서로 나타날 수 있다. 즉, a점은 딜레마 상황이나, 대안 A의 결과가치, 대안 B의 결과가치가 작고, 반면 c점은 대안 A의 결과가치와 대안 B의 결과가치가 매우 커서([그림 3-5]에 한정한 상대적 크기이다), a점보다는 c점이 딜레마의 강도가 더 큼을 보여준다. 딜레마 강도는 다양한 원인에 따라 서로 다르게 나타날 수 있으나, 대표적으로 대안의 선택에 따라 나타날 수 있는 '결과가치의 크기'와 '주어진 선택 시간'에 따라 딜레마 강도가 달라질 수 있다(김태은·윤견수, 2011).

그림 3-5 딜레마 개념과 강도의 모식도

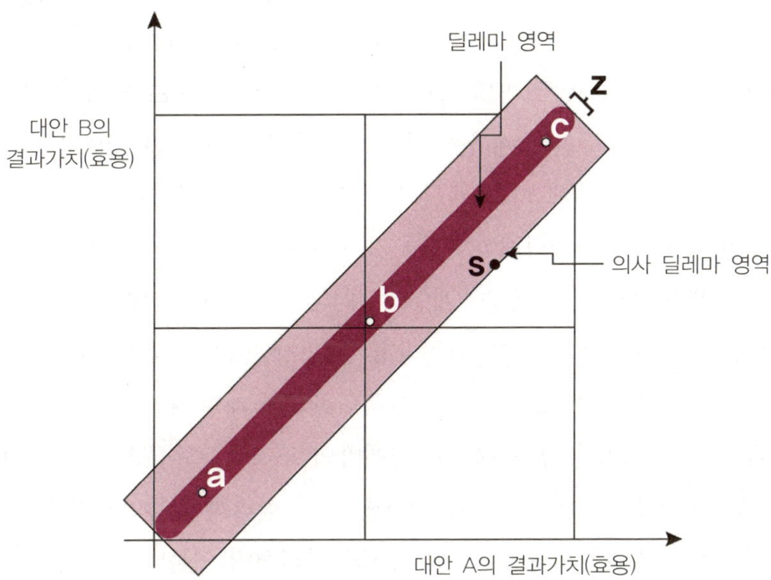

주: 1) 단, 두 개의 대안(A, B)만 존재하고, 대안 간 단절성과 상충성이 있으며, 두 대안 중 하나를 선택해야 한다는 전제 하의 그림임.

2) 의사 딜레마 영역 그림은 의사결정자의 의도적 설정이 아니라 인지상 착오에 따른 의사 딜레마를 나타내고자 한 것임.

출처: 김태은·박종수(2008, 375).

2. 갈등과 딜레마, 그리고 딜레마 수준[36)]

딜레마는 갈등과 상이한 개념이지만, 갈등의 개념이 핵심적으로 자리잡고 있다(이종범, 2005: 11). 일반적으로 갈등(conflict)은 매우 다양하게 정의되고 있다. 즉, 갈등은 행동주체 간의 대립적 내지 적대적 교호작용을 말하고, 대립적 교호작용이란 하나의 작용이 다른 작용을 방해하거나 손상시키거나 그 효율성을 저하시키는 관계를 지칭한다(오석홍, 2005: 593). 혹은 둘 또는 그 이상의 집단 간에 명백한 적개심으로 이해하거나(Blalock, 1989), 집단들이 서로 많은 자원을 갖기 위해 자원을 분할하거나 나누어야 하는 상황으로 정의한다(Brickman, 1974: 1). 심리적 차원에서 갈등은 "두 개 이상의 서로 배타적인 활동에 개입하고 싶은 상황"(Muray, 1968: 220)으로 이해되며, 사회학적 관점에서는 "둘 이상의 사람이나 집단이 동일한 대상을 소유하려 하거나 동일한 지위 혹은 공간을 점유하려고 할 때 언제나 발생되는 현상"(North, 1968: 226)이라 할 수 있다(최흥석 · 윤견수, 2000: 35).

딜레마의 수준은 갈등의 소재[37)]가 어디에 있는가에 따라 크게 다섯 가지로 구분되어질 수 있다. 즉, 갈등의 소재가 행위자 내부에 있는 경우와 행위자간에 있는 경우로 구분이 가능하며, 이에 따라 개인의 딜레마, 개인의 정책딜레마, 개인 간 정책딜레마, 개인-집단 간 정책딜레마, 집단 간 정책딜레마로 구분되어질 수 있다.

개인 내 딜레마: 심리적 갈등을 "개인의 내부에 서로 배타적인 두 개의 입장, 즉 두 입장을 동시에 선택할 수 없고, 그렇다고 한 입장을 선택하기도 힘들기 때문에 결정하기 힘든 상황"(윤견수, 2006: 76)으로 정의한다면 개인 내 딜레마는 심리적 갈등과 매우 유사하다. 그러나 앞서 제시된 딜레마의 조건들, 즉 분절성, 상충성, 결과가치의 등가성, 선택불가피성의 정도가 높다면 이는 심리적 갈등이라기보다 딜레마라 할 수 있다. 특히, 결과가치의 등가성과 선택불가피성이 이들 간의 구분을 명료하게 한다. 이러한 개인 내 딜레마는 정책문제와 개입되지 않을 경우, 단순히 '개인수준의 딜레마(유형 a)'라 할 수 있고, 반면 통치권자나 정책결정자가 정책과 관련하여 딜레

36) 김태은 · 박종수(2008: 376-377) 재인용.

37) 참고로, 랜(Lan, 1997: 29)은 갈등을 미시수준 및 거시수준의 갈등으로 구분한다. 즉, 미시수준의 갈등은 개인 간, 그리고 조직 간에 존재하며 일반적으로 특정적이나 거시수준의 갈등은 덜 특정적이며 전형적으로 제도적 수준이라고 주장한다.

마에 빠진다면 이는 '개인수준의 정책딜레마(유형 b)'라 할 수 있다.

행위자(개인, 집단 모두 포함)간 딜레마: 노스(North, 1968)와 같이 갈등을 정의하게 되면, 행위자 간 갈등의 유형은 크게 개인 간, 개인과 집단 간, 집단 간으로 나타날 수 있으며, 이러한 갈등상황은 다음과 같은 딜레마 유형과 구분되어질 수 있다. 이러한 갈등 유형은 딜레마의 조건이 충족되고, 딜레마 주체가 존재하게 되면, 각각 개인 간 정책딜레마(유형 c), 개인-집단(혹은 집단-개인) 간 정책딜레마(유형 d), 집단 간 정책딜레마(유형 e)로 전환되게 된다. 이 수준에서 갈등과 가장 핵심적 차이는 딜레마 조건 중 결과가치의 등가성, 선택의 불가피성의 정도 차이와 분석대상 주체의 차이에 있다. 특히, 분석대상 주체의 차이는 명료하다. 즉, 갈등은 행위자 간에 발생하는 현상을 의미하지만, 딜레마는 그러한 현상 속에 있는 결정주체에, 즉 의사결정자에 초점이 맞추어져 있다.[38]

물론, 정책딜레마가 되기 위해서는 모든 상황에서 정책의제화의 조건이 충족되어야 할 것이다. 따라서 갈등이 딜레마가 되기 위해서, 첫째, 개인 수준 정책딜레마는

표 3-5 갈등과 딜레마의 수준(차원)

갈등의 소재	갈등 유형	정책의제화(①)	딜레마 조건 충족(②)	딜레마 유형	딜레마 인식주체(③)
행위자 내부	특정 개인	불필요	필요	개인수준 딜레마 〈유형 a〉	없음
		필요	필요	개인수준 정책딜레마 〈유형 b〉	없음
행위자 간	개인-개인	필요	필요	개인 간 정책딜레마 〈유형 c〉	있음
	개인(집단)-집단(개인)	필요	필요	개인-집단 간 정책딜레마 〈유형 d〉	있음
	집단-집단	필요	필요	집단 간 정책딜레마 〈유형 e〉	있음

38) 예를 들어, 의약분업문제로 인해 의사집단과 약사집단이 서로의 이익을 위해 갈등상황에 빠져 있다고 한다면, 그 자체는 딜레마가 아니라 집단 간 갈등이다. 그러나 만약, 이러한 갈등상황 속에서 어떤 결정주체(예: 대통령, 혹은 고위 정책관료, 정치가 등)가 존재하고 이들 대안 중 하나를 선택해야 하는 상황이라면 이는 '집단 간 정책딜레마'라 할 것이다.

정책의제화(조건 ①)와 딜레마 충족조건(조건 ②)이 충족되어야 하며, 둘째, 행위자 간 정책딜레마는 정책의제화(조건 ①)와 딜레마 충족조건(조건 ②), 딜레마 인식주체조건(제3결정자 유무-조건 ③)이 충족되어야 할 것이다. <표 3-5>는 이를 간략히 정리하여 제시하고 있다. 정책딜레마에서 가장 광범위하고 의미 있게 다루어지는 영역은 집단 간 정책딜레마(유형 e)이며, 규제 관점에서 역시 가장 중요한 영역이다.

3. 규제 딜레마와 규제

정책결정자는 선택이 어려운 정책딜레마 상황에 직면할 수 있다. 다시 말해, 규제를 하지도, 하지 않을 수도 없는 규제 딜레마 상황에 처할 수 있다.

일반적으로 딜레마 상황에서는 기존의 합리모형, 점증모형 등과 다른 독특한 대응이 나타난다. 예를 들어, 상징적 대응(윤견수, 1993; 이종범, 1994), 순환적 선택 또는 정책의 비일관적 대응(염재호 · 박국흠, 1992), 형식주의(박통희 · 김동환, 1994), 결정의 지연과 포기(최흥석 · 윤견수, 2000), 무마용 자원확대(소영진, 1993; 이종범, 1994), 운영방식의 이원화(윤견수, 1997), 한정적 대응(김태은, 2007c), 제3자원의 활용(김태은 · 박종수, 2008), 딜레마 전가(김태은, 2009b) 등이 나타난다. 이는 곧 아래와 같은 규제 대응이 나타날 수 있음을 의미한다.

첫째, '상징 규제'가 나타날 수 있다. 일반적으로 상징은 생각, 관계 등을 어떤 의미를 대표하여 표현할 수 있는 그림, 문자, 소리, 기호, 동 · 식물, 사람 등을 말한다. 상징은 어떤 의미를 매우 효율적으로 전달할 수 있고, 구성원들에게 심리적 만족 및 정체성을 확보하게 하여 주며, 조직 및 국가 통합에 기여하는 등의 효과가 있다. 상징 규제란 "규제가 정부의 어떤 목표를 수행하기 위한 '상징(symbol)'으로서 활용되는 것"을 의미한다. 예를 들어, 물가 안정의 상징으로서, 기업 친화의 상징으로서, 소비자 보호 상징으로서, 혁신의 상징으로서, 국민 통합의 상징으로서 활용됨을 의미한다. 구체적으로, 이러한 상징은 안전, 환경 등 사회적으로 보호해야 할 영역에 정부가 관심을 지니고 있음을 대내 · 외적으로 보여주기 위해 '규제'를 도입하거나 정부의 개혁성을 나타내기 위해 매 정권 출범 초기마다 필수적으로 등장하는 '규제개혁'이 잘 보여준다. 또는 국제적으로 국가 이미지나 브랜드 관리 차원에서 규제를 도입 혹은 완화하기도 한다.

둘째, '비일관적 규제'가 나타날 수 있다. 비일관적 규제는 "규제의 강도와 적용 대상 등이 비일관적으로 나타나는 것"을 의미한다. 비일관적 규제는 대표적으로 두 가지 형식으로 나타난다. ① 규제의 강도가 비일관적으로 나타나는 경우이다. 예를 들어, 주택규제처럼 주택가격이 급등하면 규제를 강화했다가 경기가 침체하면 다시 규제를 완화하는 비일관적 대응을 한다는 것이다. ② 규제의 적용 대상이 비일관적인 경우이다. 예를 들어, A, B 이익집단 간 충돌이 심각할 때 한 번은 A집단을 요구를 반영하여 규제하고, 다른 한 번은 B집단을 위해 규제하는 것이다. 여기서, 규제는 규제를 형성하거나 완화하거나 혹은 강화하는 것 모두를 포함한다.

셋째, '규제의 형식주의(formalism)' 혹은 '형식적 규제'로 "규제가 실질적 내용을 담고 있는 것이 아니라 형식적으로만 존재하는 것"을 의미한다. 형식주의는 한 제도가 규율하고자 하는 목적 기준이나 그것이 요구하는 수단 또는 절차의 기준과 실제 관행 간의 격차 정도(이종범, 1986: 53)를 의미한다. 간단히 말해, 선언적 규제 목표와 실제 집행 내용과는 차이가 있는 경우를 말한다. 예를 들어, 대기업으로부터 전통시장을 보호하기 위해 유통법과 상생법을 제정하였지만, 구체적인 내용을 살펴보면 지리적 한계, 구역 지정 한계, 시간적 한계, 사업조정 신청 업종 제한, 사업조정 이후 실효성 등이 있어 동법(규제)을 통해 전통시장 보호라는 규제 목표를 달성하기 어렵다는 것이다. 또는 생산자와 소비자 간의 정보 비대칭에 따른 문제를 해결하기 위해 소비자 보호를 위해 규제를 도입하였으나 실제 위반에 대한 벌금을 낮게 한다면(규제 위반에 따른 이익이 벌금보다 큰 상황), 소비자 보호 규제는 있으나 소비자 보호는 되지 않는다.

넷째, '규제 지연'으로, 사회적 이슈가 등장하고 "규제적 대응이 요구됨에도 불구하고 규제 형성, 강화, 완화 등이 나타나지 않고 지속적으로 지연되는 것"을 의미한다. 즉, 이도 저도 못하는 상황에서 선택이 가능한 시간적 범위에서 지속적으로 지연 혹은 시간 끌기 하는 것이다. 예를 들어, 1990년대 말 IPTV라는 방송과 통신이 융합된 기술이 등장하자 당시 지상파 방송, CATV 등 산업계뿐만 아니라 정부부처 간 이해 충돌이 심각하게 나타났다. 이에 정부는 IPTV 규제기관, 규제내용을 결정하지 않고 10여 년 가까이 지연하였다.

다섯째, '제한 규제'로, 제한 규제는 "규제가 존재하나 다양한 제한조건이 첨부된 경우"이다. 즉, 이는 규제 딜레마 상황에서 두 가지 대안 모두를 선택하고자 최대한 노력한 형태의 규제라 할 수 있다. 이는 크게 두 가지 형태로 나타난다. ① 규제는 존재하나 적용 예외되는 대상을 설정함으로써 규제의 적용 범위를 제한하는 경우이다. ② 규제의 시간적·공간적 범위를 제약하는 경우이다. 만약 이러한 규제 제한이 과도하면 형식적 규제로 전환된다.

여섯째, '자원 연계 규제'로, "규제가 단독으로 존재하기 보다는 정부의 다른 자원(예: 세금지원, 보조금, 다른 유형의 규제완화, 인적 지원 등)과 결합되어 있는 규제"이다. 즉, 이는 제3자원을 활용한 탈딜레마 추구 결과이다. 자원 연계 규제는 규제 자체만으로 전체를 파악할 수 없다. 복합체로서 제도와 같이, 다양한 정책수단들이 하나의 복합체를 이루고 있고, 이러한 복합체의 구성요소로서 규제가 존재할 가능성이 있다. 따라서 규제와 함께 구성된 복합체를 살펴봐야 만이 규제의 역할과 기능을 파악할 수 있다.

일곱째, '규제 전가(toss)'이다. 규제 전가란 "다른 주체에게 규제 권한을 넘기는 것"을 말한다. 예를 들면, 중앙정부가 지방자치단체에게 규제 권한을 넘긴다던지, 아니면 민간 협회에게 자율규제로 넘긴다던지 등의 방식을 취할 수 있다.

참고문헌

김태은(2007a). 『정부규제의 영향요인에 관한 실증 연구: 금융규제 사례 분석 및 다국가 실증분석을 중심으로』. 고려대학교 박사학위 논문.

______(2007b). 정부규제의 변화와 지속 요인으로서 비의도된 효용(unintended utility): 김영삼, 김대중 정부의 은행소유규제를 중심으로. 『한국정책학회보』, 16(4): 57-96.

______(2007c). 정책딜레마 상황이 정부규제에 미치는 영향에 관한 연구: 수도권 입지규제의 변화를 중심으로. 『한국정책학회보』, 16(2): 119-152.

______(2008). 정책수단 선택과 변화의 결정요인으로서 (탈)딜레마: 참여정부의 주택정책을 중심으로. 『한국행정학보』, 42(4): 179-210.

______(2009). 제도 변화와 대체요인으로서 딜레마 대응에 관한 연구: 신 · 재생에너지 발전차액지원제도를 중심으로. 『한국행정학보』, 43(4): 179-208.

______(2010). 기술융합하에서 규제조직 변화요인에 관한 연구: 방송·통신 융합 사례를 중심으로. 『한국행정연구』, 18(4): 59-90.

______(2011). 두 가지 환류, 그리고 내생적 제도 변화: 종합부동산세를 중심으로. 『한국행정학보』, 45(2): 27-56.

______(2012). 제도의 유사성과 이질성의 원인에 관한 연구: 적기시정조치제도를 중심으로. 『한국행정학보』, 46(4): 233-263.

______(2015a). 역사적 제도주의 연구 경향과 비판적 논의. 『한국행정학보』, 49(4): 57-96.

______(2015b). 배출권거래제도의 선택과 동형화 메커니즘 연구. 『한국정책학회보』, 24(2): 57-89.

______(2017). 집단행동 딜레마와 제도의 유막 층화: 해상 매립지를 중심으로. 『정부학연구』, 23(3): 311-350.

______(2018). 불균형과 협력의 조건. 2018 한국행정학회 동계학술대회 발표집.

김태은 · 박종수(2008). 합리성의 제약요인으로서 정책딜레마와 정책변화: 금산분리 관련 정책을 중심으로. 『한국행정학보』, 42(2): 371-399.

김태은 · 윤견수(2011). 딜레마 강도와 딜레마 대응에 관한 연구: SSM 사례를 통한 역동적 딜레마 모형 제시. 『한국정책학회보』, 20(4): 67-103.

노화준(2005). 『정책분석론』. 박영사.

두산백과사전, http://www.encyber.com

박통희 · 김동환(1992). 딜레마와 형식주의. 『한국행정학보』, 25(4): 45-66.

소영진(1993). 『정책딜레마와 조직의 대응: 한국의 산업안전보건정책을 중심으로』. 고려대학교 행정학 박사학위논문.

______(1999). 딜레마 발생의 사회적 조건: 위천공단 설치를 둘러싼 지역갈등을 중심으로. 『한국행정학보』, 33(1): 185-205.

안도경(2011). 시장-정부 이분법에 대한 비판적 검토: R. H. Coase와 E. Ostrom의 제도 연구 방법을 중심으로. 『정부학연구』, 17(1): 35-56.
안문석(1995). 『환경행정론』. 법문사.
염재호(2009). 한일 행정개혁의 비교연구: 정부조직개편의 제도론적 접근. 『정부학연구』, 15(2): 71-106.
염재호 · 박국흠(1992). 정책의 비일관성과 딜레마: 제 5공화국 정책대응을 중심으로. 『한국행정학보』, 25(4): 23-44.
오석홍(2005). 『조직이론』(제4판). 서울: 박영사.
원자력 백과사전, http://www.atomic.or.kr/atomica
윤견수(1993). 조직의 딜레마에 대한 상징적 반응. 『한국행정학보』, 26(4): 1257-1280.
______(1997). 정당성의 논리와 중간조직의 딜레마. 『한국행정학보』, 31(2): 93-110.
______(2006). 정부의 결정을 딜레마 상황으로 가게 하는 요인과 그에 대한 대응책에 관한 연구. 『한국행정연구』, 15(1): 71-100.
이만우(2004). 『신공공경제학』. 율곡출판사.
이종범(1986). 『국민과 정부관료제』. 서울: 고려대학교 출판부.
______(1994). 딜레마와 상징적 행동. 이종범(외). 『딜레마이론: 조직과 정책의 새로운 이해』. 213-235. 서울: 나남출판.
______(2005). 불확실성, 모호성과 딜레마 상황하에서 절차적 합리성 탐색. 『행정논총』, 43(4): 1-27.
이종범 · 안문석 · 이정준 · 윤견수(1991). 정책분석에 있어서 딜레마 개념의 유용성. 『한국행정학보』, 25(4): 3-22.
장하준(1996). 경제학의 최근 연구 동향: 제도경제학의 최근 동향. 『경제학연구』, 44(1): 1191-1221.
정용덕(1984). 자유시장경제와 정부규제: 연구문제의 선정. 『한국행정학보』, 18(2): 597-619.
최병선(1992). 『정부규제론』. 법문사.
______(2007). 정책연구, 얼마나 과학적인가?: 윌다브스키의 관점을 중심으로. 노화준교수 정년기념회 논문집간행위원회. 『정책연구의 관점과 방법』. 3-32. 법문사.
최성모(1994). 산업안전보건규제의 도덕성 회복을 위한 제언: 근로자의 안전과 보건 대 기업의 생산성. 이종범(외). 『협동사회의 정착과 정부의 역할』. 119-166. 서울: 집문당.
최성모 · 소영진(1994). 사회규제완화와 풍선효과: 규제완화조치에 대한 규제기관의 대응전략을 중심으로. 『한국행정학보』, 27(4): 1139-1157.
최진욱(2002). 규제연구에 대한 제도주의적 접근. 『정부학 연구』, 8(2): 144-180.
최흥석 · 윤견수(2000). 딜레마 상황에서의 의사결정 행동. 윤견수(외). 『딜레마와 행정』. 29-54. 서울: 나남.
하연섭(2003). 『제도분석, 이론과 쟁점』. 다산출판사.

Akerlof, G. A.(1970). The Market for "Lemons": Quality Uncertainty and the Market Mechanism. *The Quarterly Journal of Economics*, 484(3): 488-500.

Aldrich, H.(1979). *Organization and Environments*. Englewood Cliffs, NJ: Prentice-Hall.

Arrow, K. J.(1963). Uncertainty and the welfare economics of medical care. *American Economic Review*, 53(5): 941-973.

Arthur, W. B.(1994). *Increasing Returns and Path Dependence in the Economy*. Ann Arbor: University of Michigan Press

Ashworth, R., Boyne, G., & Delbridge, R.(2009). Escape from the Iron Cage? Organizational Change and Isomorphic Pressures in the Public Sector. *Journal of Public Administration Research and Theory*, 19: 165-187.

Asiskovitch, S.(2009). Digging their Own Graves: Unexpected Consequences of Institutional Design and Welfare State Changes. *Social Policy & Administration*, 43(3): 226-244.

Bardach, E.(1977). *The implementation game: What happens after a bill becomes a law. Cambridge*. Massachusetts: MIT Press.

Baumgartner, F. R. & Jones, B. D.(1993). *Agendas and Instability in American Politics*. Chicago, Chicago University Press.

Becker, G. A.(1983). A Theory of Competition Among Pressure Group for Political Influence. *The Quarterly Journal of Economics*, 98(3): 371-400.

Beckert, J.(2010). Institutional Isomorphism Revisited: Convergence and Divergence in Institutional Change. *Sociological Theory*, 28(2): 150-166.

Beland, D.(2007). Ideas and Institutional Change in Social Security: Conversion, Layering, and Policy Drift. *Social Science Quarterly*, 88(1): 20-38.

Berg, S. V. & Tschirhart, J.(1995). Contributions of Neoclassical Economics to Public Utility Analysis. *Land Economics*, 75(3): 310-330.

Berger, P. L. & Luckmann, T.(1967). *The Social Construction of Reality*. New York: Doubleday.

Bernstein, M. H.(1955). *Regulating Business by Independent Comission*. Princeton: Princeton University Press.

Blalock, H. M., Jr.(1989). Power and Conflict: Toward a General Theory. Newbury Park, CA: Sage.

Boxenbaum, E. & Johnson, S.(2008). Isomorphism, Diffusion and Decoupling. In R. Greenwood, C. Oliver, R. Suddaby & K. Sahlin(eds.). *Organizational Institutionalism*. 78-98. Sage Publication.

Buchanan, J. M. & Tullock, G(1962). *The Calculus of Consent: Logical Foundations of Constitutional Democracy*. Ann Arbor: University of Michigan Press.

Campbell, J. L.(2004). *Globalization and Institutional Change*, Princeton, NJ: Princeton University Press.

Clemens, E. S. & Cook, J. M.(1999). Politics and Institutionalism: Explaining Durability and Change. *Annual Review of Sociology*, 25: 441-466.

Coase, R. H.(1960). The Problem of Social Cost. *Journal of Law and Economics*, 56(4): 837-877.

______(1984). The New Institutional Economics. *Journal of Institutional ans Theoretical Economics*, 140: 229-231.

______(1991). 1991 Novel Lecture: The Institutional Structure of Production. O. E. Williamson & S. Winter(eds.) The nature of the firm: origins, evolution, and development. 227-235. New York: Oxford University Press.

______(1992). The Institutional Structure of Production. *American Economic Review*, 82: 713-719.

Collier, R. & Collier, D.(2002). *Shaping the Political Arena: Critical Junctures, the Labour Movement and Regime Dynamics in Latin America*. 2nd. Princeton, NJ: Princeton University Press.

Crawford, Sue E. S. & Elinor Ostrom(1995). A Grammar of Institutions. *The American Political Science Review*, 89(3): 582-600.

David, P.(1985). Clio and the Economics of QWERTY. *American Economic Review*, 75: 332-337.

DiMaggio, P. J. & Powell, W. W.(1983). The Iron Cage Revisited: Institutional Isomorphism and Collective Rationality in Organizational Fields. *American Sociological Review*, 48: 147-160.

______(1991). "Introduction." In W. W. Powell & P. J. DiMaggio(eds.). *The New Institutionalism in Organizational Analysis*. 1-38. Chicago: University of Chicago Press.

Duit, A.(2007). Path Dependency and Institutional Change: The Case of Industrial Emission Control in Sweden. *Public Administration*, 85(4): 1097-1118.

Evans, P., Rueschmeyer, D., & Skocpol, T.(eds.)(1985). *Bringing the State Back In*. Cambridge: Cambridge University Press.

Fligstein, N.(1996). Markets as Politics: A Political-Cultural Approach to Market Institutions. *American Sociological Review*, 61: 656-673.

Gaventa, J.(1980). *Power and Powerlessness: Quiescence and Rebellion in an Appalachian Valley*. Urbana: University of Illinois Press.

Gerber, B. J. & Teske, P.(2000). Regulatory policymaking in the American states: A review of theories and evidence. Political Research Quarterly, 53(4): 849-886.

Glaeser, E. L. & Andrei, S.(2003). The Rise of the Regulatory State. *Journal of Economic Literature*, 41(2): 401-425.

Gormley, Jr. W. T.(1986). Regulatory Issue Networks in a Federal System. *Polity*, 18(4): 595-620.

Grief, A. & Laitin, D. D.(2004). A Theory of Endogenous Institutional Change. *The American Political Science Review*, 98(4): 633-652.

Hacker, J. S.(2004). Privatizing Risk Without Privatizing the Welfare State: The Hidden Politics of Social Policy Retrenchment in the United States. *American Political Science Review*, 98(2): 243-260.

Hahn, R. W.(1990). Regulation: Past, Present and Future. *Harvard Journal of Law and Public Policy*, 13: 167-228.

Hall, P. A.(1986a). *Governing the Economy: The Politics of State Intervention in Britain and France*. Oxford and New York: Oxford University Press.

______(1986b). *Governing the Economy: The Politics of State Intervention in Britain and France*. Oxford and New York: Oxford University Press.

______(2010). Historical Institutionalism in Rationalist and Sociological Perspective. In J. Mahoney & K. Thelen(eds.). *Explaining Institutional Change. Ambiguity, Agency, and Power*. Cambridge University Press.

Hall, P. A. & Taylor, R. C. R.(1996). Political Science and the Three New Institutionalisms. *Political Studies*, 44: 936-957.

Hannan, M. T. & Freeman, J. H.(1989). *Organizational Ecology*. Cambridge, MA: Harvard University Press.

Hardin, G.(1968). The Tragedy of the Commons. *Science*, 162(3859): 1243-1248.

Hodgson, G. M.(2006). What are Institutions? *Journal of Economic Issues*, 40: 1-25.

Immergut, E. M.(1998). The Theoretical Core of the New Institutionalism. *Politics and Society*, 26(1): 5-34.

Immergut, E. M. & Anderson, K. M.(2008). Historical Institutionalism and West European Politics. *West European Politics*, 31(1-2): 345-369.

Jepperson, R. L.(1991). Institutions, Institutional Effects, and Institutionalism. In W. W. Powell & P. J. DiMaggio(eds.). *The New Institutionalism in Organizational Analysis*. Chicago, IL: Chicago University Press.

Jordan, W. A.(1972). Producer Protection, Prior Market Structure and the Effects of Government Regulation. *Journal of Law and Economics*, 15(1): 151-176.

Kay, A.(2005). A Critique of the Use of Path Dependency in Policy Studies. *Public Administration*, 83(3): 553-571.

Kiser, L. L. & Ostrom, E.(1982). The Three Worlds of Action: A Metatheoretical Synthesis of Institutional Approaches. In E. Ostrom(ed.). *Strategies of Political Inquiry*. Beverly Hills: Sage Publications.

Koremenos, B., Lipson, C., & Snidal, D.(2003). *The Rational Design of International Istitutions*. New York: Cambridge University Press.

Krasner, S. D.(1984). Approaches to the State. Alternative Conceptions and Historical

Dynamics. *Comparative Politics*, 16(2): 223-246.

Krueger, A. O.(1974). The Political Economy of the Rent-seeking Society. *American Economic Review*, 64(3): 291-303.

Lan, Z.(1997). A Conflict Resolution Approach to Public Administration. *Public Administration Review*, 57(1): 27-35.

Lawrence, T. B.(2008). Power, Institutions and Organizations. In R. Greenwood, C. Oliver, R. Suddaby & K. Sahlim. *Organizational Institutionalism*. 170-197. Sage Publications.

Leibig, M. T.(1986). The Deprivatization of Employee Benefit and Labor Law: The Surprising Conservative Erosion of Trusts and of the Competitive Labor Model. *Law and Contemporary Problems*, 49(4): 183-209.

Levi, M.(1997). A Model, a Method, and a Map: Rational Choice in Comparative and Historical Analysis. In M. I. Lichbach & A. S. Zuckerman(eds.). *Comparative Politics: Rationality, Culture, and Structure*. 19-41. Cambridge: Cambridge University Press.

Lieberman, R. C.(2002). Ideas, Institutions, and Political Order: Explaining Political Change. *American Political Science Review*, 96(4): 697-712.

Lodge, M. & Wegrich, K.(2005). Control Over Government: Institutional Isomorphism and Governance Dynamics in German Public Administration. *Policy Studies Journal*, 33(2): 213-233.

Mahoney, J.(2000). Path Dependence in Historical Sociology. *Theory and Society*, 29: 507-548.

Mahoney, J. & Thelen, K.(2010a). *Explaining Institutional Change. Ambiguity, Agency, and Power*. Cambridge University Press.

______(2010b). A Theory of Gradual Institutional Change. In J. Mahoney & K. Thelen(eds.). *Explaining Institutional Change. Ambiguity, Agency, and Power*. 1-37. Cambridge University Press.

Mankiw, N. G.(김경환 · 김종석 역)(2004). 『맨큐의 경제학』. 서울: 교보문고.

March, J. G. & Olsen, J. P.(1984). The New Institutionalism: Organizational Factors in Political Life. *American Political Science Review*, 78(3): 738-749.

______(1989). *Rediscovering Institutions: The Organizational Basis of Politics*. New York: The Free Press.

McChesney, F.(1987). Rent Extraction and Rent Creation in the Economic Theory of Regulation. *Journal of Legal Studies*, 16(1): 101-118.

McKie, J. W.(1970). Regulation and the free Market: The Problem of Boundaries. *The Bell Journal of Economics and Management Science*, 1(1): 6-26.

Meyer, J. W. & Rowan, B.(1977). Institutionalized Organizations: Formal Structure as Myth and Ceremony. *The American Journal of Sociology*, 83(2): 340-363.

Meyer, J. W.(2009). *World Society*. Oxford, UK: Oxford University Press.

Mitnick, B. M.(1980). *The Political Economy of Regulation*. New York: Columbia University Press.

Moe, Terry M.(1990). Political Institutions: The Neglected Side of Story. *Journal of Law, Economics, and Organization*, 6: 213-253.

Muray, E. J.(1968). Conflict: Political Aspects. *In International Encyclopedia of Social Sciences*, 3: 220-226. New York: Crowell Collier and Macmillan, Inc.

North, D. C.(1990). *Institutions, Institutional Change and Economic Performance*, Cambridge: Cambridge University Press.

______(1994). Economic Performance Through Time. *The American Economic Review*, 84(3): 359-368.

______(1998). Economic Performance Through Time. In March C. Brinton & Victor Nee(eds.). *The Institutionalism Sociology*. 247-257. New York: Russell Sage Foundation.

North, R. C.(1968). Conflict: Political Aspects. *In International Encyclopedia of Social Sciences*, 3: 226-231. New York: Crowell Collier and Macmillan, Inc.

Olson, M.(1965). *The Logic of Collective Action: Public Goods and the Theory of Groups*. Cambridge, MA: Harvard University Press.

Orren, K. & Skowronek, R.(2004). *The Search for American Political Development*. Cambridge: Cambridge University Press.

Ostrom, E.(1990). *Governing the Commons: Evolution of Institutions for Collective Action*. New York: Cambridge University Press.

______(2007). Institutional Rational Choice: An Assessment of the Institutional Analysis and Development Framework. In P. A. Sabatier(ed.). *Theories of the Policy Process. Boulder*, 21-64. CO: Westview Press.

______(2009). A General Framework for Analyzing Sustainability of Social-Ecological Systems. *Science*, 325(5939): 419-422.

______(2011). Background on the Institutional Analysis and Development Framework. *The Policy Studies Journal*, 39(1): 7-27.

Ostrom, E., Gardner, R., Walker, J., Walker, J. M., & Walker, J.(1994). Rules, Games, and Common-Pool Resources. University of Michigan Press.

Palier, B.(2005). Ambiguous Agreement, Cumulative Change: French Social Policy in the 1990s. In W. Streeck & K. Thelen(eds.). *Beyond Continuity: Institutional Change in Advanced Political Economies*, 1-39. Oxford: Oxford University Press.

Peltzman, S.(1976). *Toward A More General Theory of Regulation. Journal of Law and Economics*, 19(2): 211-240.

______(1989). The Economic Theory of Regulation after a Decade of Deregulation. *Brookings*

Paper: Microeconomics. Washington, D.C.: Brookings Institution.

______(1993). George Stigler's Constribution to the Economic Analysis of Regulation. *The Journal of Political Economy*, 101(5): 818-832.

Peters, B. G.(1999). *Institutional Theory in Political Science: The New Institutionalism.* London: Pinter.

______(2005). *Institutional Theory in Political Science: The New Institutionalism*(2nd ed.). London: Pinter.

Peters, B. G., Pierre, J., & King, D. S.(2005). The Politics of Path Dependency: Political Conflict in Historical Institutionalism. *The Journal of Politics*, 67(4): 1275-1300.

Pierson, P.(1994). *Dismantling the Welfare State?: Reagan, Thatcher, and the Politics of Retrenchment*. New York: Cambridge University Press.

______(1996). The Path to European Integration: A Historical Institutionalist Perspective. *Comparative Political Studies*, 29(2): 123-163.

______(2000). Increasing Returns, Path Dependence, and the Study of Politics. *American Political Science Review*, 94(2): 251-267.

______(2004). *Politics in Time: History, Institutions, and Social Analysis*. Princeton, NJ: Princeton University Press.

Posner, R. A.(1971). *Taxation by Regulation. Bell Journal of Economics and Management Science*, 2(1): 22-50.

______(1974). Theories of Economic Regulation. *The Bell Journal of Economics and Management Science*, 5(2): 335-358.

Pressman, J. L. & Wildavsky. A.(1979). *Implementation*. Berkeley: University of California Press.

Radaelli, C.(2000) Policy transfer in the European Union: institutional isomorphism as a source of legitimacy. Governance: *An International Journal of Policy and Administration*, 13(1): 25-43.

Rawls, J.(1999). *A Theory of Justice*(revision ed.). Harvard University Press.

Ripley, R. & Franklin, G. A.(1991). *Bureaucracy and Policy Implementation*. Homewood. Ⅲ: Dorsey Press.

Rothschild, M. & Stiglitz, J. E.(1976). Equilibrium in Competitive Insurance Markets. *Quarterly Journal of Economics*, 90(4): 629-649.

Schickler, E.(2001). *Disjointed Pluralism: Institutional Innovation and the Development of the U.S. Congress*. Princeton, NJ: Princeton University Press.

Scott, W. R.(1995). *Institutions and Organizations*. Thousand Oaks, CA: Sage.

______(2001). *Institutions and Organizations*(2nd ed.). Thousand Oaks, CA: Sage.

Sewell, William H.(1996). Three Temporalities: Toward an Eventful Sociology. In Terrance J. McDonald(ed.). *The Historic Turn in the Human Sciences*. 245-280. University of Michigan Press.

Shepsle, K. A.(2006). Rational Choice Institutionalism. In R. A. W. Rhodes & S. A. Binder & B. A. Rockman. *The Oxford Handbook of Political Institutions*. 23-38. Oxford University Press.

______(1989). Studying Institutions: Some Lessons from the Rational Choice Approach. *Journal of Theoretical Politics*, 1(2): 131-149.

Steiner, P. O.(1983). The Legalization of American Society: Economic Regulation. *Michigan Law Review*, 81(5): 1285-1306.

Steinmo, S., Thelen, K., & Longstreth, F.(eds.)(1992). *Structuring Politics: Historical Institutionalism in Comparative Perspective*. Cambridge: Cambridge University Press.

Stigler, G. J.(1971). The Theory of Economic Regulation. *Bell Journal of Economics and Management Science*, 2: 3-21.

Streeck, W. & Thelen, K.(eds.)(2005). *Beyond Continuity: Institutional Change in Advanced Political Economies*. New York: Oxford University Press.

Thelen, K.(1999). Historical Institutionalism in Comparative Politics. *Annual Review of Political Science*, 2: 369-404.

______(2003). How Institutions Evolve: Insights from Comparative Historical Analysis. In J. Mahoney & D. Rueschemeyer(eds.). *Comparative Historical Analysis in the Social Sciences*, 208-240. New York: Cambridge University Press.

______(2004). *How Institutions Evolve: The Political Economy of Skills in Germany, Britain, the United States, and Japan*. Cambridge: Cambridge University Press.

Thelen, K. & Steinmo, S.(1992). Historical Institutionalism in Comparative Politics. In S. Steinmo, K. Thelen & F. Longstreth(eds.). *Structuring Politics: Historical Institutionalism in Comparative Analysis*. Cambridge: Cambridge University Press.

Tullock, G.(1967). The Welfare Costs of Tariffs, Monopolies and Theft. *Western Economic Journal*, 5(3): 224-232.

Veljanovski. C.(2010). Economic Approaches to Regulation. In R. Baldwin, M. Cave & M. Lodge(eds.). *The Oxford Handbook of Regulation*. Oxford university Press.

Weingast, B. R.(2002). Rational-Choice Institutionalism. In I. Katnelson & H. V. Miller (eds.). *Political Science: The State of the Discipline*. 660-692. New York: W. W. Norton & Co.

Wildavsky, A.(1979). *Speaking Truth to Power: The Art and Craft of Policy Analysis*. New Brunswick: Transactions Publishing Co.

Williamson, Oliver E.(1985). *The Economic Institutions of Capitalism: Firms, Markets, Relational Contracting*. New York: The Free Press.

Wilson, J. Q.(1974). The Politics of Regulation. In James W. McKie(ed.). *Social Responsibility and the Business Predicament*. Washington, D.C.: Brookings Institution.

______(1980a). *The Politics of Regulation*. New York: Basic Books.

______(1980b). *American Government: Institution and Politics*. Lexington, Mass: D.C. Health and Co.

______(1989). *Bureaucracy: What Government Agencies Do and Why They Do It*. New York: Basic Book.

Zucker, L. G.(1983). Organizations as Instituions. In S. B. Bacharch(ed.). *Research in the Sociology of Organizations*. 1-42. Greenwich, CT: JAI Press.

Chapter 04

규제완화 주요 이론과 논리

제 1 절 | 개 관

규제완화는 '기존 규제의 강도를 낮추는 것'을 의미한다. 그러나 규제완화는 매우 다의적 의미를 지니고 있다. 정부를 강조하는 시장주의 입장을 대변하기도 하고, 규제개혁을 통해 정부의 혁신성을 강조한다.

국가 경쟁력 개선을 위한 규제완화가 주장되는 반면, 한편에서 규제완화는 '작은 정부를 나타나기 위한 '상징'으로서 활용되기도 한다. 또한 이익집단별로 규제완화는 서로 다른 의미를 지니고 있다. 어떤 이익집단이 규제완화를 주장할 때, 동 규제는 자신들에게 규제지대를 얻게 해주는 규제를 완화하자는 것이 아니다. 이들이 말하는 규제는 자신들의 시장진입을 막고 있는 규제나 기업입장에서 사익추구를 제한하는 규제들을 의미한다. 예를 들어, '타다 사례'에서 알 수 있듯이, 타다가 강조하는 규제완화는 기존의 택시 혹은 렌터카 시장에 진출할 수 있도록 해달라는 것이다. 당연히 기존의 택시산업과 업자들은 기존 규제의 유지 및 강화를 주장한다.

규제의 근원을 통합적으로 설명할 이론이 존재하기 어렵듯이, 규제완화를 통합적으로 설명할 수 있는 이론적 도구는 존재하기 어렵다. 정확하게 규제완화가 무엇인지를 알기 위해서는 어떠한 집단이 규제완화를 주장하는지, 규제완화의 구체적 내용이 무엇인지, 규제완화에 따른 비용과 편익 분포가 어떻게 달라지는지 등에 대한 체계적 고찰이 필요하다.

우선, 규제완화이론은 제3장에서 제시한 규제이론과 연계되어 있다. 이에, 제2절에서 공익이론, 사익이론, 비의도된 효용이론, 신제도주의, 딜레마 이론 관점에서 규제완화를 기술했다. 동 이론들 외에도 1970년대 후반부터 전 세계적으로 지속되고 있는 규제완화에는 공공선택이론과 거래비용이론이 크게 영향을 미쳤다. 따라서 해당 이론에 보다 큰 비중을 두고 기술하였다.

제 2 절 | 주요 규제이론과 규제완화

1. 공익이론 관점에서의 규제완화

공익이론 관점에서, 규제는 공익을 추구하기 위한 것이다. 특히, 공익이론은 시장실패와 관련된 문제를 해결하기 위하여 규제 필요성을 강조하여 왔다. 따라서 규제완화의 필요성 역시 공익 추구를 위한 것이다. 즉, 공익을 추구하기 위해 규제를 형성하였듯이, 공익을 추구하기 위해 규제를 완화하는 것이다.

공익의 극대화를 위한 규제완화의 필요성은 기술발달, 산업경쟁력 변화, 규제 대상의 변화 및 소멸 등 매우 다양한 원인에 기인한다. 예를 들어, 초기 산업화 단계에 있는 나라들은 자국 시장과 자국 기업의 보호를 위해 외국 자본의 시장진출을 규제하곤 한다. 명시적으로 진입 자체를 규제하거나 혹은 시장진출 과정을 매우 어렵고 까다롭게 하여, 즉 시장진입의 비용을 매우 높여 진입을 어렵게 하기도 한다. 이러한 상황에서 시간이 흘러 국내 기업들이 국제적으로 경쟁력을 갖추게 되면, 이때에는 더 이상 해외 기업의 국내 시장진입을 규제할 필요성이 없어진다. 오히려, 이 단계에 들어서면 국내 기업의 해외 진출을 지원하기 위한 수단으로서, 외국 기업의 국내 시장진입을 허용하는 규제완화를 단행하기도 한다. 심지어, 장하준(2004)의 지적처럼 다른 국가들에게 관련 진입규제를 완화하라고 압력을 가하기도 한다.

또 다른 예로, 2020년 코로나 19가 창궐하자 마스크의 수요와 공급 균형이 깨졌다. 마스크 수요는 단기에 폭발적으로 증가하는 대신 공급은 한정되어 있기 때문에 심각한 시장 실패가 나타난다. 동 상황에서 정부는 마스크 공급규제(예: 마스크 5부제)를 시행하였으나 이후 안정화 단계에 들어서자 다시 규제를 대폭 완화 후 폐지했다.

2. 사익이론 관점에서 규제완화

사익이론은 본질적으로 사적 이익을 위해 규제가 형성된다고 주장한다. 규제는 생산자, 이익집단, 그리고 정치 및 관료들의 이익추구의 결과이다. 따라서 규제가 이익추구의 결과, 또 이익추구를 지속하게 하는 도구라는 점에서 이러한 규제가 왜 완화되는지를 설명하는 것이 쉽지 않다. 즉, 규제가 사익추구의 결과이듯이, 규제완화도 해당 규제 형성 주체들의 사익추구의 결과여야 한다. 예를 들어, 스티글러(G. J. Stigler)는 생산자 집단과 규제자 간 교환에 의해 규제가 형성되었고, 동 규제가 생산자 집단에 이익을 가져다 준다고 주장한다. 즉, 규제는 생산자 집단에게 규제지대를 형성하여 지속적이고 안정적인 이익을 얻게 해준다. 이러한 상황에서 생산자 집단의 이익을 위해 동 규제가 완화된다고 주장하는 것은 논리적으로 모순이다.

따라서 사익이론 관점에서는 규제가 사익추구의 결과이며, 사익추구를 지속시켜주는 장치라는 점에서, 규제완화 역시 사익추구의 결과로서 이해하는 것이 타당하다. 몇 가지 가능한 논의는 아래와 같다.

첫째, 펠츠만(Peltzman, 1976)의 지적처럼, 기존 규제의 효율성이 낮거나 규제에 따른 보상이 낮아질 경우 규제완화가 진행될 수 있다. 즉, 기술발전, 외부환경의 변화 등에 따라 기존 규제를 유지하는 것보다 규제를 완화하는 것이 이들에게 보다 유리한 경우에 한해 나타날 수 있다. 예를 들어, 발전 사업자들이 자신들의 규제지대를 형성하기 위해 석유와 가스, 석탄만을 에너지원으로 정하고, 이에 따른 진입규제를 형성하였다고 가정하자. 시간이 흘러, 태양광 기술이 등장하고 동 분야의 성장가능성이 매우 높다고 할 때, 이들은 태양광에너지를 자신들의 주요 사업으로 포함시키기 위하여, 기존의 에너지사업 범위를 석유, 가스, 석탄 외에 태양광까지 포함시키기 위한 규제완화를 주장할 수 있다.

둘째, 이익집단들의 사익추구 과정 속에서 규제완화가 이루어질 수 있다. 물론, 여기서 규제완화의 대상은 자신들을 보호하고 지대를 생성해주는 규제가 아니다. 예를 들어, 한의사 협회는 의료기구의 사용과 활용에 있어서 규제완화를 지속적으로 주장하고, 또한 대기업은 출자총액규제 혹은 독과점 규제를 완화해야 함을 지속적으로 강조한다. 정보통신기업은 정보통신기업도 인터넷 은행업에 진출할 수 있도록 관련 규제를 대폭 완화해달라고 주장한다.

셋째, 정치적 균형(political equilibrium) 관점에서 규제완화가 진행될 수 있다. 즉, 정치가들이 가장 중요하게 생각하는 것 중 하나는 재선하는 것이고 정치적 영향력을 확대하는 것이다. 이를 위해서 중요한 것은 곧 '표'이다. 규제 결정에 중요한 위치에 있는 이들은 '표'를 가장 많이 얻을 수 방향으로 규제를 강화하거나 혹은 완화할 가능성이 매우 크다.

3. 비의도된 효용이론 관점에서 규제완화

'비의도된 효용(unintended utility)이론'은 특정 규제가 발생시킨 비의도된 부정적 효용의 축적을 해결하는 과정에서 새로운 규제가 형성되거나 기존 규제가 변화될 수 있음을 강조하고 있다. 따라서 비의도된 효용이론에 따라 기존 규제의 완화 역시 발생될 수 있다. 과거 산업화시기 농산물에 대한 가격규제는 물가안정, 도시 노동자 임금통제 목적 등 여러 정책적 목적을 지니고 수행되어 왔다. 그러나 오랜 가격규제는 도·농 간 심각한 소득격차를 유발하였고, 이촌향도 및 농촌지역의 황폐화, 지역 불균형 성장 초래 등 다양한 비의도된 부정적 효용들이 나타났다. 이에 따라, 대도시 집중, 특히 수도권 집중을 막기 위한 규제가 신설되기도 하였고, 한편에서는 농산물에 대한 가격규제를 물가안정 등 특수한 상황에서만 적용하는 등 관련 규제가 대폭 완화 및 폐지되었다.

4. 신제도주의 관점에서 규제완화

신제도주의는 본질적으로 규제의 지속성, 생명력, 그리고 경로의존성을 공통적으로 강조한다. 그러나 각 접근별로 규제완화 설명은 차이를 지닐 수 있다.

역사적 제도주의는 규제의 지속성을 설명하는 데 유용하다. 대치, 층화, 표류, 전환 등 내생적 제도 변화 역시 규제의 완화를 설명하는 데에는 제약이 있다. 다만, 규제는 권력 비대칭 구조에서 형성된다는 점에서, 외적 변수에 의해 권력체계가 근본적으로 변화(예: 정권교체)가 된다면, 규제완화가 발생될 가능성이 있다. 특히, 권력 비대칭을 강조하는 역사제도주의 관점에서 민주주의 체제보다 독재정권의 변화는 매우 큰 규제 변화를 초래시킬 수 있다. 즉, 일반적으로 독재정권은 정경유착이 나타나게 되는데, 이러한 정경유착은 진입, 가격규제 등 다양한 규제를 통해 특정 기업과 산업을 보호하고 지원하는 형태로 나타난다. 따라서 독재정권이 붕괴되게 되면 기존의 규제들이 대폭 완화될 가능성이 크다.

합리적 선택 제도주의에서 규제는 행위자들 간 합리성 충돌을 조정하는 메커니즘으로 이해될 수 있다. 균형(equilibrium)으로 규제를 이해하기 때문에 규제는 안정적으로 지속성을 지닌다. 동 관점에서 규제완화는 첫째, 행위자 구성 자체에 변화가 있거나, 둘째, 외부 조건이 변화하지 않는 한 규제완화가 발생되기 어렵다. 예를 들어, 어족자원을 보호하기 위해 어부 10명이 자발적인 어업규제를 하여 왔는데, 시간이 흘러 어부가 5명이 죽어 5명만 남게 되거나 혹은 어떤 이유로 어족자원이 매우 풍부해 진다면, 규제를 인위적으로 형성할 수 있는 어부들은 기존의 어업규제를 완화할 것이다.

사회학적 제도주의에서 규제는 도구적, 기능적인 목표를 구현하기 위한 것이 아니라 정당성을 확보하기 위한 도구이다. 따라서 이들 관점에서 규제완화는 정당성을 확보하기 위한 동형화의 결과로서 이해될 수 있다. 예를 들어, 미국에서 의료기술 규제가 완화되면, 다른 국가들도 강제적, 모방적, 규범적 동형화에 따라 의료기술 규제를 완화한다는 것이다.

5. 딜레마 이론 관점에서 규제완화

딜레마 이론은 규제를 할 수도, 하지 않을 수도 없는 상황을 다룬다. 선택 자체가 매우 곤란한 상황을 설정하고 있다. 이론적으로 이러한 딜레마 상황에서는 형식주의, 비일관적 대응, 한정적 대응이 나타난다. 규제완화 역시 동 맥락에서 이해할 수 있다. 즉, 딜레마 상황에서 규제강화 혹은 규제완화는 형식주의 대응의 일환으로 혹은 비일관적 대응의 일환으로 나타날 수 있다.

예를 들어, 수도권 입지규제는 딜레마 이론 관점에서 규제완화를 이해하는 데 유용하다. 1960년대부터 수도권 과밀화는 심각한 사회문제로 제기되었고, 이에 따라 수도권으로 인구를 유입하는 공장 설립, 대학 설립 등을 제한하는 수도권 입지를 제한하는 다양한 규제들이 만들어졌다. 특히, '수도권 공장총량제'는 수도권에의 공장 신·증설을 금지하는 것으로, 수도권정비계획법, 공업배치 및 공장설립에 관한 법률(현, 산업집적활성화 및 공장설립에 관한 법률)에 따라 1994년부터 시행되고 있다.

수도권 공장총량제는 수도권과밀화에 따른 정치, 경제, 사회적 문제를 해결하고 지역균형발전을 목적으로 규제가 만들어졌다. 또한 지방분권 구조에서 지방자치단체 및 지방정치를 고려할 때 수도권 규제의 정치적 필요성 역시 매우 높다. 그러나 국내·외 기업 입장에서 수도권은 거대시장과의 인접성, 풍부한 인적자원, 금융 조달의 용이성, 미래 투자가치 우수성 등의 장점을 지니고 있어 입지를 선호한다. 더욱이 세계화가 진행되면서, 국내·외 기업(자본)은 국경을 초월하여 자신들에게 보다 유리한 투자지역을 찾아 이동하고 있는 반면, 국가는 서로 이러한 기업들의 투자를 유치하기 위해 경쟁해야 하는 구조이다. 기업투자를 유치하는 것은 세수뿐만 아니라 현대사회에서 가장 중요한 고용과 직접적으로 연계되어 있다는 점에서 그 중요성이 증대되고 있다.

결국, 수도권 공장총량제는 규제를 유지하기도 규제를 완화(혹은 폐지)하기도 매우 어려운 상황, 딜레마 상황이라 할 수 있다. 이에, 그동안 정부는 수도권 공장총량제는 유지하면서도 입지 시기나 투자 대상 산업을 한정하여 입지를 허용하거나, 어떤 기업 입지는 불허하고 어떤 기업 입지는 허용하는 등 비일관적으로 대응하여 왔다. 이는 곧 수도권 공장총량제의 규제완화는 딜레마 대응의 맥락에서 이해해야 함

[SK 하이닉스 용인 공장] 수도권 공장총량제 규제를 해야 되나? 하지 말아야 하나?

SK 하이닉스가 국내에 최대 규모 반도체 공장 설립을 추진하자, 지방자치단체 간 유치경쟁이 발생되었다. 특히, 동 과정에서 지자체들은 정부가 수도권 공장총량제를 준수해줄 것을 강력하게 요청하였다. 그러나 SK 하이닉스는 용인 입지를 결정하고 정부에 수도권에 산업단지 공급물량을 추가 공급해줄 것을 요청하였다. 이에 정부는 국가적 필요성을 이유로 특별물량을 공급하였다.

- (위치/사업비) 경기도 용인시, 총 120조 원(장비구매 등 포함)
- (내용) ① 반도체 4개 Fab 신설, 최대 80만 장/월 생산능력 확보
  ② 50개 이상 협력업체가 입주하는 상생형 클러스터 조성
  ③ 스마트산단 적용 및 창업활성화 등 혁신활동 지원
- (기대 효과) 1.7만 명 신규 직접고용

출처: 산업자원부 보도참고자료(2019.2.22).

을 보여준다.

제 3 절 | 공공선택이론과 규제완화

1. 공공선택이론의 주요 내용[1)]

공공선택이론(public choice theory)은 기본적으로 1960년대 이후 경제학이 정치학에 그 영향력을 행사한 결과물이라 할 수 있다. 즉, 경제학은 일반이론을 추구하면서, 경제적 설명의 영역을 지속적으로 확대하여 왔는데, 그 대표적 영역이 바로 정치영역이었으며, 그러한 정치 영역에 대한 경제적 설명이 곧 공공선택이론이라 할 수 있다.

공공선택이론의 기초는 블랙(Black, 1948)의 중위자 투표정리(median-voter the-

1) 김태은(2014: 21-23)의 내용을 요약 인용함.

orem), 털럭(Tullock, 1959)의 투표담합(logrolling), 다운스(Downs, 1957)의 대표민주주의(representative democracy), 코즈(Coase, 1960)의 사회적 비용(social costs), 올슨(Olson, 1965)의 이익집단 활동(interest-group activity), 그리고 불가능성 정리의 애로우(Arrow, 1951), 정치에서의 개인적 교환을 강조한 뷰캐넌(Buchanan, 1949, 1954)의 연구와 관련된다(Blankart & Koester, 2006: 172). 공공선택이론은 이러한 다양한 논의에 기초하고 있으나, 공공부문을 분석함에 있어 크게 두 가지 관점에 있다.

첫째, 공공선택이론은 방법론적 개인주의(methodological individualism)에 기초하고 있다. 사회현상을 이해하는 데 있어 방법론적 개인주의는 신고전경제학에서 경제현상을 분석하는 기본적인 접근방법이다. 방법론적 개인주의에서 인간은 경제인(homo economicus 또는 economic man)이다. 즉, 개인은 합리적이며, 완전한 정보를 소유하고, 자기이익을 추구하며, 자기이익을 극대화하는 인간을 설정한다(Dunleavy, 1991; Niskanen, 1971; Tullock, 1959). 여기서, 인간본성에 대한 공공선택이론의 핵심 가정은 곧 이기심과 합리성이다. 물론, 이러한 인간본성에 대한 이기심과 합리성은 실제 분리되기 어렵다. 왜냐하면, 공공선택이론가들은 이기적인 인간들이 자신의 이익을 극대화하기 위해 행동한다고 전제하고 있는데, 이러한 자신의 이익극대화는 인간이 합리적이지 않다면 구현될 수 없다. 따라서 이기적인 인간과 합리적인 인간은 공공선택 이론가들에게 있어 분리되어 존재하기 어렵다. 즉, 모든 행위자는 자기이익(self-interest)에 의해 동기화되며, 이러한 가정은 또한 합리성 가정(rationality assumpation)과 관련되어져 있다(Wilkinson, 2008: 327). 물론 이러한 경제인에서 문화적 배경은 중요하지 않다. 인간의 이기심은 일반적이다(selfishness is universal)이라는 것이다(Gächter et al., 2010: 2652).

다시 말해, 공공선택이론은 신고전경제학과 본질적으로 동일하다. 다만, 분석 대상이 경제학의 고유 영역이 아니라 비시장적 의사결정 영역, 즉 정치·행정 영역을 분석한다는 데 있으며, 그 핵심은 방법론적 개인주의에서의 개인에 대한 가정을 정치·행정 영역에 그대로 적용한다는 것이다. 이에 따라, 광의의 정치 영역 주체인 정치가, 관료, 법관 등 소위 공직자 역시 합리성을 지니고, 완전한 정보를 소유하며, 개인 이익을 추구하며 극대화하는 인간으로 설정하고 있다는 점이다. 특히, 공공선택이론의 핵심적인 점은 공직자를 기본적으로 공익을 추구하는 주체라기보다 개인의 이익을 추구하고 이를 극대화하는 (시장 상인과 동일하게) 설정하고 있다는 점이다.

둘째, 이러한 인간들에 의해 구성되어 있는 공공조직은 민간조직에 비해 비효율적이라는 광범위한 믿음이 존재한다. 즉, 이는 부분적으로 정부기관이 입법적인 예산배분에 의존하기 때문에, 과생산과 과대소비의 동기를 지니고 있기 때문이라는 것이다. 또한 공공기관 종사자들은 이기적(self-interested)이기 때문에 어떤 잘못된 동기를 가지고 있다는 것이다. 예를 들어, 공공선택이론은 공직자는 무임승차나 지대 추구자(free riders or rent seekers)라고 가정한다. 심지어, 그러한 개인들은 업무를 제대로 수행하지 못하는 업무태만자이거나, 또는 시민들에게 해로움을 가하거나 공익을 가로채는 강압적인 폭력배로 설정한다(Brewer & Brewer Jr., 2011: 353).

2. 공공선택이론과 규제

공공선택이론은 그 자체로 규제완화를 강조하고 있지 않으나 논리적으로 연계되어 있어 1970년대 후반 이후 규제완화에 지대한 영향을 미쳤다. 즉, 공공선택이론에서 정부의 핵심 구성원들(정치가, 관료)은 공익을 추구하는 것이 아니라 사익만을 추구하는 주체이다. 따라서 민간기업과 시장에서 제공하는 재화·서비스와 본질적으로 차이가 존재하지 않는다. 정부와 민간이 제공하는 재화와 서비스의 본질적 차이는 독점이냐, 경쟁이냐의 차이이다. 민간부문은 경쟁 구조에서 재화와 서비스를 제공하는 반면에 정부는 대부분 독점으로 제공한다. 따라서 민간부문보다 정부가 제공하는 재화와 서비스는 비효율적라는 논리 구조를 취하고 있다. 동 맥락에서 공공선택이론은 시장 친화적이며, 정부의 독점적 공급을 배격하고 민간에 의한 재화와 서비스 공급의 우월성을 강조한다. 이에 따라, 민영화를 통해 재화와 서비스를 민간이 제공하게 하고, 정부 독점 영역에 대한 진입규제를 완화하여 경쟁을 촉진시켜야 함을 강조한다.

이러한 주장은 정부규제와 관련하여 몇 가지 유용성을 지닌다.

첫째, 기존의 정부 독점 사업 중에 그 필요성이 낮거나, 민간에 의한 제공보다 비효율이 명백한 영역의 경우 관련 진입규제를 완화하여 민간과의 경쟁을 촉진하거나 혹은 민영화 추진의 필요성이 있음을 알 수 있다. 과거에 정부 독점 공급의 필요성이 있었다 하더라도 시간, 기술, 관련 시장이 변화한 상황에서는 정부 독점 공급에 대한 재고찰이 필요하다.

둘째, 공공선택이론의 이론 명칭에서 알 수 있듯이, 정부와 민간이 경쟁할 수 있는 영역에서는 민영화보다는 이 양자 간 경쟁을 촉진하는 규제완화가 바람직하다. 예를 들어, 철강, 통신 등 정부 공기업이 존재하는 경우 해당 기업을 민영화하기 보다는 철강, 통신 등 분야에 민간 사업자의 사업진입을 가능하게 규제를 완화하고, 또한 양자 간에 공정한 경쟁이 가능하도록 규제를 구축하여 공기업과 민간기업이 해당 부분에서 경쟁할 수 있도록 하는 것이다.

그러나 공공선택이론에 따른 규제완화는 몇 가지 한계를 나타냈다.

첫째, 모든 인간이 항상 자신의 이익만을 추구하는 것으로 가정하고 있으나, 1990년대 이후 많은 행태 및 실험경제학(behavioral economics or experimental economics)적 최근 연구물들은 인간이 단순히 이기심만을 지닌 것이 아니라 공정성, 이타성 역시 지니고 있으며, 특히 타인과의 관계에서 상호성(reciprocity) 규범이 나타남을 보여주었다. 여기서, 상호성은 상대방이 나에게 이기적으로 행동하면 나도 이기적으로 대응하고, 상대방이 나에게 이타적이면 나 역시 상대방에게 이타적으로 대응한다는 것이다(Fehr & Gächter, 2000, 2002; Henrich et al., 2005; 김태은, 2012; 김태은, 2018: 93).

인간은 오직, 항상 이기적인가?

실험 연구에서 공정성에 대한 자각은 일찍이 최후통첩게임(ultimatum game)과 독재자 게임(dictator game)의 결과를 해석하면서 제기되었다. 최후통첩게임에서 이론적 해결책은 A(제안자)는 가장 적은 돈(예: 1원)을 제안하고, R(응답자)은 '영' 초과의 제안(positive offer, 예: 1원)을 수용해야 한다(Camerer, 2003: 9; 김태은, 2012: 380). 그러나 경제인 모델에 부합되지 않는 결과가 도출되었고, 최후통첩게임에서 응답자의 거부 능력을 제거한 독재자 게임(dictator game)에서조차 경제인 모델에 부합되지 않는 결과가 도출되었다(Camerer & Thaler, 1995; Guth et al., 1982; Henrich et al., 2005). 이러한 실험 결과에 대해 카네만(Kahneman et al., 1986)은 표준경제이론이 가정하는 것과 달리, 공정성은 중요한 판단기준 중 하나임을 보여준다고 주장한다. 이후 집단행동 딜레마 연구에서도 실험 결과의 해석을 통해 개인들의 선택에 있어 공정성이 중요하게 고려된다는 주장이 제기되어 왔다(Chaudhuri, 2011;

Fehr & Schmidt, 2000; Messick et al., 1983; Van Dijk & Wilke, 2000). 다만, 이러한 연구들은 공정성을 직접적으로 연구한 것이라기보다는 이기적이지만은 않은 인간의 선택을 해석함에 있어 추정된 것에 불과하다.

그러나 최근 김태은(2020)은 공정성 변수를 직접 반영한 실험을 통해, 공정성이 개인의 선택, 집단행동 딜레마에 직접적으로 영향을 미침을 실증하는 데 성공하였다.

둘째, 현대 민주주의 국가[2]에서 공직자가 시장주체와 동일하게 무한히 사익을 추구할 수 있다는 가정은 비현실적이다. 우선, 공직자가 근무하는 정부부처 및 공공기관은 수익 추구를 목적으로 설립되어 있지 않다. 따라서 정부부처 및 이들 기관에서 근무하는 공직자의 사익추구는 본질적으로 제한된다. 또한 공공기관 및 공직자의 보수, 근무, 행위 등은 철저하게 정치적, 법·제도적으로 통제를 받고 있다. 예를 들어, 도로공사가 고속도로 통행료를 수익을 위해 자유롭게 높일 수 있는 것이 아니고, 공무원의 임금은 매년 철저하게 정부의 규제를 받고 있다. 물론, 공직자 역시 승진, 퇴직 이후 보상 취업 등 사익을 추구할 수 있으나, 정치·법·제도적 제약으로 인해 본질적으로 민간부문과 비교할 수 있는 수준이 될 수 없다.

셋째, 정부가 재화와 서비스를 독점적으로 제공한다고 하여, 민간 독점과 폐해가 동일하게 나타나는 것은 아니다. 민간과 달리 정부의 재화와 서비스는 행정부, 국회, 언론 등 다양한 행위주체들에 의해 견제와 통제를 받고 있다. 특히, 정부 독점은 민간 독점과 달리 가격 및 생산량 규제, 기업활동 규제, 조직내부 운영 규제 등 다양한 규제를 받고 있기 때문에 독점의 비효율을 상당부분 통제, 혹은 해소할 수 있다.

넷째, 공공선택이론에 기초한 규제완화에 따라 정부가 독점하고 있었던 일부 기간산업, 특히 전기, 철도, 유선통신, 물, 공항 등이 민영화되었으나 이론이 예측한 효과는 나타나지 않았다. 공공재 성격, 전력, 수도, 도로 등 네트워크 특성을 지닌 재화와 서비스들은 민영화되더라도 경쟁보다는 국가 독점에서 민간 독점으로 독점의 주체만 변화시킬 가능성이 크다. 실제, 영국, 미국뿐만 아니라 다수의 국가들의 경험에서

2) 권위주의 및 독재국가에서 공직자의 사익추구는 민주주의 국가에 비해 훨씬 수월하고 광범위하게 나타난다. 이들 체제에서 공직자의 사익추구행위가 잘 드러나지 않는 것은 체제의 폐쇄성뿐만 아니라 사익추구 자체가 법·제도적으로 보장받고 있기 때문이다.

쉽게 발견되듯이 민간 독점에 따라 심각한 사회문제가 발생되었다.

다섯째, 설령 공공선택이론의 이론적 주장과 경험적 발견이 모두 일치하고 명백히 타당하다 하더라도, 규제완화가 항상 정당화되는 것은 아니다. 공공선택이론의 핵심 가치는 '효율성'이다. 정부는 효율성뿐만 아니라 민주성, 공정성, 형평성 등 다양한

민영화

■ 민영화의 숨은 유인은?

민영화가 되더라도, 경쟁보다는 독점의 주체만 바뀐다는 점은 시장과 민간 자본이 공기업 민영화를 강조하는 숨은 이유 중 하나이다. 대부분의 정부 독점 사업들은 사업 특성상 민영화가 되더라도 민간 독·과점 형태가 될 수밖에 없는 구조이다. 인천공항을 민영화하면 소유주체는 여러 자본이 될 수 있으나, 국제운송과 여객에 있어서 인천공항은 독점적 지위를 지닐 수밖에 없다. 수서발 SRT는 민영화되어 KTX와 경쟁한다고 주장하나, 실상은 지리적 독점이다. 서울역을 이용하는 것이 편리한 사람이 수서역까지 가서 이용하지는 않는다. 반대도 마찬가지이다. 노선이 다르다고 해서 경쟁인 것이 아니다. 지리적으로 독점이다. 여기서, 왜 민영화 주장은 항상 자본가 집단에서 제기되는지 고민할 필요가 있다.

■ 민영화는 계속될까?

민영화에 따른 이익은 소수의 자본과 기업(이하, 기업)에게 집중되는 반면, (민간 독점이 되는 경우) 민영화의 피해는 다수의 국민에게 넓게 분포된다. 이에 따라, 소수의 기업들은 집단행동의 유인이 매우 크기 때문에 조직화할 뿐만 아니라 전문가 집단, 정치, 행정, 언론 전방위에서 네트워크를 구축하여 우호 연합을 구축하고 민영화를 주장한다. 반면, 일반국민들은 민영화를 방지함에 따른 편익이 가시적이지 않고 넓게 분포되어 있기 때문에 적극적으로 집단행동을 하지 않는다. 결국, 이러한 구조가 유지되는 한 민영화는 지속될 것이다. 주위에서 어떤 주체와 집단들이 민영화를 주로 주장하는지를 살펴보자.

■ 민영화의 필요성 판단은?

국영화와 민영화의 판단 기준은 공공의 이익극대화이다. 따라서 민영화가 필요한지 여부는 특정 집단이 아니라 국가 전체 관점에서 장기적이고 체계적인 과학적 분석을 통해 도출해야 한다. 민간에서 제공하는 재화와 서비스의 국영화 역시 마찬가지이다. 국영화가 공공의 이익을 극대화하는 것이라면, 민영화의 논리와 마찬가지로 국영화해야 한다. 그것이 무엇이든, 판단의 기준은 '공공의 이익극대화'이다. 즉, 민영화든, 국영화든 공공의 이익을 극대화하기 위한 정책수단일 뿐이다.

사회적 가치를 고려해야 한다. 규제완화 역시 효율성, 민주성, 공정성, 형평성 등 다양한 사회적 가치를 고려해야 한다.

제 4 절 | 거래비용이론과 규제완화

1. 거래비용의 개념과 종류[3)]

코즈(Coase, 1937)는 당시 기존의 경제학자들과 달리, 기업의 존재를 시장에 거래비용이 존재하기 때문이라고 주장하며, 거래비용을 "가격 메커니즘 이용 비용(cost of using the price mechanism)"이라고 정의하고 동 개념을 최초로 도입했다. 즉, 저자는 시장 거래에는 다양한 형태의 거래비용이 존재하며, 거래주체들은 이러한 거래비용과 조직화에 따른 관리비용 간의 비교를 통해 거래 형태를 유지할지, 아니면 조직화(기업화)할지를 결정한다는 것이다. 기업의 존재는 시장에서 거래비용이 관리비용보다 크기 때문에 거래 당사자 간 조직화의 결과임을 강조한다.

이후, 시장거래의 비용(cost of market transactions)으로 정의(Coase, 1960: 15)하였으며, 이 용어가 보편적으로 받아들이고 있는 거래비용(transaction costs)으로 사용되었다(Coase, 1988: 6).

이후, 거래비용은 이후 경제학 전반으로 확대되었으며, 핵심 개념으로 자리잡아왔다. 예를 들어, 애로(Arrow, 1969: 48)는 거래비용을 "경제 시스템의 운영비용(costs of running the economics system)"으로, 거래비용이론을 발전시킨 윌리엄슨(Williamson, 1985: 19)은 거래비용을 물리체계에서의 마찰과 같은 경제적 마찰(transaction costs are the economic equivalent of friction in physical systems)로 이해했다. 노스(North, 1990: 27)는 경제적 교환에 발생되는 비용으로 이해하면서, 정보에 비용이 든다는 것을 거래비용의 핵심으로 이해하였다.

거래비용은 다양한 요소로 구성되어 있다. 우선, 코즈(Coase, 1937: 390-391)는

---

3) 김태은(2014: 148-149)을 기반으로 수정 및 부분 요약함.

가격 자체를 발견하는 비용, 개별적 교환 거래를 위하여 분리된 계약을 협상하고 체결 비용(costs of negotiating and concluding)을, 코즈(Coase, 1960: 15)는 거래 상대방 찾기, 교섭 상대방이 무엇을, 어떠한 조건에서 거래하고 싶어하는지를 알아내는 데 필요한 비용, 협상비용, 계약 체결 비용, 계약 이행 감시 비용 등으로 구분한다. 윌리엄슨(Williamson, 1985: 20-22)은 거래비용을 사전(ex ante)과 사후(ex post) 비용으로 구분한다. 사전비용으로 작성(drafting), 협상(negotiating), 약속 이행 보장(safeguarding) 비용을, 사후비용으로 악용비용(maladaption costs), 분쟁비용(haggling costs), 거버넌스 구조와 관련된 설립 및 운영비용(setup and running costs), 보증비용(bonding costs)으로 구분한다. 노스(D. C. North)는 거래비용을 교환되는 것의 속성을 측정하는 비용과 권리를 보호하고 계약을 감시 및 집행하는 비용으로 구분한다(North, 1990: 32).

2. Coase Theorem[4)]

코즈 정리(Coase Theorem)는 코즈(R. H. Coase)의 1959년 논문 「연방통신위원회(The Federal Communications Commission)」에서 처음으로 제시되었다. 여기서, 그는 새로 발견된 동굴은 누구의 소유인가라는 질문을 제시하고, 이 동굴의 소유는 누가 가장 많은 돈을 동굴의 사용을 위하여 지불할 용의가 있는가에 달려 있다고 주장한다(Coase, 1959; Coase, 1988: 157-178). 이후, 코즈의 1960년 「사회적 비용의 문제(The problem of social cost)」라는 논문에서 구체화되었다.

> "권리의 초기 획정이 확립되지 않고서는 권리의 이전 및 재결합을 하기 위한 시장거래를 할 수 없으므로, 피해를 일으킨 기업이 피해에 대한 책임이 있는지 없는지에 대하여 알 필요가 있다. 그러나 가격 시스템이 비용 없이 작동한다면, 생산 가치의 극대화라는 궁극적인 결과는 법적 상황에 독립적이다"(Coase, 1960: 8).

---

4) 김태은(2014: 154-155) 내용을 일부 인용 및 수정 기술, 코즈(R. H. Coase)와 윌리엄슨(O. E. Williamson)의 거래비용이론과 정부역할에 대한 보다 구체적 내용은 김태은(2014)을 참고.

거래비용을 창시한 코즈가 위와 같이 거래비용이 존재하지 않은 상황을 가정한 것은 당시, 지배적인 위치에 있었던 피구(A. C. Pigou)의 후생경제학(economics of welfare)을 비판하기 위한 것이었다. 피구는 거래비용이 제로(0)인 상황에서, 부정적 외부효과의 문제를 해결하기 위해서는 정부개입(규제)가 필요함을 역설했다. 이에 대해 코즈는 부정적 외부효과(harmful effects)의 상호적 본질(reciprocal nature)을 고려하지 못한 것으로, 만약 거래비용이 제로(0)라면, 손해배상의 책임이 있든 없든 간에 자발적 협상에 의하여 생산가치는 극대화된다고 주장하였다.

이러한 코즈의 주장은 스티글러(Stigler, 1966)의 『가격이론(*The Theory of Price*)』(3rd ed.)에서 코즈 정리로 명명(Coase, 1988: 157)되었고, 이후 스티글러에 의해 활용되어졌다. 특히, 거래비용 제로(0)라는 가정이 전제되어 있음에도 불구하고 스티글러는 코즈 정리를 거래비용의 일반이론(general theory of transaction costs) 개발 및 권리 간 갈등의 협상적 해결을 위한 유용한 설명 도구로 활용하였다.

피구를 비판하고자 한 주장이, 당시 규제의 실증이론의 본고장인 시카고 학파에서 채택되면서, 코즈 정리(Coase Theorem)는 코즈의 의도와 달리 부정적 외부효과에서 정부의 개입 불필요성을 이론적으로 뒷받침하는 중요한 자리를 차지하였다. 더욱이 코즈 정리의 대상과 전제 조건, 부정적 외부효과의 영역과 거래비용이 0이라는 전제들이 완화되어 각 부분에 무차별적으로 적용되어 왔다. 즉, 코즈 정리에 따라 시장이 자발적 합의에 따라 자원이 최적 배분되기 때문에 정부의 시장개입(규제) 자체가 불필요하거나 개입(규제)은 거래비용을 생산 및 확대시켜 비효율이 발생될 수 있다는 주장으로 귀착되었다. 이는 시장 만능주의를 확대시키고 정부개입의 논리 자체를 제약하는 근거, 규제완화의 근거로서 활용되어져 왔다.

3. 윌리엄슨의 거래비용이론[5)]

윌리엄슨(Williamson, 1985, 2005)의 거래비용이론은 기업의 존재 이유가 교환에서 거래비용이 존재한다는 코즈(Coase, 1937) 연구를 좀 더 구체화 및 발전시켰다

5) 동 내용은 김태은(2014: 165-166)의 일부 내용을 수정 요약 제시했음. 윌리엄슨의 거래비용이론에 대한 구체적인 내용은 김태은(2014)을 참고 바람.

할 수 있다. 윌리엄슨(O. E. Williamson)은 코즈(Coase, 1937) 연구의 연장선상에서, 좀 더 현실적인 행태 가정(제한된 합리성과 기회주의)을 토대로, 거래비용과 민간부문의 거버넌스 구조(governance structures)를 효율성 관점에서 연계시켰다.

저자는 거래비용을 대리하기 위해 세 가지, 즉 자산 특정성(asset specificity), 불확실성(uncertainty), 거래 빈도(frequency)와 같은 거래 속성 변수를 제시하고, 거버넌스 구조를 크게 시장(market), 계층제(hierarchy), 혼합(hybrid)으로 구분 제시한다. 여기서, 계층제는 민간부문에서 조직화를 의미한다.

다시 말해, 어떤 거래 속성을 가질 경우는 시장이, 어떠한 경우는 계층제(조직화)가 효율적인 구조라는 것이다. 예를 들어, 자산 특정성, 불확실성, 거래 빈도가 높다면 시장에서 교환에 의하는 것보다 계층제화하는 것이 더욱 효율적이라는 것이다. 즉, 윌리엄슨이 주장하는 핵심은 어떠한 경제행위가 시장, 혹은 계층제(기업), 혹은 혼합에서 수행되는가 여부는 생산비용과 거래비용에 의하여 결정되며, 여기서 각각의 구조들이 갖는 상대적 거래비용의 크기는 자산의 특정성, 불확실성, 거래 빈도에 의하여 결정된다는 것이다.

윌리엄슨의 이론은 다양한 이론적, 경험적 한계에도 불구하고 거래비용이론에 있어 중심적인 역할을 수행하여 왔다. 특히, 동 이론은 정부규제 완화 논리에 중대한 영향을 미쳤다.

구체적으로, 윌리엄슨의 거래비용이론은 윌리엄슨의 의도와 관계없이 기업의 수직적 통합에 따른 대기업의 독점 논리를 제공한다. 시장과 비교하여 기업(수직적 통합 혹은 계층제)의 존재를 거래의 특성에 따라 가장 효율적인 거버넌스의 구조 선택 과정으로 이해한다. 즉, 자산 특정성이 높고 불확실성이 중간 이상이며, 거래가 빈번하거나 혹은 자산 특정성이 중간 이상이고 불확실성이 매우 높고 거래가 빈번할 경우 수직적 통합(vertical integration)이 나타남을 예측하고 있다(Cater & Hodgson, 2006: 464).

이러한 예측은 기업 간 수직적 합병을 통한 기업의 대규모화가 효율성 관점에서 최적의 거버넌스 구조의 선택 결과로 이해될 수 있는 여지를 제공하며, 이는 수직적 통합을 시장지배권(market power)을 획득하기 위한 수단으로서 이해하는 1960년대 많은 경제학자 및 법학자들의 입장과 상충하는 것이었다. 즉, 윌리엄슨의 분석은 수직적 합병과 관련된 독점규제완화에 논리를 제공하였다(ESPCRSAS, 2009: 5). 또한 윌리엄슨은 수직적 합병뿐만 아니라 수평적 합병에서도 효율성의 역할을 강조하였으며, 이는 실제 미국의 기업 합병 가이드라인(merger guidelines)에 상당한 영향을 미쳤다(Kolasky & Dick, 2003: 212-213).

물론, 윌리엄슨이 시장에서 거래비용의 존재를 이해하고 이를 효율적인 거버넌스와 연계시켰을 뿐이지, 독점과 대기업의 수직적 · 수평적 확장을 도모하기 위하여 이론을 제시한 것은 아니다.

Elinor Ostrom, Oliver E. Williamson과 정부규제

2009년 오스트롬(Elinor Ostrom)과 윌리엄슨(Oliver E. Williamson)은 그간의 연구 업적을 인정받아 노벨경제학상을 공동수상했다. 한 사람은 공유자원 관리를 연구한 정치학자이고, 한 사람은 거래비용을 연구한 대표적 경제학자이다. 두 학자는 모두 합리적 선택제도주의자, 혹은 신제도경제학자로 분류되기도 한다.

간략히, 오스트롬은 공유자원에서의 시장실패는 명료하고 이에 따른 정부개입이 필수적이라는 기존 이론을 반박하였고, 윌리엄슨은 거래비용 개념을 통해 기업의 규모 확대가 효율성 추구의 결과일 수 있음을 제시했다. 이는 기업규모가 확대되는 것은 시장지배력 확대를 추구하기 때문인 것으로 정부규제가 필요하다는 기존 논리와 충돌한다.

아쉽게도 두 연구자의 연구 결과는 코즈의 연구처럼 저자들이 의도(?)와 관계없이 정부역할 축소, 정부규제 축소의 논리로 활용되어져 왔다. 역설적이게도 이들이 노벨상을 수상한 2009년은 과거 20년 간 진행된 금융주택부분의 규제완화가 주요 원인이었던 '2008년 금융위기'가 전 세계로 확산되던 시점이었다.

4. 거래비용과 규제완화 논리 적용의 고려사항

거래비용이론에 따른 규제완화 논리를 적용함에 있어 고려해야 할 부분은 아래와 같다.

첫째, 무엇보다 거래비용이 제로(0)인 상황은 존재할 수 없다. 제로인 상황은 시장우월주의자들의 칠판에만 존재하는 비현실적 가정이다. 즉, 코즈 정리(Coase Theorem)는 그 자체로 규제완화를 위한 도구가 될 수 없다. 코즈(R. H. Coase)의 지적처럼 거래비용이 제로인 상황, 특히 부정적 외부효과가 존재하는 영역에서 거래비용이 제로인 상황은 현실에서 존재하지 않는다.

둘째, 거래비용이 존재하는 현실세계에서, 부정적 외부효과는 시장주체들 간에 자발적 협상을 통해 해결되지 않는다. 아주 드물게, 특이현상으로서 해결되더라도 막대한 사회적 비용이 초래된 이후로서, 그 실효성 자체를 찾아보기 어렵다. 거래비용이 존재하는 현실세계에서 부정적 외부효과를 해결하는 가장 실효성있는 방법은 정부규제이다. 현실세계는 스티글러(G. J. Stigler)의 Coase Theorem를 추종하는 Coasian들의 주장과 달리, 거래비용이 막대하고 행위자 간 권력관계가 비대칭되어 있다. 더욱이 Coase Theorem에서 가정하는 것과 달리 부정적 외부효과는 1명의 가해자와 1명의 피해자 구조를 지니고 있지 않다. 부정적 외부효과 영역에서는 (코즈가 지적하듯이) 이론적 · 경험적 한계가 명백한 Coasian적 해결책에 시간을 낭비하기보다는 보다 정교하고 사회 전체적으로 효과적인 규제 설계와 방향을 논의할 필요가 있다.

셋째, 코즈의 거래비용이론은 표준경제학자들의 가정과 달리 시장에 거래비용이 존재하고 이것이 매우 크다는 점이다. 이와 관련하여 노스(North, 1991)는 미국의 다른 서구에 비해 거래비용이 낮은 제도를 취하고 있기 때문에 경제가 성장하였다고 주장한다. 물론, 노스(North, 1991)의 연구가 역사적 연구로, 관련 변수의 엄밀한 통제가 이루어지 연구는 아니나 거시적 맥락에서 중요한 의의를 지니고 있다. 따라서 다른 모든 조건(ceteris paribus)이 동일할 경우, 거래비용을 낮출 수 있다면 사회적 자원은 보다 효율적으로 배분되고 동시에 경제성장 역시 도모할 것이다. 따라서 정부규제에서 다른 조건의 변화없이(예: 민주성, 형평성 등의 침해 없이) 거래비용을 낮출 수 있는 규제 개선을 추진해야 한다. 예를 들어, 전자 정부 고도화를 통해 불필요한 규제를 폐지할 수 있고, 진입장벽으로 활용된 다양한 인 · 허가 절차 과정에서의 규제를 완화하여 거래비용을 획기적으로 낮출 수 있을 것이다. 일반적인 재화와 서비스의 구입과 달리 특정 재화와 서비스들은(주택, 법률) 행위자 간 직거래보다는 중개를 통해 거래가 이루어지고 있다. 동 과정에서도 다양한 규제완화 및 거래 지원 시스템을 구축하여 거래비용을 낮출 수 있다.

넷째, 규제를 완화하면 거래비용이 항상 낮아진다는 믿음은 편향된 것이다. 규제는 거래비용을 높일 수도 있고 낮출 수도 있다. 규제완화가 거래비용을 낮추는 것인

전자공시 규제와 거래비용 감축

기업공시제도는 전자정부와 함께 획기적으로 발전되었다. 기존의 기업공시에 전자정부가 결합되면서, 전자공시제도가 운영 중이다. 전자공시는 '자본시장과 금융투자업에 관한 법률'에 따른 대표적인 규제이다. 전자공시는 1999년 전자공시시스템(Data Analysis, Retrieval and Transfer System: DART)에 의해 구현되고 있다.

과거와 달리 전자공시제도가 시행됨으로 인해서, 현재 일반인과 투자자들은 실시간으로 해당 기업에 대한 정확한 정보 파악이 가능해졌다. 이에 따라, 기업과 투자자 간에 거래비용을 획기적으로 줄일 수 있고, 동시에 정확한 정보로 인한 합리적 판단을 지원하고 있다. 최근에는 거래비용의 감축을 넘어, DART 자료를 통해, 새로운 부가치 산업을 창출하고 있다.

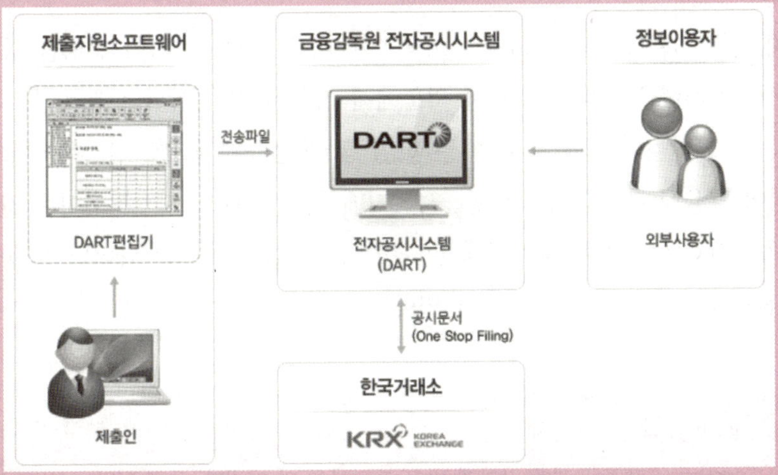

출처: 금융감독원 홈페이지(http://dart.fss.or.kr).

지, 높일 것인지는 규제의 목적과 성격에 따라 달라진다. 예를 들어, 진입규제를 완화하는 것은 거래비용을 낮추는 데 기여할 것이다. 반면, 정보 비대칭 상황에 있는 기업과 투자자 간 거래는 막대한 거래비용이 존재한다. 이러한 상황에서 기업에 대한 정보공시 의무 규제를 취하게 되면, 정보 비대칭 문제가 크게 감소됨으로써 거래비용을 획기적으로 낮출 수 있다. 생산자와 소비자 간 정보 비대칭은 막대한 거래비용을 유발하는 심각한 시장실패를 유발한다. 동 영역에서 정보 비대칭을 줄이기 위한 생산자 집단에게 정보공개 의무 규제는 거래비용을 높이기는커녕 획기적으로 감소시킨다.

다섯째, 어떠한 경우 규제를 완화하면 거래비용이 낮아질 수도 있으나 이것이 항상 바람직한 것은 아니다. 공익이론 관점에서, 시장실패를 해소하기 위해 만들어진 많은 규제, 사회 안전, 환경, 보건 등 부분에서의 많은 규제들은 그 자체로 거래비용을 발생시킨다. 그러나 그러한 비용은 시장경제 체제를 유지하기 위해 지불해야 하는 최소의 비용이다. 즉, 동 상황에서 규제에 따른 사회적 편익은 규제 비용에 비해 크고 중요하다. 또한 사회적 형평성, 공정성 등 사회적 가치를 구현하기 위해서 규제의 거래비용이 규제 편익보다 적다하더라도 규제가 필요한 영역이 존재한다. 즉, 물질적 비용과 편익을 넘어 사회 시스템의 구성과 유지를 위해 규제가 필요한 영역이 존재한다.

여섯째, 윌리엄슨(O. E. Williamson)의 거래비용이론은 기업이 합병을 통한 규모확대가 시장지배력을 확대하고자 한 의도에서 비롯된 것이 아니라 효율성 추구의 결과라는 논리를 만들어냈고, 실제 이는 합병 및 독점규제완화에 기여하였다. 그러나 독·과점이 효율성 추구의 결과이든, 시장지배력을 확대하고자 한 것이든 간에 해당 기업이 독·과점의 위치에 올라서게 된다면 독·과점의 문제는 나타난다. 동 이론을 통한 독점규제완화는 논리적 비약이 있다고 볼 수 있다.

주류산업 규제와 이론의 설명력

술과 담배처럼 국가의 규제를 강하게 받는 재화를 찾기 어렵다. 특히, 술은 국민의 건강을 해치고 의료지출을 높이기도 하지만 한편에서는 중요한 세수원이고, 더욱이 전방 산업에 중요한 영향을 미치는 재화이기도 하다.

우리나라에서 2010년까지 주류산업은 원료조달, 제조, 수입, 유통 등 전 과정에서 규제를 받아왔다. 이에 따라, 당시 맥주는 하이트맥주(58.2%)와 오비맥주(41.8%) 2개사가, 소주는 진로(51%)를 비롯한 상위 6개 업체가 전체 시장의 90%를 차지했고, 탁주는 서울탁주(53%)와 (주)국순당(13%)이 전체 시장의 66% 내외를 차지하였다. 대부분의 업체는 지역을 기반으로 영세한 규모였다. 이는 당시 주류산업 전반에 걸쳐 있는 진입규제, 가격규제, 사업활동 제한 등 다양한 규제들이 존재하였기 때문이다. 2010년까지 이루어진 규제의 내용을 살펴보면 아래와 같다[출처: 공정거래위원회(2010)].

○ 주류제조업 제조시설기준: 진입규제

구 분	주 정	탁주 약주	청 주	맥 주	과실주	희석식 소주	증류식 소주
시설기준 (발효조*)	550kℓ 이상	3kℓ 이상	6kℓ 이상	1,850kℓ 이상	21kℓ 이상	130kℓ 이상	6kℓ 이상
비고 (술병환산치)	–	4,300병 /700㎖	18,000병 /330㎖	3,700,000병 /500㎖	28,000병 /750㎖	360,000병 /360㎖	10,000병 /600㎖

○ 주류납세병마개 제조 독과점

– 납세병마개 제조자인 삼화왕관(1972년)과 세왕금속공업(1985년)이 38년 동안 독과점

○ 주정원료 및 생산량 배정제: 사업활동 및 자율경쟁제한

– 국세청장이 매년 주정제조업체별로 주정생산량 및 주정의 국산원료(정부미, 보리, 고구마 등) 사용량을 업계와 협의하여 결정

○ 주정가격 신고제: 가격규제

[주요 주정업체의 대한주정판매(주)에 대한 공급가액(2009년)]

(단위: 원/드럼)

구 분	A업체	B업체	C업체	D업체
발효주정	335,541	335,600	335,646	335,680
정제주정	260,092	260,138	260,355	260,377

○ 주류의 첨가물료 사용 제한: 사업활동 및 경쟁제한

– 주류제조에 필요한 첨가물의 허용품목을 열거하여 첨가물의 임의 사용을 금지

○ 막걸리 취급 및 판매용기 제한: 사업활동 및 경쟁제한

– 종합주류도매업자의 일반탁주 취급 금지, 막걸리 판매용기의 크기를 2ℓ 이하로 제한

○ 종합주류도매업 면허기준 및 면허 수 제한: 진입규제

– 종합주류도매업 면허 수 제한 및 일정 자본금 및 창고시설을 갖추도록 의무화

○ 소주 출고가격 변경에 대한 사전 행정지도: 가격규제

– 국세청은 특정업체의 소주 출고가격 인상률 등에 대해 행정지도를 통해 사전에 승인

이러한 규제로 인해 소수의 주류기업들은 경쟁자의 진입을 차단하고 오랜 기간 동안 과점의 이익을 얻어왔다. 그러나 소수의 기업들이 규제를 통한 이익을 얻었지만 소비자 만족은 크게 하락하고 주류산업의 경쟁력은 지속적으로 쇠퇴하여 왔다. 2010년 이후 정부는 주류산업에 대한 규제를 점진적으로 완화하여 오고 있다.

왜 완화했을까? 앞서 제시된 규제완화이론 중에서 가장 적합해 보이는 이론은 무엇으로 보이는가? 가장 적합해 보이는 이론을 찾았다면, 동 이론이 바로 '설명력이 높은 이론'이다.

참고문헌

공정거래위원회(2010). 『주류산업과 경쟁정책』.

금융감독원 홈페이지(http://dart.fss.or.kr).

김태은(2012). 공무원의 이기심에 대한 실증적 분석: 행태경제학의 실험연구방법을 중심으로. 『한국정책학회보』, 21(4): 377-413.

______(2014). 『행정이론과 정부역할: 인간본성, 거래, 협력』. 대영문화사.

______(2019). 불확실성이 집단행동 딜레마에 미치는 영향. 『한국행정학보』, 53(1): 161-195.

______(2020). 권력 비대칭, 공정성과 집단행동 딜레마. 『한국행정학보』, 54(2): 115-149.

산업자원부 보도참고자료(2019.2.22). 반도체 특화 클러스터 조성 추진.

장하준 저 · 형성백 역(2004). 『사다리 걷어차기』. 부키.

Arrow, K. J.(1951). *Social Choice and Individual Values*. New York: John Wiley and Sons.

______(1969). The Organisation of Economic Activity: Issues Pertinent to the Choice of Market Versus Non-Market Allocation. In R. H. Haverman & J. Margolis(eds.). *Public Expenditure and Policy Analysis*. 43-51. Markham: Chicago.

Black, D.(1948). On the Rationale of Group Decision Making. *Journal of Political Economy*, 56(1): 23-24.

Blankart, C. B. & Koester, G. B.(2006). Political Economics Versus Public Choice: Two Views of Political Economy in Competition. *Kyklos*, 59(2): 171-200.

Brewer, G. A. & Brewer Jr, G. A.(2011). Parsing Public/Private Difference in Work Motivation and Performance: An Experimental Study. *The Journal of Public Administration Research and Theory*, 21: i347-i362.

Buchanan, J. M.(1949). The Pure Theory of Government Finance: A Suggested Approach. *Journal of Political Economy*, 57(6): 496-505.

______(1954). Individual Choice in Voting and the Market. *Journal of Political Economy*, 62(4): 334-343.

Camerer, C. F.(2003). *Behavioral Game Theory: Experiments in Strategic Interaction*. New Jersey: Princeton University Press.

Camerer, C. F. & Thaler, R.(1995). Anomalies: Ultimatums, Dictators and Manners. *The Journal of Economic Perspectives*, 9(2): 209-219.

Carter, R. & Hodgson, G. M.(2006). The Impact of Empirical Tests of Transaction Cost Economics on the Debate on the Nature of the Firm. *Strategic Management Journal*, 27(5): 461-476.

Chaudhuri, A.(2011). Sustaining Cooperation in Laboratory Public Goods Experiments: A

Selective Survey of the Literature. *Experimental Economics*, 14(1): 47-83.
Coase, R. H.(1937). The Nature of Firm. *Economica*, 4(16): 386-405.
______(1959). The Federal Communications Commission. *Journal of Law and Economics*, 2: 1-40.
______(1960). The Problem of Social Cost. *Journal of Law and Economics*, 3: 1-44.
______(1988). Notes on the Problem of Social Cost. *The Firm the Market and the Law*. 157-185. The University of Chicago Press.
Downs, A.(1957). *An Economic Theory of Democracy*. Boston, MA: Addison Wesley.
Dunleavy, P.(1991). *Democracy, Bureaucracy and Public Choice*. London: Harvester Wheatsheaf.
ESPCRSAS(The Economic Sciences Prize Committee of the Royal Swedish Academy of Sciences)(2009). *Economic Governance*. The Royal Swedish Academy of Sciences.
Fehr, E. & Gächter, S.(2000). Cooperation and Punishment in Public Goods Experiments. *American Economic Review*, 90(4): 980-994.
______(2002). Altruistic Punishment in Humans. *Nature*, 415(6868): 137.
Fehr, E. & Schmidt, K. M.(1999). A Theory of Fairness, Competition, and Cooperation. *The Quarterly Journal of Economics*, 114(3): 817-868.
Gächter, S., Herrmann1, B., & Christian T. C.(2010). Culture and Cooperation. *Philosophical Transactions of The Royal Society*, 365: 2651-2661.
Guth, W., Schmittberger, R., & Schwarze, B.(1982). An Experimental Analysis of Ultimatum Bargaining. *Journal of Economic Behavior and Organization*, 3(4): 367-388.
Henrich, J., Boyd, R., Bowles, S., Camerer, C., Fehr, E., Gintis, H., McElreath, R., Alvard, M., Barr, A., Ensminger, J., Henrich, N. S., Hill, K., Gil-White. F., Gurven, M., Marlowe, F. W., Patton, J. Q., & Tracer, D.(2005). Economic Man in Cross-Cultural Perspective: Behavioral Experiments in 15 Small-Scale Societies. *Behavioral and Brain Science*, 28: 795-855.
Kolasky, W. J. & Dick, A. R.(2003). The Merger Guidelines and the Integration of Efficiencies into Antitrust Review of Horizontal Mergers. *Antitrust Law Journal*, 71(1): 207-251.
Messick, D. M., Wilke, H., Brewer, M. B., Kramer, R. M., Zemke, P. E., & Lui, L.(1983). Individual Adaptations and Structural Change as Solutions to Social Dilemmas. *Journal of Personality and Social Psychology*, 44(2): 294-309.
Niskanen, W.(1971). *Bureaucracy and Representative Government*. Chicago: Aldine Transaction.
North, D. C.(1990). *Institutions, Institutional Change and Economic Performance*. Cambridge: Cambridge University Press.
Olson, M.(1965). *The Logic of Collective Action: Public Goods and the Theory of Groups*.

Cambridge, MA: Harvard University Press.

Stigler, G. J.(1966). *The Theory of Price*(3rd ed.). New York: Macmillan.

Tullock, G.(1959). Problems of Majority Voting. *Journal of Political Economy*, 67: 571-579.

Van Dijk, E. & Wilke, H.(2000). Decision-Induced Focusing in Social Dilemmas: Give-Some, Keep-Some, Take-Some, and Leave-Some Dilemmas. *Journal of Personality and Social Psychology*, 78(1): 92-104.

Wilkinson, N.(2008). *An Introduction to Behavioral Economics*. New York: Palgrave Macmillan.

Williamson, O. E.(1985). *The Economic Institutions of Capitalism*. New York: Free Press.

______(2005). Why Law, Economics, and Organization? *Annual Review of Law and Social Science*, 1: 369-396.

PART 03

규제기관과 환경

Chapter 05

규제기관과 규제감독기구

제 1 절 | 주요 규제기관 개관

1. 규제기관의 의의와 유형

규제기관은 규제 형성 및 집행을 담당하는 정부조직을 의미한다. 규제기관은 크게 의사결정 주체를 1인으로 할 것인지, 아니면 다수에 의한 합의제 방식을 취할 것인지에 따라 독임제 규제기관과 합의제 규제기관으로 구분될 수 있고, 행정부로부터 독립 여부에 따라 중앙행정기관, 준독립규제기관(위원회), 독립규제기관(위원회)로 구분되기도 한다. 이하에서는 독립성 수준에 따라 구분하여 기술하고자 한다.

1) 독임제 규제기관

행정부의 중앙행정기관은 대표적인 독임제 규제기관이다. 고유한 기능을 수행하기 위해 설립된 행정부처는 규제를 신설하고 집행하는 가장 중요한 역할을 수행한다. 지방자치권이 보장된 국가의 경우는 지방자치단체 역시 독임제 규제기관으로서 역할을 수행하고 있다. 중앙행정기관 및 지방자치단체가 담당하는 규제는 동 기관들의 소관 법령, 조례 등을 통해 파악이 가능하다.

2) 준독립규제기관(위원회)[1]

준독립규제기관(위원회)은 미국의 독립규제위원회처럼 엄격하게 행정부로부터의 독립성을 보장받지 않으나, 일반 독임제 규제기관에 비해 조직구성 및 운영에 있어 상대적으로 독립성이 보장받는 규제기관이다. 통상 위원회 구조의 합의제 방식을 취하고 있다.

준독립규제기관은 한국에서 발달되어 있으며 주요 특징은 아래와 같다.

첫째, 준독립규제기관은 대통령 및 국무총리 소속 기관들로 행정부에 위치해 있다. 국가인권위원회 및 방송통신위원회는 대통령 소속으로, 공정거래위원회, 금융위원회, 국민권익위원회, 원자력안전위원회는 국무총리 소속 행정기관으로 편제되어 있다. 따라서 행정부로부터 완전히 독립적이라 보기 어렵다. 한편, 무자본특수법인인 한국은행의 금융통화위원회[2] 역시 준독립규제기관이라 볼 수 있다. 금융통화위원회는 한국은행법에 의해 독립성을 보장받고 있으나, 한국은행의 최고결정기구인 금융통화위원회의 총재를 국무회의 심의를 거쳐 대통령이 임명한다는 점, 7인의 위원 중 직·간접적으로 5인의 위원 임명에 대통령이 영향을 미칠 수 있다는 점 등을 고려할 때 준독립규제기관으로 분류한다.

둘째, 행정부로부터 완전히 독립되어 있지 않으나 위원회의 구성과 운영은 상당한 자율성을 지닌다. 즉, 위원의 신분과 임기가 법적으로 보장되며, 위원들이 대통령에 의해 임명되나 정치적 이해가 반영되고, 의사결정에 있어 상당한 독립성과 자율성을 지니고 있다.

예를 들어, 공정거래위원회는 대표적인 준독립규제기관이다. 공정거래위원회는 1981년 경제기획원 소속기관으로 출범하였으며, 1990년 경제기획원 소속 독립행정

1) 준독립규제기관을 독립규제기관으로 분류하기도 한다. 이는 독립성을 어떻게 정의할 것인가에 따라 달라진다. 이 책에서는 행정부로부터 독립성 정도에 따라 준독립규제기관과 독립규제기관으로 분류했다.

2) 우리나라 금융통화위원회는 우리나라 고유의 행정 역사와 미국의 연방준비제도이사회가 혼재되어 있다.

기관으로, 1994년 국무총리 소속 독립중앙행정기관(위원회 7인)으로, 1996년 공정거래위원장을 장관급으로 격상하고, 1997년 위원회 9인(4인 비상임) 체제로 확대되어 2020년 현재에 이르고 있다.

현행 공정거래위원회는 위원장 1인, 부위원장 1인을 포함한 9명의 위원으로 구성하며, 그 중 4인은 비상임위원이다. 이 중, 위원장과 부위원장은 국무총리의 제청으로 대통령이 임명하고, 기타 위원은 위원장의 제청으로 대통령이 임명 또는 위촉하며 위원장은 국회의 인사청문을 거쳐야 한다. 공정거래위원회의 위원장, 부위원장 및 다른 위원의 임기는 3년으로 하고, 1차에 한하여 연임할 수 있으며, 금고 이상의 형의 선고를 받은 경우나 장기간의 심신쇠약으로 직무를 수행할 수 없게 된 경우를 제외하고 의사에 반하여 면직 또는 해촉되지 않는다. 위원장과 부위원장은 정무직으로 하고, 기타 상임위원은 고위공무원단에 속하는 일반직공무원이다. 공정거래위원회의 회의는 전원회의와 소회의로 구분하고, 전원회의는 재적위원 과반수 찬성으로 의결하고, 소회의는 구성위원 전원 출석과 전원의 찬성으로 의결한다(독점규제 및 공정거래에 관한 법, 제35조~제42조).

공정거래위원회는 시장지배적지위의 남용행위 규제, 기업결합의 제한 및 경제력 집중의 억제, 부당한 공동행위 및 사업자단체의 경쟁제한행위 규제, 불공정거래행위 및 재판매가격유지행위 규제, 경쟁제한적인 법령 및 행정처분의 협의·조정 등 경쟁촉진정책 등 사항을 소관 사무로 한다(독점규제 및 공정거래에 관한 법, 제36조). 공정거래위원회 소관 법령은 독점규제 및 공정거래에 관한 법, 하도급법, 약관법, 표시광고법, 할부거래법, 방문판매법, 전자상거래법, 대규모유통업법, 가맹사업법, 대리점법, 소비자기본법, 제조물책임법 등이다.[3)]

표 5-1 공정거래위원회 주요 행위유형별 사건처리 동향

	2008	2009	2010	2011	2012	2013	2014	2015	2016	2017	2018
시장지배적지위 남용행위	46	80	47	100	210	1	43	29	23	91	123
기업결합제한규정 위반행위	17	108	46	57	481	2	60	24	45	58	370
경제력집중억제 위반행위	27	116	65	98	565	2	23	41	63	107	446

3) 공정거래위원회 홈페이지. http://www.ftc.go.kr/www/FtcRelLawUList.do?key=295&law_div_cd=11(검색일, 2020.4.14).

부당한 공동행위	21	77	71	85	279	1	37	31	41	66	248
사업자단체금지행위	39	63	76	57	122	5	24	97	88	63	103
불공정거래행위	35	60	69	42	45	1	32	69	157	44	43
부당한 표시·광고	327	300	246	327	249	250	231	180	185	180	206
불공정한 약관	77	43	165	194	120	228	265	285	193	121	83
불공정하도급거래행위	1,438	1,386	669	802	1,100	1,084	911	1,358	1,035	782	874
전자상거래법 위반	189	197	262	326	412	138	536	216	297	129	21
방문판매법 위반	44	84	67	15	11	13	24	36	28	37	24
가맹사업법 위반	95	366	165	111	102	73	70	121	190	240	172
할부거래법 위반	–	–	–	0	100	29	34	66	34	73	82
대규모유통업법 위반	–	–	–	–	–	1	6	15	9	15	9
기타	26	26	3	4	1	2	1	4	7	8	3
계	3,070	3,084	2,125	2,312	2,519	2,171	2,435	2,661	2,279	1,840	1,820

출처: 공정거래위원회(2019, 88).

3) 독립규제기관(위원회)

독립규제위원회(Independent Regulatory Commissions) 혹은 독립규제기관(Independent Regulatory Agencies)는 행정부에 독립하여 고유한 준사법적 또는 준입법적 기능을 수행하는 규제기관을 말한다. 통상 위원회 구조의 합의제 형식을 취하고 있어 독립규제위원회로 불린다.

독립규제위원회는 미국에서 나타난 규제기관 형태이다. 최초의 독립규제위원회는 주간통상법(Interstate Commerce Act, 1887)에 의해 제정된 주간통상위원회(Interstate Commerce Commission)에서 비롯되었다. 19세기 말 미국의 주간 통상이 크게 증가하였다. 그러나 당시 미국의 철도는 지역 자본가들에 의해 소유되어 있었기 때문에 지역독점에 따른 문제가 심각하게 대두되었다. 이에 연방의회는 1887년 초기에 주간통상위원회를 행정부에 설치하였으나, 1889년 행정부를 견제하기 위해 독립규제위원회로 전환하였다. 이에 따라, 주간통상위원회 위원들은 상원의 인준 하에 대통령이 임명하는 구조를 취하게 되었다. 주간통상위원회를 시초로 연방무역위원회(Federal Trade Commission, 1914), 연방통신위원회(Federal Communications Commission, 1934) 등 유사한 독립규제위원회들이 형성되었다. 주간통상위원회는 20세기 중반까지 규제권한이 확대되었으나 1995년 폐지되었다.

미국의 독립규제위원회는 몇 가지 특징을 지니고 있다.

첫째, 행정부로부터의 독립성 정도가 매우 높다. 모(Moe, 1982)의 지적처럼 미국의 독립규제위원회는 대통령의 권한을 제약하는 의회의 수단으로서 도입되었다. 즉, 규제는 그 자체로 규제권자에게 막대한 권한을 부여한다. 이에 대통령에게 규제권한을 부여하기보다는 제3의 대안을 탐색한 것이고, 동 과정에서 독립규제위원회가 등장한 것이다. 이에 독립규제위원회의 위원 구성에 있어 상원의 동의를 받도록 하였으며, 의사결정 역시 독립규제위원회 위원들의 합의에 의해 결정하도록 하였다. 또한 의원들의 임기, 즉 교체 주기를 달리하여 특정 정당의 영향을 최소화하고자 했다.

둘째, 미국의 특수성을 반영한다. 즉, 연방정부 권력이 상대적으로 약한 상황에서 연방주의자와 반연방주의자 간 경쟁, 시장에 대한 정부개입을 반대하는 자유방임주의, 그리고 연방정부를 견제하고자 하는 의회의 산물이다. 대표적으로 연방준비제도이사회는 이러한 점을 잘 보여준다. 미국은 19세기 후반부터 지속된 금융위기를 극복하기 위해 중앙은행을 설립을 시도하였으나 소기의 성과를 거두지 못하였다. 이후 1907년 경제공황 상황에서 미국 주의 연방 권력 견제 필요성, 뉴욕 등 각 주의 금융을 지배하고 있는 주요 상업자본의 이해, 그리고 행정부 견제를 필요로 하는 의회의 이해가 맞으면서 연방준비제도(Federal Reserve System or Federal Reserve)가 출현했다. 연방준비제도의 최고의사결정기구라 할 수 있는 연방준비제도이사회(Federal Reserve Board)는 은행 및 금융, 화폐 규제에 가장 중요한 기구로서 행정부나 입법부로부터 독립적으로 고유 규제기능을 수행하고 있다.

4) 규제기관 형태에 대한 평가

규제기관을 독임제로 할 것인지, 합의제로 할 것인지, 또 독립성을 부여할지를 판단함에 있어 아래의 사항들을 고려할 필요가 있다. 독임제와 합의제 구조 간 우열을 단정적으로 말하기 어렵다.

첫째, 독임제 규제기관은 의사결정 주체가 단일하기 때문에 합의제 기관에 비해 의사결정이 신속하게 진행할 수 있고, 규제에 대한 책임 소재가 분명하다. 또한 다양한 자문위원회를 통해 의사결정의 합리성을 보완할 수 있다.

둘째, 독임제 규제기관은 다양한 이해집단의 영향을 배제할 수 있는 동시에, 규제포획(regulatory capture) 또한 쉽게 나타날 수도 있다. 즉, 독임제 규제기관은 의사결정구조 자체에 이해집단의 참여를 배제시키기 때문에 이해관계자의 영향을 배제시킬 수 있으나 동시에, 이익집단이 단일 의사결정자만 포획하면 되기 때문에 규제포획이 쉽게 나타날 수 있다. 결국, 독임제 규제기관이 이익집단에 포획될 것인가 말 것인가는 연계된 규제포획을 방지하기 위한 통제 제도를 어떻게 설계하는가에 따라 결정된다.

셋째, 준독립규제위원회는 합리적 의사결정이 제약되는 규제 영역에서 유용하다. 규제환경에 대한 미래 예측이 상당히 어렵고, 다양한 이해집단이 관련되어 있고 상당한 전문성을 요구하는 경우, 또 법 해석과 적용에 상당한 재량적 판단이 요구되는 영역에서는 합의제 규제기관이 보다 유용할 수 있다. 규제 딜레마(dilemma) 영역은 합의제 규제기관에 매우 유용하다. 즉, 규제를 하기도 하지 않기도 곤란한 영역, 혹은 규제에 따른 사회적 비용 · 편익이 엇비슷한 경우, 혹은 이익집단 규제정치 상황인 경우에는 독임제 규제기관보다 합의제 규제기관을 설치 운영하는 것이 필요하다.

넷째, 행정부로부터 독립된 독립규제위원회가 규제를 담당하는 것이 바람직한 것인가에 대한 논란이 존재한다. 삼권분립체제에서 규제의 근원은 국민으로부터 나오며, 규제 형성은 입법부가, 규제집행은 행정부가 담당하는 것이 권력분립의 원리에 부합한다. 다시 말해, 규제는 법에 의해 구현되므로, 의회는 규제를 입법하고 행정은 규제를 집행하는 것이 민주주의 정치체제에 부합된다. 따라서 행정부로부터 완전히 독립된 독립규제위원회가 구성되고 동 독립규제위원회가 규제를 집행하게 되면 이는 권력분립의 원리에 부합된다고 보기 어렵다.

다섯째, 독립규제위원회는 미국의 예에서 알 수 있듯이, 이익집단에 의해 포획될 가능성이 매우 높거나 혹은 포획의 결과일 수 있다. 실제, 독립규제위원회는 해당 규제 영역에서 피규제집단의 이익을 대변하는 행위자들이 최고의사결정구조에 참여하고 있으며, 이를 제도적으로 보장하고 있다. 결국 이는 피규제자들이 규제를 담당하는 모순에 빠진다. 국민에 의해 권한을 부여받은 행정부가 아니라 피규제집단들이 규제를 담당하는 것이 바람직하다 보기 어렵다. 실증적으로 독립규제위원회가 독임제나 행정부 소속 합의제 규제기관에 비해 우월하다는 명백한 근거를 찾기 어렵다.

여섯째, 미국식 독립규제위원회은 신자유주의의 확산과 쇠퇴와 그 맥을 같이한다. 조다나(Jordana et al., 2011)은 1920년에서 2007년까지 48개국 16개 부문에서 독립규제기관의 확산이 어떻게 이루어졌는지를 분석하였는데, 독립규제기관은 1990년에서 2002년(특히, 1996~2001년) 간 크게 증가하다가 이후 다시 크게 줄어들었다. 즉, 미국식 자본주의의 이념과 독립규제기관과는 연계성이 매우 높다. 신자유주의 이념의 쇠퇴와 함께, 미국에서도 독립규제위원회보다는 독임제 행정기관에 의한 규제가 일반적으로 나타나고 있으며, 클린턴(Bill Clinton), 오마바(Barack Obama), 트럼프(Donald Trump) 정부에 이르기까지 독립규제위원회에 대한 행정부 통제를(예: 규제영향평가 수행) 강화하고자 하는 시도들이 진행되고 있다. 독립규제위원회의 도입과 설계에 있어 고민해야 할 부분이다.

제 2 절 | 규제감독기구

1. 규제감독기구의 개념

규제감독기구(기관) 및 규제개혁기구는 각 부처의 규제를 감독하고 규제개혁을 추진하는 의사결정조직 및 기관을 의미한다. 규제는 행정부 전체가 하는 일과 관련되어 있다. 따라서 국가 전체 차원에서 각 규제기관들의 규제활동을 감독하고 보다 바람직한 방향으로 규제개선을 이끌 기구가 필요하다. 전 세계적으로 규제감독기구는 국가마다 서로 상이한 형태를 취하고 있다. 이하에서는 한국, 미국, 영국, 일본, 프랑스, 독일의 규제감독기구를 간략히 제시한다.

2. 주요국의 규제감독기구

1) 한 국

한국은 규제개혁장관회의, 규제개혁위원회, 국무조정실 규제조정실, 민관합동규제개혁추진단 등이 주된 역할을 수행하고 있다. 이 중 규제개혁위원회는 가장 대표적인 규제감독기구이다. 규제개혁위원회는 대통령 소속의 행정위원회로, 행정규제기본법에 따라 정부의 규제정책을 심의・조정하고, 규제의 심사・정비 등에 관한 사항을 종합적으로 추진하기 위해 1998년부터 설치・운영되고 있다.

규제개혁위원회는 규제정책의 기본방향 설정부터, 규제의 신설・강화에 대한 심사, 기존 규제 정비, 각급 행정기관의 규제 개선 실태 점검・평가에 이르기까지 규제감독 전반에 대한 폭넓은 권한을 지니고 있다.

행정규제기본법(동법 제24조)상 규제개혁위원회의 권한

1. 규제정책의 기본방향과 규제제도의 연구・발전에 관한 사항
2. 규제의 신설・강화 등에 대한 심사에 관한 사항
3. 기존 규제의 심사, 신산업 규제정비 기본계획 및 규제정비 종합계획의 수립・시행에 관한 사항
4. 규제의 등록・공표에 관한 사항
5. 규제 개선에 관한 의견 수렴 및 처리에 관한 사항
6. 각급 행정기관의 규제 개선 실태에 대한 점검・평가에 관한 사항
7. 그 밖에 위원장이 위원회의 심의・조정이 필요하다고 인정하는 사항

규제개혁위원회는 합의제 조직으로, 20~25명 이하의 위원으로 구성되며 신분은 법적으로 보장되고 있다. 동 위원회는 경제분과위원회와 행정사회분과위원회를 두고 있다. 한편, 국무총리실 규제조정실은 규제개혁위원회의 사무국 역할을 수행하고 있다.

2) 미 국[4)]

미국의 규제감독은 크게 대통령실에 있는 OIRA와 의회의 GAO가 주된 역할을 수행하고 있다. OMB 내에 있는 정보규제국(Office of Information and Regulatory

4) 이하, 미국, 영국, 일본, 프랑스, 독일 규제감독기구 내용은 OECD(2018)의 Country Factsheets 내용을 부분 인용함.

Affairs: OIRA)은 중앙행정기관으로서 규제감독기구이다. OIRA는 주요 규제, RIA 및 사후 평가의 질을 검토하고, 규제 초안의 질이 부적절하다고 판단될 경우 각 기관에 재고를 요구할 수 있다. 다만, 독립규제기관에 대한 감독권한은 지니고 있지 않다. OIRA는 정부 전체에 걸친 규제관리도구의 적용을 조정하고, 규제관리도구의 사용에 대한 지침과 교육을 제공한다. 한편 의회 소속의 감사원(Government Accountability Office: GAO)은 의회감시견(congressional watchdog)으로서 정부가 사용하는 규제관리도구와 규제 프로그램에 대한 비상시적 검토를 수행하고 있다.

3) 영 국

영국의 규제감독은 비부처 자문기구, 행정부처, 의회의 NAO 등이 주된 역할을 수행하고 있다. 영국의 규제정책위원회(Regulatory Policy Committee: RPC)는 규제영향평가에서 새로운 규제 제안을 뒷받침하는 외적이고 독립적인 증거와 분석을 정부에 제공하는 자문기구(non-departmental advisory body)이다. RPC는 법률에 대한 사후 평가의 질을 면밀히 조사하는 역할을 수행한다. 기업, 에너지 및 산업전략부(Department for Business, Energy & Industrial Strategy: BEIS)에 소속된 규제개혁추진단(The Better Regulation Executive: BRE)은 영국 정부의 규제정책 총괄기관이다. 동 조직은 영국의 여러 정부부처와 협력하여 규제에 따른 부담 측정, 규제 감축, 그리고 규제에 따른 기업의 부담 완화를 추진하고 있다.

의회 소속의 독립기구인 감사원(National Audit Office: NAO)은 적격성 조사(value for money), 즉 규제정책 틀에 대한 효과성을 보고를 통해 규제감독을 수행하고 있다.

4) 일 본

일본의 경우는 내각부 내 규제개혁촉진회의(Council for Promotion of Regulatory Reform)가 규제개혁 촉진에 책임을 지고 있다. 동 회의는 총리의 요청에 따라 규제개혁 계획의 집행을 감독 및 검토하며, 향후 규제개혁 계획을 위한 객관적 권고안을 마련한다.

총무성(Ministry of Internal Affairs and Communications) 내 행정평가국(Administrative Evaluation Bureau)은 사전 및 사후 평가를 감독, 계획, 관리하는 책임부서이며, 이러한 평가를 지원하기 위한 제도적 기반과 지침을 마련한다. 일본공정거래위원회(Japan Fair Trade Commission: JFTC)는 경쟁 평가 등에 있어 행정평가국을 지원하며, 자체적인 경쟁영향평가를 수행하는 정부부처 및 기관들에게 점검표와 지침을 제공하는 역할을 수행한다.

5) 프랑스

프랑스는 2017년 “One-In, Two-Out”이라는 규제 감축 방안을 도입했다. 총리실의 총괄사무청(Sécrétariat Général du Gouvernement: SGG)은 규제감독의 주된 역할을 수행한다. SGG는 규제관리도구의 질을 검토하고 행정기관들에게 규제입안의 전문지식과 지침을 제공한다. 프랑스에서 규제의 사전 절차에 대한 감독은 중앙 집중화되어 있는 반면, 사후 평가는 행정부 및 의회 등 여러 기관들로 분산되어 있다.

6) 독 일

독일은 2015년 사전규제영향평가를 강화하고 2015년에는 “One-In, One-Out 규칙”을 마련하여 규제관리를 강화하고 있다. 국가규제통제위원회(National Regulatory Control Council: NKR)는 모든 규제영향평가의 질을 검토하며, 모든 규칙제정 과정에서 조언을 제공하며, 행정 단순화 및 부담경감, 그리고 사후 평가에 책임을 지고 있다. 또한 매년 규제감독 활동에 대한 결과를 독일 총리에게 보고하고 있다.

3. 규제감독기구의 방향

규제감독기구는 각 부처의 산재된 규제를 바람직한 방향으로 통제하기 위해 필수적이다. 다만, 규제감독기구들은 아래와 같은 부분을 고려할 필요가 있다.

첫째, 규제감독의 궁극적 목적은 공공의 이익극대화에 두어야 한다. 규제감독은 특정 이익집단이나 기업, 산업이 아니라 사회 전체의 관점에서 공공의 이익극대화라는 목적 달성을 위해 이루어져야 한다.

둘째, 규제감독기구는 단순히 규제의 신설을 통제하는 데 목적을 두기보다는 공공의 이익을 위해 바람직한 규제의 방향을 설계하고 제시해야 한다. 즉, 불필요하고 비효율적인 규제의 신설을 통제해야 할 뿐만 아니라 필요한 규제가 적시에 도입될 수 있도록 감독해야 한다. 쉽게 말해, 하지 말아야 할 것도 감독해야 하지만 해야 할 것을 하지 않는 것에 대한 감독도 필요하다. 예를 들어, 가습기 살균제 참사에서 보듯이 화학물질에 대한 적시 규제 실패로 사망자만 1,500명(연합뉴스, 2020.2.19)을 넘긴 것으로 보고 있다.

셋째, 보다 효과적인 규제관리도구를 개발하고 각 행정기관들이 동 도구들을 적용할 수 있도록 분석과 제도적 지원 방안을 고민해야 한다. 모든 제도들은 행정현실과 적응과정이 필요하다. 관리도구들이 이상적으로 바람직해 보이더라도 행정현장에서 바람직한 결과가 항상 나타나는 것은 아니다. 해외 도입 혹은 개발된 규제관리수단들이 행정현장에서 왜 적절하게 운용되지 못하는지, 왜 형식주의가 초래되는지에 대한 면밀한 분석과 이를 해결하기 위한 제도적 노력이 뒷받침되어야 한다. 또한 규제관리도구 역시 한 번 형성되면 지속되는 경향이 있기 때문에 규제관리도구로서 기능을 수행할 수 없음에도 지속될 수 있다. 따라서 규제감독기구는 규제관리수단에 대한 지속적 검토와 개선을 추진해야 한다.

참고문헌

공정거래위원회 홈페이지

독점규제 및 공정거래에 관한 법

연합뉴스(2020.2.19). 가습기살균제 사망자 수 '1,528'

Jordana, J., Levi-Faur, D., & i Marín, X. F.(2011). The Global Diffusion of Regulatory Agencies: Channels of Transfer and Stages of Diffusion. *Comparative Political Studies*, 44(10): 1343-1369.

Moe, T.(1982). Regulatory Performance and Presidential Administration. *American Journal of Political Science*, 26(2): 197-224.

OECD(2018). *OECD Regulatory Policy Outlook 2018*. OECD Publishing, Paris.

Chapter

06 규제와 환경

행정, 정치, 경제 모두 개방체제이다. 정부규제 역시 다양한 외부변수들과 상호 영향을 미치며 존재한다. 규제가 환경변수에 영향을 미치기도 하고, 동시에 환경변수가 규제에 영향을 미치기도 한다. 예를 들어, 정부규제가 경제성장에 기여할 수 있지만, 한편에서 경제성장이 정부규제에 영향을 미칠 수 있다.

다만, 이 책에서는 정부규제를 '종속변수'로 하여, 어떠한 변수들이 정부규제에 영향을 미칠 수 있는지를 제시하고자 한다. 정부규제에는 개인의 심리, 선호, 조직문화부터 국제관계 등에 이르기까지 미시변수에서부터 거시변수까지 다양한 변수가 영향을 미친다. 이하에서는 대표적으로 미시변수로서 규제자의 관점과 선호, 역할인식을 중범위변수로서 조직문화, 관료제, 행위자와 네트워크를, 거시변수로서 경제성장, 민주주의, 문화, 기술발달, 세계화와 국제관계를 제시한다.

표 6-1 정부규제의 주요 영향요인

구 분	세부 변수
미시변수	규제자의 관점과 선호, 역할인식
중범위변수	조직문화, 관료제, 행위자와 네트워크
거시변수	경제성장, 민주주의, 문화, 기술발달, 세계화와 국제관계

제 1 절 | 미시 및 중범위 영향변수와 규제

1. 미시변수와 정부규제

1) 규제자의 관점과 선호

사람들마다 각자 사람과 세상을 보는 관점, 좋아하는 것(선호, preference)을 갖고 있다. 사람이나 세상을 보는 관점, 선호는 어떻게 형성되었는지는 알 수 없으나 유전적으로 혹은 가족관계 등 사람들 간의 관계 속에서 형성될 수도 있고, 역사적 · 문화적 영향에 따라 형성될 수도 있다. 형성의 원인이 어떠하든 간에 사람들마다 서로 다른 관점, 선호를 갖고 있다.

대통령, 주요 정치가, 그리고 행정부처의 주요 의사결정자들, 즉 규제자의 개인적 관점과 선호는 규제에 영향을 미칠 수 있다.

첫째, '사람', '규제', '시장' 등에 대한 규제자의 관점은 규제에 중요한 영향을 미친다. 어떤 규제자는 '사람'은 이기적이고 게으르며, 통제가 필요하다고 생각할 수 있고 어떤 규제자는 인간이 이기심만 있지 않고 이타심도 있고 자기 책임을 질 수 있는 주체로 이해할 수도 있다. 규제자가 사람, 특히 피규제집단을 어떻게 바라보는가에 따라 규제는 달라질 수 있다.

'규제'를 바라보는 관점 역시 중요하다. 규제를 '악'으로 혹은 규제를 철폐의 대상으로만 이해하는 규제자와 규제를 단지 '선'으로 이해하는 규제자, 혹은 규제가 악과 선도 아닌 중립적인 것으로 이해하는 규제자에게서 규제는 서로 다르게 나타날 수 있다.

규제자가 세상을 바라보는 관점 또한 규제에 영향을 미친다. 어떤 규제자는 시장을 완전체로서 이해할 수도 있는 반면, 어떤 규제자에게 시장은 불완전 그 자체로 볼 수 있다. 시장을 완전체로 바라보는 규제자는 정부규제를 최소화하고자 할 것이고, 반면 시장이 불완전한 것으로 바라보는 규제자는 불완전 해소를 위해 정부규제를 활용하고자 할 것이다.

둘째, 규제자의 선호 역시 중요하다. 어떤 나무꾼은 나무를 할 때 톱을 선호하기도 하지만, 어떤 나무꾼은 도끼를 선호하기도 한다. 규제자 역시 보다 빠른 효과성을 고려하여 직접규제를 선호하기도 하고, 어떤 규제자들은 간접규제를 선호할 수 있다. 즉, 규제자가 정책문제를 해결하는 데 있어 규제를 포함하여 어떠한 정책수단을 좋아하는지, 또 규제 중에서도 어떤 규제 유형을 좋아하는지는 규제에 영향을 미칠 수 있다.

2) 역할인식

규제자가 자신의 역할을 어떻게 인식하는가 역시 규제에 중요한 영향을 미친다. 실제, 리더십 연구에서 잘 드러나듯이, 역할을 어떻게 이해하는가에 따라 개인과 조직의 성과는 크게 변화한다. 예를 들어, 민족사적으로 남북통일에 있어 자신의 역할을 분명히 인식하는 대통령과 그렇지 못한 대통령 간에 통일 정책과 성과는 같을 수 없다.

규제자 역시, 국가의 미래 발전을 위해 보다 합리적이고 바람직한 규제체제를 마련하는 것이 자신의 역할이라고 생각하는 규제자와 그렇지 않은 규제자 간에 규제의 질적 수준은 비교할 수 없이 달라질 수 있다. 또는 이익집단의 이해를 대변하는 것을 자신의 역할로 설정하는 규제자와 투철한 사명감을 갖고 공공의 이익을 대변하는 것이 자신의 역할이라고 생각하는 규제자 간에 규제의 품질은 비교할 수 없이 달라진다.

정권별, 부처별로 규제개혁을 항상 강조하여 왔지만 그 실체적 내용과 수준이 달라진 것은 규제자들의 역할인식과도 중요하게 관련되어 있다.

2. 중범위변수와 정부규제

1) 조직문화

모든 사람들은 조직문화에 영향을 받는다. 조직문화는 오랜 시간 조직구성원 간에 공유된 것이다. 모든 조직은 각각 고유한 조직문화를 지니고 있다. 어떤 조직은 매우 적극적이고 도전적인 조직문화를 갖고 있는 반면, 매우 소극적이고 정태적인 조직문화를 지니고 있을 수 있다. 상하관계를 넘어 토론이 자유로운 조직이 있는 반면, 단순히 받아쓰기가 가장 중요한 조직이 있을 수 있다. 이러한 조직문화는 거시 조직문화와 연계되어 있기도 하지만, 한편에서는 조직의 고유한 특성이기도 하다.

정부조직은 민간과 다른 조직문화를 지니고 있다. 여러 면에서 차이를 갖고 있으나 가장 특징적인 것은 정부조직은 법에 의해 조직화되고 법에 의해 정책과 규제를 시행한다는 점이다. 해당 부처 공무원이 일을 잘했는지, 규제를 잘했는지 못했는지 등 모든 것이 법에 의해 판단된다. 정부조직에서 법은 절대적 판단기준이다. 부연하면, 공무원이 규제개혁을 하고 싶어도 법이 있어야 한다. 법에 의지하는, 법에 지배받는 조직문화는 정부조직에 깊이 배태되어 있다. 자발적이고 적극적인 것이 중요한 것이 아니라 법을 지켜야 하는 것이 더 우선시된다.

결론적으로, 정부조직문화는 공무원의 선호와 행태에 영향을 미치게 된다. 결국, 정부조직문화는 규제의 형성과 변화에 다양한 차원에서 영향을 미칠 수 있다.

조직문화

아래와 같이 일이 조직에서 발생되면 혁신이 가능할까? 어떠한 조직문화가 형성될까?

어떤 정부부처는 구성원들이 다년 간 각고의 노력을 통해 규제혁신 최우수기관으로 선정되어 인센티브로 포상금 500만 원을 지급받았다. 몇 년 후 포상금 사용에 있어 일부 위법성이 감사원 감사에서 지적되어 환수 조치 및 해당 구성원들은 경고를 받았다.

A부처 국장이 된 갑돌이는 조직에 커다란 피해를 유발시킬 수 있는 규제 관련 부정부패 문제가 있음을 인식하고, 이를 해결하기 위해 자신의 직을 걸고 일 년 간 각고의 노력을 기하여 해결하였다. 그러나 갑돌이는 부패문제 해결에 따른 어떠한 보상도 받지 못했을 뿐만 아니라 새로 부임한 인사권자는 갑돌이를 한직으로 인사 조치했다. 더욱이 몇 년 후 갑돌이는 사소한 조직관리 미흡으로 인해 경고 조치까지 받았다.

2) 관료제

관료제(bureaucracy)는 인간이 개발한 가장 오래된 조직관리 및 행동양식을 의미한다. 정부조직은 관료제로 치환될 정도로 익숙하다. 관료제의 역사는 문명화된 인류의 국가 역사와 함께하지만, 베버에 의해 보다 체계화되었다.

베버(Max Weber)는 합법적 권한에 근거하여 가장 효율적이고 합리적인 조직으로서 관료제를 제시하고, 주된 특징으로 분명한 관할 영역, 위계성, 문서화, 전문성, 규칙에 따른 업무수행 등을 제시한 바 있다.

첫째, 정부조직 역시 각각 분명한 관할 영역이 법에 의해 구분되어 있다. 이는 책임성과 전문성을 확보하는 데 기여함과 동시에 부처 할거주의에 빠져 정부조직 간 협력을 어렵게 하는 원인이 되기도 한다.

둘째, 위계성으로, 상하의 위계관계가 매우 분명하고 상하 간에 명령체계가 작동된다. 이로 인해, 신속한 의사결정이 가능하고 동시에 정부조직이 하나의 기계처럼 통일적이고 체계적으로 작동되게 한다. 반면, 독단적 의사결정에 따른 문제뿐만 아니라 비판적 사고를 배제시키고 동시에 조직에 경직성을 초래시킨다.

셋째, 문서화를 통해 연속성과 책임성, 안전성을 확보하는 데 기여한다. 반면, 정부조직에서 문서는 곧 법률에 기초하므로, 사회적 문제에 항상 후행하는 문제를 유발하고, 번문욕례(red-tape)를 초래시키기도 한다.

넷째, 규칙에 따른 업무 수행은 관료들로 하여금 개인적 특성, 판단보다 규칙 준수를 우선시함으로써 객관적인 업무수행에 기여하나 동시에 정부조직을 비인간적이게 하고 변화에 대한 적응 속도를 낮추는 등의 문제를 유발하기도 한다.

관료제가 규제에 미치는 영향과 관련하여 크게 두 가지를 고민할 필요가 있다.

첫째, 보편적으로 정부가 하는 일은 곧 관료제에서 이루어지며, 정부규제 역시 관료제에서 벗어날 수는 없다. 따라서 규제 역시 관료제가 갖는 특성에서 자유롭지 못하다. 규제의 형성과 변화에 있어서 분명한 관할 영역, 위계성, 문서화, 전문성, 규칙에 따른 업무 수행 등과 같은 관료제의 특성이 영향을 미친다.

예를 들어, 현실적으로 많은 사회문제들은 단일 부처 내에서 해결되기 어렵다. 동 문제를 해결하기 위해 규제를 설계할 때, 이는 곧 여러 부처 간 협력이 필요함을 의미한다. 그러나 해당 부처 간 관할 영역이 존재하는 상황에서는 부처 간 이해와 할거주의에 따라 바람직한 규제 형성이 쉽지 않다. 단적으로 온실가스 감축을 위한 규제만 하더라도, 환경부, 국토교통부, 산업통상자원부 등 각 부처의 이해가 서로 상이하다. 이러한 차원에서 범 부처를 아울러 각 부처의 이해를 아우르고 조정할 수 있는 규제감독기구가 중요하다.

둘째, 관료제에 대한 베버의 고민처럼 관료제는 악마에게도, 천사에게도 봉사할 수 있다. 즉, 스스로 가치 판단을 할 수 없는 정밀한 기계에 불과하다. 관료제는 국민을 위한 기계가 될 수 있지만, 한편에서는 권력자에게, 정치·경제적 혹은 다양한 이익집단의 이익만을 위해 봉사할 수 있는 기계가 될 수도 있다. 이는 곧 바람직한 규제의 형성과 변화는 곧 관료제를 어떻게 바람직한 체제로 개선하는가와 밀접하게 관련되어 있음을 알 수 있다.

3) 행위자와 네트워크

이익집단 등 규제와 관련된 행위자들은 규제에 영향을 미치는 가장 중요한 변수이다. 이미 사익이론 뿐만 아니라 다양한 이론들에서 이익집단의 중요성이 제시되어 왔다.

무엇보다 규제는 어떤 집단에게는 편익을 어떤 집단에게는 비용을 유발한다. 어떤 행위자, 집단에게 비용과 편익을 발생시키지 않는 규제는 없다. 모든 규제는 집단별로 서로 다른 비용·편익을 유발시킨다.

규제를 통해 편익을 얻고자 하는 집단은 규제 형성을 위해, 또 규제를 자신들에게 유리하게 하기 위해 최선의 노력을 할 것이다. 특히, 규제가 장기적이고 안정적 편익을 발생시키는 '규제지대'를 형성할 뿐만 아니라 경쟁자의 진입을 막는 '진입장벽'으로 역할을 수행하기 때문에 포기할 수 없는 대상이다. 한편에서, 규제에 의해 많은 피해를 받는 집단 입장에서는 규제를 폐지하거나 자신들에게 유리하게 규제를 변화시키고자 할 것이다.

한편에서, 규제는 규제자인 정부기관의 가장 중요한 권력자원이며 권한이다. 이에 정부와 시장의 관계에서 정부규제가 줄어든다는 것은 곧 시장에 대한 정부개입이 줄어든다는 것과 같다. 특히, 개별 정부부처 입장에서 보면 규제는 행위자에 대한 통제할 수 있는 법적인 권한이므로, 규제의 폐지나 완화는 자신들의 권한의 축소로 이해될 수 있다.

결국, 규제를 둘러싼 이익집단, 정부부처 등 주요 행위자, 그리고 이들 행위자 간 경쟁은 규제에 가장 큰 영향요인으로 작용한다. 특히, 이 중 이익집단은 어떤 행위자보다 규제의 형성과 변화에 중요한 영향을 미친다.

이익집단 간 경쟁에서 어떠한 집단이 승리하게 될까? 단적으로 말하기는 어렵지만, '이익집단 간 집단행동의 수준', '이익집단 간 권력의 크기', '규제 네트워크 크기(범위)와 강도', '이익집단의 전략'에 의해 결정될 가능성이 크다.

첫째, 이익집단 간 집단행동의 수준은 이익집단 간 경쟁에서 매우 중요하다. 이익집단 간 집단행동의 수준은 조직구성원의 특성에서부터, 집단행동에 따른 비용편익 분포의 차이 등에 따라 달라진다. 예를 들어, 조직구성원이 소수이면서 전문적 지식을 지니고, 동시에 이들이 규제 따른 피해가 크다면 집단행동의 수준은 매우 높게 나타날 것이다. 집단행동의 수준이 높을수록 이익집단 간 경쟁에서 이길 가능성이 높아진다.

둘째, 이익집단 간 권력의 크기로서, 이익집단은 각각 서로 다른 정보, 자원 등을 갖고 있으며, 이러한 자원과 정보들은 서로 다른 권력을 지니고 있다. 사회 및 시장 구성원들이 그러하듯이, 모든 행위주체 간에 권력관계는 비대칭적이다. 따라서 보다 많은 권력을 지니고 있는 이익집단이 그렇지 않은 집단에 비해 경쟁에서 이길 가능성이 높다.

셋째, 규제 네트워크의 크기(범위)와 연계 강도가 중요하다. 이익집단은 독자적으로 집단행동을 하기보다는 규제와 관련하여 우호적으로 연계된 행위자(예: 다른 이익집단, 시민단체, 정부부처, 기업 등) 네트워크, 즉 '규제 네트워크(regulatory network)'를 구축하고 이를 통해 규제에 영향을 미치고 있다.

따라서 규제를 둘러싼 이익집단 간 경쟁은 단순히 이익집단 간 경쟁이라기보다는 우호적으로 연계된 규제 네트워크 간 경쟁이라 할 수 있다. 결국, 규제 네트워크의 크기(범위)와 행위자 간 연계 강도가 높은 경우가 그렇지 못한 네트워크에 비해 경쟁에서 이길 가능성이 크다.

규제 네트워크

규제 네트워크는 "규제와 관련된 이익집단들 간에 우호적으로 연계된 네트워크"를 말한다. 규제 네트워크는 정책 네트워크(policy network)와 유사한 특성을 지니고 있다.

첫째, 규제 네트워크는 매우 유연하고 임시적 네트워크이다. 특정 규제와 이해관계가 있는 행위자들이 쉽게 연계하고 또 분리되기도 한다. 즉, 네트워크의 목적 달성을 위해 쉽게 만

들어지고, 또한 목적이 달성되었을 경우 쉽게 없어지기도 한다. 참고로, 하위정부(subgovernment, iron triangle)는 매우 폐쇄적이며 고정적이라 할 수 있다.

둘째, 규제 네트워크 다중으로 존재할 수 있고, 이들 네트워크 간에 상호 경쟁하고 충돌한다. 예를 들어, 의료규제 건으로 의사와 병원, 제약사들이 연계된 일명 의사 네트워크와 한의사, 의료기기업체, 보건복지부 등이 연계된 일명 한의사 네트워크가 존재할 수 있고 이들 양자가 서로 경쟁한다.

셋째, 네트워크 내 행위자 간 관계가 고착된 것이 아니다. 예를 들어, 어떤 의료규제(A규제) 건으로 의사와 제약회사, 그리고 여러 이익집단이 동일한 이해를 갖고 우호적인 연계성을 갖는 네트워크를 이루고 있다고 가정하자. 이러한 상황에서 다른 보건규제(B규제) 이슈가 발생될 경우, 의사와 제약회사는 각각 서로 다른 네트워크에서 경쟁할 수도 있다.

넷째, 이익집단의 전략으로, 이익집단이 어떠한 전략을 사용하는가가 이익집단 간 경쟁에서 매우 중요하다. 이익집단들의 집단행동에서 주로 사용하는 전략은 언론 활용, 물리적 동원, 정치 · 행정 영역에서 주요 의사결정자 포섭, 상징(symbol) 및 프레임(frame) 전략 등 이루 헤아릴 수 없이 많다. 이 중 특히 상징과 프레임은 가장 적은 비용으로 가장 큰 효과를 내는 전략 중 하나이다. 여기서 '상징'은 어떤 개념을 기호, 언어 등으로 매우 단순하게 나타낸 것을 말한다. 프레임 전략은 정치 영역에서 가장 일상화된 전략으로 어떤 틀에 가두는 것, 어떤 대상의 이미지를 고착시키는 것을 의미한다. 이러한 상징과 프레임은 무엇보다 매우 간단하고 효율적으로 정보전달을 가능하게 한다. 특히, 프레임은 상대방을 특정한 틀 안에 가두어 왜곡된 인식 틀을 형성시킨다.

규제를 둘러싼 이익집단 간 경쟁에 있어서 상징과 프레임 전략은 광범위하게 활용되고 있다. '비과학 집단'으로 상대방에게 프레임을 씌우거나 '요금폭탄', '초격차' '○○공화국' 등과 같은 상징을 이용해 규제 형성과 변화에 저항하기도 한다.

제 2 절 | 거시 영향변수와 규제

1. 경제성장과 정부규제

경제성장이 규제에 미치는 영향은 다른 변수들에 비해 가장 복잡하고 예측하기 힘들다. 또 어떠한 경제체제, 정치체제를 갖고 있는가에 따라 서로 다른 영향이 미치기도 한다.

한 국가의 경제성장이 어떠한 과정을 거치는지에 대해 마르크스(Karl Marx) 이후로 다양한 학자들이 논의하여 왔다. 대표적으로 로스토우(Rostow, 1960)는 경제성장단계를 5단계, 즉 전통사회단계, 도약준비단계, 도약단계, 성숙단계, 대량소비시대로 구분한다. 그러나 한 국가의 경제성장은 개별 국가의 역사성과 고유한 특성이 존재하므로 일반화하기는 쉽지 않다. 또 항상 모든 국가들이 경제성장이 우상향하는 것은 아니다.

일반적으로 산업화 이후 경제가 성장한 국가들은 도약기, 성장기, 안정기의 단계

그림 6-1 경제성장과 규제

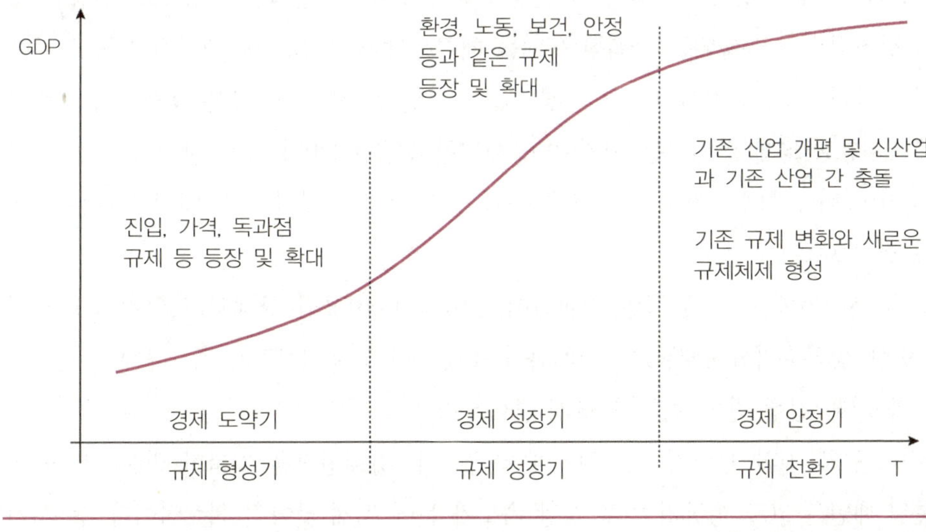

를 거치고 있다. 어떠한 나라들은 많은 시간이 걸리기도 하고 한국처럼 매우 빠른 시기에 이루어진 나라들도 있다. 규제 역시 일반적으로 규제 형성기, 규제 성장기, 규제 전환기의 단계가 나타난다.

첫째, 규제 형성기는 경제 도약기에 나타난다. 동 시기에는 주로 농업인 전통산업과 달리 새로운 산업, 특히 제조업이 등장하면서 경제활동 주체가 다양해지고 산업의 종류, 규모 역시 증가된다. 새로운 기업과 산업, 시장이 형성됨에 따라 새로운 규제들이 등장하게 된다. 주로 가격, 진입, 독과점 규제 등과 같이 새로운 시장주체들의 경제활동에 초점을 둔 규제들이 본격적으로 등장하고, 산업의 발전에 비례하여 규제의 종류와 양도 증가하게 된다.

다만, 이 시기는 규제의 분화 정도가 높지 않고 규제의 정교함 또한 낮은 수준이다. 또한 표방된 규제와 실제 규제의 집행 간에는 많은 차이가 존재하는 '규제 형식주의(formalism)'가 보편적으로 나타난다. 공식적 규제와 비공식적 규제가 공존하며, 많은 경우 비공식적 규제가 공식적 규제보다 더 큰 영향력을 행사하기도 한다.

둘째, 규제 성장기는 경제 성장기에 나타난다. 규제 성장기는 탈 농업사회가 진행되어 산업화가 높은 수준에서 구현이 되고 매년 경제성장률이 매우 높게 나타난다. 동 시대에는 매우 다양한 산업이 등장하며 분화의 정도 및 전문화의 정도가 높다.

동 시기에는 규제 형성기에서 미처 고려하지 못하였던, 새로운 유형의 규제들이 등장한다. 경제가 성장하게 되면서 환경문제, 노동문제, 산업안전 등 고도성장 과정에서 필연적으로 발생되는 사회적 문제를 해결해야 할 필요성이 제기되고 동 부분에서의 규제가 크게 증가한다. 즉, 환경, 노동, 보건, 안전 등과 같은 규제들이 등장하고 그 유형도 크게 확대되는 시기이다. 이러한 점은 GDP가 높은 국가가 그렇지 않은 국가에 비해 환경규제나 안전규제 등이 훨씬 많고 규제의 강도 역시 높다는 것은 이를 잘 보여준다.

규제 형성기에 비해 규제의 정교함이 높아지며, 비공식 규제의 영향력이 축소된다. 또한 형식주의적 규제들의 실체화가 곳곳에서 진행이 된다. 즉, 규제의 선언적 내용과 실제 집행 간에 격차가 크게 줄어든다.

셋째, 규제 전환기는 경제 안정기에 해당된다. 경제성장을 이룩한 많은 국가들의 공통된 패턴은 고도 성장기 이후 성장 속도가 눈에 띄게 낮아진다는 점이다. 동 시기에 많은 국가들은 기존 산업구조의 개편에 직면한다. 저성장국가에 비해 노동비용이나 생산비용이 높아짐에 따라 산업구조 개편 압력에 직면하고, 이에 따라 산업구조 개편이 정부와 시장에서 동시에 진행이 된다. 이에 따라, 기존 산업과 새로운 산업 간 충돌이 필연적으로 나타나고 '규제개혁'은 모든 정권에서 일상화된다. 기존 규제체제와 새로운 규제체제가 충돌하기 하고, 규제를 둘러싼 이익집단 간 충돌이 크게 발생되는 시점이기도 하다. 규제 성장기에 비해 규제의 분화 수준이 크게 높아지고, 보다 정교해지며, 비공식 규제의 영향력, 형식주의는 크게 축소된다.

표 6-2 규제 단계별 주요 특성

	규제의 유형 및 특성	규제 분화 수준	규제의 정교함	비공식 규제의 영향력	규제 형식주의 가능성
규제 형성기	가격, 진입, 독과점 규제 등	낮음	낮음	높음	높음
규제 성장기	환경, 노동, 보건, 안전규제 등	보통	보통	보통	보통
규제 전환기	신산업 관련 규제 대폭 증가 기존 규제와 새로운 규제 간 충돌	높음	높음	낮음	낮음

2. 정치체제와 정부규제

정치체제는 다양하게 분류될 수 있지만 크게 민주주의와 권위주의 체제로 분류된다. 정치체제가 정부규제에 어떠한 영향을 미칠 것인지 단정하기는 쉽지 않다. 이하에서는 민주주의와 권위주의 체제의 가장 핵심적 특성을 통해 규제에 미칠 영향을 논한다.

민주주의와 권위주의는 지배의 주체가 누구인가, 그리고 체제의 개방성 여부에 따라 서로 상이한 특성을 지닌다.

첫째, 민주주의에서 주권은 국민에게 있다. 국민의 정치적 권리가 보장받고, 참여가 보장받는 민주주의 사회에서는 국민들의 의견과 주장이 제도적으로 보장됨에 따라 환경문제, 노동문제, 보건문제 등 관련 규제에 영향을 미칠 수 있다. 실제, 미국에서 1960년대 이후나 한국에서 1980년대 후반 이후 환경, 보건, 안전규제 등의 등장과 강화는 국민일반의 자각과 시민단체 등의 노력이 매우 크게 작용하였다. 이들은 기존의 이익집단, 관련 정치인, 관련 부처가 주도하는 폐쇄적인 규제 형성 구조에 도전하고 이들의 이익에 반하는 새로운 규제 형성에 기여하였다.

둘째, 민주주의에서는 다양한 주체와 다양한 이익집단들이 공존하며 상호 경쟁이 가능하다. 동 체제에서 행위자들은 규제 이익을 얻기 위해 경쟁한다. 이러한 구조에서 규제의 의사결정주체, 특히 정치가들은 특정 집단을 위한 규제보다는 자신들에게 가장 많은 표를 얻을 수 있는 규제를 형성할 가능성이 크다. 예를 들어, 조직규모가 엇비슷한 두 개의 이익집단 A, B가 있다. A에게 유리한 규제를 형성하면 100표를 얻고, B에게 유리한 규제를 형성하면 150표를 얻는다고 가정하자. 이럴 경우, 정치가는 A집단에게만 유리한 규제, 혹은 B집단에게만 유리한 규제를 형성하지 않고, A집단과 B집단 전체적으로 가장 많은 표(180표)를 얻을 수 있는 수준(규제4)에서 규제를 형성한다.

반면, 권위주의 체제에서는 집단 간 경쟁보다는 '집권세력의 선택'과 이들과의 '정

그림 6-2 집단 간 경쟁과 규제 선택 위치

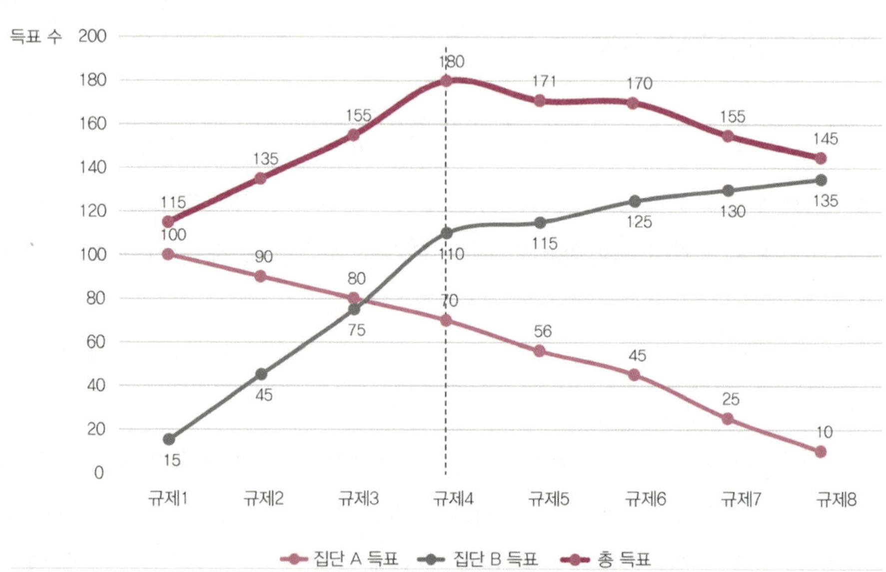

치적 거리'가 매우 중요하다. 따라서 규제는 집단 간 경쟁 속에서 최적의 표를 얻을 수 있는 규제가 선택되기보다는 집권세력의 이익을 극대화하기 위한 규제가 선택될 가능성이 크다.

셋째, 민주주의 체제가 권위주의 체제에 비해 특정 이익집단에 의한 포획 가능성이 낮다. 무엇보다 이는 민주주의 체제가 이익집단 간 경쟁이 가능하고, 국민, 언론 등 다수의 행위주체들에 의한 상호 통제가 일정 부분은 이루어지기 때문이다. 다만, 민주주의와 경제체제인 자본주의가 결합이 되면, 거대 자본집단에 의한 제도화된 포획이 나타날 수 있다.

3. 문화(종교)와 정부규제

문화는 개념적 정의의 어려움에도 불구하고 인간 사회 전반을 지배하는 핵심 변수이다. 사전적으로 문화는 "사회구성원에 의해 습득, 공유, 전달이 되는 행동 양식, 또는 생활 양식의 과정 및 그 과정에서 이룩해 낸 물질적, 정신적 소산을 통틀어 이르는 말(고려대한국어대사전)"로 정의되고 있다.

문화는 쉽게 말해, 구성원들 간 공유되고 구성원들 간에 당연스럽게 받아들여지는 것이다. 문화는 개인주의 문화, 집단주의 문화 혹은 종교와 밀접하게 관련되어 있기 때문에 유교 문화, 기독교 문화, 이슬람 문화 등으로 분류되기도 한다. 이러한 문화는 사회구성원들에게 배태되어 있기 때문에 쉽게 변화하지도 사라지지도 않으며, 심지어 세대를 가로질러 현재 세대뿐만 아니라 미래 세대까지 전달 및 공유되기도 한다. 거시적 사회 문화는 어떠한 인간도 예외로 하지 않는다. 단지 정도에 차이가 있을 뿐이다.

이러한 문화는 개인의 선호와 행동을 제약할 뿐만 아니라 조직, 정책, 경제성장, 국가 사회의 전 부분에 영향을 미치는 것으로 알려져 왔다. 예를 들어, 베버(Max Weber)는 근대적 자본주의 정신, 직업사상에 입각한 합리적 생활방식은 기독교적 금욕의 정신에서 비롯되었음을 주장하면서, 현대자본주의 발달에 프로테스탄티즘(protestantism)의 영향이 매우 크게 작용하였다고 주장하였다.[1] 한편, 한국, 일본 등

---

1) 그러나 베버의 연구는 과학적 연구라 보기 어렵고, 이후 유교문화권의 경제성장에 따라 동 주장은

동아시아의 경제성장을 유교문화로 설명하는 주장(Kahn, 1979; Ouchi, 1981) 역시 제기되었고, 유교자본주의(confucian capitalism)가 등장하기도 했다. 문화는 어떤 정책이나 제도의 효과에 영향을 미치기도 한다. 예를 들어, 집단주의 문화, 연공서열 문화가 발달된 유교문화권에서 개인주의에 기반한 성과 연봉제 등은 기대된 효과를 얻지 못할 수 있다는 것이다. 특히, 앞 장에서 논의한 사회학적 제도주의(sociological institutionalism)는 문화가 갖는 영향력을 보다 분명하게 설명하고 있다.

이러한 관점에서 볼 때, 첫째, 문화는 규제의 양에 영향을 미칠 수 있다. 예를 들어, 유교문화는 사회구성원 간 '질서'와 '관계'를 강조한다. 따라서 동 문화권에서는 암묵적, 비공식적 영향이 크게 나타난다. 이러한 문화에서는 성문화된 규제보다 비공식적 관계가 더 중요하게 영향을 미치기 때문에, 성문화된 공식적 규제의 양이 많지 않을 수 있다. 따라서 국가 간 규제의 수준과 강도를 비교함에 있어서 규제의 양 비교는 한계를 지닐 수 있다.

둘째, 문화는 규제의 대상, 내용과 범위를 결정할 수 있다. 문화권에 따라 사회구성원들이 공유하는 가치가 서로 다르다. 따라서 어떤 문화권에서는 규제의 대상이 될 수 있고, 어떤 문화권에서는 규제의 대상이 되지 않을 수 있다. 예를 들어, 무한한 사익추구를 당연스럽게 생각하는 국가와 그렇지 않은 국가에서 자본시장 규제는 서로 상이하게 나타날 수 있다.

셋째, 규제가 동형화의 산물일 수 있으며, 이에 따라 규제의 효과성에 영향을 미칠 수 있다. 사회학적 제도주의에 특히 강조하듯이, 규제가 합리적 선택의 결과가 아니라, 제도적 동형화의 산물일 수 있다. 강제적, 규범적, 모방적 동형화에 따른 결과일 수 있다는 것이다. 이러한 점은 미국이나 유럽 등의 규제, 규제관리도구 등이 매우 빠른 속도로 다른 나라에 도입되는 점에서 쉽게 발견된다. 어떤 사회문제를 해결하기 위해 합리적이고 종합적인 사고를 수행하는 것이 아니라 단순히 조직과 체제의 정당성(legitimacy)을 확보하기 위해 규제를 형성 혹은 변화시킬 수 있다는 점을 보여준다. 규제가 합리적 사고와 분석의 결과가 아닌 동형화의 산물일 경우, 해당 규제는 사회문제를 해결함에 있어 효과성을 갖기 어렵다.

넷째, 이질적 문화에서 형성된 규제가 동형화에 따라 도입되면, 규제의 형식화 및

설득력을 상실하였다.

사문화를 초래시킬 수 있다. 극단적으로, 김치에 올리브유를 넣는 것과 같다. 올리브유가 건강에 좋으니 김치에도 넣어서 먹으면 좋을 것 같다는 다양한 동형화 압력에 따라 넣어서 먹으면 어떠한 결과가 나올까? 시키니까 하긴 하는데, 우선 어쩔 수 없이 넣기는 하는데 아주 조금 넣거나 올리브유에서 특정 성분을 제거하거나 해서 넣을 것이다. 또는 누구도 김치를 사 먹지 않을 것이다.

4. 기술과 정부규제

기술이 규제에 영향을 미치는 것은 명백하고 당연하다.

기술은 문명 발달의 기준이다. 석기, 청동기, 철기시대, 그리고 농업사회와 산업사회, 정보화사회 등 어떤 사회를 구분하는 가장 중요한 기준은 기술이다. 즉, 기술은 당시 시대를 결정짓는 상징과 같다. 세탁기, 컴퓨터처럼 기술은 인간을 노동으로부터 해방시켜주기도 하고, 한편에서는 기술에 인간이 종속되기도 한다. 기술은 기업에서 생산하는 생산품의 종류와 생산방식을 변경시킬 뿐만 아니라 시장에서 거래되는 재화의 종류, 거래 대상, 거래의 방식 등 경제생활 전반을 변화시킨다. 또한 정부가 하는 일, 정부규제체제 역시 기술에 기반하고 기술에 의해 변화되어 왔다. 예를 들어, 정보통신기술의 발전에 따라 사회 전반이 급격하게 정보화가 진행되었다. 정부 역시 정보화가 추진되었고 전자정부가 출현하였다. 전자정부는 기존의 정부 내 사무의 디지털화를 넘어 정부와 정부, 정부와 시민, 정부와 기업 간 디지털 상호작용과 서비스 제공으로 확대되고 있다. 전자정부는 정부의 일하는 방식을 전환시키고 있을 뿐만 아니라 정부는 행정업무의 효율성과 서비스 개선, 정책과정에의 참여 및 신뢰구축, 행정 투명성(transparency) 향상, 국민 참여 확대 등과 같은 긍정적 효과가 나타난 것으로 판단되고 있다.

기술은 다양한 차원에서 규제에 영향을 미친다.

첫째, 기술은 규제의 근원적 변화를 초래시킬 수 있다. 어떤 시대의 규제는 당대의 기술에 기초한다. 크게 보면, 석기시대의 규칙은 철기시대에 무의미한 것과 마찬가지이다. 즉, 기술의 발달은 기존의 기술에 기초한 규제에 대해 의문을 갖게 하고, 새로운 기술에 부합된 규제로의 전환을 촉진시킨다. 예를 들어, 획기적인 에너지 저장

기술이 개발되어 모든 자동차가 전기자동차로 전환이 된다면, 기존에 자동차 개념부터 바뀌게 되고 화석에너지에 기초한 수많은 자동차 제도 및 운행, 배출 규제들은 무의미해지고 사문화된다. 결국, '새로운 기술에 기초한 새로운 규제로의 전환 요구'가 필연적으로 발생될 수밖에 없다. 2000년대 이후 융합기술의 발달은 이를 더욱 가속화하고 있다.

둘째, 새로운 기술은 규제의 집행 방식과 평가 방식의 변화를 초래시킨다. 과거 아날로그 사회에서는 규제의 집행과 평가에 방대한 시간과 비용이 소요되었다. 이로 인해, 많은 규제들이 실효적 집행이 이루어지지 못함에 따라 사문화되거나 혹은 형식적으로만 존재하는 경우가 많았다. 그러나 정보기술을 활용하게 됨으로써, 지리적·공간적 제약없이 규제의 집행, 규제의 순응, 규제의 효과 등을 파악하는 데 용이하다. 즉, 아날로그 시대에 현실적으로 불가능하거나 적용되지 못하였던 규제 환류 체계를 구현할 수 있게 도와준다.

기술과 자동차 속도위반, 공장 배출가스, 세금

과거에 자동차 속도위반 단속은 어떻게 했을까? 간단한 속도 측정기가 나오기 전 자동차 속도위반 단속은 규제가 있더라도 실효성이 없었다. 속도 측정기가 나오자 경찰은 스나이퍼처럼 자동차 속도를 체크했다. 이후, 현재는 드론으로 다수의 자동차에 대해 동시에 속도를 측정할 수 있다. 심지어, 기술적으로는 속도계 없이도 운전자의 위치추적을 이용하여 차량 속도위반을 확인할 수도 있다.

과거에 공장 배출가스 규제를 제대로 따르고 있는지 확인하기 위해, 일일이 공장 굴뚝을 올라가서 체크했다. 공장주는 평소에는 배출기준을 지키지 않다가 점검날에만 배출기준을 준수하면 됐다. 현재는 배출가스 점검 시스템만 설치하면, 혹은 드론, 위성을 통해서 공장 굴뚝에 일일이 올라가지 않더라도 실시간으로 배출기준 준수 여부를 확인할 수 있다.

최근 각국 정부는 주식에 대한 양도소득세를 부과하고 있다. 하루에도 국내·외에서 수없이 많은 주식 거래가 이루어지는데, 어떻게 주식 거래에 대한 소득이 있는지를 알 수 있을까? 과거 같으면 한 명, 한 명 주식투자자의 1년치 주식 거래 내역을 모두 살펴보고, 수익이 있었는지를 파악해야 한다. 당연히 이를 위한 집행비용을 감당하기 어려웠을 것이다. 현재는 주식거래와 함께 자동으로 소득이 산출된다. 집행비용은 거의 없다.

기술은 좋은 규제이든, 나쁜 규제이든 간에 규제집행의 효과성을 획기적으로 향상시킬 수 있다.

5. 세계화 및 국제관계와 규제

2020년 현재 세계화는 경제적 수준을 넘어 정치적 수준에 이르기까지 급속히 진행되고 있다. 세계화 이전 국가는 국가의 영역 내에서 규제에 독점적 지위를 갖고 있었다. 그러나 경제적 · 정치적 세계화에 따라 독점적 지위를 상실했다. 현대정부와 시장은 전 세계 단일 국가, EU와 같은 지역, 국제기구, NGO 등 다양한 세계적 행위주체들과 관계를 맺고 있다. 뿐만 아니라 기업의 생산시설 역시 단일 국가의 경계 내에 있는 것이 아니라 전 세계에 퍼져서 분포하고 있고, 각각의 세포처럼 각각의 기능을 수행하고 있다.

세계화 및 국제관계는 다양한 차원에서 국내 규제에 영향을 미치고 있다. 몇 가지 대표적인 예들은 아래와 같다.

첫째, 국제무역체제는 국내 규제에 가장 크게 영향을 미치고 있다. 세계화로 인해 각 국은 세계무역기구(World Trade Organization: WTO), 국가 간 자유무역협정(Free Trade Agreement: FTA) 등 다양한 국제무역질서 체제 하에 있다. 다양한 협정들이 있으나 주된 핵심은 무역장벽의 철폐를 통해 자유무역을 확대[2]하는 데 초점이 맞추어져 있다. 결국, 이러한 국제 협정들은 국내 규제의 철폐 및 완화를 촉진하는 데 영향을 미치고 있다.[3]

둘째, 다양한 국제 협정 및 조약들 역시 국내 규제에 영향을 미치고 있다. 예를 들어, 유해폐기물의 국가 간 이동 및 교역을 규제하는 바젤협약(Basel Convention), 오존파괴 유해물질 배출을 규제하는 몬트리올 의정서(Montreal Protocol) 및 온실가스 배출 억제를 담고 있는 교토의정서(Kyoto Protocol) 및 파리협정(Paris Agreement), 핵확산 방지조약(Treaty on the Non-Proliferation of Nuclear Weapons), 한미원자력협정 등 다양한 영역에서 국제 조약 및 협정 등은 국내 규제에 영향을 미치고 있다.

---

2) 상호 무역 주체 간에 조건을 가능한 동등하게 하는 것 역시 포함되어 있다. 예를 들어, 2010년 한국과 FTA를 체결한 EU는 한국에게 ILO 핵심협약의 비준을 강하게 요구하면서, 무역분쟁 절차를 진행하였다.

3) 최근 미국의 트럼프 정부 등장과 더불어 코로나 19로 인해 국가 간 보호무역주의가 다시 등장하고 있다. 그러나 자본주의가 경제체제의 근간을 이루고 있는 한 과거 보호무역수준으로 회귀하기는 어려울 것이다.

셋째, 국내·외 자본 유치 역시 규제 형성과 변화에 커다란 영향을 미치고 있다. 세계화가 진행된다는 것은 국내 기업이 외국으로 진출할 수 있고, 외국 기업이 국내로 진출할 수 있다는 것이다. 만약 국내 기업은 외국으로 진출하는 반면, 외국 기업은 국내로 진출하지 않는다면 자본유출, 고용, 조세, 경제 전반에서 심각한 문제가 초래된다.

기업이 특정 국가에 투자하는 이유에 대해 1980년 더닝(J. H. Dunning)의 절충이론(Eclectic Theory)은 가장 일반화된 이론으로서 유용한 관점을 제공한다(Jensen, 2003: 590; 김태은·구교준, 2007: 205-206).

더닝(Dunning, 1980, 1988, 1995)은 국제화된 생산 네트워크의 형성은 기업 특유의 우위(ownership-specific advantage), 내재화 우위(internalization advantage), 입지의 우위(location advantage)에 의해 결정된다고 주장한다. 구체적으로, 첫째, 특정 기업이 해외에 투자하기 위해서는 자본, 기술, 관리 및 조직 능력, 연구개발, 규모의 경제 등 기업이 소유하고 있는 기업 특유의 우위요소가 존재하고, 둘째, 내재화의 이익이 커야 한다는 것이다. 특히, 시장의 불완전성은 협상 및 거래비용을 높이고, 국가 간 서로 다른 환율, 세금 정책, 특허시스템과 같은 요인에 따라 내재화의 동기가 유발되며, 이에 따라 다국적 기업이 시장기능을 기업 내부로 결합하여 이익을 추구하는 과정에서 해외투자가 발생한다는 것이다. 셋째, 입지우위 요인으로, 원재료나 노동비용, 시장, 정부정책(수입장벽, 수출 인센티브 등)에 있어 국가 간 차이가 존재할 때 기업은 해외직접투자를 수행한다는 것이다.

이 중 입지우위 요인은 정부규제에 중요한 함의를 제공한다. 즉, 유치국가의 각종 규제완화, 인센티브, 정부투명성, 지적재산권, 환율규제 등은 외국인 직접투자 유치에 매우 중요한 역할을 수행하는 것으로 간주되어 왔다(UNCTAD, 2006: 157). 이에 따라, 많은 국가와 지방정부들은 투자 유치를 위한 주요 수단으로 관련 규제를 경쟁적으로 완화하여 왔다. 실제로, 1993년부터 2005년까지 전 세계 200여 개국의 규제 변화 추세를 살펴보면, 외국인 직접투자에 유리한 방향으로의 규제 변화가 2,001건, 불리한 방향으로의 규제 변화 건수가 189건으로 투자 유치를 위한 방향으로의 규제 변화가 절대적으로 많은 것[4]을 알 수 있다(김태은·구교준, 2007: 207 재인용).

4) 2005년 대륙별로 살펴보더라도, 라틴 아메리카와 케리비안(Caribbean)에서만 외국인 직접투자에

표 6-3 국가의 규제 변화(1992~2005)

(단위: 건수)

	1993	1994	1995	1996	1997	1998	1999	2000	2001	2002	2003	2004	2005	계
FDI에 유리한 규제 변화[1)]	99	108	106	98	134	136	130	147	193	234	218	234	164[3)]	2,001
FDI에 불리한 규제 변화[2)]	1	2	6	16	16	9	9	3	14	12	24	36	41	189
총계	100	110	112	114	150	145	139	150	207	246	242	270	205	2,190

주: 1) 자유주의 심화, 시장기능의 강화 목적의 변화, 인센티브의 증가 등 포함
2) 인센티브의 감소뿐만 아니라 통제의 증가 목적의 변화까지 포함
3) 2005년도에 숫자가 갑자기 줄어든 것은 데이터 수집방법에 변화에 기인함.
출처: UNCTAD(2006), 김태은 · 구교준(2007, 207) 재인용.

한편에서 정부는 자국 기업이 해외로 빠져 나가는 것을 방지할 필요가 있다. 자국 기업 역시 외국인 투자와 마찬가지로 보다 유리한 사업환경을 지닌 국가와 지역으로 이전한다. 따라서 이들 기업이 해외로 나가지 않고, 국내에서 투자를 지속하도록 유인할 필요가 있다.

결론적으로, 각국 정부는 기업이 해외로 빠져나가지 못하게 유인[5)]해야 하고, 동시에 해외 기업의 유치를 위해 보다 우호적인 기업환경을 조성해야 하는 상황에 있다. 후진국과 개발도상국은 선진국의 자본을 유치하기 위해 규제 혁파를 주장하고 있고, 선진국은 후진국으로 빠져나간 자본을 다시 회귀시키기 위해 규제 혁파를 주장하고 있다. 결국, 자본의 세계화는 보다 시장친화적이고 기업친화적인 규제 형성에 기여한다.

우호적인 규제 변화 비우호적인 규제 변화에 비해 낮았고, 기타 모든 국가에서 절대적으로(80% 정도) 우호적인 규제 변화가 많이 진행되었다(UNCTAD, 2006: 25).

5) 최근 전 세계적으로 국제 정치 및 경제적 불안감이 확산되면서, 해외 진출 기업의 자국 회귀를 의미하는 본국 회귀(reshoring) 현상이 나타나고 있다. 이에 각 국가는 자국 기업의 본국 회귀를 위한 규제완화, 세금감면 등 다양한 당근책을 경쟁적으로 제시하고 있다.

참고문헌

고려대한국어대사전.

김태은 · 구교준(2007). 외국인 직접투자의 결정요인에 관한 연구: 정부규제를 중심으로. 『한국행정학보』, 41(4): 203-228.

막스 베버(Max Weber) 저 · 박성수 역(1996). 『프로테스탄티즘의 윤리와 자본주의 정신』. 문예출판사.

Dunning, J. H.(1980). Toward an Eclectic Theory of International Production: Some Empirical Tests. *Journal of International Business Studies*, 11(1): 9-31.

______(1988). The Eclectic Paradigm of International Production: A Restatement and Some Possible Extensions. *Journal of International Business Studies*, 19(1): 1-31.

______(1995). Reappraising the Eclectic Paradigm in an Age of Alliance Capitalism. *Journal of International Business Studies*, 26(3): 461-491.

Jensen, N. M.(2003). Democratic Governance and Multinational Corporations: Political Regimes and Inflows of Foreign Direct Investment. *International Organization*, 57(3): 587-616.

Kahn, H.(1979). *World Economic Development: 1979 and Beyond*. London: Croom Helm.

OECD(2003). The e-Government Imperative: Main Findings. *Policy Brief*.

Ouchi, W.(1981). *Theory Z: How American Business Can Meet the Japanese Challenge*. Cambridge: The Addison-Wesley Publishing Company, Inc.

Rostow, W. W.(1960). *The Stages of Economic Growth*. London: Cambridge University Press.

UNCTAD(2006). *World Investment Report 2006*. New York and Geneva: UN.

PART 04

정책수단과 주요 정부규제

Chapter

07 정책수단과 정부규제

제 1 절 | 정책수단과 정부규제[1)]

규범적으로, 정부는 공공의 이익을 극대화하기 위해 노력해야 한다. 이것이 민주주의 국가에서 국가와 정부의 존립 이유이다. 이를 위해서, 정부는 바람직한 미래 상태를 설정하고 현재 상태와의 격차를 분석해야 한다. 그리고 이러한 격차를 해결하기 위해 노력해야 한다.

일반적으로 현재 상태와 미래 상태 간의 격차를 해결하기 위해 정부는 다양한 '정책 수단, 도구'를 사용한다. 정부규제 역시 다양한 정책수단들 중에 하나이다. 그러나 다른 정책수단들에 비해 지배적으로 활용되고 있다. 이하에서는 정책수단과 정책수단 선택의 영향요인들에 대해 논의하고자 한다.

1) 이 글은 김태은(2008) 내용을 일부 발췌하여 수정 · 보완하였음.

1. 정책수단의 개념과 유형

최근 그 중요성에 대한 인식이 확대되고 있는 정책수단(policy instruments, tools)은 공공정책 목적을 수행하기 위해 정부가 임의대로 할 수 있는 각종 수단(Howlett, 1991: 2), 거버넌스의 도구로서 정부가 정책을 달성하기 위한 상대적으로 제한된 수단과 방법(Howlett & Ramesh, 1993: 4), 공적문제를 해결하기 위해 조직화된 집합적 행동(Salamon, 2002: 19), 또는 단순하게 국가정책 또는 정부의 도구(King, 2007: 111) 등으로 이해되고 있다. 즉, 정책수단은 정부가 의도하는 목적을 달성하기 위해 활용하는 제반수단들을 의미한다.

정책수단과 관련된 가장 초기의 연구는 정부통제의 기술로서 상징주의(symbolism)를 강조한 에델만(Edelman, 1964)과 정책 유형을 분배, 재분배, 규제, 구성(constituent)으로 구분한 로위(Lowi, 1964, 1972)라 할 수 있으며, 정책수단 연구에서 가장 중요한 역할을 수행하였다(Howlett, 1991: 2; Woodside, 1986: 777).

정책수단은 정부와 시장과의 관계에서 정부의 역할에 대한 관점과 기술 수준에 따라 범위는 다양할 수 있기 때문에, 가능한 가시성있는 차원으로 끌어내기 위한 유형화 작업이 진행되었다. 그러나 최초로 정책수단을 대규모로 분류한 키르셴(Kirschen, 1964)이 정책수단을 64개로 분류하고, 반면 정치학자로서 모셔(Mosher, 1980)가 정책수단을 이분법적인 지출(expenditure)과 비지출(non-expenditure) 수단으로 분류한 것에도 알 수 있듯이 정책수단의 분류 자체가 쉽지는 않다. 이는 무엇보다 정부가 사용하고 있는 수단, 도구가 워낙 다양하고 많기 때문이다.

정책수단 분류가 쉽지는 않으나, 일부 연구자들은 행태와 자원 차원에서 유형화를 진행하였다. 첫째, 정책수단의 행태적 특징들을 강조하는 미시수준에서의 분류(Bardach, 1979; Elmore, 1987; Schneider & Ingram, 1990)로서, 대표적으로 슈나이더와 잉그람(Schneider & Ingram, 1990)은 행태적 가정에 기초하여 정책수단을 크게 권위수단(tools), 유인수단, 역량수단, 상징 및 권고적 수단, 학습수단으로 구분했다.

둘째, 정부가 활용할 수 있는 자원에 초점을 둔 자원접근에 기초한 분류(Hood, 1986; Vedung, 1998; Lascoumes & Gales, 2007)가 있다. 대표적으로 비둥(Vedung, 1998: 22-58)은 정책수단을 규제, 경제적 수단, 정보로 이해하고 이를 채찍(regulations, sticks), 당근(economic means, carrots), 정보제공 및 권고(information, sermons)로 구분한다. 여기서, 권고는 지식의 전달, 이성적 논쟁의 소통, 설득을 통해 사람들에게 영향을 미치기 위한 도덕적 설득, 권고 등을 의미한다(Vedung, 1998; 33). 후드(Hood, 1986)는 정부는 정보(nodality/information), 재정(treasure/finance), 권위(authority), 조직(ogranization)과 같은 네 가지 자원을 지니고 있으며, 이러한 자원은 사회를 모니터하고 그들의 행태를 바꾸기 위한 목적을 위해 사용된다고 주장한다. 이에 따라, 여덟 가지 정책수단(권고, 보조금, 대출, 법, 서비스 제공, 서베이, 자문, 등록, 통계)을 제시하였다(Hood, 1986: 124-125). 살라몬(Salamon, 2002: 19-37)은 신거버넌스로의 패러다임 변화와 함께 정책수단이 강조된다고 주장하면서, 정부수단을 '직접적 도구'와 '간접적 도구'로 크게 구분한 후, 직접적 도구에는 정부직접제공(direct government), 정부기업, 경제적 규제, 공적 정보, 직접대출(direct loan)

표 7-1 대표적인 정책수단들: Salamon(2002)의 분류

Tool	Product/activity	Vehicle	Delivery system
Direct government	good/service	direct provision	public agency
Social regulation	prohibition	rule	public agency/regulatee
Economic regulation	fair prices	entry and rate controls	regulatory commission
Contracting	good/service	contract and cash payment	business, nonprofit organization
Grant	good/service	grant qward/cash payment	lower level of government, or NPO
Direct loan	cash	loan	public agency
Loan guarantee	cash	loan	commercial bank
Insurance	protection	insurance policy	public agency
Tax expenditure	cash, incentives	tax	tax system
Fees, charges	financial penalty	tax	tax system
Liability law	social protection	tort law	court system
Government corporation	good/service	direct provision/loan	quasi-public agency
Vouchers	good/service	consumer subsidy	public agency/consumer

출처: Salamon(2002, 21).

을 간접적 도구에는 사회적 규제, 계약, 대출보증, 보조금, 조세지출, 사용료 및 과징금, 공적 보험, 피해구제(tort liability law), 정부후원기업 등을 들고 있다.

정책수단을 구분하기 위한 다양한 시도가 진행되어 왔으나 아직까지 수렴된 구분은 찾기 어렵다. 이 책에서는 정책수단으로서 정부규제를 논하기 위해, 정책수단을 크게 정부규제, 정부직접투자, 유인도구로 구분한다.

여기서 '정부규제'는 직접규제, 간접규제 등을 의미한다. '직접투자'는 정부가 직접 재정 지출을 수반하여 투자하는 것으로, 정부의 직접구매, 공기업 신설, SOC 및 산업육성 투자, R&D 투자, 각종 공적자금 투입 등을 의미한다. '경제적 유인' 도구는 정부가 시장주체들에게 경제적인 유인을 제공하는 것으로서, 각종 대출 및 이자 지원, 대출 보증, 보조금 지원 및 우대, 세금 지원 및 우대, 정보제공 및 권고 등을 포함한다.

표 7-2 정책수단의 구분

정부규제	직접투자	경제적 유인
직접규제 간접규제 등	정부의 직접구매 공기업 신설 SOC 및 산업육성 투자 각종 공적자금 투입 등	각종 대출, 이자 지원 및 우대 대출 보증 보조금 지원 및 우대 세금 지원 및 우대 정보제공 및 권고 등

주: 직접투자 및 경제적 유인의 세부항목은 예시임.

2. 정책수단의 선택의 영향요인

정책수단의 선택에 어떠한 요인들이 미칠 것인가는 위에서 논의한 바와 같이 매우 다양하고 어떤 범위 내로 한정시키는 데 한계가 있다. 이는 정책수단이 정책을 수행하기 위한 수단으로서 그 개념적 범위가 매우 넓은 데 기인하다. 몇 가지 대표적인 이론들은 아래와 같다.

첫째, 합리적 접근으로서 공공선택(public choice) 관련 학자들은 인센티브 구조와 인식을 강조한다. 즉, 공공 영역에서의 처방(민영화, 공공 영역에의 준시장적 개념 도입, 계약, 지역통제, 특별구 설치 등)과 함께 개인들이 최적의 결과를 창출할 수 있는 제도의 설계를 강조하며(Schneider & Ingram, 1990: 512), 이러한 차원에서 정책수단의 선택을 강조한다.

둘째, 신제도주의적(neo-institutional) 접근 중 역사적, 사회학적 제도주의적 설명으로, 각 국가의 독특한 제도적 특성이 정책수단 선택에 영향을 미침을 강조한다. 예를 들어, 앳킨슨과 니골(Atkinson & Nigol, 1989)은 캐나다의 온타리오(Ontario) 지방정부의 사례를 통해, 제도적 요인, 특히 구조와 문화가 정책수단의 선택과정에 핵심적인 변수임을 지적하였다. 예를 들어, 경쟁적인 개인주의 문화가 지배하는 경우에는 참여자들은 경쟁을 보호하고 유연성을 극대화할 수 있는 정책수단들을 선택하며, 반면 계층제적 규범이 강한 경우에는 공공 및 사적 부문 간의 연계적인 의사결정을 촉진하고 협상을 필요로 하는 정책수단을 선호한다는 것이다.

셋째, 정책수단의 선택을 정책 네트워크(policy network)로서 설명하기도 한다. 브레세르와 오툴(Bressers & O'toole, Jr., 1998)은 정책문제에 관심을 갖는 행위자 간의 정책 네트워크의 특성이 정책수단의 선택에 영향을 미침을 보여주고 있다. 즉, 정책도구의 특성이 기존의 네트워크 특성을 유지하는 데 도움이 된다면, 그러한 정책도구가 정책형성과정에서 채택될 가능성이 높음을 보여준다.

넷째, 정치적 요인을 강조하는 연구로서(Doern & Wilson, 1974; Hood, 1986; Pierce, 1971; Trebilcock et al., 1982), 정책수단은 단순히 기술적 문제라기보다 정치와 신념(faith)의 중요성을 강조한다. 정책수단은 자원의 제약, 정치적 압력, 법적 제약, 과거 정책수단 선택 실패를 통한 학습에 의해 형성된다고 주장한다(Hood, 1986: 118-120, 141-143).

대표적으로, 도렌과 윌슨(Doern & Wilson, 1974: 339)은 다른 조건이 동일할 때, 정치인들은 가능한 한 가장 최소의 강제력인 도구를 선호하며, 이것이 실패할 경우, 목적을 실현될 때까지 점진적으로 강제력의 수준이 높은 정책수단을 선택한다고 한다. 한편, 트레빌콕 외(Trebilcock et al., 1982)는 정부는 가장 비용효과적인(cost-effective) 정책수단을 선택한다는 기술적 효율성에 기초한다. 즉, 정치가들에게 궁극적인 결과는 재선을 의미하고 이에 부합하는 정책수단을 선호한다는 것이다. 따라서 정치가들은 가장 적은 비용의 정책수단보다는 그들의 기대되는 지지자에게 가장 유리한 정책수단을 선택하게 된다고 주장한다. 피어스(Pierce, 1971)는 재정정책의 정

표 7-3 Linder & Peters(1989)의 정책수단 선택 영향요인

<table>
<tr><th colspan="3">외생요인</th><th rowspan="2">내생요인</th></tr>
<tr><th colspan="2">설정의 맥락</th><th>문제맥락</th></tr>
<tr><td>체제변수(거시)</td><td>조직변수(중범위)</td><td>문제특정변수(중범위)</td><td>개인변수(미시)</td></tr>
<tr><td>국가정책스타일
(national policy style)</td><td>조직문화
(organizational cuture)</td><td>정책 영역(범위)
(policy domain)</td><td>배경
(background)</td></tr>
<tr><td>정치문화
(political culture)</td><td rowspan="2">외적 연계
(external contacts)</td><td>요구조건
(requirements)</td><td>역할
(roles)</td></tr>
<tr><td>사회적 분열
(social cleavage,
정책수단과 관련된 갈등)</td><td>제약
(constraints)</td><td>인지적 요소
(cognitive factors)</td></tr>
</table>

출처: Linder & Peters(1989, 50) 편집 인용.

책수단 선택에 가장 중요한 정치적 요인은 각각의 수단들에 의해 요구되어지는 순응의 형태, 강제적(compulsory), 기부적(donative), 자발적(voluntary)인지 여부가 중요함을 강조한다.

다섯째, 통합적 접근으로서, 슈나이더와 잉그람(Schneider & Ingram, 1990)은 정당주의, 경쟁, 공적의견, 이익집단의 강도, 행정 또는 입법 전문가주의, 정책분석의 영향 등 과정변수(process variable)와 엘리트 파워, 각국의 역사적 과정, 정책참여수준, 정치문화 등과 같은 영향요인을 제시하였다(Schneider & Ingram, 1990: 522-523). 한편, 린더와 피터스(Linder & Peters, 1989)는 <표 7-3>에서 보이듯이, 정책수단의 영향요인을 미시적(micro) 변수와 중범위(meso), 거시적(macro) 변수 모두를 고려한 종합모형으로 제시하고 있다. 즉, 정책수단을 크게 외생적 요인과 내생적 요인으로 구분하고, 외생적 요인은 다시 설정의 맥락과 문제의 맥락에서 분류하였다.

또한 피터스(Peters, 2002: 554-559)는 특정 정책변수가 선택되어지는 이유를 이익(interests), 아이디어(ideas), 개별주체(individuals), 제도(institutions), 외부환경(international environment) 다섯 가지 'i'로서 체계적인 설명을 수행한 바 있다. 부연하면, 첫째, 정치적 요인은 정책수단 선택에 정치인의 이익문제가 중요하게 고려되어짐을 강조하며, 둘째, 아이디어는 공공정책에 독립변수로서 영향을 미쳐왔다는

주장과 신자유주의에서 알 수 있듯이 아이디어 그 자체는 정책수단의 선택에 중요한 역할을 수행한다. 셋째, 개인들(혹은 policy entrepreneur, tool broker) 역시, 특별한 정책 개입의 형태에 저항하거나 압력을 가하는 데 중요한 역할을 수행한다. 넷째, 권력구조 형태 등 각 역사적으로 형성된 제도가 정책수단 선택에 중요한 역할을 수행하며, 다섯째, 국제적 협정과 조약 등(예: WTO) 외부환경은 정책수단의 선택에 영향을 미친다고 주장한다.

결론적으로, 특정 정책수단의 선택에는 개인변수, 조직변수, 제도변수, 그리고 외부변수 등 매우 다양한 변수들이 영향을 미친다. 따라서 아직까지 왜 특정 정책수단이 선택되는지, 왜 다양한 정책수단 중에서 '규제'가 선택되는지를 설명할 수 있는 지배적인 이론 및 모형은 발견하기 어렵다. 결국, 왜 특정 정책수단 또는 다른 정책수단 중에서 규제가 선택되는가를 설명하고 이해하기 위해서는 일반적 접근보다 개별 규제별로 분석을 통해 접근할 필요가 있다.

제 2 절 | 정책수단으로서 규제의 특성

1. 논의의 전제

정책수단들은 각각 서로 다른 특성을 지니고 있다. 예를 들어, 정부규제는 무엇보다 강한 강제력을 지니고 있는 반면, 경제적 유인규제는 강제력을 지니고 있지 않다.

모든 정책수단을 분류하고, 각각의 특성을 비교 지표를 통해 분석한다면 매우 바람직할 것이나 현실적으로는 구현하기는 쉽지 않다. 다만, 일부 연구자들은 어떤 기준의 정도 차이에 따른 구분을 시도하여 왔다(예: Dahl & Lindbloom, 1953; Doern, 1981; Linder & Peters, 1989; Salamon, 2002). 대표적으로, 린더와 피터스(Linder & Peters, 1989)는 정책수단에 있어서 고려해야 할 기준으로 운영의 복잡성, 가시성, 적용가능성, 개입수준, 비용수준, 시장의존성, 실패가능성, 대상 집단의 정확성이 각각 낮은가 높은가에 따라 여덟 가지 기준으로 구분하였다. 또한 이러한 여덟 가지 특성을 모아 네 가지, 자원집중성(resource intensiveness), 타겟팅(targeting), 정치적 위험(political risk), 국가활동의 제약(constraints on state activity)으로 재분류하였다.

한편, 살라몬(Salamon, 2002)은 정책수단을 강제성(coercion), 직접성(directness), 자동성(automaticity), 가시성(visibility) 차원으로 구분하고 각각의 정책수단들을 비교하였다. 여기서, 첫째, 강제성은 개인과 집단의 행태에 대한 제약의 정도를 의미하며, 둘째, 직접성(directness)은 조직화, 자금조달(획득), 집행 등이 단일의 부처에서 이루어지는가 여부를 말한다. 직접성이 높다는 것은 단일한 기관(entity)에서 조직화, 자금, 집행 등 모든 것이 이루어질 경우를 의미하고, 직접성이 낮다는 것은 이러한 기능을 다양한 다른 부분(예: 다른 정부 기관, 비이익단체, 은행 등)에 분산되어 있음을 의미한다. 셋째, 자동성은 기존의 행정구조 내에서 가능한 것인지, 혹은 새로운 조직(혹은 장치)을 마련해야 하는가 여부에 따른 판단으로, 자동성이 높다는 것은 기존의 새로운 조직을 마련할 필요 없이 기존의 행정조직, 구조 내에서 가능함을 의미한다. 넷째, 가시성은 정책수단을 위한 자원(resources)이 정부예산 및 정책검토과정에 노출되었는가 여부에 따른 판단이다. 저자는 규제를 경제적 규제와 사회적 규제로 구분하고, <표 7-4>와 같이 네 가지 차원별로 규제를 평가하였다. 즉, 강제성은 경제적 규제와 사회적 규제 모두 높으나, 직접성은 경제적 규제는 높고 사회적 규제는 중간 혹은 낮은 것으로, 자동성과 가시성은 경제적 규제와 사회적 규제 모두 낮은 것으로 분석하였다. 그러나 살라몬(Salamon, 2002)의 연구는 네 가지 차원에서 정책수단의 특성을 이해하는 데 유용함에도 불구하고, 규제를 경제적 규제와 사회적 규제로 구분하고 있다는 점, 네 가지 차원의 구분의 적절성, 그리고 각각의 정책수단에 대한 평가가 적절한지에 대해 많은 논란이 존재한다.

표 7-4 정책수단 차원과 규제

	강제성	직접성	자동성	가시성
경제적 규제	높음	높음	낮음	낮음
사회적 규제	높음	중간/낮음	낮음	낮음

출처: Salamon(2002, 24-37) 부분 편집 인용.

살라몬(Salamon, 2002) 연구에 대한 여러 비판에서 알 수 있듯이, 모든 규제를 포괄하여 특성을 도출하는 것은 바람직하지 않다. 이는 규제마다 고유한 특성이 존재할 뿐만 아니라 서로 다른 형성 배경, 서로 다른 적용 환경이 존재하기 때문이다.

이에, 이하에서는 주택시장 안정화를 위해 활용되고 있는 "LTV · DTI 규제"를 통해 정책수단으로서 규제의 특성을 살펴보고자 한다. 논의할 LTV · DTI 규제의 주요 내용은 아래와 같다. 주택담보인정비율(Loan To Value ratio: LTV)과 총부채상환비율(Debt To Income ratio: DTI) 규제는 금융기관의 리스크 관리 및 건전성 확보를 위한 금융 규제이나 동시에 주택가격 안정화를 위한 주택 정책수단으로 활용되고 있다. 구체적으로, 주택담보인정비율(LTV)은 주택자산의 담보가치 대비 대출금액 비율을 의미하며, 김대중 정부 후반기부터 지구지정(투기지구, 투기과열지구, 조정지구 등), 청약 제한, 재건축 · 재개발 규제, 세율 강화(양도소득세, 보유세 등) 등 지속적인 주택가격 안정화 정책에도 불구하고, 주택시장이 안정화되지 않자 2002년 9월 도입되었다.

LTV = [(주택담보대출금액 + 선순위채권 + 임차보증금 및 최우선변제 소액임차보증금)/담보가치] × 100

출처: 은행업감독업무시행세칙[2017.8.22. 일부개정] 별표 18.

총부채상환비율(DTI)은 차주의 금융부채 원리금 상환액이 소득에서 차지하는 비율을 의미하며, 참여정부에서 LTV 규제의 강화와 종합적인 주택시장 안정화 정책에도 불구하고, 주택가격 상승이 전국적으로 발생되자 2005년 8월 도입되었다.

총부채상환비율(DTI) 산정방식

DTI = (금융부채 상환액 = ① 해당 주택담보대출의 연원리금 상환액 + ② 기타부채의 연이자 상환액)/연소득

출처: 은행업감독업무시행세칙[2017.8.22] 별표 18.

2. 규제의 특성 1[2)]

1) 강제성

다른 정책수단에 비해 규제가 갖는 가장 핵심적인 특징은 강제성이 매우 높다는 것이다. 규제가 강한 강제력을 갖는 이유는 무엇보다 규제가 법령에 기반하고 있기 때문이다. 일반적으로 법령에 기초한 규제는 단순히 행위주체에 대한 통제와 제약만을 포함하고 있는 것이 아니라, 다양한 처벌, 행정대집행 등 규제집행을 위한 도구를 포함하고 있다. 따라서 법령에 기초한 규제는 어떠한 정책수단보다 가장 강력한 강제력을 지닌다.

주택시장 안정화를 위해 LTV · DTI 규제는 시행과 동시에 규제 대상 금융기관의 대출업무를 즉시적으로 강제한다. 예를 들어, 금융기관에 대해 LTV 60% → 40%로 낮추는 규제가 시행되면, 강제력을 지니고 금융기관 전반을 통제한다.

2) 효과성

일반적으로 규제는 다른 정책수단들에 비해 매우 강한 강제력을 지니고 있기 때문에 높은 효과성을 지니고 있는 것으로 이해될 수 있다. 그러나 강제력과 효과성이 항상 비례하는 것은 아니다.

규제의 효과성은 개별 규제에 대한 체계적이고 과학적 분석을 통해 도출해야 한다. 그러나 규제의 효과성을 분석하기 위해서는 엄밀한 인과관계 분석이 이루어져야 하는데, 이를 충족하기가 어렵다. 예를 들어, LTV · DTI 규제의 경우 역시 동 규제가 주택시장을 안정화는 데 효과가 있었는지를 파악하는 것은 쉽지 않다.

일부 학술적 연구는 주택가격 안정화에 있어서 LTV · DTI 규제 효과가 있는 것으로 제시되기도 하였다. 예를 들어, LTV · DTI 규제가 주택대출을 제약함으로써 주택가격 안정화에 어느 정도 효과가 있다는 주장(McDonlald, 2015 등 다수)이 있고, 규제의 구체적인 세부 내용과 관련하여 신상영 · 이성원(2007)은 DTI 규제 수준이 30%보다 높은 경우, 주택구매에 제약요건이 될 수 없다고 주장했다. 황관석 · 박철성

2) 이하, LTV · DTI 내용은 김태은(2017)을 일부 발췌하여 대폭 수정 · 보완하였음.

(2015)은 DTI 10%p 차이의 효과는 1년 초과의 장기적인 기간에서 소형 아파트에서 효과가 있다고 주장한다. 또한 허석균(2012)은 LTV 및 DTI 규제가 금융시장의 안정성을 유지하기 위한 기재로서 순기능이 존재할 수 있음을 증명하였다. 즉, LTV 및 DTI 규제가 가계대출 연체율과 관계를 갖고 있기 때문에, LTV 및 DTI 규제에 대한 상한 설정을 통해 주택담보대출의 안정성을 보장하는 것이 불가피하다고 주장한다.[3)]

그러나 아래 [그림 7-1]의 그래프가 보여주듯이, LTV · DTI 규제가 주택가격 안정화에 효과가 뚜렷하게 있는지 단언하기 어렵다. 장기 추세에서 살펴보면, 규제완화기에는 점진적인 우상향이 나타나고 있고, 규제강화기에는 점진적 우하향이 나타나고 있으나 규제강화기에도 집값은 크게 폭등하기도 하였다는 점에서 쉽게 판단하기 어렵다.

LTV · DTI 규제가 주택가격 안정화에 효과가 있는지, 어느 정도 기여하는지를 파악하기 위해서는 엄밀한 '인과관계(causality)' 분석을 수행해야 한다. 그러나 LTV · DTI 규제 효과성 분석에 있어 인과관계 분석은 아래와 같은 제약을 받고 있다. 이는 규제의 효과성을 판단하기 어렵게 한다.

그림 7-1 주간 아파트 매매가격 변동률

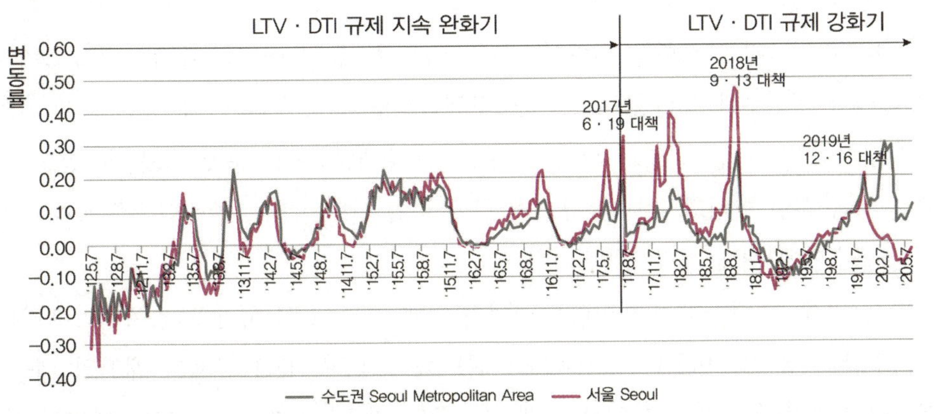

출처: 한국감정원(2020). 주간아파트가격동향조사 시계열 자료.

3) 한편에서, 동 규제들이 주택 관련 대출은 줄이지만 주택가격을 낮추는 데 영향을 미치지 못한다는 주장이 있다(예: Kuttner & Shim, 2013).

인과관계

무엇이 인과관계인지 물론 쉽지 않지만, 일반적으로 두 변수 A와 B 간에 선행성, 공변성, 허위·교란변수(혹은 제3의 변수) 배제가 될 경우 인과성이 있다고 본다.

선행성은 원인변수가 결과변수에 시간적으로 선행해야 한다는 것이다.

공변성은 원인변수와 결과변수가 같이 변화해야 한다는 것이다.

허위·교란변수(혹은 제3의 변수) 배제는 결과는 오직 원인변수에 의해서만 설명되어야 함을 의미한다.

생각해보면, 매우 쉬운 조건 같지만 사회과학자들에게는 이를 증명하는 것이 난제 중 난제이다. 특히, 너무 많은 변수들이 상호작용하고 있고, 종속변수에 영향을 미치고 있기 때문에 독립변수의 고유한 효과를 도출하는 것이 가장 큰 어려움이다. 인과관계 증명을 인공지능(AI)이 수행할 수 있게 된다면, 인류와 기계 간 지배위치는 변화될 것이다

첫째, 주택가격에는 다양한 거시 경제변수뿐만 아니라 심리변수 등 다양한 변수들에 영향을 받을 수 있다. 예를 들어, 2020년 코로나 19 대유행 상황에서 우리나라와 전 세계 모든 국가는 막대한 재정지출과 더불어 초저금리 통화정책을 수행하고 있다. 우리나라만 하더라도 2020년 7월까지 세 차례 추가경정예산으로만 약 59.2조 원이 확정되었으며, 이러한 재정 및 통화정책은 주택가격의 폭발적 상승압력으로 작용할 수밖에 없다.

둘째, 주택가격 안정화를 위해서 LTV·DTI 규제뿐만 아니라 수요·공급 측면에서 다양한 정책수단이 활용되고 있다. 구체적으로 수요정책수단인 LTV·DTI 규제, 투기(과열)지구 지정, 분양가 상한제, 재건축·재개발 규제, 종합부동산세, 양도소득세 등 세금뿐만 아니라 주택의 규모별 공급제도, 신도시개발, 주택임대주택 등 다양한 공급수단에 의해 영향을 받을 수 있다.

다시 말해, 주택가격 안정화라는 종속변수에 LTV·DTI 규제뿐만 아니라 다양한 정책수단이 영향을 미친다는 것이다. 예를 들어, LTV·DTI 규제는 개인의 대출을 제약하여 수요를 통제하기 위한 규제이나 주택 임대사업자에게는 이를 제외하거나, 혹은 각종 세금혜택을 통해 장려할 경우, 공시지가가 시장가격과 크게 낮거나 보유세가 실효적이지 못할 경우, 주택구입은 아니지만 전세대출은 제한이 없이 받을 수 있는 경우, 주택공급을 축소할 경우 등은 수많은 변수들이 LTV·DTI 규제의 효과성

이 영향을 미친다.

셋째, LTV · DTI 규제의 비일관성은 규제의 효과 추정을 어렵게 한다. 2002년 LTV 규제가 시행된 이후, 참여정부에서는 LTV · DTI 규제를 지속적으로 강화했다. 반면, 2012년 5월부터 2017년 문재인 정부 출범 이전까지 이명박, 박근혜 정부에서는 지속적으로 LTV · DTI 규제를 완화했다.

부연하면, 2014년 7월 24일 박근혜 정부의 최경환 경제팀은 '새 경제팀의 경제정책방향'을 통해 수요기반 확충 및 공급규제 개선을 통해 주택시장 정상화 추구를 내세우며, LTV · DTI 규제를 추가 완화하였다. 구체적으로 당시 LTV · DTI 규제는 지역별 · 금융업별로 차등화되어 있었으나, LTV의 경우 전 금융권, 수도권과 비수도권 포함에서 공통으로 70% 적용으로 완화하고, DTI의 경우는 수도권과 전 금융권에 60%로 완화했다. 또한 DTI 산정 시 소득인정범위를 추가 확대하여, 청장년층의 장래예상소득 인정기간을 크게 확대했다(현행 10년 → 대출만기 범위 내에서 60세까지)(관계부처 합동, 2014).[4)]

이러한 LTV · DTI 규제의 완화에 따라 주택가격 상승과 가계신용 문제가 나타났다. ① 2014년 7월 주택규제의 대폭 완화 이후 서울, 부산 등 지역에서 국지적 과열현상이 나타났고, 특히 재건축 예정 아파트가 밀집된 강남 · 서초 등 강남 4개구와 함께 양천구(목동), 영등포(여의도)뿐만 아니라 경기 과천 등 6개시, 부산 해운대 등 5개구, 세종 등에서 높은 수준의 주택가격 상승이 나타났다(관계부처 합동, 2017a: 1-2). ② 가계신용 문제 역시 심각한 문제로 대두되었다. 은행권과 비은행권 모두에서 가계대출이 크게 증가하였고, 가계대출 중 주택담보대출 비중 역시 큰 폭으로 증가했다. 가계신용은 2009년 776조 원에서 2014년 1,085조 원, 2016년 1,342조 원, 2017년 10월 1,388조 원으로 크게 증가하였고, 이 중 주택담보대출금액은 은행권과 비은행권을 합쳐 2009년 403조 원, 2014년 555조 원, 2016년 649조 원으로 크게 증가했다.

이러한 상황에서 문재인 정부는 취임과 동시에 2017년 '6 · 19 대책', 2018년 '9 · 13 대책', 2019년 '12 · 16 대책'을 통해 지속적으로 LTV · DTI 규제를 강화하였다.

---

4) 당시 가계부채가 증가하여 이에 대한 리스크관리 강화 필요성을 역설하면서, 동시에 가계부채에 직접적 관련이 있는 DTI · LTV를 대폭 완화한 것은 이해하기 힘든 부분이다.

대표적으로, '12 · 16 대책'을 통해, 시가 9억 원 초과 주택에 대한 담보대출 LTV(담보인정비율)을 기존 40%에서 20%로 강화하고, 초고가 아파트(시가 15억 원 초과)에 대한 주택구입용 주택담보대출을 금지하며, DSR(Debt Service Ratio, 총부채원리금상환비율) 관리를 강화하여 투기지역 · 투기과열지구의 시가 9억 원 초과 주택에 대한 담보대출 차주에 대해서는 차주 단위로 DSR 규제를 적용하였다. 또한 주택담보대출 실수요 요건(처분 및 전입 제한 등)을 대폭 강화했다(관계부처 합동, 2019 참고).

결론적으로, 규제가 정권과 경제 환경에 따라 빈번하게 비일관적으로 시행되면, ① LTV · DTI 규제의 고유한 효과를 파악하기 어려워진다. ② 또한 시장 행위자가 미래예측이 가능해짐으로써 규제의 효과성을 낮춘다. 즉, 현재는 주택 규제가 있지만 시행되고 있지만, 몇 년 후에 주택규제는 완화되고 심지어 활성화 조치가 취해질 것을 알게 된다. 이러한 경우 시장 행위자들은 규제가 강화되는 시점을 주택구입 시점으로 인식하게 된다.

넷째, 더욱이 LTV · DTI 규제 적용시기별로 적용 대상(아파트 혹은 주택) 및 지역(투기지역, 투기과열지역, 혹은 수도권, 비수도권 등), 적용 금융기관(은행, 보험사, 제2금융권 등), 주택의 크기나 가격(6억 이하 원 혹은 이상 등), 담보대출의 만기 및 상황방식별(거치식, 비거치식 등)로 서로 다르게 설정되었기 때문에 정확한 효과를 추정하기 어렵다. 즉, 인과관계를 분석하기 위해서는 안정된 자료가 존재해야 하나 자료들이 파편화되어 있어 통계적으로 유의미한 결과, 혹은 강건한 결과를 도출하는 것이 어렵다.

다섯째, LTV · DTI 규제는 주택구매에 있어 대출을 규제하는 것이다. 따라서 대출이 필요하지 않거나 적은 대출만으로 주택을 구입할 수 있는 현금을 보유한 사람들에게 해당되지 않는다. LTV · DTI 규제라는 독립변수가 포괄하는 범위가 제한되어 있다는 것이다. 주택시장에 커다란 영향을 미칠 수 있는 부자들은 규제 대상에서 제외하고 있기 때문에, LTV · DTI 규제는 고유한 효과를 추정하기 어렵게 된다.

3) 신속성

현대사회에서 '속도'는 그 중요성이 갈수록 증대되고 있다. 정부의 정책적 대응에 있어서 '속도' 역시 매우 중요할 뿐만 아니라 그 성패를 좌지우지하고 있다. 규제가 얼마나 신속한 정책수단인지는 개별 규제가 갖는 규제의 정치적 상황 및 관련 법률 제·개정 여부에 따라 달라진다.

첫째, 규제는 법률주의, 법률에 기초해야 한다. 이는 성문화된, 공식 규제로 불리기도 한다. 일반적으로 법은 국회를 통과해야 하기 때문에 공식 규제가 시급한 대응에 적절하다고 주장하기 어렵다. 특히, 윌슨(Wilson, 1980)이 말하는 이익집단 정치상황, 기업가적 정치상황, 대중적 정치상황에서는 규제 형성이 쉽게 나타나지 않는다. 이러한 상황에서는 규제 형성에 매우 많은 시간이 소요되기 때문에 규제가 사회문제를 해결하는, 어떤 정책목표를 달성하는 데 신속성이 있다고 말하기 어렵다. 즉, 법 제정 혹은 개정이 필요로 하는 경우, 특히 분할(점)정부(divided government)에서 규제는 신속성이 높다고 보기 어렵다.

둘째, 많은 규제들은 법보다는 시행령, 또 이러한 법령에 따른 각종 규정, 지침 등에 따라 이루어진다. 또한 규제는 법이나 규정 등 공식적인 제도를 통해 나타날 수도 있지만 비공식적인 방법으로 규제가 집행되기도 한다. 이러한 경우, 규제는 매우 신속하게 집행될 수 있다.

신속한 규제집행을 위한 대표적인 방법은 행정지도를 활용하는 것이다. 행정지도는 행정기관이 그 소관 사무의 범위에서 일정한 행정목적을 실현하기 위하여 특정인에게 일정한 행위를 하거나 하지 아니하도록 지도, 권고, 조언 등을 하는 행정작용을 말한다(행정절차법[법률 제14839호, 2017.7.26]). 상대방의 임의적 협력을 전제로 하는 비권력적 사실행위에 속하는 행정지도는 급변하는 경제·사회적 상황과 과학기술의 발전에 유연하고도 신속하게 대응할 수 있고, 상대방의 동의나 협력을 전제로 하므로 상대방의 저항이 적다는 점에서 유용한 행정수단이 되고 있다. 다만, 행정지도는 상대방이 거부하기 어려운 강제성을 띠는 경우가 많으므로, 이에 대한 절차적 통제가 없으면 행정지도의 남용과 그로 인한 법치주의의 공동화(空洞化) 현상이 발생할 수 있다.[5]

LTV·DTI 규제 역시 주택 및 부동산 시장에 매우 커다란 영향을 미치는 규제임에도 2007년까지는 공식제도가 아닌 금융행정지도를 통해 규제가 집행되어 왔다. 여

5) 정부입법지원센터. http://www.lawmaking.go.kr/lmKnlg/jdgStd/info?astSeq=2263&astClsCd=CF0101 (검색일: 2017.11.10)

기서, 금융행정지도란 금융위원회 또는 금융감독원이 금융회사 등의 경영건전성을 확보하고 금융소비자를 보호하는 등 금융행정의 목적을 달성하기 위하여 금융회사 등의 자발적인 협력에 기초하여, 그 금융회사 등에 일정한 행위를 하거나 하지 아니하여 줄 것을 요청하는 행위(조문의 형식으로 하는 행위 등 일반적이고 추상적인 형식으로 하는 행위를 포함한다)를 말한다(금융규제 운영규정, 제2조 제3항). 즉, 금융감독원의 행정지도(공문발송) 후 개별 금융회사의 내규에 반영하여 시행했다.

이후, 금융감독위원회는 2007년 7월 주택담보대출 리스크관리를 위한 조치(LTV · DTI 등)의 감독규정상 근거를 명시하여 제도화하고자 하였고(금융감독위원회 정례 브리핑자료, 2007), 이에 2007년 7월 26일에 '주택담보대출에 대한 리스크관리기준'이 제정되어 동 기준에 따라 규제를 집행하고 있다.

4) 다중 목적 수행 가능성

일반적인 정책수단들은 특정 정책 목적을 달성하기 위해 활용된다. 그러나 규제는 다른 정책수단들에 비해 다중적인 목적 달성을 위한 규제설계와 집행이 용이하다.

이는 무엇보다 첫째, 규제가 갖는 양면성, 즉 규제는 진흥과 제약을 동시에 수행할 수 있는 특성에 기인한다. 예를 들어, 대형마트의 영업을 규제하면 재래시장 및 동네 상권을 육성할 수 있다. 둘째, 규제의 대상이 여러 외부변수, 특히 거시경제변수와 연계되어 있기 때문이다. 예를 들어, 가계부채를 억제하기 위해 대출규제를 시행하게 되면, 가계부채을 낮추고 금융기관의 건전성이 개선될 수 있다. 동시에 금융기관은 기업대출을 늘리게 되고, 이에 따라 기업의 자금조달 상황을 개선시킬 수 있다.

LTV · DTI 규제는 크게 세 가지 다중 목적을 수행하는 데 활용될 수 있다.

첫째, LTV · DTI 규제는 주택담보대출에 대한 리스크를 사전적으로 통제하기 위한, 금융기관의 건전성을 확보하기 위한 목적을 지니고 있다. 주택시장을 포함하여 거시경제가 불안정해질 경우 금융기관은 커다란 리스크에 직면할 수 있다. 실제, 이는 2007년 미국에서 시작된 서브프라임모기지 사태(subprime mortgage crisis)에서 잘 드러난다. 서브프라임모기지는 신용등급이 매우 낮아서 대출금을 회수하기 어려운 사람들에 대한 비우량 주택담보대출이나 관련 금융규제의 완화, 저금리 속에서 폭발적으로 대출규모가 증가하였다. 그러나 2004년부터 금리가 인상되고 부동산 거품이 꺼지면서 대출금 미회수, 금융기관 부실화 및 연쇄 파산으로 나타나 세계적인 공황으로까지 확대되었다. 서브프라임모지기 사태는 금융기관의 건전성 확보가 얼마나 중요한지를 잘 보여준다.

둘째, LTV · DTI 규제는 부동산 및 주택 경기를 조절할 수 있는 수단으로 활용될 수 있다. 동 규제들은 주택가격이 크게 증가할 때 주택시장으로 흘러가는 자금을 통제함으로써 주택가격 안정화에 기할 수 있다. 담보인정비율을 낮추면 담보 가치에 대한 대출금액이 줄어들고, 총부채상환비율을 낮추면 소득 대비 대출금액이 낮아지게 됨으로써, 주택시장으로 자금 흐름을 낮출 수 있다. 동일한 논리로 주택시장이 침체되어 있을 때 LTV · DTI 규제를 완화시키면 시중 자금이 주택시장으로 흘러감으로써, 단기적으로는 주택경기를 활성화시키는 데 긍정적 영향을 미칠 수 있다.

셋째, 주택시장은 한 국가의 경제에서 차지하는 비중이 상대적으로 높다. 또한 산업의 전 · 후방으로 관련 산업에 미치는 영향이 매우 크기 때문에, 주택 활성화는 곧 단기적으로 경제 활성화의 도구로 활용될 수 있다. 따라서 주택시장에 유입되는 자금의 양을 통제할 수 있는 LTV · DTI 규제는 국가적 차원에서 단기적인 경기 조절 수단으로서 활용되어질 수 있다. 그러나 규제가 다중적 목적 달성을 위한 수단으로 사용되어질 수 있으나, 동시에 본질적 목적에서 벗어난 과도한 규제 운용은 규제의 신뢰를 저하시킨다. 특히, 다중적 목적 달성을 위해 규제의 완화와 강화를 반복적으로 시행하게 되면 시장은 정부의 의도를 믿지 않고 반응하지 않는다. 거짓말하는 양치기처럼 규제 역시 신뢰를 잃게 되면 시장은 반응하지 않고 정작 필요할 때 규제의 목적을 달성하기 어렵게 된다.

5) 선택적 설계와 유연성

규제는 다른 어떠한 정책수단들에 비해, 다양하고 선택적인 설계가 가능하다. 즉, 동일한 규제라하더라도 이론적으로 무수히 많고 다양한 규제 설계가 가능하다.

LTV · DTI 규제는 매우 다양하게 선택적인 설계가 가능함을 잘 보여준다. 즉, LTV · DTI가 공식에 의해 이루어지는 것으로 공식에 어떠한 변수가 들어가는지, 또 해당 변수를 어떻게 정의하고 측정하는지에 따라 무한한 조합이 가능하다. 특히, LTV · DTI는 숫자로 표시됨에 따라 금융기관별(은행권, 제2금융권), 지역별, 소득계층별,

주택규모별 등에 서로 달리 적용하는 것이 매우 쉽고, 이에 따라 매우 다양한 조건을 반영한 규제 설계가 가능하다.

아래 <표 7-5>의 LTV 규제를 살펴보면, 만기기간에 몇 년인지, 또 그 안에서 담보가액이 얼마인지, 투기지역인지, 투기과열지구인지, 기타 지역인지, 담보물건이 주택인지 아파트인지 등에 따라 서로 다르게 설계할 수 있음을 보여준다.

표 7-5 LTV 규제 설계의 유연성

만 기	투기지역		투기과열지구		기타 지역	
	주택[1]	아파트	주택[1]	아파트	주택[1]	아파트
3년 이하[2]	50% 이내	40% 이내[2]	50% 이내	50% 이내[2]	60% 이내	60% 이내[2]
3년 초과~10년 이하	60% 〃	40% 〃	60% 〃	60% 〃	60% 〃	60% 〃
10년 초과 담보가액 6억 원 초과	60% 〃	40% 〃	60% 〃	60% 〃	60% 〃	60% 〃
10년 초과 담보가액 6억 원 이내	60% 〃	60% 〃	60% 〃	60% 〃	60% 〃	60% 〃
10년 이상 분할상환[3]	70% 〃	70% 〃	70% 〃	70% 〃	70% 〃	70% 〃

주: 1) 아파트(주상복합아파트 포함)를 제외한 주택을 말함.
2) 아파트 중도금대출 및 이주비대출의 경우 만기 구분없이 해당비율 적용
3) 1년 이내에 한국주택금융공사에 매각하거나 자체 유동화계획이 있는 고정금리부 대출(거치 기간 1년 이내, 총부채상환비율 40% 이하)을 말함.

출처: 은행업감독규정[제2013-22호, 2013.7.3] 별표 6.

다음 <표 7-6>은 DTI 예시로서, 은행권 아파트만 하더라도, 담보가치 및 대출금액이 얼마인가 따라서, 대상 지역이 투기지역인지, 투기지역이 아닌 서울인지, 인천·경기도 인지 등에 따라 서로 다르게 설계가 가능할 수 있음을 보여준다.

표 7-6 DTI 규제 설계의 유연성(업권별 DTI 기준 추이: 은행·보험사 한정)

기 간	감정가	대출금액	투기지역	수도권 투기과열 지구	서울 투기지역 제외	인천·경기
2007.3.2~2009.9.6	6억 원 초과	1억 원 초과	40%			
		5천만 원~1억 원	60%			
		5천만 원 이하	적용 배제			

	3억 원 초과		1억 원 초과	40%		
			5천만 원~1억 원	50%		
			5천만 원 이하	적용 배제		
	3억 원 이하	국민주택 규모 초과	1억 원 초과	40%		
			5천만 원~1억 원	50%		
		국민주택 규모 이하	5천만 원 초과	50%		
			5천만 원 이하	적용 배제		
2009.9.7~ 2010.9.1	6억 원 초과		1억 원 초과	40%	50%	60%
			5천만 원~1억 원	50%		
	3억 원~6억 원		1억 원 초과	40%		
			5천만 원~1억 원	50%		
	3억 원 이하	국민주택 규모 초과	1억 원 초과	40%		
			5천만 원~1억 원	50%		
		국민주택 규모 이하	5천만 원 초과	50%		

주: 동 표 내에 % 내에서도 다양한 예외나 적용 제외가 존재함. 동 표의 내용만으로 DTI 규제 내용 전체를 나타낼 수는 없음. 다만, 개관적으로 다양한 설계가 가능함을 보여줌.

출처: 정호성·이지은(2016, 31) 부록 표 각주 생략 인용.

이외에도 DTI 자체 역시 공식에 따른 것으로, 공식에 포함된 변수를 어떻게 정의할 것인가에 따라 아래와 같이 서로 다른 형태의 규제 설계가 가능함을 알 수 있다.

매우 다양하게 선택적인 규제 설계가 가능하다는 것은 LTV·DTI 규제가 유연성을 지니고 있음을 보여준다. 이러한 규제 설계의 유연성은 규제 대상을 특정화시키는 데 유용하기 때문에 규제의 효과를 극대화시키는 데 기여한다. 예를 들어, 암세포를 치료하기 위해 정상적인 세포까지 죽이는 약보다는 정상세포에는 영향이 없고, 암세포만 선택적으로 제거하는 약이 더욱 효과적인 것과 같다.

물론, 과도하게 유연성을 활용할 경우, 일명 규제의 복잡성을 증대시키고 규제의 비의도된 효용이 발생될 수 있다. 그러나 다른 정책수단들에 비해 선택적 설계와 유연성은 가장 큰 장점 중 하나이다.

표 7-7 DTI, 신DTI, DSR 비교

구 분	DTI(Debt To Income ratio), 총부채상환비율	신DTI(Debt To Income), 총부채상환비율	DSR[6](Debt Service Ratio), 총체적상환능력비율
산정방식	DTI = [(해당 주택담보대출 연간 원리금 상환액 + 기타 부채의 연간 이자 상환액) / 연소득] x 100	[(모든 주담대 원리금상환액 + 기타 대출 이자상환액) / 연소득] x 100	[모든 대출 원리금상환액 / 연소득] x 100
활용방식	대출심사 시 규제비율로 활용	대출심사 시 규제비율로 활용	금융회사 여신관리 과정에서 다양한 활용방안 마련 예정
상대적 규제 강도	소	중	대

출처: 관계부처 합동(2017b, 35) 내용을 기초로, DTI를 추가하여 저자가 작성.

6) 정책수단 간 결합 용이성

현실의 정책문제들은 문제의 크기가 크고 다양한 사회·경제적 변수들과 상호 연계되어 있다. 따라서 단일한 정책수단을 통해 문제해결이 쉽지 않다. 이에 문제의 크기가 크고 복잡할수록 다양한 정책수단들을 복합적으로 사용하고 있다. 즉, 어떤 정책문제를 해결하기 위해 단일한 정책수단만을 사용하는 것이 아니라 다양한 정책수단을 동시에 복합적으로 활용한다는 점이다. 우리가 식사를 할 때 수저만 사용하는 것이 아니라 젓가락을 같이 사용하는 것과 같다.

구체적인 예를 들어, 주택은 다른 재화들과 구별되는 재화의 속성을 지니고 있다. 주택문제는 거시경제 상황, 가계부채, 고용, 금리 등 매우 복잡하고 상호성을 지니는 변수들이 존재하고, 주택산업은 전·후방 연관효과가 매우 높은 산업으로서 가치를 지니며, 한편에서 주택은 인간 생존의 필수재로서 역할을 수행하지만 또 다른 차원에서 주택은 투자 및 투기 수단으로 성격을 지니기도 한다. 또한 주택정책은 주택 소유자 및 미소유자, 건설업체, 토지 소유자 및 개발업체, 금융기관, 중개업자 등과 같은 민간부문뿐만 아니라 국토교통부, 금융위원회 및 금융감독원, 기획재정부 등 서

6) 총부채원리금상환비율(Debt Service Ratio: DSR)이란 차주가 보유한 금융부채의 원리금 상환액이 연소득에서 차지하는 비율을 의미한다. 차주의 금융부채 상환부담을 정확하게 판단하고 금융기관의 담보위주 여신심사 관행을 상환능력 평가 위주로 개선하기 위하여 도입되었다(금융감독원 용어사전).

표 7-8 다양한 정책수단과 LTV · DTI 규제

<table>
<tr><th></th><th>조정대상지역</th><th>투기과열지구</th><th>투기지역</th></tr>
<tr><td rowspan="2">기존</td><td colspan="2">• 청약1순위 자격 제한
– 5년 내 당첨사실이 있는 자의 세대에 속한 자
– 세대주가 아닌 자, 2주택 이상 소유 세대에 속한 자
• 민영주택 재당첨 제한
• 재건축 조합원당 재건축 주택공급수 제한(1주택)</td><td rowspan="2">• 양도세 가산세율 적용
– 1세대가 주택과 조합원 분양권을 3개 이상 또는 비사업용 토지를 보유한 경우 양도세율 +10%p
• 주택담보대출 만기연장 제한
• 기업자금대출 제한
• 농어촌주택취득 특례 배제
– 농어촌주택도 양도세 주택 수 산정 시 포함</td></tr>
<tr><td>• 전매 제한
– 소유권이전등기 시(서울, 과천 · 광명)/1년 6개월(성남)
• 단기 투자수요 관리
– 중도금대출보증 발급요건 강화, 2순위 신청 시 청약통장 필요, 1순위 청약일정 분리
• LTV, DTI 10% 하향
(투기과열지구 · 투기지역 외)</td><td>• 전매 제한
– 소유권이전등기 시
• 재건축 조합원 지위양도 금지(조합설립인가 후)
• 민간택지 분양가상한제 적용 주택의 분양가 공시</td></tr>
<tr><td rowspan="3">신규 추가 또는 효과 강화 (8 · 2 대책)</td><td colspan="2">• 청약1순위 자격요건 강화
– 청약통장 가입 후 2년 경과+납입횟수 24회 이상
• 가점제 적용 확대(조정대상지역 75%, 투기과열지구 100%)
• 오피스텔 전매 제한 강화(소유권이전등기 시까지) 및 거주자 우선분양 적용(20%)</td><td rowspan="2">• 주담대 건수 제한
– 차주당 1건→세대당 1건</td></tr>
<tr><td rowspan="2">• 양도세 가산세율 적용
– 2주택자 +10%p
– 3주택자 이상 +20%p
• 다주택자 장기보유특별 공제 적용 배제
• 1세대 1주택 양도세 비과세 요건 강화
– 2년 이상 거주요건 추가
• 분양권 전매 시 양도세율 50%로 일괄 적용</td><td>• 재개발 · 재건축 규제 정비
– 재개발 등 조합원 분양권 전매제한(소유권이전등기 시)
– 정비사업 분양(조합원/일반) 재당첨 제한(5년)
– 재건축 조합원 지위 양도 제한 예외사유 강화
• 거래 시 자금조달계획, 입주계획 신고 의무화
– 거래가액 3억 원 이상 주택</td></tr>
<tr><td colspan="2">• LTV · DTI 40% 적용(주담대 1건 이상 보유세대 30%, 실수요자 50%)</td></tr>
<tr><td>적용 지역</td><td>40개 지역
서울(전역, 25개구), 경기(과천 · 성남 · 하남 · 고양 · 광명 · 남양주 · 동탄, 부산(해운대 · 연제 · 동래 · 부산진 · 남 · 수영구 · 기장군), 세종</td><td>27개 지역
서울(전역, 25개구), 경기(과천), 세종</td><td>12개 지역
서울(강남 · 서초 · 송파 · 강동 · 용산 · 성동 · 노원 · 마포 · 양천 · 영등포 · 강서), 세종</td></tr>
</table>

출처: 관계부처 합동(2017b, 30).

로 다른 방향성을 지닌 정부부처 등 다양한 행위자들이 존재하는 영역이다. 즉, 정책문제가 매우 크고 구조화시키기 특히 어려운 영역 중 하나이다.

단일한 정책수단으로 크고 복잡한 주택정책의 목표를 달성한다는 것은 사실상 불가능에 가깝다. 이에, 수요정책수단인 LTV · DTI 규제, 투기(과열)지구 지정, 분양가상한제, 재건축 · 재개발 규제, 세금(종합부동산세, 양도소득세, 거래세 등), 세금조사뿐만 아니라 주택의 규모별 공급제도, 신도시개발, 뉴타운 개발, 주택공영개발, 국민임대주택 등과 같은 다양한 공급측면의 정책수단이 활용되고 있다(김태은, 2008: 182 참고). <표 7-8>은 주택정책과 관련된 다양한 정책수단들이 망라하고 있다.

결론적으로, 정부규제는 다른 정책수단들과 상보적으로 결합시키는 것이 용이하다. 이는 무엇보다 규제는 선택적인 설계가 가능할 뿐만 아니라 설계와 집행을 매우 유연하게 할 수 있다는 점, 규제는 강력한 강제성을 지니면서 동시에 다른 정책수단들에 비해 재정투입이 필요하지 않다는 점 등에 기인한다.

7) 재정투입 필요성

정부규제의 가장 큰 장점은 규제와 직접적으로 관련된 재정투입이 거의 필요하지 않다는 점이다. 즉, 규제는 채찍과 같다. 행위자를 법률에 기초하여 통제하는 데 초점이 맞추어져 있기 때문에, 정부규제 자체에 재정투입이 필요하지 않거나 무시할 만한 수준이다. LTV · DTI 규제 역시 규제 자체에 재정투입이 필요하지 않다. 반면, 직접재정투자는 재정을 직접 투자하여 시장에 재화와 서비스를 직접 공급하는 것이다. 따라서 직접재정투자는 막대한 재정투입이 필요하다. 경제적 유인은 경제적 유인을 통해 시장주체를 유인하는 것이다. 경제적 유인은 재정지원이나 세금 감면 등을 통해 이루어지므로 전반적으로 재정투입이 필요하다. 궁극적으로 정부규제를 제외한 여타 정책수단들은 많은 경우 재정투입을 전제로 하고 있다.

3. 규제의 특성 2: 규제비용, 비일관성, 형평성

1) 규제비용

모든 정책수단은 정도에 차이가 있을 뿐 비용이 발생된다. 정부규제 역시 비용이 발생된다. 어떤 규제는 비용이 거의 발생되지 않을 수도 있지만 어떤 규제는 심지어 규제의 편익보다 비용이 더 많이 발생되기도 한다.

규제의 비용은 크게 협의의 규제비용과 광의의 규제비용으로 구분될 수 있다. '협의의 규제비용'은 규제집행에 따라 발생되는 비용을 의미하고 규제기관이 직접 지불해야 하는 비용이다. '광의의 규제비용'은 규제집행비용과 규제집행 이후 발생되는 규제집행 사후 비용으로 구성된다. 여기서 규제집행 사후 비용은 규제기관이 부담하기보다는 사회가 부담해야 하는 사회적 비용이라 할 수 있다. 즉, 규제는 직접비용과 사회적 비용을 유발할 수 있다.

- 협의의 규제비용 = 규제집행비용(규제조직 신설 비용, 규제감독비용, 규제순응비용 등)
- 광의의 규제비용 = 규제집행비용(규제조직 신설 비용, 규제감독비용, 규제순응비용 등) + 규제집행 사후 비용(예: 비의도된 부정적 효용 비용)

주: 모든 규제가 위와 같은 비용이 모두 발생되는 것은 아님. 위 항목 중에 어떤 항목에서는 비용이 발생될 수 있고, 그렇지 않을 수 있음. 규제비용이 어떻게 나타날지는 규제마다 상이함.

첫째, 규제집행과정에서 비용이 발생될 수 있다. 집행과정에서의 비용은 '규제집행을 위한 규제조직 신설 비용', '규제감독비용'과 '규제순응비용(regulatory compliance costs)'으로 구분될 수 있다.

여기서, ① "규제조직 신설 비용"은 대부분의 정부규제가 기존의 정부조직에서 집행된다는 점에서 크다고 보기 어렵고, 신설이 필요한 예외적인 경우에만 발생된다.

② "규제감독비용"은 피규제자가 규제에 따르는지를 감독하는 비용이다. 예를 들어, 쓰레기를 버리지 말라는 규제가 있다하더라도 동 규제가 효과를 얻기 위해서는 피규제자들이 쓰레기를 버리지 않는지를 감독해야 한다. 전통적으로 규제감독비용은

매우 크게 존재하였다. 그러나 현대 정보통신 등 과학기술의 발달로 인해, 규제감독 비용은 크게 감소되고 있다.

③ "규제순응비용"은 피규제자가 규제에 순응하기 위해 피규제자가 지불해야 하는 비용을 의미한다. 규제순응(regulatory compliance)이란 피규제자가 규제에 따르는 것을 말한다. 예를 들어, 발전사업자에게 배출가스 감축을 위해 석탄 사용을 금지하게 되면, 발전사업자는 다른 대체 에너지원을 찾아야 한다. 이에 따라, 석탄이 아닌 천연가스, 신재생에너지 등 새로운 에너지원을 찾고, 구매하고, 생산설비의 일부를 새로운 에너지원에 맞게 수정해야 한다. 즉, 석탄 금지라는 규제를 따르기 위해 발전사업자는 많은 비용이 발생될 수 있다. 또 다른 예로, 자동차에 블랙박스 설치를 의무화하는 규제를 시행하게 되면, 피규제자들은 블랙박스 비용을 지불해야 한다.

규제순응비용은 규제의 대상, 내용이 무엇인가에 따라 매우 다양하게 존재한다. 어떠한 규제는 규제순응비용이 크게 발생될 수 있는 반면, 어떠한 규제는 거의 발생되지 않을 수 있다. 심지어, 어떤 규제가 거래비용을 획기적으로 낮출 경우 규제순응에 따른 비용보다는 편익이 더 클 수도 있다. 문제는 규제순응에 많은 비용이 발생될 경우, 피규제자가 규제에 따르지 않거나 회피하여 규제의 효과를 얻기 어렵다는 점이다.

LTV · DTI 규제는 금융위원회 및 금융감독원에서 감독을 수행하고 있기 때문에 새로운 규제기구 설립에 따른 비용은 없다. LTV, DTI, 신DTI, DSR 등 규제는 민간 금융기관, 대출 이용자 등을 광범위한 대상을 제약함에도 새로운 정부재정투입 및 조직신설없이 금융감독위원회의 감독규정인 '주택담보대출에 대한 리스크관리기준'에 의해 규제가 집행되고 있다.

또 과거에는 금융규제 감독비용이 매우 크게 소요되었으나 정보통신기술이 발달된 현대에서 감독비용은 과거와 비교할 수 없이 감축되었다. 규제순응비용은 동 규제를 받는 금융기관과 주택 관련 대출을 이용하고자 하는 소비자이다. 동 규제의 경우는 대출에 있어 주택가격과 소득, 다주택 여부, 지역 등을 고려하여 차별적으로 적용되는 규제로서, 1주택 실수요자들에게 규제순응에 따른 비용은 크지 않다. 반면, 투자 및 투기 차원에서 주택을 매매하고자 하는 사람들에게는 LTV · DTI 규제를 따르기 위한 순응비용이 크게 나타날 수 있다.

둘째, 규제집행 사후 비용으로서, 규제에 따라 의도하지 않은 사회적 비용이 발생될 수 있다. 이를 비의도된 부정적 효용 비용이라 칭한다. 규제는 어떤 의도된 효용을 달성하기 위한 것이다. 그러나 규제가 항상 의도된 효용만 발생시키는 것은 아니다. 어떠한 경우, 아니 보다 일반적으로 규제는 의도된 효용이 나타날 수 있지만 의도하지 않은, 비의도된 효용(unintended utility)[7] 역시 나타난다.

비의도된 효용은 긍정적 효용으로 나타날 수도 있지만 부정적 효용으로 나타날 수 있다. 특히, 여기서 문제는 "비의도된 부정적 효용"이라 할 수 있는데, 긍정적 비의도된 효용은 해결 필요성이 제기되지 않기 때문이다. 따라서 비의된 부정적 효용(이하, 비의도된 효용)을 해결하기 위해 기존 제도를 수정하거나 새로운 제도를 도입하거나 등의 변화가 나타날 수 있다(김태은, 2007 참고). 규제가 비의도된 부정적 효용을 유발하는 것은 무엇보다 인간이 완전한 합리성을 충족하기 어렵기 때문이다. 특히, 규제 대상이 여러 경제적, 사회적, 정치적 변수들과 생명체처럼 상호 유기적으로 연계되어 있을 뿐만 아니라, 외부의 우연한 사건이나 충격 등 통제 불가능한 상황에서 어떤 효용을 달성하기 위해 규제를 설계하는 것이 어렵다. 즉, 규제 역시 제한된 합리성(bounded rationality) 하에서 만들어지기 때문에 불완전할 수밖에 없다. 결론적으로, 모든 규제는 필연적으로 부정적인 비의도된 효용을 유발한다. 결국, 기존 규제를 변화시키거나 혹은 또 다른 규제를 통해 이를 해결하고자 하게 된다.

LTV · DTI 규제 역시 이러한 비의도된 효용에서 자유롭지 않다. 예측되는 대표적인 비의도된 부정적 효용은 아래와 같다.

① LTV · DTI 규제를 적용받지 않는 지역의 집값이 상승할 가능성이 매우 크다. 자본, 특히 주택시장에서처럼 투기자본이 많은 시장에서 자본은 규제가 없는 지역을 찾아 쉽게 이동한다. 예를 들어, A라는 지역이 주택가격이 폭등하여 투기지역으로 지정하고 은행권을 대상으로 강력한 LTV · DTI 규제를 시행한다고 하자. 이럴 경우, A지역에 자금유입을 통제하여 집값을 잡을 수는 있지만, LTV · DTI 규제를 받지 않

7) 거시적 맥락에서 정책 그 자체가 지속적으로 또 다른 정책의 원인으로 작용한다는 윌다브스키(Wildavsky, 1979) 주장과 비슷하다. 또한 어떤 규제가 예상하지 못한 문제를 유발하게 되고, 이에 따라 이를 해결하기 위해 또 다른 규제를 하게 됨으로써, 규제가 규제를 낳는다는 맥키(McKie, 1970)의 타르 베이비 효과(tar-baby effect 또는 regulation pyramid)와 매우 유사하다(구체적인 차이와 설명은 김태은, 2007 참고).

는 다른 지역으로 투자(투기) 자금이 유입됨으로써 B지역의 집값 상승을 초래할 수 있다. 실제, 2018년 이후 LTV · DTI 규제가 적용되는 지역(투기지역, 투기과열지구, 조정대상지역)에서는 주택가격이 안정화되었으나, 동 규제가 적용되지 않는 지역에서는 주택가격이 상승하는 일이 나타나났다. 예를 들어, 2019년 12 · 16 대책 이후에 수원영통, 권선, 장안, 안양만안, 의왕 등은 주택가격이 크게 상승하였다.

② LTV · DTI 규제를 통해 주택담보대출이 어려워지면 사람들은 주택담보대출이 아닌 신용대출로 대출선을 변경하게 되고, 이에 따라 신용대출 증가에 따른 문제를 유발시킬 수 있다. 따라서 LTV · DTI 규제는 주택담보대출을 통제할 수 있지만 신용대출을 증대시킬 가능성이 있다. 만약 신용대출 증가속도가 매우 크다면, 또 다른 규제 수단을 통해 통제해야 하는 상황에 처할 수 있다. 규제가 새로운 규제의 원인이 될 수 있다.

> "8 · 2 부동산 안정화 대책이 시장에 안착되기 위해서는 금융회사의 가계부채 리스크 관리가 무엇보다 중요하다는 점을 강조하면서, 강화된 LTV · DTI 규제를 회피하기 위해 신용대출이나 개인사업자대출을 취급하는 등 편법을 부추기는 금융회사에 대해서는 현장점검 등을 통해 엄중히 대처해 줄 것을 당부했다"[진웅섭 금융감독원장 간부회의 시, 금융감독원(2017)].

③ LTV · DTI 규제가 하나의 가격규제로서 작동하게 되면 의도하지 않는 주택가격 상승을 유인할 수 있다. 예를 들어, 9억 원을 초과하는 아파트는 LTV 30%를 적용하고, 9억 원 이하는 LTV 50%를 적용하게 되면, 기존의 9억 원 이하의 아파트 가격이 9억 원 근처(8억 99백만 원)로 수렴될 가능성이 크다. 규제가 아파트 가격의 기준값 역할을 수행할 수 있다. 이러한 점은 가격규제에서 쉽게 나타난다. 예를 들어, 최저임금을 8,500원으로 결정하면, 기존에 8,500원 이하로 지급했던 사업자들은 8,500원으로 인상해서 지급해야 하지만, 기존에 8,500원 이상을 지급했던 사업자들은 8,500원으로 지급하여 일부 사업장에서 임금하락이 나타날 수 있다. 또 사채이자율을 30%로 결정하게 되면, 기존에 이자율이 30% 이상이었던 사업자들은 30%로 인하하겠지만, 기존에 30% 이하로 대출을 하여 온 사업자들은 30%로 인상할 가능성이 매우 크다.

2) 비일관성

칼은 무기도 만들 수 있고 음식을 조리하는 데 사용되기도 한다. 칼이 무기가 되는지, 음식 조리도구가 될 지는 이를 사용하는 사람에 달려 있다. 즉, 칼은 하나의 수단, 도구에 불과하다.

규제 역시 정책수단으로서 하나의 도구이다.

현재 행정은 개방형 체제이다. 따라서 동 체제에서 정책수단은 환경과 지속적으로 관계를 맺을 수밖에 없다. 정치적, 경제적, 국제적 환경 변화에 따라 규제 역시 변화된다. 예를 들어, 국제적인 금융위기로 인해 국내 주택 및 부동산 경기가 장기 침체 국면에 있거나, 특정 집단의 정치적 압력에 직면할 경우 규제는 변화될 가능성이 매우 크다.

LTV · DTI 규제는 앞서 논의한 바대로, 노무현 정부에서 강화 → 이명박 중반 이후부터 박근혜 정부까지 지속 완화 → 문재인 정부에서 재강화가 진행되었다. 즉, LTV · DTI 규제가 일관성을 갖지 않고 거시경제상황 혹은 정치적 이해 차원에서 규제가 변동되었음을 알 수 있다. 특히, 주택 및 부동산 산업이 경제구조에서 차지하는 비중이 크기 때문에, 정책결정자들은 주택 및 부동산 활성화를 통한 경기 부양의 유혹에 빠져왔다. 이에 따라, 경기가 좋지 않으면 주택규제를 완화하고 이에 주택가격이 폭등하면 다시 규제를 강화하는 순환적인 비일관적 대응을 하여 왔다.

그러나 규제의 변화가 단기적이고 정치적 목적에 활용될 경우, 규제는 심각한 문제를 유발한다. 첫째, 시장이 규제를 신뢰하지 않는 규제 불신이 나타나게 되어 규제의 효과성을 낮춘다. 박근혜 정부에서의 규제완화와 달리 문재인 정부는 집권 초기부터 주택가격 안정화 정책을 추진할 것을 표명하였고, 실제 2017년 '6 · 19 대책'에서 LTV · DTI 규제가 강화되었으나 시장은 규제에 반응하지 않았다. 심지어, 시장에서는 LTV · DTI 규제가 강화되면 주택가격이 상승하고 있으며, 향후에도 상승할 것이라는 신호(signal)로 인식하기도 하였다. 주택가격 안정화라는 정책기조를 유지하고, 추후 2018년 2019년 LTV · DTI 규제를 일관되게 유지하자, 2019년 말에 이르러서야 주택가격 안정화 효과가 나타나기 시작했다. 그러나 이러한 안정화 역시, 규제의 비일관성에 대한 과거 경험이 존재하는 한 일시적일 가능성이 크다.

둘째, 규제의 완화와 강화의 반복은 시장 행위자로 하여금 규제를 미리 예측하고 전략적으로 대응하게 만든다. 즉, 현재 규제가 강화되었지만 정권이 변화된다던지, 거시경제 상황이 변화되면 다시 규제가 완화될 것임을 쉽게 예측하게 한다. 이에 따라, 시장은 미래 투자이익을 고려하여 규제가 강화될 때 투자이익을 높일 수 있는 기회로 판단하게 된다. 다시 말해, 시장이 규제에 순응하기보다는 투자 기회로 판단하는 상황이 발생된다.

셋째, 규제의 완화와 강화의 반복은 규제에 순응하는 사람은 피해를 받고, 규제를 무시하거나 회피하는 사람들이 이익을 받는 '역선택(adverse selection)'을 초래시킨다. 이러한 역선택은 규제 순응자를 시장에서 사라지게 하고 규제 회피자만이 남게 만듦으로서 규제 효과성을 더욱 낮추게 된다.

3) 형평성

모든 정부규제는 정도의 차이만 있을 뿐 부의 이전을 수반한다. 모든 정부규제는 형평성 문제에서 자유롭지 못하다. 공익이론에 기초하든, 사익이론에 기초하든 규제는 부의 이전을 수반한다. 규제는 피규제 대상이 존재하고, 이는 일반적으로 집단으로 나타난다. 규제는 집단에게 서로 다른 비용과 편익을 유발한다.

규제에 따라 어떤 집단이 이익을 얻게 되면, 다른 집단은 손실을 얻을 가능성이 크다. 규제가 왜 형성되었는가에 따라 이익과 손실을 보는 주체가 달라질 뿐이지, 규제에 다른 집단간 비용편익분포는 달라진다. 예를 들어, 수도권 공장총량제를 시행하면, 기존에 수도권에 입지하고 있던 기업들에게는 이익이 될 수 있는 반면, 수도권에 진입하지 못했던 기업들에게는 규제 장벽이 된다. 배출가스를 저감하기 위해 내연기관을 규제하게 되면, 기존에 석유업자, 주유소 등 관련 산업은 피해를 보는 반면, 전기차 관련 기업들은 수혜를 얻게 된다. 주식시장을 규제하면, 자금이 부동산시장으로 유입되면서 부동산 소유자들이 이익을 얻게 된다.

규제가 집단별로 서로 다른 비용과 편익을 유발한다는 점은 곧, 규제 형평성 문제가 제기될 수 있음을 짐작하게 한다. LTV · DTI 규제는 주택구입에 필요한 자금을 금융기관으로부터 대출을 받는 사람을 규제한다. 따라서 (만약, 1가구 1주택과 같은 규제가 없다면) 주택구입에 대출이 필요하지 않는 사람들은 해당 규제와 상관없이 주택을 구입할 수 있다.

결국, 자금이 풍부한 사람들에게 해당 규제는 무용지물이다. 반면, 자금이 부족해서 대출이 필요한 사람들에게는 해당 규제는 매우 강한 제약조건이다. 이는 주택을 구입하려는 사람이 실수요자인지, 아니면 투기꾼인지와 상관없다. 다시 말해, 해당 규제는 주택대출을 받아야 하는 사람들에게는 제약조건이 되지만, 주택대출이 불필요한 사람들에게는 주택구입의 기회를 제공한다. 동 차원에서 형평성 문제가 제기될 수 있다. 따라서 LTV · DTI 규제가 유발하는 형평성 문제를 다른 정책수단과 규제를 통해 보완해야 한다.

표 7-9 LTV · DTI 규제의 주요 특징 종합

<table>
<tr><th colspan="3">구 분</th><th>LTV · DTI 규제</th></tr>
<tr><td colspan="3">강제성</td><td>높음</td></tr>
<tr><td colspan="3">효과성</td><td>인과관계 추정이 쉽지 않음.
다만, 규제의 일관성이 유지될 경우, 주택가격 안정화를 위한 다른 연계 정책수단이 합리적으로 설계될 경우 효과성이 높을 것으로 추정</td></tr>
<tr><td colspan="3">신속성</td><td>높음</td></tr>
<tr><td colspan="3">다중 목적 수행 가능성</td><td>높음</td></tr>
<tr><td colspan="3">선택적 설계와 유연성</td><td>높음</td></tr>
<tr><td colspan="3">정책수단 간 결합 용이성</td><td>높음</td></tr>
<tr><td colspan="3">재정투입 필요성</td><td>없음</td></tr>
<tr><td rowspan="4">광의의 규제 비용</td><td rowspan="3">규제집행 비용</td><td>규제조직 신설 및 재정투입</td><td>없음</td></tr>
<tr><td>규제감독비용</td><td>매우 낮음</td></tr>
<tr><td>규제순응비용</td><td>1주택 실수요자: 낮음
다주택, 투기자: 높음</td></tr>
<tr><td>규제집행 사후 비용</td><td>비의도된 효용비용</td><td>비규제지역 집값 상승
신용대출 증가
가격규제에 따른 주택가격 상승</td></tr>
<tr><td colspan="3">비일관성</td><td>규제 불신 초래, 규제 효과성을 낮춤.
전략적인 행동 기회 제공
역선택 초래</td></tr>
<tr><td colspan="3">형평성</td><td>대출이 필요한 수요자 규제, 반면 대출이 불필요한(현금 자산가) 수요자는 규제 못함.</td></tr>
</table>

집값 어떻게 해야 할까?

한국 사회에서 집값, 아파트만큼 사회적 화두가 되는 것을 찾기 어렵다. 집값 문제는 우리 사회의 정치, 경제, 금융, 교육 등과 거미줄처럼 얽혀 있는 가장 복잡한 정책문제 중 하나이다. 더욱이, 반복적이고 비일관적인 규제강화와 완화가 진행되면서 문제를 더욱 복잡하게 만들었다. 규제가 문제해결 수단이 되지 못하고 문제 자체가 되었다.

실물경제와 괴리된, 근로소득과 괴리된 주택가격은 단순히 주택가격의 문제를 넘어 일일이 나열하기 어려울 정도로 심각한 경제 · 사회 문제를 유발하고 있다. 특히, 개인의 노력과 근로여부, 사회적 가치의 공유 여부와 관련없이 아파트의 소유 여부에 따라 개인의 부를 넘어 세대 간 부의 격차, 불평등을 확대시키고 있다.

집값 문제를 해결하기 위해, 주택이란 재화가 일반적인 재화에 비해 어떠한 특성을 지니고 있는지 살펴보자.

첫째, 인간이 생존하기 위해 주택은 필수 재화이다. 이는 곧, 여러 재화와 달리 선택적 소비의 대상이 아님을 의미한다. 다시 말해, 주택은 소유하고 있든 임대하여 살든지 간에 생존을 위해서는 반드시 필요하다.

둘째, 주택은 토지라는 제한된 재화를 필수적으로 필요로 한다. 토지가 없다면 주택도 없다. 그러나 토지는 아쉽게도 절대량이 제한되어 있다. 따라서 주택도 제한되어 있는 희소한 재화이다. 더욱이 인구의 50% 이상이 수도권에 집중되어 있고, 집중이 더욱 확대되는 우리나라에서 주택의 희소성은 더욱 가속화된다.

셋째, 주택은 인간의 욕구에 의해 과소공급을 벗어나기 어렵다. 사람들이 거주하고자 하는 곳은 자연환경, 교통, 교육 등이 우수한 곳이다. 또한 사람들은 소득이 늘어날수록 더 많은 집과 더 좋은 집을 갖고자 한다. 배추가 비싸질 때, 배추 공급량을 늘리면 배추가격이 안정화되지만, 주택은 주택공급량을 늘린다고 해서 주택가격이 쉽게 안정화되지 않는다. 즉, 인간의 욕구에 의해 사람들이 선호하는 좋은 주택은 항상 부족하다.

넷째, 주택은 공급의 가격탄력성(price elasticity of supply)이 매우 낮거나 단기적으로는 0에 가까울 수도 있다. 공급의 가격탄력성은 공급량 변화율을 가격 변화율로 나눈 값이다. 단기적으로, 주택은 가격이 높아진다고 해서 공급량이 늘어나거나, 가격이 낮아진다고 해서 공급량이 줄지 않는다. 예를 들어, 주택은 공장에서 마구 찍어낼 수 없다. 토지 및 건축허가를 받아야 하고 집을 짓는 데 많은 시간이 소요된다. 또 밀가루처럼 다른 지역에서 가져올 수도 없다.

다섯째, 주택 수요의 가격탄력성은 매우 높다. 가격이 변동하면 수요도 크게 변화한다. 특히, 공급의 가격탄력성이 매우 낮기 때문에 가격 변화에 수요는 크게 증가할 수 있다.

여섯째, 한 사람이 제한없이 다수의 주택을 소유하게 되면, 주택은 아무리 많은 공급을 하더라도 항상 과소공급 상황에 처하게 된다. 우리나라도 주택보급률이 100%를 넘었지만 자가 보유율은 50% 수준에 머무르고 있으며, 2006년과 2018년을 비교하면, 주택보유율 증가분보다도, 자가보유율 증가율이 낮음을 알 수 있다. 심지어, 서울의 자가보유율은 오히려 감소해 있다.

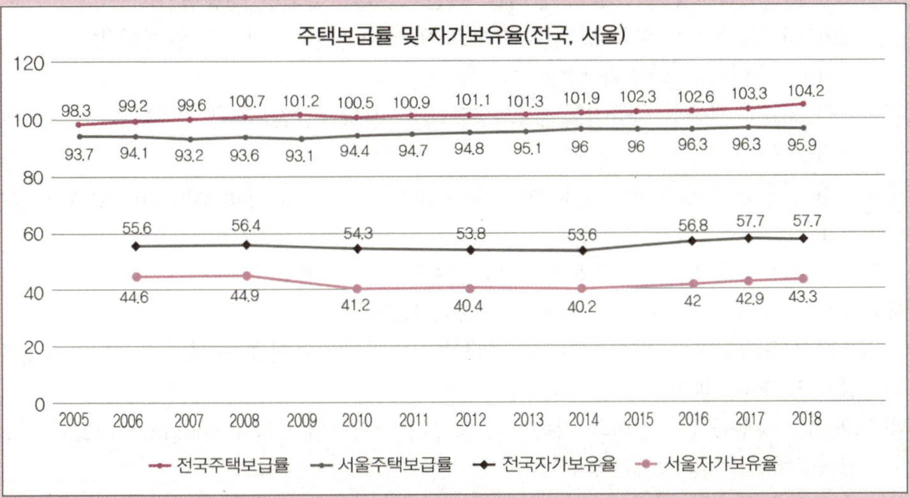

자료: KOSIS 국가통계포털.

어떻게 하면 좋을까?. 우선 아래의 질문에 대답을 해보자

당신은 아래의 두 가지 소유 중에 무엇을 선택하겠는가?

■ 무한한 소유 vs 절제된 소유

무한한 소유를 선택했다면, 주택문제는 재화의 특성, 인간의 욕망에 의해 LTV · DTI 등 어떠한 정책수단을 사용하더라도 해결될 수 없다. 끝없는 시장실패, 규제, 시장실패, 규제를 반복할 뿐이다. 절제된 소유를 선택한다면, 주택문제는 해결될 수 있다. 주택문제는 다수의 토지와 주택을 소유하고 있는 극소수를 제외하고 국민 일반 입장에서 보면, 합리적 선택 제도주의에 주장하듯이, 모두가 합리성을 추구하지만 집단 전체적으로는 비합리적 결과가 초래되는 집단행동 딜레마(collective action dilemma)와 유사하다. 집단행동 딜레마를 해결하기 위해서는 행위를 제약하는 규칙을 만들어야 한다. 그리고 동 규칙을 강제해야 하며, 동 규칙을 위반할 경우는 강한 처벌이 집행되어야 한다. 주택문제를 일거에 해소할 수 있는 가장 간단한 규제를 생각해 보자.

참고문헌

관계부처 합동(2014). 새 경제팀의 경제정책방향.

______(2017a). 주택시장의 안정적 관리를 위한 선별적 맞춤형 대응방안.

______(2017b). 실수요 보호와 단기 투기수요 억제를 통한 주택시장 안정화 방안.

______(2019). 주택시장 안정화 방안.

금융감독원(2017). 진웅섭 금융감독원장, 간부회의 시 당부말씀: 최근 가계대출 및 개인사업자대출 동향 점검.

금융감독원 금융용어사전(http://fine.fss.or.kr/main/fin_tip/dic/financedic.jsp, 검색일: 2017. 11.1).

금융감독위원회 정례브리핑자료(2007.5.25) 금융감독규범 제도화 추진.

금융규제 운영규정[국무총리훈령 제661호, 2015.12.31].

금융위원회 보도참고자료(2020.2.28). 조정대상지역 주택담보대출 규제 강화 관련 행정지도 실시 및 FAQ 배포.

김태은(2007). 정부규제의 변화와 지속 요인으로서 비의도된 효용(unintended utility). 『한국정책학회보』, 16(4): 57-96.

______(2008). 정책수단 선택과 변화의 결정요인으로서 (탈)딜레마: 참여정부의 주택정책을 중심으로. 『한국행정학보』, 42(4): 179-210.

______(2017). 주택수요규제로서 LTV, DTI 규제 사례. 한국행정연구원 편. 『효율적인 사례교육을 위한 규제정책 사례연구』. 10-43. 한국행정연구원.

신상영 · 이성원(2007). 주택자금 대출규제가 주택구입능력에 미치는 영향. 『국토연구』, 54: 139-155.

은행업감독규정[금융위원회고시 제2013-22호, 2013.7.3, 일부개정].

은행업감독업무시행세칙[금융감독원세칙, 2017.8.22, 일부개정].

정부입법지원센터(http://www.lawmaking.go.kr).

정호성 · 이지은(2016). 주택실거래 자료를 이용한 주택부문거시건전성 정책 효과 분석. 『BOK 경제연구』, 제2016-10.

한국감정원(2020). 주간아파트가격동향조사 시계열 자료

한국은행 경제통계시스템(ECOS).

행정절차법[법률 제14839호, 2017.7.26].

허석균(2012). DTI, LTV 및 대출상환 조건이 주택담보대출의 연체율에 미치는 영향. 『규제연구』, 21(2): 39-77.

황관석 · 박철성(2015). 이중차분법을 이용한 수도권 DTI 규제효과 분석. 『주택연구』, 23: 157-180.

Atkinson, M. M. & Nigol, R. A.(1989). Selecting Policy Instruments: Neo-Institutional and

Rational Choice Interpretations of Automobile Insurance in Ontario. *Canadian Journal of Political Science*, 22(1): 107-135.

Bardach, E.(1979). *The Implementation Game*. Cambridge, MA: Press.

Bressers, H. Th. A. & O'toole, Jr. L. J.(1998). The Selection of Policy Instruments: A Network-Based Perspective. *Journal of Public Policy*, 18(3): 213-239.

Doern, G. B. & Wilson, V. S.(1974). Conclusions and Observations. In G. Bruce Doern, G. B. & Wilson, V. S.(eds.). *Issues in Canadian Public Policy*. Toronto: Macmlllan.

Edelman, H.(1964). *The Symbolic Uses of Politics*. Urbana: University of Illinois Press.

Elmore, R. F.(1987). Instruments and Strategy in Public Policy. *Policy Studies Review*, 7(1): 174-186.

Hood, C.(1986). *The Tools of Government*. Chatham: Chatham House Publishers.

Howlett, M.(1991). Policy Instruments, Policy Styles, and Policy Implementation. National Approaches to Theories of Instrument Choice. *Policy Studies Journal*, 19(2): 1-21.

Howlett, M. & Ramesh, M.(1993). Patterns of Policy Instrument Choice: Policy Styles, Policy Leaning and the Privatization Experience. *Policy Studies Review*. 12: 1-24.

Ingram, H. & Schneider, A.(1991). The Choice of Target Population. *Administration and Society*, 23: 333-356.

King, D.(2007). The American State and Social Engineering: Policy Instrument in Affirmative Action. *Governance: An International Journal of Policy, Administration, and Institutions*, 20(1): 109-126.

Kirschen, E. S., Bernard, J., Besters, H., Blackaby, F., Eckstein, O., Faaland, J., Hartog. F., Morrisens, L., & Tosco, E.(1964). *Economic Policy in Our Time*. Amsterdam: North Holland Publishing Company.

Kuttner, K. N. & Shim, I.(2016). Can Non-Interest Rate Policies Stabilize Housing Markets? Evidence from a Panel of 57 Economies. *Journal of Financial Stability*, 26: 31-44.

Lascoumes, P. & Gales, P. L.(2007). Introduction: Understanding Public Policy through Its Instruments-From the Nature of Instruments to the Sociology of Public Policy Instrumentation. *Governance: An International Journal of Policy, Administration, and Institutions*, 20(1): 1-21.

Linder, S. H. & Peters, B. G.(1989). Instruments of government: Perceptions and Contexts. *Journal of Public Policy*, 9(1): 35-38.

Lowi, T. J.(1964). American Business, Public Policy, Case Studies, and Political Theory. *World Politics*, 16: 677-715.

______(1972). Four Systems of Policy, Politics and Choice. *Public Administration Review*, 32(4): 298-310.

McDonald, C.(2015). When is Macroprudential Policy Effective? *BIS Working Paper 496*.

Mosher, F.(1980) The Changing Responsibilities and Tactics of the Federal Government. *Public Administration Review*, 40(6): 541-548.

Pierce, L. C.(1971). The Politics of Fiscal Policy Formation. Pacific Palisades, California: Goodyear Publishing Company.

Salamon, L. M.(2002). The New Governance and the Tools of Public Action: An Introduction. In O. V. Elliott & L. M. Salamon. *The Tools of Government: A Guide to the New Governance*. 1-47. Oxford University Press.

Schneider, A. & Ingram, H.(1990). Behavioral Assumptions of Policy Tools. *The Journal of Politics*, 52(2): 510-529.

Trebilcock, M. J., Hartle, D. G., Prichard, J. R. S., & Dewees, D. N.(1982). *The Choice of Governing Instrument*. Ottawa: Economic Council of Canada.

Vedung, E.(1998). Policy Instruments: Typologies and Theories. In Marie-Lousie, Bemelmans-Videc, Rist, R. C., & Vedung, E.(eds.). *Carrots, Sticks & Sermons-Policy Instruments & Their Evaluation*. New Brunswick(U.S.A) and London(U.K.): Transaction Publishers.

Woodside, K.(1986). Policy Instruments and the Study of Public Policy. *Canadian Journal of Political Science*, 19(4): 775-793.

Chapter

08

주요 정부규제

정부규제는 가격규제, 진입규제, 독과점 규제 등 다양한 규제로 구분되기도 한다. 그러나 현실에서 모든 규제를 기계적으로 구분하기 어려운 부분이 존재한다. 이는 아래와 같은 이유에 기인한다. 첫째, 인간활동 및 경제활동 전반이 규제와 관련되어져 있어 매우 다양한 유형과 종류를 지니고 있다. 또한 주택, 건설, 국방, 안전, 복지, 금융, 산업, 교육, 의료, 환경 등 분야별로도 고유한 규제를 지니고 있다. 법적으로도 규제는 법률에 기초하고 있으며, 이에 따라 모든 법이 곧 규제의 내용을 담고 있다. 따라서 모든 종류의 규제를 일일이 나열하는 것은 불가능에 가깝다. 둘째, 규제는 다양한 특성이 혼재되어 나타나기도 한다. 예를 들어, 가격규제는 진입규제의 역할을 수행할 수도 있고 한편에서 독과점 및 불공정거래 규제, 혹은 소비자보호규제의 성격을 지닐 수도 있다. 이러한 점들로 인해 정부규제를 기계적으로 구분하기 어려운 점이 존재한다.

이러한 한계에도 불구하고 기술 편의상, 대표적인 규제로서 가격규제, 수요와 공급규제, 진입규제, 독과점 및 불공정거래 규제, 소비자보호규제를 제시한다.

제1절 | 가격 및 수요 · 공급규제

1. 가격규제

1) 가격규제의 목적과 주요 내용

가격규제(price regulation)는 재화의 서비스 가격을 직접 규제하는 것을 말한다.

가격규제는 크게 최저가격 설정과 최고가격 설정으로 구분되기도 한다. 최저가격 설정은 시장의 균형가격(Pe) 자체가 낮다고 판단할 경우 적용하는데, 시장가격보다 높게 설정된다($P_2 > P_e$). 예를 들어, 최저임금제는 가장 대표적인 최저가격규제이다. 최저가격은 균형가격보다 높게 설정되기 때문에, 일반적으로 생산량이 수요량을 초과하는 초과공급이 나타난다. 참고로, 노동시장에서 최저임금을 급격하게 높이면 실업이 증가할 수 있다.

최고가격 설정은 균형가격(P_e) 자체가 높다고 판단될 경우, 균형가격보다 낮게 설정된다($P_1 < P_e$). 예를 들어, 분양가 상한제, 사채 이자율 규제 등이 대표적이다. 최

그림 8-1 가격규제

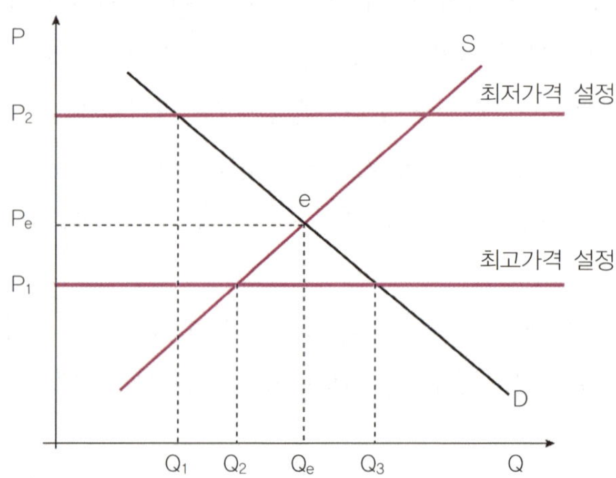

고가격을 설정하면 균형가격 이하로 가격이 설정되기 때문에 초과수요가 발생되며, 동 초과수요에 따라 암시장이 형성될 수 있다.

가격규제는 (자연) 독점이나 불완전 시장에서의 가격 교정, 정책적 목적 등 다양한 목적을 위해 사용되고 있다.

첫째, 독점은 철도, 전기와 같은 공공부문뿐만 아니라 민간 영역에서도 발생된다. 독점에서는 평균비용보다 높게 가격을 책정할 수 있음으로 인해 독과점의 이윤이 발생하며, 이는 곧 소비자 피해와 더불어 경제 비효율을 유발한다. 과점 역시 담합(카르텔)을 통해 독점과 동일한 문제가 나타난다. 따라서 독점에서의 가격규제는 독점이윤이 과도하지 않은 수준에서 결정된다. 공공부문에서 운영되고 있는 공공재 성격을 지니는 사회간접자본들은 독점적으로 운영된다. 이에 따라, 철도, 전기, 물, 고속도로 등은 모두 가격규제를 받고 있다(물가안정에 관한 법률 제4조 참고).

둘째, 불완전 시장에서의 가격 교정으로, 시장이 완전경쟁이라면 가격은 시장에서 수요와 공급의 균형점에서 형성된다. 그러나 현실의 시장에서 완전경쟁은 찾아보기 쉽지 않다. 매년 크게 변동하는 농수산물 가격, 단기간 급등하는 주택가격, 전시나 금융위기 상황에서의 시장가격 붕괴 현상 등에서 알 수 있듯이, 어떤 재화의 균형 가격은 외부환경에 매우 취약하다. 즉, 표준 경제학의 교과서적 주장과 달리 시장의 가격은 그 자체로 불완전하다.

셋째, 정부는 정책적 목적에 따라 가격규제를 시행할 수 있다. 소득수준 보장, 물가안정, 주택가격 안정화, 대학등록금 인하 등 다양한 정책 목적을 위한 수단으로 활용된다. 예를 들어, 정부는 국민생활과 국민경제의 안정을 위하여 필요하다고 인정할 때에는, 특히 중요한 물품의 가격, 부동산 등의 임대료 또는 용역의 대가에 대하여 최고가격을 지정할 수 있고, 최고가격은 생산 · 도매, 소매 등 거래 단계별 및 지역별로 지정할 수 있다(물가안정에 관한 법률 제2조). 또 다른 예로, 최저임금제는 가장 대표적인 노동가격규제이다. 근로자의 임금 역시 수요와 공급에 의해 결정되나 노동수요에 비해 노동공급이 상대적으로 많은 노동시장의 경우에는 노동의 재생산과 생존이 어려울 정도의 노동가격이 형성되곤 한다. 최저임금제도는 인권보장, 빈곤 퇴치, 소득 불평등 해소, 복지수요 완화, 안정적인 노동력 공급 등과 같은 다양한 정책 목적을 위해 전 세계에서 시행되고 있다.

표 8-1	최저임금 변화(1990~2020)

	1990	1995	2000	2005	2010	2015	2016	2017	2018	2019	2020
시간급 최저임금	690	1,170	1,600	2,840	4,110	5,580	6,030	6,470	7,530	8,350	8,590
전년대비 인상률(%)	15.00	7.80	4.90	13.10	2.75	7.10	8.10	7.30	16.40	10.90	2.87
영향률(%)	4.3	2.1	1.1	8.8	15.9	14.6	18.2	17.4	23.6	25.0	20.7
적용 대상 근로자 수(천 명)	4,386	4,864	5,031	14,149	16,103	18,240	18,776	19,312	19,627	20,006	20,045
수혜 근로자 수 (천 명)	187	103	54	1,245	2,566	2,668	3,420	3,366	4,625	5,005	4,153

출처: 국가통계포털(KOSIS).

2) 가격규제의 고려사항과 방향

가격규제의 특징과 주요 고려사항은 아래와 같다.

첫째, 가격규제의 대표적 문제는 에버치-존슨 효과(Averch-Johnson effect 또는 A-J effect) 혹은 역 에버치-존슨 효과(reverse A-J effect)에서 잘 드러난다.

Averch-Johnson effect?

에버치와 존슨(Averch & Johnson, 1962)은 규제를 받는 독점기업(전화와 전신산업)의 행태를 분석하여 에버치-존슨 효과(Averch-Johnson effect 또는 A-J effect)를 제시했다. 단순하게 말해, 에버치-존슨 효과는 피규제기업이 이윤을 확대하기 위해 과도하게 자본축적(capital accumulation)을 하는 경향을 말한다. 만약, 기업의 자본이익율이 규제될 때, 기업들은 전체 이윤을 늘리기 위해서 과도한 투자를 할 유인이 형성된다. 예를 들어, 전기요금이나 통신요금 등에 대한 수익률(예: 생산비용+적정수익) 규제를 하게 될 경우, 기업들은 수익률 규제는 지키면서도 수익의 전체 파이를 늘리기 위해 과도하게 자본투자를 시행할 유인이 형성된다. 또한 기업은 수익률 규제하에서는 생산비용을 낮출 유인이 만들어지지 않으므로 공급부문에 비효율이 나타날 수 있다.

그동안 에버치-존슨 효과는 주로 독점기업, 공기업에서의 가격규제 등을 비판하는 데 주로 활용되어져 왔다. 그러나 동 효과가 실제로 나타나는가에 대해서는 수렴되지 않고 있다. 단적으로, 공기업의 경우 자본투자를 공기업의 의도대로 쉽게 수행할 수 있는 것은 아니다. 현실의 독점기업, 특히 공기업들은 동 연구에서 가정하듯이 이익추구만을 목적으로 하지 않으며, 운영에 있어 다양한 제약을 받고 있다. 한편, 역 에버치-존슨 효과(reverse A-J effect)는 기업이 투자한 자본에 대한 적정 이윤이 보장되지 않을 경우에는 과소투자가 발생될 수 있음이 지적되고 있다.

우리나라에서 독점 민간기업, 공기업 등을 수행하여 보면 재미있는 결과가 나올 것 같다.

둘째, 무엇보다 최고가격, 최저가격을 정확하게 설정하는 것 자체가 매우 어렵기 때문에 획일적이기보다는 점증적 혹은 탄력적인 가격설정이 필요하다. 사실 균형가격 자체도 추정이 쉽지 않지만 경쟁시장 환경에서 가격으로 이해한다. 반면, 규제의 효과를 달성하는 데 있어 최고가격과 최저가격을 설정하는 것은 특히 난해하다. 예를 들어, 사회적으로 바람직한 최저임금이 얼마인지, 또 아파트 분양가를 얼마로 제한해야 하는지, 이자율은 얼마로 해야 하는지 등에 대한 결정이 쉽지 않다. 따라서 가격규제에 따른 시장의 대응을 반영할 수 있는 체제가 마련되어야 한다.

셋째, 가격규제는 다양한 부작용을 유발되기 때문에, 이를 예측하고 대응하는 체제가 마련되어야 한다. 가격규제의 가격은 균형가격이 아니기 때문에 초과수요와 초과공급을 유발한다. 예를 들어, 사채 이자율의 균형가격이 80%인데, 정부가 사채 이자율 규제를 40%로 했다고 하자. 40%의 이자율 이상을 받으면 처벌을 받게 되지만, 사회적으로는 41~80%까지 이자를 지불할 수요가 존재한다. 이에 따라, 사채 암시장이 형성된다. 또 최저임금의 급격한 상승은 그 의도와 관계없이 실업을 유발할 수 있다. 따라서 사전에 이러한 부작용을 예측하고 시뮬레이션 하여 적절한 규제의 수준을 결정해야 하고, 또한 사후 부작용 관리 방안 역시 마련될 필요가 있다.

넷째, 가격규제는 자칫 집단 간 부의 이전을 초래시킬 수 있다. 예를 들어, 과거 독재정부시절 농산물에 대한 가격규제는 농부로부터 도시근로자, 또는 기업으로의 부 이전을 촉진시켰으며, 그 시행 기간이 길었기 때문에 불평등의 고착화를 초래하기도 했다.

결론적으로, 가격규제를 평가하기는 쉽지 않다. 단기적으로 어떤 정책 목적, 규제 목적을 달성하는 데에는 효율적이다. 다만, 바람직한 가격 설정 자체가 쉽지 않고 집단 간 부의 이전 등 문제뿐만 아니라 다양한 문제를 유발할 수 있고, 이에 따라 또 다른 규제를 형성하게 하는 원인이 되기도 한다. 이에 따라, 불안전한 시장에 따른

한국전력과 주식

한국전력은 가격규제를 받는 가장 대표적인 공기업이다. 전기요금은 산업통상자원부와 기획재정부가 협의하고 전기위원회에의 심의를 거쳐 산업통상자원부 장관이 인가한다. 우리나라 전기요금은 용도별(주택용, 일반용, 산업용, 교육용, 농업용 등)로 구분되고, 산업용과 일반용 등은 계절이나 시간대별로 차등요금제가 적용되고 있다.

한국전력의 가격규제는 시장의 반응으로 잘 알 수 있다. 한국전력의 2019년 12월 자산총계는 197조 원, 매출액은 59조 원, 영업이익은 −12,765억 원이다. 한국전력은 1995년 시가총액 1위였으나, 2020년 7월 현재 24위이다. 주식가격은 1989년 8월 10일 종가가 23,256원이며, 2020년 7월 6일 종가는 19,400원이다. 수십 년 동안 동 주식은 우상향하지 않고 수평적인 등락만이 지속되고 있다.

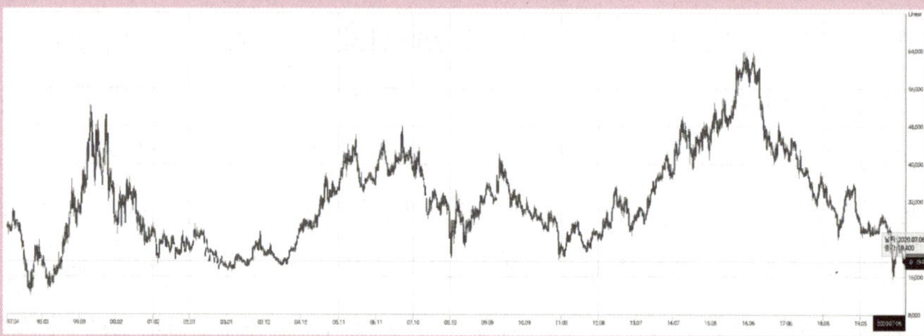

출처: Daum 금융 시계열 자료.

가격규제는 단기적이고 일시적으로 접근할 필요가 있다.

2. 수요 및 공급규제

1) 수요 및 공급규제의 목적과 주요 내용

수요규제는 수요를 통제함으로써 가격을 안정화시키는 데 주된 목적이 있다. 수요규제는 정상적인 경제시스템에서 수용 불가능할 정도로 수요가 크게 증가될 경우 이루어진다. 일반적인 경제체제에서는 수요가 증가하면 공급이 자연적으로 증가하게 되나, 총공급량이 고정되어 있는 일부 재화나 일시적, 특수한 상황에서는 이러한 경향이 나타나지 않는다.

대표적으로, 토지는 총공급량이 항상 고정되어 있는데, 이러한 상황에서 저금리 지속이나 투기가 발생되게 되면, 실물경제와 관계없이 토지에 대한 과도한 수요가 발생된다. 주택가격이 과도하게 상승하면, 다양한 조세제도 외에 총부채원리금상환비율(Debt Service Ratio: DSR), 총부채상환비율(Debt To Income: DTI) 또는 주택담보대출비율(Loan To Value ratio: LTV)을 강화시킴으로써 주택 구입 수요를 낮춘다. 또한 흡연에 대한 수요를 억제하기 위해 담배가격을 인상하거나 흡연이 가능한 장소를 제한하는 등의 규제를 시행하기도 한다.

공급규제는 독과점이나 시장실패에 따른 가격변동을 통제하기 위해 시행된다. 첫째, 공급규제는 본질적으로 독점이나 독점의 효과가 나타나는 과점(담합)에서 독점이윤을 제거하기 위해 시행된다. 즉, 간단히 수요와 공급곡선에서 독점기업들은 공급을 통제함으로써 가격을 인위적으로 조절할 수 있다. 따라서 사회가 원하는 수준

표 8-2 주택시장 안정화를 위한 대표적 수요규제의 예

추진과제	조치사항	소관 기관
(1) 투기지역·투기과열지구 주택담보대출 관리 강화		
① 시가 9억 원 초과 주택담보대출 LTV 강화	행정지도 감독규정 개정	금융위원회
② 초고가아파트 주택담보대출 금지	행정지도 감독규정 개정	금융위원회
③ DSR 관리 강화	행정지도 감독규정 개정	금융위원회
④ 주택담보대출의 실수요 요건 강화	행정지도 감독규정 개정	금융위원회
⑤ 주택구입목적 사업자대출에 대한 관리 강화	행정지도 감독규정 개정	금융위원회
⑥ 주택임대업 개인사업자에 대한 RTI 강화	행정지도 모범규정 개정	금융위원회
⑦ 상호금융권 주택담보대출 현황 모니터링 등	–	금융위원회 행정안전부
(2) 전세대출을 이용한 갭투자 방지		
① 사적보증의 전세대출보증 규제 강화	보증기관 내규	금융위원회
② 전세자금대출 후 신규주택 매입 제한	보증기관 내규	금융위원회

출처: 관계부처 합동(2019.12.16, 25).

으로 공급을 늘리거나 유지하게 되면 자연스럽게 독점이윤을 제거할 수 있다. 예를 들어, 전력은 미래 수요와 이에 부합하는 공급량을 계획한 '전력수급계획'을 2년마다 마련하여 시행하고 있다.

둘째, 공급규제는 시장실패에 따른 가격변동을 통제하기 위해 시행되기도 한다. 시장실패에 따른 생산량 규제는 생산량 확대 혹은 축소 양 방향으로 나타난다. 예를 들어, 주택공급이 부족할 경우에는 택지개발규제, 토지거래 허가요건, 기반시설부담금 등과 같은 규제를 완화하여 주택공급량을 확대시키고, 주택공급이 과다할 경우에는 위의 규제들을 강화하여 공급량을 줄이기도 한다.

우리나라에서 가장 체계적인 공급규제 중 하나는 물가안정을 위한 '긴급수급조정조치'이다. 정부는 물가가 오르고 공급이 부족할 경우 물품 사업자, 수출입 및 운송·보관업자에게 5개월 이내의 기간을 정하여 ① 생산계획의 수립·실시 및 변경에 관한 지시, ② 공급 및 출고에 관한 지시, ③ 수출입의 조절에 관한 지시, ④ 운송·보관 또는 양도에 관한 지시, ⑤ 유통조직의 정비, 유통단계의 단순화 및 유통시설의 개선에 관한 지시를 할 수 있다(물가에 관한 법률 제6조). 또한 물품 매점매석을 금지하고 있다(물가에 관한 법률 제6조).

2) 수요 및 공급규제의 고려사항과 방향

수요와 공급규제에 대한 몇 가지 고려사항은 아래와 같다.

첫째, 수요와 공급규제는 본질적으로 시장에서의 수요와 공급 균형을 맞추기 위한 정부의 개입이다. 물론, 모든 재화에 대한 수요와 공급의 균형을 정부가 맞출 수도 없고, 그렇게 할 이유도 없다. 수요와 공급의 조절 메커니즘은 시장 그 자체이다. 그러나 시장이 스스로 수요와 공급 간 균형을 구조적으로 확보하기 어려운 영역, 예를 들어 독점 영역이나 공급이 근본적으로 제한되어 있는 재화(예: 토지 등)가 존재한다. 동 영역에서 정부의 규제가 필요하다.

둘째, 수요와 공급규제는 수요와 공급의 문제의 원인에 따라 탄력적으로 적용할 필요가 있다. 예를 들어, 독점에 대한 공급규제, 토지에 대한 수요규제는 단기적인 문제가 아니라 지속적이다. 따라서 체계적이고 일관적인 규제체제를 마련하여 시행할 필요가 있다. 또한 농수산물, 원유처럼 비일관적이나 반복적으로 수요와 공급 불일치가 발생될 가능성이 있는 영역에서는 규제의 단기적·반복적 사용보다는 정부의 비축수준을 높여 시장의 수급불균형에 대한 완충능력을 확대할 필요가 있다.

COVID-19와 마스크 규제

2020년 전 세계를 휩쓴 코로나 바이러스는 인류에게 좌절과 희망이 공존할 수 있음을 보여주었다. 과거와 비교할 수 없이 과학기술이 발달된 인류였으나 선진국과 후진국을 가리지 않고 마스크 문제를 해결하지 못했다. 마스크 수급 불균형은 심리적 불안감에 따른 수요가 폭발적으로 증가한 반면, 공급은 원자재 문제, 설비 문제 등으로 일시에 늘릴 수 없는 구조였다. 한편에서 마스크 매점매석 등 불법 행위까지 겹치면서 마스크 가격은 '금스크'로 불리였듯이 하루가 다르게 천정부지로 치솟았다. 전 세계적인 현상이었으나 한국은 상대적으로 짧은 시간 공급과 수요규제를 통해 마스크 수급 불균형을 해소했다.

■ 공급규제

민간업체들에게 마스크 생산량을 최대치로 늘리도록 했다. 향후 마스크 수요 감소로 인한 생산설비 및 재고부담 문제를 해결하기 위해, 정부는 장기 계약과 더불어, 비축물자로서 마스크를 지정하고 1억 5천만 장 비축을 추진했다. 2020년 2월 27일 공적 마스크 제도를 시행했다. 이에 따라, 정부가 직접 지역, 계층, 분야별 수요를 고려하여 매일매일 계획적으로 공급했다. 마스크 수출을 엄격히 통제하고 당일 생산량의 일정 비율만을 수출할 수 있도록 했다.

■ 수요규제

전 국민을 대상으로 1인 2장, 일주일에 하루만 구매할 수 있도록 하는 마스크 5부제를 시행했다. 수요가 안정화되자 수요규제를 점진적으로 완화하였고, 동년 7월 초 수량 제한없이 구매할 수 있도록 하였다. 시장주의자들이 시장실패를 인정하든 하지 않든 간에 시장실패는 존재한다. 합리적으로 설계된 규제는 시장실패를 해결할 수 있는 유용한 수단이 될 수 있다.

제 2 절 | 진입규제

1. 진입규제의 목적과 주요 내용

진입규제(entry regulation)는 시장에의 참여를 제한하는 것이다. 진입규제는 면허, 특허뿐만 아니라 입지규제, 거리규제, 시설규제, 자본 및 인적 규제 등 다양한 방식으로 나타나며, 가장 포괄적인 형태의 규제라 할 수 있다. 진입규제는 기본적으로 경쟁이 오히려 사회후생을 낮춘다는 과당경쟁이론, 정보 비대칭 이론에 기초한다.

첫째, 과당(다)경쟁(excessive competition or cut-throat competition) 또는 파괴적 경쟁(destructive or ruinous competition)은 경쟁으로 인해 장기간 혹은 만성적으로 생산비용(특히 고정비용)이 반영되지 않는 가격이 발생하는 상황을 말한다(OECD[1]). 이러한 과당경쟁은 과도한 공급능력을 지니고 있는 쇠퇴산업, 일시적인 수요 감소가 나타는 산업, 저기술기반 소상업 등에서 나타날 수 있다. 예를 들어, 2020년 항공업체는 코로나 19로 인해 국제여객 시장이 사라지자 국내 시장을 놓고 과도한 경쟁을 할 수밖에 없는 상황에 처하였다. 제한된 시장에서의 과당경쟁은 기업 등 경쟁주체들의 파멸적 결과를 초래시키고, 장기적으로 관련 산업의 황폐화 및 승자 독식에 따른 독과점 출현으로 인해, 소비자 및 일반국민의 후생을 감소시킬 수 있다. 다만, 과당경쟁이론은 현실에 적용하는 것이 쉽지 않다. 특히, 경쟁촉진이 시장메커니즘의 핵심으로 불공정경쟁이 아닌 한 경쟁은 장려되어야 한다는 점, 과당경쟁의 기준을 설정하기 매우 어렵고 그 판단 역시 매우 자의적이라는 점, 현실적으로도 통신, 방송, 항공기, 면세점 등 다양한 산업들이 과당경쟁의 논리로 진입장벽 역할을 하여 왔다는 점 등을 고려할 때 적절한 이론적 근거인가 여부는 논란의 여지가 있다.

둘째, 재화와 서비스의 생산자와 소비자 간에는 정보 비대칭(information asymmetry)이 존재하는데, 생산자가 항상 정보에 우월성을 지니고 있다. 따라서 시장진출에 일정한 조건(자본금규모, 시설규모, 전문성) 등을 조건으로 하고, 동 조건을 충족할 경

---

1) Glossary of Industrial Organisation Economics and Competition Law(https://www.oecd.org/competition/publicationsdocuments/glossary).

우 시장에 진출하게 함으로써, 정보 비대칭 문제에 따른 사회적 문제 발생을 최소화하고자 하는 목적을 지닌다. 예를 들어, 의사 면허제도가 없다고 할 때, 심각한 의료사고 문제가 발생될 수 있다.

셋째, 자연환경 보전이나 문화재 보호, 소상공인 보호, 지역균형 발전 등 다양한 정책 목적을 지닌다. 보호가치가 있는 자연환경이나 문화재를 보전하기 위해 해당 지역에 공장 및 상업시설 입지를 제약할 수 있다. 또 소상공인을 보호하기 위해 전통시장으로부터 일정거리 이내에 대형마트 진입을 통제한다든지, 수도권 입지규제처럼 수도권 과밀화 해소 및 지역균형 발전 차원에서 수도권에 공장의 신・증설을 제약하기도 한다.

넷째, 진입규제는 이익집단들의 지대추구행위의 결과로서 나타날 수 있다. 경제적으로 지대(rent)는 인위적 제한으로 발생되는 초과이익을 말하며, 이를 추구하는 행동이 지대추구행위(rent seeking)이다(Tullock, 1967; Krueger, 1974). 여기서 지대를 발생시키는 인위적 제한 혹은 제도적 제한으로서 진입규제는 매우 결정적 역할을 수행한다. 이러한 인위적 제약을 통한 지대추구는 과거 왕권국가, 독재국가, 현대사회 전반에서 보편적으로 나타난다. 독재국가는 특정 개인과 기업에게 독점적 사업권한을 부여하거나 정책자금을 통해 지대추구를 가능하게 했다. 현대사회에서도 설립규제, 수입규제, 특정 전문자격증 등 수많은 경쟁제한 규제들은 모두 지대추구를 가능하게 한다. 따라서 개인과 이익집단들은 제도적으로 보장받을 수 있는 지대를 얻고자 노력하는데, 즉 지대추구행위가 성공하게 되면 규제포획이 나타나고, 이는 진입규제로 구현된다. 동 진입규제는 곧 경쟁자를 막아내고 안정적으로 지대를 얻을 수 있는 진입장벽(entry barrier) 역할을 하게 된다.

일반적으로 진입규제는 허가, 인가, 면허, 등록, 신고 등 다양한 행정행위를 통해 나타난다. 인・허가에 대해 강학상으로 허가, 인가, 특허 등의 개념이 사용되고 있으

표 8-3 은행 설립을 위한 자본금요건 국가별 비교

한 국	영 국	미 국	홍 콩	호 주	캐나다	일 본
1,000억 원	500만 유로 (65억 원)	Tier1 6% (OCC 기준)	2,500만HKD (34억 원)	5,000만AUD (404억 원)	5백만CAD (42억 원)	20억 엔 (196억 원)

출처: 금융감독위원회・금융감독원(2018.4.22). 편집 인용.

표 8-4 진입규제와 관련된 대표적 인·허가 제도

	강학상 개념	현행법상 특징
허가	일반적으로 금지되는 행위를 특정한 경우에 해제하는 것	금지-해제의 관계가 명백하게 규정되지 않은 경우가 많음.
특허 (또는 면허)	특정인에게 일정한 권리나 법률관계를 설정하는 것	특허라는 용어는 거의 사용하지 않고 면허란 용어를 주로 사용함.
인가	타인의 법률행위의 효력을 보충하여 법률상의 효력을 완성시키는 것	특허적 성격이 강한 사업에 대한 허가의 의미로 사용되기도 함.
등록	일정한 사실이나 법률관계를 행정기관에 갖추어둔 장부에 등재하고, 그 존부(存否)를 공적으로 증명하는 것	허가와 신고의 중간에 속하는 인·허가로 운영되는 사례 많음.
신고	특정한 사실이나 법률관계의 존부를 행정청에 알리는 것	신고에 따른 수리(受理) 제도를 두어 완화된 허가제로 운영되는 사례 많음.

출처: 법제처(2017, 77).

나, 행정현실상 제도의 명칭은 강학상의 개념과 일치되지 않는 경우가 많다. 또한 현행법상 동일한 용어가 개별 법률마다 각각 다른 의미로 쓰이는 경우도 있고, 다른 용어가 같은 의미로 쓰이는 경우도 있어서 용어의 정의를 내리는 것조차 어렵다(법제처, 2017: 77). 이하 허가, 특허(면허), 인가, 등록, 신고의 주요 내용은 아래와 같다.

첫째, 허가[2]란 법규에 의한 금지를 특정한 경우에 해제하여 적법하게 일정한 사실행위 또는 법률행위를 할 수 있게 하여 주는 행위를 말한다(김동희, 2009: 279). 부연하면, 법령에 의해 개인의 자유가 제한되고 있는 경우에 그 제한을 해제하여 자유를 적법하게 행사할 수 있도록 회복하여 주는 행정행위를 말한다(홍정선, 2020: 183).

허가는 일정한 행위를 하기 위한 허가(행위허가)와 사업을 하기 위한 허가(영업허가)로 구분된다.

둘째, 특허는 새로이 권리를 설정하는 행위, 능력을 설정하는 행위, 법적 지위를 설정하는 행위를 말하며, 이 중 권리를 설정하는 행위를 협의의 특허라 한다(김동희, 2009: 282-283).

2) 이하, 허가, 특허 및 면허, 인가, 등록, 신고에 관한 내용은 법제처(2017, 78-151)의 내용 중 일부 내용을 발췌한 것이다.

식품위생법

제37조(영업허가 등) ① 제36조 제1항 각 호에 따른 영업 중 대통령령으로 정하는 영업을 하려는 자는 대통령령으로 정하는 바에 따라 영업 종류별 또는 영업소별로 식품의약품안전처장 또는 특별자치시장·특별자치도지사·시장·군수·구청장의 허가를 받아야 한다. 허가받은 사항 중 대통령령으로 정하는 중요한 사항을 변경할 때에도 또한 같다.

면허도 권리를 부과하는 면에서 특허로 볼 수 있다. 여객자동차운송사업 면허, 어업 면허, 운전면허, 의사면허, 광업권 설정 등이다.

제5조(의사·치과의사 및 한의사 면허) ① 의사·치과의사 또는 한의사가 되려는 자는 다음 각 호의 어느 하나에 해당하는 자격을 가진 자로서 제9조에 따른 의사·치과의사 또는 한의사 국가시험에 합격한 후 보건복지부장관의 면허를 받아야 한다. 제27조(무면허 의료행위 등 금지) ① 의료인이 아니면 누구든지 의료행위를 할 수 없으며 의료인도 면허된 것 이외의 의료행위를 할 수 없다.

셋째, 인가는 제3자의 법률행위를 보충하여 그 법률적 효력을 완성시켜 주는 행정행위를 말한다(김동희, 2009: 285). 법인설립의 허가, 사업의 양도·양수나 법인의 합병에 대한 인가 등이 이에 속한다. 현행법상으로는 특허적 성격이 강한 사업에 대한 허가적 의미로 사용되기도 한다.

신용협동조합법

제7조(설립) ① 조합을 설립하려면 조합의 공동유대에 소속된 30인 이상의 발기인이 정관을 작성하여 창립총회의 결의를 받아 대통령령으로 정하는 바에 따라 중앙회의 회장(이하 "중앙회장"이라 한다)을 거쳐 금융위원회의 인가를 받아야 한다.

넷째, 강학상 등록은 일정한 사실이나 법률관계를 행정기관에 갖추어둔 장부에 등재하고, 이에 따라 일정한 사실이나 법률관계의 존부를 공적으로 증명하는 것을 말한다. 본래의 의미에서의 등록은 사실이나 법률관계의 존부를 형식적으로 증명하는 것이므로 인·허가 제도라고 볼 수는 없다. 그러나 현행법에서는 '등록'을 허가와 신고의 중간에 속하는 인·허가 제도로 운영하고 있는 경우가 많다. 아래 사례는 먹는해양심층수 제조업은 허가 대상으로 하면서 먹는해양심층수 수입업은 등록 대상으로 하고 있다. 성격상으로는 동일한 '금지-해제'의 구조를 갖지만, 단지 규제의 정도를 완화하기 위해 수입업은 등록 대상으로 한 것이다.

해양심층수의 개발 및 관리에 관한 법률

제27조(허가 등) ① 먹는해양심층수의 제조업을 영위하고자 하는 자는 해양수산부령으로 정하는 기준에 적합한 시설을 갖추어 해양수산부령으로 정하는 바에 따라 시·도지사의 허가를 받아야 한다. ② 먹는해양심층수의 수입업을 영위하고자 하는 자는 해양수산부령으로 정하는 바에 따라 시·도지사에게 등록하여야 한다.

다섯째, 강학상 신고는 어떤 사실의 존재나 행위자의 의사(意思)를 알리는 경우나 어떤 법률 상태의 존재 여부를 알리는 데 사용된다. 그러나 현행법에는 수리를 요하는 신고를 규정한 경우도 많다. 이 경우의 신고는 명칭만 신고일 뿐 그 실질은 일종의 완화된 형태의 허가에 해당한다.

건축물의 분양에 관한 법률

제5조(분양신고) ① 분양사업자는 건축물을 분양하려는 경우에는 「건축법」 제11조에 따른 허가권자(이하 "허가권자"라 한다)에게 신고하여야 한다. ② 분양사업자는 제1항에 따라 분양신고를 할 때에는 신탁계약서, 대리사무계약서, 대지의 등기사항증명서 등 대통령령으로 정하는 서류를 갖추어 허가권자에게 제출하여야 한다.

2. 진입규제의 고려사항과 방향

진입규제의 고려사항 및 방향은 아래와 같다.

첫째, 진입규제는 모든 규제가 진입규제로 이해할 수 있을 정도로 해석 여지에 따라 광범위하게 적용되고 있다. 대표적으로 가격규제, 입지규제, 환경규제, 영업규제 등 여러 규제들이 진입규제로서 역할을 수행할 수 있다. 또한 행정행위의 많은 부분들이 진입규제와 관련되어 있다. 환경규제를 예를 들어 보자, 어떤 기업 A는 오랫동안 대기오염 배출규제 없이 자유롭게 자동차를 생산하여 수익을 얻어 왔고 규모의 경제를 갖추게 되었다. 이 상황에서 대기오염 배출규제가 도입되더라도 총 비용에서 배출가스 저감비용이 차지하는 비중이 크지 않기 때문에 사업체 운영에 큰 영향을 받지 않는다. 반면, 배출규제가 도입된 이후 자동차 사업에 진출하고자하는 기업 B의 입장에서는 아직 규모의 경제도 달성하지 못하여 기업 A보다 생산비용이 높은 상황에서 배출가스 저감비용까지 추가적으로 지불해야 한다. 기업 B는 시장에 진출한 것이 아니기 때문에 아직 수익이 없다. 결국, 대기오염 배출규제는 기업 입장에서는 하나의 진입장벽으로 작용할 수 있다. 실제, 현재 환경규제는 선진국들이 자국의 시장과 산업을 지키기 위한 가장 강력한 수단으로 활용되고 있다. 또 다른 예로, 변호

1989년 3,058명, 2020년 7월 현재 3,058명

의대 정원은 1989년 이후 3,058명에 고정되어 있다. 1994년 3,253명으로 일시 늘었으나 의약분업 파업의 이후 의대 정원은 다시 3,058명이 되었다. 1,000명당 의사 수는 OECD 평균에 훨씬 못 미치고 최하위권이다(한국일보, 2020.5.28). 이에 초기 설립된 의대들을 제외하고 다른 대학들은 의대를 설립하지 못하고 있고, 심지어 의대가 없는 광역자치단체가 존재하기도 한다.

의대 정원은 하나의 진입규제로서 역할을 수행한다. 의사 배출규모를 최소화할수록 기존 의사의 이익은 극대화된다. 의대 정원을 늘린다는 것은 자신들에게 들어올 이익의 크기가 줄어든다는 것을 의미한다. 결국, 의사와 미래 의사인 의대생들은 자신들의 이익을 지키기 의대 정원 확대를 강력히 반대하고 저지하여 왔다. 물론, 이는 의사집단만의 문제가 아니다. 모든 이익집단은 매우 다양한 형태의 진입규제(예: 정원, 특정 기술, 자격증, 입지, 신분 등)를 형성하고 강화함으로써 자신들의 이익을 극대화하고자 노력한다.

사, 의사, 회계사 등의 합격자 수 역시 시장의 수요와 공급에 의해 결정되기보다는 진입장벽으로서 역할을 수행하는 진입규제이다.

둘째, 과당경쟁이론에 따른 진입규제는 자칫, 비효율적인 사업이나 기업을 유지시키는 장치로 활용되어질 수 있다. 즉, 외부 경쟁자들의 시장진입을 방지하여 줌으로써 기존에 사업과 기업들에게는 진입장벽의 역할을 수행해준다. 즉, 진입규제는 기존 사업자에게는 제도적인 보호장치로서 역할을 수행할 수 있다.

셋째, 모든 진입규제가 그러한 것은 아니지만 진입규제는 이익집단에 의한 규제포획(regulatory capture)이 가장 잘 나타나는 영역이다. 진입규제에 따라 제도적이고 연속적인 지대추구가 가능해지므로, 이익집단들은 규제기관을 포획하고자 하는 유인이 매우 강하게 나타날 수밖에 없다. 이에 따라, 경제주체들이 일상적으로 주장하는 규제완화, 개혁의 상징적 표현과는 달리, 자신들의 사업 영역에서는 진입규제를 유지하고 강화하는 데 많은 노력을 기하고 있다.

넷째, 진입규제는 '공정한 경쟁'을 위한 도구, 시장의 약자를 보호할 수 있는 도구로서 활용될 수 있다. 공정한 경쟁은 시장주체들이 동등한 자원과 권력을 소유하고 있을 때 가능한 일이나 현실에서 이를 발견하기는 쉽지 않다. 특히, 경제구조가 다수의 경제주체로 분산되어 있지 않고 대기업 중심으로 집중되어 있다면 공정한 경쟁보다는 불공정 경쟁이 고착화되어 있을 가능성이 높다. 이러한 경우, 진입규제는 시장의 약자를 보호하여 공정한 경쟁을 위한 도구로 활용될 수 있다.

중소기업 및 소상공인 생계형 적합업종제도

적합업종제도는 대기업으로부터 중소기업 및 소상공인들의 사업과 시장을 보호하기 위한 제도이다. 동 제도는 대기업의 입장에서 보면 진입규제이나 중소기업과 소상공인의 입장에서 보면 보호장치이다. 대표적으로 '중소기업 적합업종제도'는 2011년부터 중소기업을 보호하기 위해, '소상공인 생계형 적합업종제도'는 2018년부터 소상공인 보호를 목적으로 시행하고 있다.

적합업종제도는 경제력 집중을 방지하며, 시장의 약자를 보호하여 경제 생태계의 다양화를 이루어낼 수 있고 장기적으로 경쟁의 기반을 제공할 수 있다는 장점이 있으나, 단기적으로는 규모의 경제를 달성하기 어려워짐으로써 경제적 효율성을 낮추고, 대기업과 중소기업 간 경쟁을 침해한다. 또한 국내 · 외 기업 간 역차별 문제를 발생시키기도 한다. 특히, 중소기업이나 소상공인에게는 진입장벽으로서 역할을 수행하기 때문에 자체 노력을 저해하고, 진입장벽에 따른 지대를 향유하게 하는 부작용을 낳을 수 있다.

따라서 동 제도의 시행 여부는 사회적, 시장 맥락에서 파악해야 한다. 우리나라는 대기업은 전자, 건설, 식품, 통신 등 문어발식, 선단식으로 사업을 확장하여 왔다. 대기업은 중소기업에 비해 자금력, 연구개발능력뿐만 아니라 내부거래, 금융편익 등 비교할 수 없는 경쟁 우위에 있다. 더욱이, 상호출자, 순환출자 등을 통해 추가 비용없이도 쉽게 사업에 진출할 수 있다. 이러한 상황에서 중소기업이 대기업과 공정한 경쟁을 할 수는 없다. 시장에서 '경쟁'은 공정한 경쟁을 의미하지 않는다. 그러나 '공정한 경쟁'이 더 바람직하지 않을까?

구 분		중소기업 적합업종제도	소상공인 생계형 적합업종제도
법/목적		• 대・중소기업 상생협력 촉진에 관한 법률(2011년) • 대기업과 중소기업의 합리적 역할 분담	• 소상공인 생계형 적합업종 특별법(2018년) • 영세 소상공인 생존권 보장
보호대상		• 중소기업 형태의 사업영위가 적합한 업종	• 다수의 소상공인이 영세한 형태로 사업을 영위하는 업종
운영 체계	주체	• 동반성장위원회(민간) 합의・의결	• 동반성장위원회(민간)가 지정 추천 • 정부가 지정・고시 및 보호
	지정	• 당사자 합의도출	• 생계형 적합업종 심의위원회 심의의결 → 중소벤처기업부 장관 고시
	기간	• 한시적(3년+3년 이내) * 권고기간 및 회수는 합의로 운영	• 5년(지정기간 후 재심의)
대기업 참여제한		• 인수, 개시, 확장자제 권고 (업종별 특성 반영)	• 인수・개시 또는 확장 금지 • 소비자 후생, 관련 산업에의 영향 등을 고려 대기업의 사업 승인 가능
이행 강제력		• 미 이행 시 공표 (동반성장위원회)	• 위반 시, 벌칙부과 * 2년 이하 징역 또는 1.5억 원 이내 벌금 • 시정명령 → 공표 → (위반 지속 시) 이행강제금* 부과・징수 (위반 관련 매출액의 5% 이내)
예시		• 떡국떡, 떡볶이떡, 폐목재재활용업, 자동차 단기대여 서비스업, 계란 도매업, 문구소매업	• 두부, 장류(된장・간장・고추장・청국장) 제조업

출처: 중소벤처기업부 보도자료(2018.12.13, 10), 중소벤처기업부 보도자료(2019.12.19) 편집 결합.

다섯째, 진입규제는 국내산업보호와 경쟁력 확보를 위한 도구로 활용될 수 있다. 역사적으로 서구의 많은 국가들, 그리고 급속한 경제개발을 경험한 국가들은 초기 진입규제를 통해 국내 기업에게 기술개발, 자본축적이 기회를 부여한다. 과거 국제무역에서 관세(tariff)는 중요한 무역장벽이었다. 그러나 현재는 비관세장벽으로서 무역기술장벽(Technical Barriers to Trade: TBT), 환경정책 혹은 환경규제 등이 하나의 무역장벽, 진입규제로서 역할을 수행하고 있다.

우선, 무역기술장벽은 무역 상대국 간의 서로 다른 표준, 기술규정 및 적합성 평가절차 등을 채택 적용함으로써 상품 서비스의 자유로운 교역에 불필요한 장애요인을 형성하는 것을 포괄적으로 지칭한다(국가기술표준원, 2019: 13). 예를 들어, 국제표준과 일치되지 않은 기술규정, 자국 제품과 수입 제품의 차별적 대우, 적합성평가 절차의 중복, 사용되는 법률 및 기술규정의 투명성 부재, 관료주의적 절차 등이다.

기술규정(technical regulation): 적용 가능한 행정규정을 포함하여 상품의 특성이나 관련 공정 및 새산방법에 대한 규정으로 그 준수가 강제적인 문서

표준(standard): 규칙, 지침이나 상품의 특성 또는 관련 공정 및 생산방법을 공통적이고 반복적인 사용을 위하여 규정하는 문서

적합성평가절차(confirmity assessment procedures): 기술규정 또는 표준의 관련 요건이 충족되었는지를 결정하기 위하여 직·간접적으로 사용되는 모든 절차(표본추출, 시험검사, 평가, 검증 및 적합성 보증, 등록, 인정과 승인 등)

WTO 체제에서 정당한 목적 외 국제 무역을 제한하는 장벽이 되지 않도록 WTO 무역기술장벽협정을 마련되었으나, 무역기술장벽은 1995년 388건에서 2010년 1,869건, 2018년은 3,065건으로 매년 지속적으로 증가하고 있다. 특히, 개발도상국, 최빈국에서 크게 증가하고 있다(국가기술표준원, 2019: 25 표 인용).

환경정책 혹은 환경규제 역시 국제 무역에 비관세 장벽의 가장 중요한 수단으로 등장하고 있다. 특히, 기후변화가 지속되면서 환경규제는 가장 강력한 진입규제로 역할을 수행하고 있다. 특히, 기후변화 상황에서 환경규제는 가장 강력한 진입규제로서 역할을 수행하고 있다. 예를 들어, EU 정상들은 2019년 12월 2050년까지 온실

가스 순배출을 '0'으로 하는 지속가능한 EU 경제를 위한 로드맵으로 유럽 그린딜(European Green Deal)에 합의했다.[3] 온실가스는 기존의 화석연료를 이용한 인간 활동에서 배출된다는 점에서 온실가스 순배출을 획기적으로 줄이겠다는 것은 기존의 에너지원, 그리고 기업 및 경제활동 전반을 변화시킬 것임을 의미한다. 결국, 기존 환경규제보다 더욱 강화된 환경규제가 제시될 것이고, 이러한 규제 수준에 부합되지 못하는 기업은 EU에 수출할 수 없음을 의미한다.

제 3 절 | 독과점 및 불공정거래 규제

1. 독과점 및 불공정거래 규제의 배경과 의미

완전경쟁 하에서 시장은 자원을 최적으로 배분할 수 있다. 그러나 현실에서 시장은 완전경쟁과는 거리가 있고 독과점이 완전경쟁보다 더 쉽게 관찰된다. 특히, 세계화가 진행되면서 다이아몬드와 같은 광물뿐만 아니라 컴퓨터 운영 소프트웨어, 반도체, 항공기 엔진, 주요 방산품, 스마트폰 등 독과점은 단일 국가를 넘어 전 세계적 수준에서 나타나고 있다.

독과점은 진입규제와 같은 법 · 제도적 기반뿐만 아니라 기술적 우월성, 규모의 경제(economies of scale) 달성 등 다양한 요인에 의해 발생된다. 이에 따른 독과점은 자원을 왜곡하여 사회 전체의 후생을 감소시킬 뿐만 아니라, 시장에서의 권력 비대칭을 강화하여 불공정거래를 초래시킨다. 실례로, 2017년 기준 광업 · 제조업 분야 시장구조조사 결과[4]에 따르면, 광업 · 제조업(480개) 전체 CR3가 41.8%인데 반해, 독과점 유지산업(46개)의 CR3는 92.0%에 이르고 있다. 즉, 광업 · 제조업 분야 46개 산업의 경우는 상위 3개 기업의 시장점유율이 92%임을 보여준다.

---

3) 관련 내용은 European Commission의 European Green Deal 참고(https://ec.europa.eu/info/strategy/priorities-2019-2024/european-green-deal_en)

4) 보다 구체적인 자료는 '한국개발연구원(2019) 시장구조조사' 자료를 참고하기 바람.

표 8-5 독과점구조 유지산업(2017년) 산업 집중도 및 특성

(단위: 10억 원)

구 분	CR3(%)	HHI	평균 출하액	R&D 비율	내수시장 집중도	해외 개방도
광업 · 제조업(480개)	41.8%	1,288	61	2.8%	36.2%	12.7%
독과점 유지산업(46개)	92.0%	5,155	324	2.6%	78.9%	14.0%
독과점 제외(434개)	36.5%	878	33	2.8%	31.7%	12.5%

출처: 공정거래위원회 보도자료(2019.12.26, 6).

아래 <표 8-6>은 이 중 반도체, 승용차, LCD, 휴대폰 등 분야에서의 독과점 구조를 보여준다. 반도체 산업의 CR3는 99.2%, 승용차 산업의 CR3는 88.5%에 이른다.

표 8-6 주요 독과점 구조 유지 산업(총출하액 10조 원 이상, 2017년) 분석

(단위: %, 10억 원)

산업명	CR3	HHI	총출하액	평균 출하액	R&D 비율	내수 집중도	해외 개방도
반도체	99.2	6,033	91,835	3,401	7.8	70.6	28.8
승용차	88.5	3,175	79,070	4,651	3.6	77.7	12.1
LCD	86.0	3,515	49,679	376	4.8	78.4	8.9
휴대폰	88.5	3,869	31,840	209	9.9	73.8	16.7
유기발광 표시장치	97.6	7,083	13,230	735	4.8	97.6	0.0
냉간 압연 및 압출	76.1	3,326	13,125	234	0.9	67.8	10.9
독과점 유지산업 평균	92.0	5,155	7,580	324	2.6	78.9	14.0
광업 · 제조업 전체 평균	41.8	1,288	3,059	61	2.8	36.2	12.7

출처: 공정거래위원회 보도자료(2019.12.26, 7).

독과점 수준 혹은 경쟁의 정도 측정 지표

일반적으로 독과점 수준, 경쟁의 정도 측정에는 '상위 k기업집중률(Concentration Ratio: CRk)'과 '허핀달-허쉬만 지수(Herfindahl-Hirschman Index: HHI)'가 주로 사용된다. 상위 k기업집중률은 한 시장에서 상위 k개 기업들의 시장점유율(Si)의 합을 의미한다. 매출액이 가장 큰 기업에서 작은 순으로 k개 기업까지의 시장점유율을 더한 값이다. 예를 들어, CR3는 상위 3개사 시장점유율 합계이다. 허핀달-허쉬만 지수(HHI)는 특정 시장에 참여하고 있는

모든 기업의 시장점유율(Si)의 제곱치를 합한 것이다. 참고로, 기업결합 심사 기준에 따르면, HHI가 1,200 미만인 경우 저집중 시장, 1,200~2,500인 경우 중집중 시장, 2,500을 초과하는 경우 고집중 시장으로 분류한다. 공식은 아래와 같다. 두 지표 간 상관관계가 매우 높기 때문에 둘 중 어느 지표를 사용하든 간에 무난하다. 다만 CRk는 HHI에 비해 이해하기가 쉽기 때문에 주로 사용된다.

$$CRk = \sum_{i=1}^{k} S_i$$

$$HHI = \sum_{i=1}^{N} S_i^2 \text{ , } N = \text{당해 시장 내의 기업 수}$$

독과점 문제는 인류의 시작과 더불어 존재하여 왔으나 현대 자본주의가 발전되면서 더욱 심화되었다. 이에 따라, 미국을 시작으로, 프랑스, 독일, 유럽뿐만 아니라 전 세계 거의 모든 국가들이 독과점을 통제하기 위한 다양한 규제[5]를 도입하여 시행하고 있다. 일찍이 미국은 1890년에 셔먼법(Sherman Act), 1914년 클래이튼법(Clayton Act)과 연방거래위원회법(Federal Trade Commission Act)을 제정하여 독과점에 대한 규제체제를 확립하였다. 독과점 규제는 자본주의 발달 초기 미국에서 제기된 것에서도 알 수 있듯이 기존의 가격규제나 진입규제와 달리 본질적으로 '시장경쟁'을 촉진하는 데 핵심 목적이 있다.

우리나라 역시 '독점규제 및 공정거래에 관한 법률(이하, '공정거래법')을 제정하여 독과점과 독과점에 의해 파생되는 다양한 불공정거래에 대한 규제를 시행하고 있다. 동 규제는 매우 방대한 세부 규제들을 담고 있는 복합체로서 규제이다. 대표적인 세부 규제들을 분류 제시하면 아래와 같다.

5) 독점을 규제하는 법은 독점금지법, 경쟁법(competition law), 반트러스트법(antitrust law) 등 다양하게 불리고 있다.

2. 독과점 및 불공정거래 규제의 세부 규제

1) 시장지배적지위 남용 규제

독과점 사업자, 혹은 시장지배력을 지닌 사업자는 시장을 사실상 지배하고 있기 때문에, 이러한 지배력을 이용하여 다양한 남용행위가 가능하다. 이에 따라, 시장지배적지위 남용에 대한 규제가 시행되고 있다. 여기서, 시장지배적 사업자는 독과점 사업자로, 1개 사업자의 시장점유율이 50% 이상이거나, 3개 이하 사업자의 시장점유율 합계가 75% 이상인 경우 시장지배적 사업자로 추정한다(공정거래법 제4조).

시장지배적지위 남용행위로는 ① 상품의 가격이나 용역의 대가('가격')를 부당하게 결정 · 지 또는 변경하는 행위(가격남용), ② 상품의 판매 또는 용역의 제공을 부당하게 조절하는 행위(출고조절), ③ 다른 사업자의 사업활동을 부당하게 방해하는 행위(사업활동 방해), ④ 새로운 경쟁사업자의 참가를 부당하게 방해하는 행위(진입제한), ⑤ 부당하게 경쟁사업자를 배제하기 위하여 거래하거나 소비자의 이익을 현저히 저해할 우려가 있는 행위 등이다(공정거래법 제3조의2 제1항).

표 8-7 시장지배적지위 남용행위의 유형과 주요 내용

구 분	주요 내용
가격남용	• 정당한 이유없이 상품의 가격이나 용역의 대가를 현저하게 상승시키거나 근소하게 하락시키는 경우
출고조절	• 정당한 이유없이 상품 또는 용역의 공급량을 현저히 감소시키는 경우 등
사업활동 방해	• 정당한 이유없이 다른 사업자의 생산활동에 필요한 원재료 구매를 방해하는 행위, 정상적인 관행에 비추어 과도한 경제상의 이익을 제공하거나 제공할 것을 약속하면서 다른 사업자의 사업활동에 필수적인 인력을 채용하는 행위, 정당한 이유없이 다른 사업자의 상품 또는 용역의 생산 · 공급 · 판매에 필수적인 요소의 사용 또는 접근을 거절 · 중단하거나 제한하는 행위 등
진입제한	• 정당한 이유없이 거래하는 유통사업자와 배타적 거래계약을 체결하는 행위, 정당한 이유없이 기존사업자의 계속적인 사업활동에 필요한 권리 등을 매입하는 행위 등
경쟁사업자 배제 및 소비자 이익 침해	• 정당한 이유없이 거래하는 유통사업자와 배타적 거래계약을 체결하는 행위 등 • 부당하게 상품 또는 용역을 통상거래가격에 비하여 낮은 대가로 공급하거나 높은 대가로 구입하여 경쟁사업자를 배제시킬 우려가 있는 경우 등

출처: 공정거래법 제3조의2, 동법 시행령 제5조.

퀄컴(Qualcomm)의 시장지배적지위 남용행위와 규제

공정위는 지난 2017년 1월 20일 퀄컴 등이 자신의 시장지배적지위를 남용하여 경쟁 모뎀칩셋 사업자의 사업활동을 방해한 등의 행위에 시정명령과 함께 과징금 약 1조 311억 원을 부과했다. 이들의 주요 시장지배적지위 남용행위는 아래와 같다.

퀄컴(Qualcomm)은 이동통신 표준기술인 CDMA, WCDMA, LTE 등과 관련하여 국제 표준화기구 ITU, ETSI 등에 FRAND 확약을 선언한 표준필수특허 보유자이자 동시에 모뎀칩셋을 제조·판매하는 수직통합 독과점 사업자로서, FRAND 확약[SEP 보유자가 특허이용자에게 공정하고(fair), 합리적이며(reasonable), 비차별적인(non-discriminatory) 조건으로 라이선스를 제공하겠다고 보장하는 약속을 의미]을 어기고 다음의 행위를 실행한다.

① 경쟁 모뎀칩셋사의 요청에도 불구하고 칩셋 제조·판매에 필수적인 이동통신 표준필수특허에 대해 라이선스 제공을 거절하거나 제한

② 칩셋 공급과 특허 라이선스 계약을 연계하여, 칩셋 공급을 볼모로 FRAND 확약을 우회하여 부당한 라이선스 계약 체결·이행을 강제

③ 휴대폰사에게 포괄적 라이선스만을 제공하면서 정당한 대가산정 절차를 거치지 않고 일방적으로 정한 라이선스 조건을 강제하는 한편, 휴대폰사 특허를 자신에게 무상 라이선스하게 하는 등 부당한 계약을 강요

퀄컴은 공정위 결정에 불복하여 2017년 2월 21일 서울고등법원에 공정위 처분에 대한 취소 소송 및 집행 정지 신청을 제기했으나 집행 정지 신청은 기각되었으며(2017년 11월 27일 대법원 2017무791 결정), 본안소송에서는 퀄컴 등의 불복 청구가 상당 부분 기각되었다.

출처: 공정거래위원회 보도참고자료(2019.12.4). 부분 편집인용.

2) 기업결합 규제

기업결합이란 상호 독립적으로 운영되던 기업들이 자본적, 인적, 조직적인 결합을 통하여 공통의 지배력 하에 통합되는 것을 의미한다. 기업결합은 자원배분의 효율성을 높일 수도 있으나 기업결합을 통해 시장지배력이 강화될 경우 독과점과 같은 폐해를 유발할 수 있다. 이에 따라, 기업결합에 대한 신고 및 심사제도를 통해 규제하고 있다.

기업결합은 통상 인수합병(merger and acquisitions: M&A)라 불리기도 하나, 현행법상 기업결합은 주식취득·소유, 다른 회사와의 합병, 영업의 전부 또는 부분의 양수, 새로운 회사설립에의 참여 등 크게 다섯 가지로 유형화하고 있다(공정거래법

제7조 제1항). 기업결합은 수평적 기업결합, 수직적 기업결합, 혼합적 기업결합으로 구분되기도 한다.

첫째, 수평적 기업결합(horizontal merger)은 동일 시장 내에서 경쟁관계에 있는 회사 간의 결합을 의미한다. 경쟁관계 기업이 줄어들기 때문에 동일 시장에서 시장 지배력이 크게 증가한다. 예를 들어, 철강회사가 기존의 경쟁관계에 있는 철강회사를 인수·합병하는 경우이다.

둘째, 수직적 기업결합(vertical merger, vertical integration)은 생산의 전·후방 연계 회사 간의 결합을 의미한다. 자동차 산업이라고 한다면, 부품기업, 완성차 기업, 판매 기업 간에 결합을 의미한다. 예를 들어, 자동차 완성업체가 타이어, 엔진 회사 등을 인수·합병하는 경우이다.

셋째, 혼합적 기업결합(conglomeratemergers)은 수평적·수직적 기업결합 외에 기업결합을 의미한다. 즉, 수직적·수평적 관계에 있는 않은 기업 간에 결합을 의미한다. 우리나라에서는 재벌의 기업 확장에서 주로 나타난다. 예를 들어, 건설회사가 식품회사를 인수·합병하는 경우이다.

글로벌 산업용가스 사업자(Linde 및 Praxair) 간의 기업결합

Linde plc는 2017년 6월 1일 교환 공개 매수 및 역삼각 합병을 통해 Linde와 Praxair의 주식을 취득하기로 계약하고, 2017년 8월 14일에 공정거래위원회에 동 기업결합(결합규모: 약 73조 원)을 신고했다. 이에 공정거래위원회는 국내 질소 토니지 시장, 국내 질소 벌크 시장, 국내 산소 벌크 시장, 국내 아르곤 벌크(토니지 포함) 시장, 세계 엑시머 레이저가스 시장 및 세계 헬륨 도매업 시장에서의 경쟁을 실질적으로 제한할 우려가 있다고 판단하여 다음과 같이 시정조치를 부과하기로 결정했다.

※ 양 사가 기업결합 시 국내 시장점유율: 질소 토니지 42.8%, 산소 토니지 26.6%, 산소 벌크 40.1%, 질소 벌크 37.2%, 아르곤 벌크 41.8%, 엑시머 레이저가스 52.5%, 헬륨 소매업 0.7%를 차지

주요 시정조치 내용

- Linde 또는 Praxair가 국내에 보유하고 있는 산소, 질소 및 아르곤의 토니지·벌크 공급사업과 관련한 자산 중 어느 일방의 자산 일체를 매각하도록 함.

- Linde가 미국 뉴저지에 보유하고 있는 엑시머 레이저가스 관련 자산 또는 Praxair가 국내에 보유하고 있는 엑시머 레이저가스 관련 자산 중 어느 일방의 자산 일체를 매각하도록 함.
- 헬륨 도매업과 관련하여 Linde 및 Praxair가 보유한 헬륨 자산의 일부를 매각하도록 함.

출처: 공정거래위원회 보도자료(2018.10.2).

3) 경제력집중억제 규제

경제력집중억제는 대규모 기업집단(예: 재벌)과 같은 소수의 기업집단에게 경제력이 집중되는 것을 통제하기 위한 것으로, 그 대상은 공시대상기업집단(자산총액 5조 원 이상)과 상호출자제한 기업집단(자산총액 10조 원 이상)이다(공정거래법 제14조 제1항, 동법 시행령 제21조 제2항).

경제력집중을 억제하기 위해 상호출자금지제도, 신규순환출자금지제도, 채무보증제한제도, 금융보험사 의결권제한제도, 지주회사제도, 내부거래에 대한 이사회 의결 및 공시제도, 비상장회사 등의 중요사항 수시공시제도, 기업집단현황 공시제도, 총수일가의 사익편취행위 금지 등과 같은 등과 같은 다양한 규제를 운영하고 있다.

표 8-8 경제력집중억제를 위한 주요 규제

구 분	주요 내용
상호출자금지제도 (법[1] 제9조)	• 상호출자제한기업집단(자산총액 10조 원 이상) 소속 계열회사 상호간에 주식을 취득 또는 소유하는 것을 금지
신규순환출자금지제도 (제9조의2)	• 상호출자제한기업집단 소속 계열회사 간 신규순환출자(새로운 순환출자 고리를 형성 및 기존의 순환출자고리를 강화하는 추가출자)를 금지
채무보증제한제도 (제10조의2)	• 상호출자제한기업집단의 소속 회사(금융 · 보험사 제외)가 국내금융기관으로부터 여신과 관련하여 국내계열회사에 대하여 채무를 보증하는 행위를 금지
금융보험사 의결권제한제도 (제11조)	• 상호출자제한기업집단(자산 10조 원 이상) 소속 금융 · 보험회사의 국내 계열회사주식에 대하여 의결권 행사를 제한
지주회사제도 (제8조 및 제8조의2)	• 지주회사체제에 수반되는 과도한 지배력 확장을 억제하면서 단순 · 투명한 출자구조가 유지되도록 출자단계 및 지분율 규제, 상호 · 순환출자 금지 등 제도적 장치를 구비
대규모 내부거래에 대한 이사회 의결 및 공시제도 (제11조의2)	• 내부거래공시대상회사가 대규모 내부거래를 하고자 하는 때에는 이에 대하여 이사회 의결을 거쳐야 하며, 이사회 의결 후 1일 이내(비상장법인은 7일 이내)에 의결내용을 공시

비상장회사 등의 중요사항 수시공시제도(제11조의3)	• 공시대상기업집단(자산총액 5조 원 이상) 소속 비상장회사는 수시로 자기회사의 소유지배구조, 재무구조 및 경영활동과 관련한 중요한 사항을 공시해야 함.
기업집단현황 공시제도 (제11조의4)[2]	• 공시대상기업집단 소속 회사는 기업집단의 일반현황, 임원·이사회현황, 주식소유현황, 특수관계인과의 거래현황 등을 공시
총수일가의 사익편취행위 금지(제23조의2, 시행령 별표 1의3)	• 상당히 유리한 조건의 거래, 사업기회의 제공, 현금 그 밖의 금융상품의 상당히 유리한 조건의 거래, 합리적 고려나 비교 없는 상당한 규모의 거래 금지

주: 1) 공정거래법

2) 출자총액제한제도를 폐지하는 대신 동 제도 도입(법 제11조의4, 2009.7.8 시행).

출처: 공정거래위원회 홈페이지,[6] 공정거래법 및 시행령 참고.

4) 불공정거래행위 규제

불공정거래행위는 공정한 거래를 저해할 우려가 있는 행위로서, 부당하게 거래를 거절하거나 거래의 상대방을 차별하여 취급하는 행위, 부당하게 경쟁자를 배제하는 행위, 부당하게 경쟁자의 고객을 자기와 거래하도록 유인하거나 강제하는 행위, 거래상의 지위를 부당하게 이용하여 상대방과 거래하는 행위, 거래의 상대방의 사업활동을 부당하게 구속하는 조건으로 거래하거나 다른 사업자의 사업활동을 방해하는 행위, 부당하게 특수 관계인 또는 다른 회사를 지원하는 행위 등을 말하며(공정거래법 제23조 제1항), 구체적인 유형은 <표 8-9>와 같다.

표 8-9 불공정거래행위 유형과 예시

구 분	세부 유형	예 시
거래거절	공동의 거래거절	• 주류제조사가 슈퍼 등에 맥주를 공급하면서 자기가 생산한 위스키를 구입하지 않는다는 이유로 특정 슈퍼에 맥주를 공급하지 않은 사례
	기타의 거래거절	
차별적 취급	가격차별	• 소금제조사가 A, B 두 개 대리점과 거래하면서 A대리점에서는 현금결제비율을 50%로 하고, B대리점에서는 100%로 하는 등 정당한 이유 없이 신규 대리점에 비해 기존 대리점에게 현금결제비율을 높이고, 소금공급비율도 적게 하여 차별 취급한 사례
	거래조건차별	
	계열회사를 위한 차별	
	집단적 차별	

6) http://www.ftc.go.kr/www/contents.do?key=46(검색일: 2020.4.27).

경쟁사업자 배제	부당염매(싸게 팔기)	• 치약제조사가 경쟁치약제조사를 시장에서 배제하기 위해 치약을 개당 1원으로 응찰하여 낙찰받은 후 330만 개를 공급한 사례
	부당고가매입	
부당한 고객유인	부당한 이익에 의한 고객유인	• 제약업체들이 국내병원에 자기가 생산·공급하는 의약품을 납품함에 있어서, 자기 의약품의 신규채택 및 처방량 증대를 통하여 판매를 증가시킬 목적으로 종합병원 등에 약품채택비(랜딩비), 처방사례비(리베이트), 접대비 등을 지급한 사례
	위계에 의한 고객유인	
	기타 부당한 고객유인	
거래강제	끼워팔기	• 예식장사업주가 자기의 예식장을 이용하는 고객들에게 예식장을 임대하는 조건으로, 자기의 음식점만을 이용하도록 하거나 자기 예식장의 결혼의상 등 부대용품만을 이용하도록 한 사례
	사원판매	
	기타의 거래강제	
거래상 지위의 남용	구입강제	• 유명 브랜드 전자제품 제조사가 대리점이 주문하지 않았음에도 불구하고 재고상황이나 상대방의 주문의사에 상관없이 과대한 물량을 공급한 사례
	이익제공강요	
	판매목표강제	
	불이익제공	
	경영간섭	
구속조건부거래	배타조건부거래	• 자사의 생수를 취급하는 대리점들에게 경쟁사 제품 취급을 금지하고, 이를 위반 시 위약금 부과 및 계약해지 등 제재 조치한 사례
	거래지역 또는 거래상대방의 제한	
사업활동 방해	기술의 부당이용	• 제약업체들이 국내병원에 자기가 생산·공급하는 의약품을 납품함에 있어서, 자기 의약품의 신규채택 및 처방량 증대를 통하여 판매를 증가시킬 목적으로 종합병원 등에 약품채택비(랜딩비), 처방사례비(리베이트), 접대비 등을 지급한 사례
	인력의 부당유인·채용	
	거래처 이전 방해	
	기타의 사업활동 방해	
부당한 지원행위	부당한 자금지원	• 부당 지원행위는 동일 기업집단 내의 계열회사 간에 내부거래를 통해 이루어지므로, '부당내부거래'라고 함. 부당 내부거래 참고
	부당한 자산·상품 등 지원	
	부당한 인력지원	
	부당한 거래단계 추가 등	

출처: 불공정거래행위 유형 구분은 공정거래법 시행령 별표1의 2 표로 재구성, 예시 내용은 공정거래위원회 홈페이지[7] 내용 부분 인용.

7) http://www.ftc.go.kr/www/contents.do?key=77(검색일: 2020.4.27).

5) 부당내부거래 규제

부당내부거래는 부당하게 특수관계인 또는 다른 회사(주로, 계열회사를 의미)를 지원하는 행위를 말한다(공정거래법 제23조 제1항 제7호). 부당내부거래는 불공정거래행위의 한 유형으로서, 부당한 자금지원, 부당한 자산·상품 등 지원, 부당한 인력지원, 부당한 거래단계 추가 등의 네 가지 유형으로 구분되며, 구체적은 세부 유형은 아래와 같다.

표 8-10 부당내부거래의 유형과 예시

구 분	세부 유형	예 시
부당한 지원행위	부당한 자금지원	상품 용역거래와 무관하게 '선급금 명목'으로 계열회사에게 무이자 또는 저리로 자금을 제공한 행위
	부당한 자산·상품 등 지원	계열회사의 부동산을 임차하면서 고가의 임차료를 지급한 행위
	부당한 인력지원	업무지원을 위해 인력을 제공한 후 인건비는 계열회사가 부담한 경우
	부당한 거래단계 추가 등	거래상 역할이 없음에도 불구하고 계열회사를 거래단계에 추가하는 행위

출처: 불공정거래행위 유형 구분은 공정거래법 시행령 별표1의 2 표로 재구성, 예시 내용은 공정거래위원회 홈페이지[8] 내용 부분 인용

6) 부당공동행위(담합) 규제

부당한 공동행위는 다른 사업자와 공동으로 가격 결정·유지 및 변경, 상품의 생산 또는 거래의 제한, 시장분할 등과 같은 행위를 할 것을 계약, 협정, 결의 등과 같은 방법으로 합의하여 부당하게 경쟁을 제한하는 것을 의미한다. 일반적으로 담합(cartel)이라 불리며, 담합은 본질적으로 행위주체 간에 경쟁을 하지 않기 위한 약속으로 시장경제에서 가장 광범위하게 존재한다. 아파트 주민들의 아파트 가격, 주유소 가격, 교복 가격 담합부터 심지어 OPEC처럼 국가수준에서 담합이 공공연하게 나타나기도 한다. 특히, 과점 상태에서 담합은 독점의 효과를 얻을 수 있기 때문에 과

8) http://www.ftc.go.kr/www/contents.do?key=52(검색일: 2020.4.27).

점시장에서 담합은 매우 보편적으로 나타난다.

구체적으로는 부당공동행위(담합)는 ① 가격의 결정·유지·변경, ② 거래조건 및 대금지급 조건 결정, ③ 상품의 생산·출고·수송 또는 거래의 제한, ④ 거래지역 및 거래상대방 제한, ⑤ 설비의 신·증설 또는 장비도입 제한, ⑥ 상품 또는 용역의 종류·규격 제한, ⑦ 영업의 주요 부문을 공동으로 수행·관리, ⑧ 입찰 또는 경매 등에서 담합 등 크게 여덟 가지 유형으로 구분된다(공정거래법 제19조 제1항 참고).

담합은 단일 국가를 넘어 국제 수준에서 발생되고 있으며, 세계화 상황에서 그 수준과 빈도가 높아지고 있다. 이는 '국제담합(international cartel, cross-border cartel)'으로 불린다.

국제담합은 부당한 공동행위의 전부 또는 일부가 자국 영토 밖에 소재한 사업자에 의해 형성·실행된 담합을 말한다. 국제담합은 주로 세계시장을 과점하는 소수의 다국적 기업들이 세계시장을 대상으로 가격인상, 생산량 감축, 시장분할 등을 합의하

표 8-11 부당공동행위(담합)의 유형과 예시

구 분	예 시
가격의 결정·유지·변경	• 외국계은행의 외환파생상품 거래 관련 가격 담합 • 8개 벤츠 딜러사들은 2009년 상반기에 한성자동차 사무실, 벤츠코리아 회의실 등에서 모임을 갖고, 시간당 공임을 인상하기로 합의
거래조건 및 대금지급 조건 결정	• 패스트푸드 사업자들이 서비스 차원에서 실시하던 탄산음료 리필서비스를 합의하여 일시에 중단한 행위
상품의 생산·출고·수송 또는 거래의 제한	• 밀가루 제조업체들이 밀가루 총공급물량을 합의하고, 회사별 판매(생산)비율을 설정하여 물량을 배분한 행위
거래지역 및 거래상대방 제한	• 빙과류 도매업자들이 경쟁사업자의 기존거래처를 침범하지 않기로 약정을 체결한 행위
설비의 신·증설 또는 장비도입 제한	• 사업자 간에 생산·판매시설 등 설비의 규모를 합의하거나, 신·증설을 방해·제한하기로 합의하는 경우
상품 또는 용역의 종류·규격 제한	• 소주 생산업자가 공동으로 종이박스형 소주 생산을 중단하기로 합의한 행위
영업의 주요 부문을 공동으로 수행·관리	• 정화조회사들이 공동판매회사를 설립, 판매창구를 단일화하여 생산·판매단계에서의 경쟁을 제한한 행위
입찰 또는 경매	• (주)엘지유플러스 발주 LTE 통신망 구축 공사 입찰 담합 5개사 제재

출처: 예시 자료는 공정거래위원회 홈페이지[9]와 공정거래위원회 관련 보도자료 참고하여 인용함.

는 형태로 이루어진다. 현재 전 세계적으로 많은 국가들은 국제담합에 대한 국내법 적용을 통해 규제하고 있다. 즉, 외국기업에 의하여 자국의 영토 밖에서 부당한 공동행위가 성립하였다고 하더라도 그 행위로 인해 자국시장에 영향이 있는 경우 자국법을 적용하는 역외적용(extraterritorial application)도 점차 증가하고 있다(공정거래위원회, 2019: 294-295).

국내법은 속지주의 원칙(나라 안에서 이루어진 내국인 및 외국인이 행한 행위에 대해서 적용), 속인주의 원칙(내국인이 행한 해외에서의 행위에 대해서도 적용)에 따라 외국인이 해외에서 행한 행위('역외행위')는 적용되지 않아야 한다. 그러나 '역외행위라 하더라도 국내시장에 영향을 미치는 경우에 대해서는 자국의 경쟁법을 적용할 수 있다'는 법리(경쟁법의 역외적용에 관한 '효과주의')가 유럽, 미국, 아시아 등 세계적으로 받아들여져 오고 있다(윤용희, 2015: 319).

경쟁법의 '역외적용'은 1945년 미국 연방법원의 판결에서 최초로 인정된 이래, 현재는 EU, 한국, 중국, 일본 등 전 세계 다수의 국가들이 시행 중에 있다.[10] 우리나라는 2004년 공정거래법 제2조의2("이 법은 국외에서 이루어진 행위라도 국내시장에 영향을 미치는 경우에는 적용한다")를 신설하여 역외적용 근거를 마련하였다. 우리나라는 2002년 흑연전극봉 이후 비타민, 항공화물운임, 베이링, 화학 첨가제, 자동차 부품 등 다양한 국제담합에 대해 제재를 시행했다.

표 8-12 한국기업이 외국 규제당국으로부터 받은 제재 예시

대상/사건명	한국기업에 대한 제재 현황	규제국가
라이신 가격담합 (1996.8)	2개 기업: 157만 8천 달러(벌금) - 제일제당: 125만 달러 - 세원 아메리카: 32만 8천 달러	미국
주한미군 유류공급 입찰담합 (2018.11)	3개 기업: 8,200만 달러(형사벌금) - 에스케이에너지: 34백만 달러 - 지에스칼텍스: 47백만 달러 - 한진운송: 1백만 달러	미국

9) http://www.ftc.go.kr/www/contents.do?key=61(검색일: 2020.4.28).

10) 미국은 세계 최초의 독점금지법인 셔먼법(Sherman Act, 1890)을 제정하였으나, 이는 역외적용을 인정하지 않았었다. 그러나 1945년 Alcoa 사건의 판결 이후 효과주의(effect doctrine) 입장에 따라 독점금지법의 역외적용을 최초로 인정하게 되었다(권오승, 2011: 150).

D-RAM 가격담합 (2010.5)	2개 기업: 1억 9,719만 9천 유로(과징금) – 삼성전자: 1억 4,572만 8천 유로 – 하이닉스: 5,147만 1천 유로	EU
LCD 담합 (2013.1)	2개 기업: 과징금 약 2억 1,900만 위안(약 373억 원) – 삼성 디스플레이: 1억 100만 위안 – LG디스플레이: 1억 1,800만 위안	중국

출처: 공정거래위원회(2019, 302-304) 부분 인용.

7) 사업자단체의 금지행위 규제

'사업자단체'라 함은 그 형태 여하를 불문하고 2 이상의 사업자가 공동의 이익을 증진할 목적으로 조직한 결합체 또는 그 연합체를 말한다(공정거래법 제2조). 사업자단체는 대한변호사협회, 대한의사협회, 한국감정평가사협회, 전세버스운송사업조합 등 사업자들이 스스로의 이익을 위해 조직한 것으로, 이들 사업자단체는 자신들의 이익을 위해 경쟁제한적 행위를 할 수 있는 유인이 존재한다. 따라서 현행 공정거래법은 동법 제19조에 따른 부당한 공동행위, 사업자 수 제한 행위, 구성사업자(사업자단체의 구성원인 사업자)의 사업내용 또는 활동을 부당하게 제한하는 행위, 동법 제23조에 따른 불공정거래행위 및 재판매가격유지행위를 금지하고 있다(공정거래법 제26조).

표 8-13 사업자단체의 유형과 예시

구 분	예 시
부당한 공동행위	• ○○유치원연합회가 연합회총회를 통해 그 지역의 유치원입학금을 결정하고 회원유치원에 이를 통보한 행위 • (사)○○○○보험협회가 10개 손해보험회사들과 공모하여 보험계약자에게 무료로 제공하던 긴급출동 서비스를 폐지하고 유료화하도록 유도한 행위 • 치과의사회가 임플란트 수가를 매년 결정하여 소속 회원들에게 통지하고 회원들에게 최저 수가를 지키게 하기 위해 제제 수단 활용(미준수 회원 실명 공개, 회원 제명 등) • 한국공인중개사협회가 구성 사업자인 공인 중개사들에게 자신이 운영하는 부동산 정보 서비스 플랫폼 '한방'을 제외한 경쟁 플랫폼에 중개매물 광고 거래를 집단적으로 거절하도록 함.
사업자 수 제한 행위	• ○○시태권도협회 ○○○지회가 신규도장 개설 시 기존도장과의 일정한 거리를 두도록 함으로써 신규 개설을 제한한 행위

구성사업자의 사업내용 또는 활동 제한	• ○○건설기계협회가 타 회사 소속 연명신고자 영입경쟁 자제를 요구하고, 시·도지회로 하여금 해당업체를 방문하여 계도함으로써, 구성사업자의 사업내용·활동을 부당하게 제한한 행위
불공정거래행위 및 재판매가격유지행위	• 종합주류도매업협회 ○○지회 및 ○○지회는 ○○주류상사가 부산·경남지역에서 주변 도매업자들보다 저렴하게 주류를 판매하자, 해당 주류상사에 ○○주류상사에 대해 주류제품 공급을 중단하여 줄 것을 요청하고, 이에 불응할 경우 해당 제품에 대한 불매운동을 개시하겠다는 내용을 전달한 행위

출처: 예시 자료는 공정거래위원회 홈페이지[11]와 공정거래위원회 관련 보도자료 참고하여 인용함.

8) 재판매가격유지행위 규제

'재판매가격유지행위'라 함은 사업자가 상품 또는 용역을 거래함에 있어서 거래상대방인 사업자 또는 그 다음 거래단계별 사업자에 대하여 거래가격을 정하여 그 가격대로 판매 또는 제공할 것을 강제하거나 이를 위하여 규약 기타 구속조건을 붙여 거래하는 행위를 말한다(공정거래법 제2조 제6호). 예를 들어, 생산자가 도매업자 혹은 소매업자들에게 미리 가격을 정하여 알려주고 동 가격으로 판매하도록 강제하는 행위를 말한다. 이러한 재판매가격유지행위는 사업자의 가격결정권이 침해되고 가격경쟁을 제한하는 결과가 초래한다.

국내 타이어 3사(한국, 금호, 넥센) 모두 재판매가격유지행위 위반으로 공정거래위원회의 제재를 받았다. 예를 들어, 한국타이어(시장점유율 30% 정도)는 2017년 1월~2018년 11월 기간 동안 리테일 전용 상품을 소매점(가맹점·대리점)에 공급하면서, 기준 가격 대비 판매할인율 범위(-28~-40%)를 지정·통지하고 판매 가격 준수를 요구했다. 또한 2017년 9월(맥시스), 2018년 3월(미쉐린), 2018년 6월(피렐리) 멀티브랜드 상품을 순차적으로 가맹점에 공급하면서, 기준 가격 대비 판매 할인율 범위(맥시스 -5~-15%, 미쉐린 -9~-15%, 피렐리 -20~-25%)를 지정·통지하고 판매 가격 준수를 요구했다. 이후 전산 거래 시스템을 활용 및 전용 상품 공급 중단이라는 수단을 활용하여 판매가격을 강제했다.

출처: 공정거래위원회 보도자료(2019.7.19).

11) http://www.ftc.go.kr/www/contents.do?key=71(검색일: 2020.4.28).

9) 하도급거래 규제

하도급거래는 하도급거래 공정화에 관한 법률(하도급법)에 따라 규제하고 있으나 대표적인 공정거래법상 시장지배적지위 남용행위 및 불공정거래행위에 해당한다.

'하도급거래'란 원사업자가 수급사업자에게 (재)위탁하고, 수급업자가 위탁받은 것을 원사업자에게 납품하고 그 대가(하도급 대금)를 받는 행위를 말하며, 위탁에는 제조 위탁, 수리 위탁, 건설 위탁, 용역 위탁이 있다(하도급법 제2조 압축).

하도급법은 하도급거래에 있어 부당한 특약 금지, 부당한 하도급대금결정 금지, 물품 등의 구매강제 금지, 부당한 위탁취소 금지, 부당반품의 금지, 감액금지, 물품구매대금 등의 부당결제 청구의 금지, 경제적 이익의 부당요구 금지, 기술자료 제공 요구 금지, 부당한 대물변제 금지, 부당한 경영간섭 금지, 보복조치 금지 등을 명시하고 있다.

2018년 하도급거래 실태조사 결과(조사대상 10만 개 업체, 2018년 조사) 중 공시대상기업집단(자산총액 5조 원 이상) 소속 회사의 전속거래 실태를 살펴보면, 하도급거래에 있어 '부당 경영간섭'(39.4%), '하도급대금 부당결정 · 감액'(32.4%), '부당위탁취소'(21.1%) 등과 같은 불공정거래행위가 있음이 드러났다. 특히, 부당 경영간섭 혐의에 관한 세부 유형으로는, 하도급업체 응답 결과 '원가자료 등 경영상의 정보요구'(45.5%), '하도급업체의 생산품목 · 생산량 등에 대한 간섭'(39.4%), '하도급업체의 임직원 인사에 대한 지시 · 승인'(12.1%), '자기 또는 지정한 사업자와만 거래하도록 구속'(3.0%) 등으로 나타났다(공정거래위원회, 2018: 9).

표 8-14 부당 경영간섭 세부 유형과 현황

구 분	원가자료 등 경영상의 정보를 요구하는 행위	하도급업체의 생산품목 · 생산량 등을 간섭하는 행위	임직원 인사에 있어 자신의 지시나 승인을 받도록 하는 행위	자기 또는 지정한 사업자와만 거래하도록 구속하는 행위
전체	45.5%	39.4%	12.1%	3.0%
제조	60.0%	40.0%	0.0%	0.0%
용역	0.0%	40.0%	40.0%	20.0%
건설	0.0%	33.3%	66.7%	0.0%

출처: 공정거래위원회(2018. 9).

이외에도 가맹사업, 대규모 유통업, 대리점업 부분에서의 불공정행위에 대한 규제가 각각 개별 법률의 제정을 통해 시행 중이다.

3. 독과점 및 불공정거래 규제의 방향

독과점 및 불공정거래 규제의 몇 가지 고려사항 혹은 방향은 아래와 같다.

첫째, 독과점 및 불공정거래 규제는 '경쟁'을 촉진하기 위한 것이다. '경쟁'은 시장이 존재하기 위한, 자본주의가 작동하기 위한 가장 기본적인 것이다.

시장은 표준경제학이 가정과 달리 행위자들 간에 권력과 자원이 동등하지 않다. 완전히 비대칭(asymmetry)되어 있다. 또 자본주의 체제에서 시장은 이러한 비대칭을 확대시킨다. 본질적으로 시장은 스스로 이러한 비대칭을 치유할 의지도, 목적도 지니고 있지 않다. 이로 인해, 시장은 필연적으로 자본과 권력의 집중을 초래시키고 장기적으로 경쟁을 낮춤으로써 자원배분을 왜곡하고 국가 전체의 후생을 낮출 수 있다. 종국에는 시장뿐만 아니라 민주주의라는 정치체제에 부정적 영향을 미칠 수 있다. 독과점 및 불공정거래 규제의 방향은 곧 여기에 있다. 즉, 시장의 순기능인 '경쟁'이 이루어질 수 있도록 하는 것이다. 그러나 한편에서 시장의 경쟁이 '공정한 경쟁'을 의미하는 것은 아니라는 점을 이해할 필요가 있다. 즉, 경쟁이라는 개념 자체에는 공정하든, 불공정하든 공정성에 대한 가치를 담고 있지 않다. 따라서 정부규제는 '공정한 경쟁'을 촉진시키는 데 그 목적을 두어야 한다.

달리기와 불공정 규칙

토끼와 거북이 이야기는 성실하게 꾸준히 노력하는 사람이 좋은 결과를 얻는다는 교훈을 준다. 그러나 다른 관점에서, 토끼와 거북이 달리기는 처음부터 공정한 게임이라 할 수 없다. 현실에서 토끼는 항상 거북이를 이긴다. 이는 달리기 게임 자체가 토끼에게 절대적으로 유리한 규칙을 담고 있기 때문이다.

둘째, 독과점 및 불공정거래 규제는 정권에 따라 비일관성이 나타날 가능성이 매우 크므로, 정권에 따라 쉽게 변화시키기 어렵도록 제도적 장치를 마련할 필요가 있다.

독과점 및 불공정거래 규제의 피규제자는 주로 '대기업'이다. 특히, 경제력이 대기업들로 집중된 사회에서는 이들이 규제 형성에 미치는 영향이 매우 크기 때문에 독과점 및 불공정거래 규제의 형성과 엄격한 집행이 쉽지 않다. 따라서 어떠한 정치세력이 정권을 장악하는가에 따라 또는 거시 경제상황에 따라 해당 규제는 변화될 가능성이 크다. 예를 들어, 우리나라에서 대기업, 즉 재벌들이 소수의 지분으로 다양한 계열회사를 거느리고 지배할 수 있었던 것은 대기업의 출자(예: 회사 자금으로 다른 기업의 주식을 매입하는 것), 상호출자(예: 모기업과 계열사 간에 상호 주식 매입) 및 순환출자(예: A → B → C → A와 같이 순환하여 주식 매입)라는 방식을 주로 이용했기 때문이다. 이에 1986년 출자총액제한제도가 도입되었으나, 이후 1997년 외환위기 이후 외국인의 적대적 M&A 허용, 국내기업의 구조조정 촉진 등을 이유로 폐지되었다. 그러나 폐지 이후 계열사출자의 급증, 부실계열사 지원 등의 부작용이 나타남에 따라 2001년부터 재도입하였다. 그러나 동 제도는 도입되자마자 지속적으로 규제가 완화되었고 2009년에는 폐지되었다. 2020년 현재는 상호출자만 금지하고 있고, 순환출자의 경우는 신규 순환출자에 대해서만 규제가 시행되고 있다.

출자 방식과 공정한 경쟁

다음 그림은 서로 다른 출자 방식을 나타내고 있다. [그림 a]는 과거 우리나라 대기업의 대표적 출자 방식으로 순환출자와 상호출자를 묘사하고 있다. [그림 a]에서 보여주듯이, 기업 A를 세운 갑돌이는 다른 기업 B, C, D 기업을 추가적인 비용없이 지배할 수 있고, 이론적으로 무한대로 기업을 확장시킬 수 있다. 그러나 한편으로 출자 고리에 있는 한 회사가 부실하면 연쇄적으로 모든 회사들이 부실에 빠질 수 있는 위험, 동시에 적대적 M&A 및 기업 흔들기에 취약한 문제를 갖고 있다.

[그림 c]는 지주회사 방식으로 순환출자 및 상호출자를 금지하고 정부가 유인한 방식으로 현재 많은 국내·외 대기업들의 출자 방식 중 하나이다. 동 방식은 순환출자나 상호출자의 고리가 끊어진 형태이다. 그러나 지주회사가 출자한 자회사(기업 B, 기업 C)를 통해 손자회사(기업 D), 증손회사(기업 E) 등을 피라미드식으로 지배할 수 있다는 점에서 바람직한 지배

구조라기보다는 중간 단계의 지배구조로 이해하는 것이 타당하다. [그림 b]는 가장 모범적인 형태의 출자 방식으로, 지주회사 A가 독립적으로 B, C, D, E 회사에 출자하는 구조를 나타낸다. 기업의 지배구조는 해당 국가가 '공정한 경쟁'을 추구하는 국가인지 그렇지 않은지를 살펴볼 수 있는 가장 명백하고 간단한 지표이다.

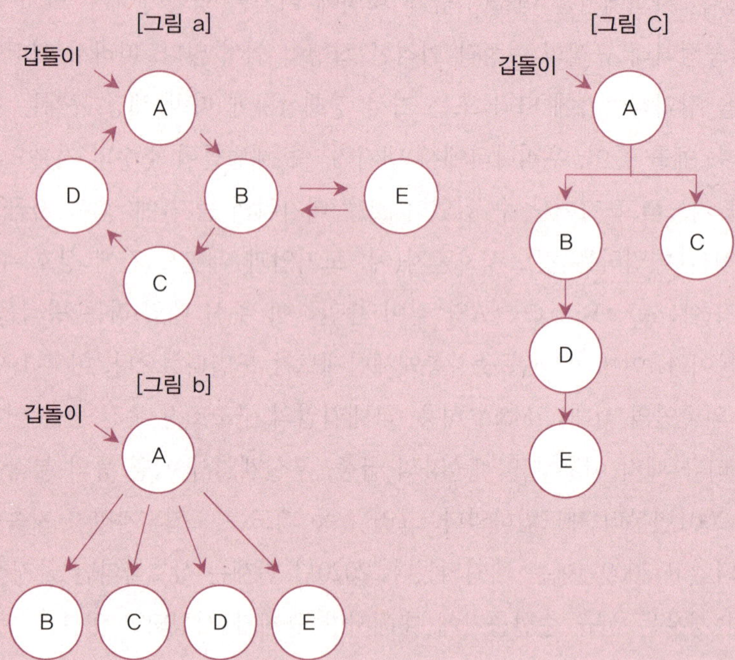

셋째, 독과점 및 불공정거래 규제는 행위자의 '의도'가 아닌 '효과'를 중심으로 정립할 필요가 있다. 즉, 행위자의 의도와 관계없이 경쟁제한적 효과를 유발할 경우 규제할 필요성이 있다.

'의도성'은 실제 독과점 및 불공정거래 규제 현장에서 혼란을 유발하고 있고, 규제 집행을 무력화시키고 있다. 대표적으로, 기업의 수직적 통합이 효율성 추구의 결과인지, 시장지배권을 획득하기 위한 수단인지에 따라 법 해석과 적용은 달라질 수 있다. 실제, 윌리엄슨(O. E. Williamson)의 거래비용이론은 기업의 수직적 통합을 통한 규모 확대가 시장지배권 확대가 아닌 효율성 추구의 결과로 해석하는 데 활용되었고, 실제 이는 독점 규제완화 논리에 활용되기도 하였다.

윌리엄슨의 거래비용이론

윌리엄슨(Williamson, 1985, 1999, 2005)은 거래 속성변수와 거버넌스 구조를 효율성 관점에서 연계시키고 있다. 어떤 거래 속성을 가질 경우는 시장이, 어떠한 경우는 계층제가 효율적인 구조라는 것이다. 예를 들어, 자산 특정성, 불확실성, 거래빈도가 높다면 시장에서 교환에 의하는 것보다 계층제화하는 것이 더욱 효율적이라는 것이다. 즉, 윌리엄슨이 주장하는 핵심은 어떠한 경제행위가 시장, 혹은 계층제(기업), 혹은 혼합에서 수행되는가 여부는 생산비용과 거래비용에 의하여 결정되며, 여기서 각각의 구조들이 갖는 상대적 거래비용의 크기는 자산 특정성(asset specificity), 불확실성(uncertainty), 거래 빈도(frequency)에 의하여 결정된다는 것이다(김태은, 2014: 163-164).

또 다른 예로, 대법원이 2007년에 이른바 포스코 판결[12]을 통하여, 시장지배적지위 남용의 요건에 관하여 어떤 행위가 시장지배적지위의 남용에 해당되기 위해서는 경쟁제한적 효과(객관적 요건)와 아울러 경쟁제한의 의도나 목적(주관적 요건)이 있어야 한다고 판시한 이래, 그 태도를 일관되게 유지해 옴으로써, 공정거래위원회의 시장지배적지위 남용에 대한 규제는 크게 위축되고 있으며, 그 결과 최근에는 시장지배적지위의 남용에 대한 규제가 제대로 이루어지지 않고 있다(권오승, 2016: 158). 규제 당국이 경제제한의 의도나 목적을 증명한다는 것은 불가능한 일이다.

독과점 및 불공정거래 규제는 행위자의 '효과'를 중심으로 정립할 필요가 있다. 구체적인 이유는 ① 독과점 및 불공정거래의 행위를 규제하는 근본적 이유는 '경쟁'을 제한하기 때문이다. 기업이 경쟁제한을 의도했는가, 의도하지 않았는가와 상관없이 경쟁제한이 국가 전반에 중대한 부정적 영향을 미치기 때문이다. ② 독과점 및 불공정거래에서 행위자의 의도성을 증명하는 것은 현실적으로 불가능하다. 개인의 단순 사건・사고의 의도성을 파악하는 것조차 매우 어려운 일인데, 기업의 독과점 및 불공정거래 행위에 있어 의도성을 증명한다는 것은 사실상 불가능하며, 가능하다 하더라도 막대한 규제비용을 초래시킨다.

12) 포항제철이 열연코일시장의 지배적 사업자로서, 경쟁관계에 있는 현대하이스코에게 1997~2001년까지 냉연용 열연코일의 공급을 하지 않은 사건으로, 이에 대해 공정거래위원회는 2001년 포항제철의 행위가 '부당하게 특정사업자에 대하여 거래를 거절하는 행위'에 해당된다고 의결하고, 시정명령, 과징금 부과, 행위사실 공표명령을 내렸다[공정거래위원회. 2001 포항종합제철(주)의 시장지배적지위 남용행위에 대한 건 의결서 참고].

넷째, 독과점 및 불공정거래 규제집행 역량 강화가 필요하다. 독과점 및 불공정규제는 현재 국내 기업뿐만 아니라 다국적 기업을 대상으로 집행되고 있다. 규제기관은 그 자체로 사법적 권한을 지니고 있지 못하다. 이에, 피규제기업들은 규제기관(예: 공정거래위원회)의 결정에 대해 법적으로 대응하고 있다. 피규제기관들은 국제적이고 전문적인 법률기관(국내 · 외 대형 로펌)들을 활용하여 조직적으로 대응할 역량을 지니고 있는 반면, 규제기관은 이에 비해 상대적으로 조직적 역량과 지원이 부족하다. 즉, 경제와 자본의 세계화가 확대되고 있는 상황에서 독과점 및 불공정거래 규제의 실효적 집행을 위한 규제기관의 조직적 역량 강화가 필요하다.

제 4 절 | 소비자보호규제

1. 소비자보호규제의 목적과 주요 내용

소비자보호규제는 매우 광범위하다. 규제를 공익이론에 관점에서 본다면, 모든 규제는 소비자보호규제라 칭할 수 있다. 다만, 기존 규제들과 차별화하기 위해 규제의 편익 대상을 소비자에 초점을 둔 규제로 정의한다.

소비자보호규제는 아래와 같은 필요성에 기인한다.

첫째, 생산자와 소비자 간에 존재하는 정보 비대칭(information asymmetry)의 문제를 시장 스스로 해결할 수 없다는 것이다. 즉, 생산자는 소비자에 비해 항상, 절대적으로 정보 우위에 있다. 소비자는 생산원가, 제품의 품질, 인체의 유해성 여부 등 재화와 서비스에 관한 모든 정보를 사실상 생산자에게 의존한다. 기업이 생산활동을 하는 것은 본질적으로 이익을 극대화하기 위한 것이다. 정보 비대칭은 생산자의 이익을 결정하는데 중요한 요소이기 때문에, 정보 비대칭을 생산자가 스스로 해결할 유인 자체가 존재하지 않는다. 따라서 생산자와 소비자 간 정보 비대칭은 시장에서 스스로 해결될 수 없다.

둘째, 소비자 집단과 달리 생산자 집단은 이익추구를 위한 조직화 및 집단행동의 유인이 존재한다. 즉, 올슨(Olson, 1965)의 주장처럼, 생산자는 소수이며 정부정책이나 규제에 따른 비용편익분포가 집중되어 있다. 반면, 소비자는 다수이며 특정화되어 있지 않다. 이로 인해, 정부정책이나 규제에 따른 비용편익분포가 넓게 분포되어 있다. 즉, 생산자는 어떤 이익을 위한 조직화(예: 사업자단체), 집단행동을 위한 유인이 항상 존재하나 소비자는 조직화 및 집단행동의 유인 자체가 존재하기 어렵다. 결국, 정책과 규제는 소비자보다는 생산자에 유리하게 형성 및 변화될 가능성이 매우 높다.

셋째, 생산자 집단과 소비자 집단 간에는 자원과 권력의 비대칭이 존재하며, 이로 인한 소비자 피해 구제가 매우 어렵다. 자본주의에서 생산자 집단은 생산요소를 지배하고 있다. 더욱이 완전경쟁이 아닌 독과점 구조의 산업에서는 생산자와 소비자 간 자원 및 권력 비대칭은 매우 크게 존재한다. 이러한 비대칭은 소비자 집단보다 생산자 집단에게 유리한 정책 및 규제 형성을 이끌어내는 데 기여한다. 더욱 중요한 것은 이러한 비대칭으로 인해 소비자 집단의 피해를 구제하기가 매우 힘들어진다는 것이다.

소비자보호규제는 전 세계의 여러 나라에서 시행하고 있으며, 우리나라에서는 공정거래법, 소비자기본법, 금융소비자 보호에 관한 법률(금융소비자법), 전자상거래 등에서의 소비자보호에 관한 법률(전자상거래법), 표시광고법, 할부거래법, 방문판매법, 약관규제법, 제조물책임법, 품질경영 및 공산품안전관리법, 산업표준화법, 약사법, 식품위생법, 민법 등 방대한 법적 기반을 지니고 있다. 소비자보호규제기관으로는 공정거래위원회, 산업통상자원부, 보건복지부, 질병관리청, 식품의약품안전처, 한국소비자원 등 여러 정부부처와 기관에서 시행 중에 있다.

가습기 살균제 참사

가습기 살균제 참사는 전 세계적으로 유례를 찾기 힘든 살생물제(biocide) 사건이다(보건복지부 질병관리본부 폐손상조사위원회, 2014: vi). 가습기 살균제에 핵심 원료가 폐 손상 등 인체에 매우 유해하여 사용할 수 없었음에도 불구하고 다수의 기업들이 인체에 무해하다는 광고와 함께 제품을 판매하였다. 1994년 첫 판매 이후 2000년 초반부터 사망자들이 나타나기 시작했으나 정부와 의료진 모두 원인을 찾지 못하였으며, 이후 2011년 11월에 이르러서야 시중 제품의 수거명령이 내려졌다. 이후에도 피해자들은 지속적으로 나타났으나 원인 규명과 관련하여 논란이 지속되었고, 2017년 '가습기 살균제 피해구제를 위한 특별법'이 제정되었음에도 불구하고, 피해 구제의 대상과 방법과 관련된 또 다른 논란이 진행되고 있다. 한편에서는, 사건 진상규명을 방해하는 기업, 공무원, 국회 보좌관 등이 사건 진상규명을 방해하는 활동을 하였음이 밝혀지기도 했다. 2020년 1월까지 피해신청 6,730명(생존 5,207명, 사망 1,523명) 중 2,888명에게 피해자 판정을 내리고 구제급여 시행하고 있으나, 피해자들의 문제제기는 현재 진행형이다. 폐가 손상된 피해자와 사망자에게 지원금이 무슨 의미가 있는가?

일 시	주요 사건 경과
1993	가습기메이트 개발 추진 이후 2011년까지 다수의 기업에서 다양한 제품의 가습기 살균제 판매
1994.10	서울대 흡입독성 시험 의뢰
1994.11	가습기메이트 출시
1995.7	서울대 흡입독성 시험 보고서 회신
2002	서울 거주 5세 아동 사망
2006	원인 미상 소아 급성 간질성 폐렴 사망 사례 다수 발생
2011.4	서울아산병원, '중환자실에 급성호흡부전을 주증상으로 하는 중증 폐렴 임산부 환자의 입원 증가' 질병관리본부 신고와 조사요청(비슷한 시기에 입원 산모 가족도 질본에 신고)
2011.8	보건복지부 역학조사 결과 발표, 가습기 살균제, 원인미상 폐손상 위험요인 추정(교차비 47.3)-최종 인과관계 확인될 때까지 사용 및 출시 자제 권고
2011.11	보건복지부, 1차 동물실험 결과 중간발표 6종 가습기 살균제, 수거 명령 발동(PHMG, PGH 독성 확인), 정부 "피해 보상은 제조사에 소송하라"에 피해자들 반발
2017.2	가습기 살균제 피해구제를 위한 특별법 제정
2017.8	환경부 옥시, SK케미칼, 애경, 롯데마트 등 13개 기업에서 9,804,852개가 팔린 것으로 발표
2017.12	사회적 참사의 진상규명 및 안전사회건설 등을 위한 특별법 제정 및 시행
2019.7	서울중앙지방검찰청, CMIT/MIT 성분 및 PHMG를 가습기 원료로 제조·판매 관련자 48명 기소. 특히, 사건 진상규명을 방해한 기업 직원, 공무원, 국회위원보좌관 등 기소
2020.3	2020년 1월까지 피해신청 6,730명(생존 5,207명, 사망 1,523명) 중 2,888명에게 피해자 판정을 내리고 구제급여 시행

출처: 서울중앙지방검찰청 보도자료(2019.7.23, 19), 보건복지부 질병관리본부 폐손상조사위원회(2014, 113-114), 환경부 보도자료(2020.3.24) 참고하여 작성.

2. 소비자보호규제 방향

소비자보호규제의 고려사항 혹은 방향은 아래와 같다.

첫째, 생산자와 소비자 간에는 정보, 자원, 권력, 집단행동 역량에 비대칭이 존재하기 때문에, 소비자 보호를 위한 정부의 적극적 개입이 필요하다. 부연하면, 소비자는 생산자에 비해 정보 비대칭, 자원 및 권력 비대칭에 놓여 있다. 더욱이, 규제의 비용편익 분포가 매우 넓게 분포되어 있기 때문에 소비자들은 스스로 집단행동이 매우 어렵다. 이에 따라, 생산자와 소비자 간 정보, 자원, 권력 비대칭의 격차는 지속적으로 확대되며, 이러한 격차는 시장의 논리로 해결되지 않는다. 정부규제는 생산자와 소비자 간 정보, 자원, 권력 비대칭에 따른 문제를 극복할 수 있는 유용한 도구이다.

둘째, 소비자보호는 사전규제를 통해 효과성을 높일 수 있다. 소비자의 소비행위에 따른 피해는 본래의 상태로 복구되기 어렵다. 또한 법적 구제 등 사후 구제제도가 있다하더라도 현실의 소비자는 기업과 달리 인과관계를 증명할, 장기간 지속되는 법적 다툼을 감당할 자원과 역량을 지니고 있지 않다. 사전규제는 소비자 피해 자체를 원천적으로 방지할 수 있고, 소비자뿐만 아니라 생산자에 모두에게 사후 분쟁에 따른 비용 발생을 최소화시킬 수 있다는 점에서 매우 유용하다.

셋째, 정보화 및 세계화 상황에 부합되는 소비자보호규제 체제를 마련해야 한다. 현재의 소비자보호규제 체제는 과거 오프라인에서 상품을 사고파는 것에 맞추어져 있다. 그러나 현재 소비자는 전 세계를 대상으로 상품과 자본을 구매하고 있다. SNS, 해외 주식, 비트코인, 외국에 서버를 둔 게임 등 이미 국경을 초월한 소비가 만연하게 진행되고 있다. 즉, 규제가 필요함에도 불구하고 규제가 적용되지 못하는 '규제공백(regulatory vacuum)'이 나타나고 있다.

참고문헌

공정거래위원회(2001). 포항종합제철(주)의 시장지배적지위 남용행위에 대한 건 의결서.

______(2018). 『2018년 하도급거래 서면실태조사 결과』.

______(2019). 『2019년판 공정거래백서』.

공정거래위원회 보도자료(2018.10.2). 공정위, 글로벌 산업용가스 사업자(Linde 및 Praxair) 간의 기업결합에 대해 자산 매각 등 시정조치.

______(2019.7.19). 타이어 재판매 가격을 유지한 한국타이어(주) 제재.

______(2019.12.26). 공정위, 2017년 기준 시장 구조 조사 결과 공표.

공정거래위원회 보도참고자료(2019.12.4). 퀄컴의 시장지배적지위 남용 관련 서울고등법원 판결.

관계부처 합동(2019.12.16). 주택시장 안정화 방안.

국가기술표준원(2019). 『2018 무역기술장벽(TBT) 보고서』.

권오승(2011). 한국(韓國) 독점규제법(獨占規制法)의 역외적용(域外適用): 항공화물(航空貨物) 국제(國際)cartel 사건(事件)을 중심(中心)으로. 『경쟁법연구』, 24: 149-167.

______(2016). 독점규제법의 현대화. 『경쟁법연구』, 33: 125-164.

김태은(2014). 『행정이론과 정부역할』. 대영문화사.

독점규제 및 공정거래에 관한 법률.

독점규제 및 공정거래에 관한 법률 시행령.

법제처(2017). 『법령 입안·심사 기준』.

보건복지부 질병관리본부 폐손상조사위원회(2014). 가습기 살균제 건강피해 사건 백서.

서울중앙지방검찰청 보도자료(2019.7.23). 가습기살균제 피해 사건 2차 수사 결과.

윤용희(2015). 미국 독점금지법의 역외적용. 『경쟁법연구』, 32: 319-354.

중소벤처기업부 보도자료(2018.12.13). '소상공인 생계형 적합업종 제도' 본격 시행.

______(2019.12.19). 대기업 과도한 시장점유 우려 두부·장류, 제조 첫 '생계형 적합업종' 지정.

한국개발연구원(2019). 『시장구조조사』.

한국일보(2020.5.28). 31년 만에… 의대 정원 500명 이상 늘린다.

홍정선(2020). 『신행정법특강』. 박영사.

환경부 보도자료(2020.3.24). 가습기살균제 피해구제법 개정…피해 인정범위 크게 넓혀.

Averch, H. & Johnson, L. L.(1962). Behavior of the Firm under Regulatory Constraint. *The American Economic Review*, 52(5): 1052-1069.

Krueger, A. O.(1974). The Political Economy of the Rent-seeking Society. *The American Economic Review*, 64(3): 291-303.

Tullock, G.(1967). The Welfare Costs of Tariffs, Monopolies, and Theft. *Economic In-*

quiry, 5(3): 224-232.

Williamson, O. E.(1985). *The Economic Institutions of Capitalism.* New York: Free Press.

______(1999). Public and Private Bureaucracies: A Transaction Cost Economics Perspective. *The Journal of Law Economics and Organization*, 15(1): 306-342.

______(2005). Why Law, Economics, and Organization? *Annual Review of Law and Social Science*, 1: 369-396.

European Commission의 European Green Deal(https://ec.europa.eu/info/strategy/priorities-2019-2024/european-green-deal_en)

OECD. Glossary of Industrial Organisation Economics and Competition Law(https://www.oecd.org/competition/publicationsdocuments/glossary)

PART 05

규제관리도구와 비용편익분석

Chapter 09

규제관리의 도구

제 1 절 규제관리도구 개관

규제관리도구(regulatory management tools)는 규제를 관리하기 위한 도구, 수단을 의미한다. 나무에 못을 박을 수 있는 도구가 헤아릴 수 없듯이 규제관리를 위한 도구 역시 매우 다양하게 존재한다. 규제관리도구는 본질적으로 규제관리라는 목적을 위한 수단이나, 몇 가지 서로 다른 목적을 지니고 발전되어 왔다.

첫째, 규제개혁 및 규제의 품질을 개선하기 위한 도구로서 의미를 지닌다. 규제에는 정부부처뿐만 아니라 다양한 이해관계자들이 연계되어 있어, 자체적인 개혁이 쉽게 나타나기 어렵다. 또한 환경 변화에 유연하게 대응하고 규제의 품질을 개선하기 위해서는 체계적이고 지속적인 규제관리도구가 필요하다.

둘째, 규제관리도구는 세계화의 도구로서 활용되기도 한다. 세계의 여러 각국은 각국마다 경제적 · 역사적 상황에 맞추어 고유한 규제체제를 지니고 있다. 그러나 세계화 상황에서 각 국가의 고유한 규제체제는 국제 간 산업 및 자본이동을 제약한다. 또한 국제 간 투자에 있어서 투자의 안정성을 확보하기 어렵다. 결국, 세계화 환경에서 경쟁우위에 있는 소위 선진국들은 자국 산업과 자본의 해외 시장진출을 촉진하고 투자 대상국가에서 안정적 사업 환경을 마련하기 위해, 타 국가의 규제체제를 자신들의 규제체제에 맞게 표준화(standardization)시키고자 했다. 동 과정에서 해당 국가의 규제개선을 촉구하고 다양한 관리도구들을 개발 · 전파하고자 했다. 실제, 이러한 점은 외환위기 전 · 후 한국에서 아주 극명하게 나타났다.

셋째, 행정통제 방안 중 하나로 활용된다. 행정 관료제는 인류가 만들어낸 가장 안정된 시스템 중 하나이다. 민주주의 체제에서 정치는 지속적으로 순환되지만 행정은 안정적으로 전문성을 축적한다. 특히, 규제는 '하위정부 메커니즘'이 잘 작동되는 영역으로 폐쇄성을 지니고 있다. 따라서 규제관리도구들은 행정통제 방안으로서 활용되어질 수 있다.

넷째, 규제관리도구는 '상징'으로, 정당성 확보의 도구로 활용되기도 한다. 민주주의 사회에서 정부는 지속적으로 개혁을 요구받고 있다. 규제개혁은 정부개혁의 가장 대표적인 수단이다. 따라서 규제개혁을 위한 관리도구의 도입 및 채택은 정부가 정부개혁을 강력하게 추진한다는 대외적 이미지를 형성하는 데 기여한다. 특히, 규제관리도구들은 주로 선진국, 국제기구 등에서 개발되어 보급되고 있다는 점에서 알 수 있듯이, 정부가 보다 혁신적인 기법을 활용한다는 이미지를 생산하는 데 기여한다. 이에, 선진국의 규제관리도구는 가장 대표적인 동형화(isomorphism)의 대상이 되곤 한다.

다섯째, 규제관리도구는 시장이 정부를 통제하기 위한 도구이기도 하다. 단일 국가의 국경을 초월한 다국적 기업과 자본들의 영향에서 알 수 있듯이, 시장의 권한은 지속적으로 확대되어 왔다. 신자유주의(Neoliberalism)와, 그리고 동 이념의 공공부문 적용이라 할 수 있는 신공공관리(New Public Management)에서 잘 드러나듯이, 정부는 개혁의 주체가 아니라 대상으로 폄하되었다. 시장지향적 접근(market oriented approaches)이 지속적으로 강조되었으며, 이 중에서도 규제완화는 시장이 정부에게 요구하는 가장 강하고 지속적인 압력으로 작용했다. 규제완화를 지속적으로 수행하기 위해서는 규제완화를 제도화할 필요가 있었으며, 이는 다양한 규제관리도구로 나타났다. 결국, 규제관리도구는 시장이 정부를 통제하기 위한 도구로서 역할을 수행하기도 한다. 이러한 점은 OECD, World Bank 등 국제기구, 경제단체 등이 규제 논의에 있어 이해관계자의 참여를 당연하게 요구하고 있다는 점에서 잘 드러난다.

결론적으로, 규제관리도구들은 다양한 배경과 목적을 지니고 있다. 칼을 어디에 사용할 것인지는 칼을 소유한 주체에 의해 결정된다. 무기가 될 수도 있고 많은 사람들에게 맛있는 요리를 하는 데 사용될 수도 있다. 규제관리도구 그 자체는 가치중립적이다. 따라서 규제관리도구들을 규제의 질을 개선하는 데 활용할 것인지, 아니면 다른 목적에 사용될 것인지는 결정주체에게 달려 있다. 규범적으로, 규제관리도구들은 규제의 질을 개선하여 공공의 이익을 극대화하기 위해 활용되어야 한다.

규제관리도구는 매우 다양하고 국가별로 상이하다(OECD, 2014 참고). 대표적으로, OECD(2018)는 이해관계자 참여(stakeholder engagement), 규제영향평가(분석)(regulatory impact assessment), 규제 사후 평가(ex post evaluation)를 제시한다. 아래는 OECD(2018)의 'Regulatory Policy Outlook 2018'에서 발표된 각 국가의 규제정책 평가 결과이다. 참고로, 우리나라는 2015년에 비해 2018년 이해관계자 참여, 규제영향분석, 사후 평가 부분에서 점수가 크게 높아지고 있음을 알 수 있다.

표 9-1 OECD 정부규제 평가 결과: 법률부문

	이해관계자 참여		규제영향분석		사후 평가	
국가	Total 2018	Total 2015	Total 2018	Total 2015	Total 2018	Total 2015
Australia	2.80	2.79	2.85	2.88	3.66	3.70
Austria	1.59	1.21	2.54	2.50	2.43	1.88
Belgium	2.04	2.07	2.43	2.48	2.51	2.51
Canada	2.59	2.56	2.83	2.74	2.50	2.50
Chile	1.25	1.20	1.47	0.50	1.17	1.18
Czech Republic	1.64	1.96	2.75	2.79	1.06	1.06
Denmark	2.22	2.18	1.95	1.78	2.39	1.61
Estonia	2.87	2.80	3.05	3.01	2.08	1.96
Finland	2.33	2.30	2.03	1.75	1.05	0.80
France	1.91	1.59	2.21	2.20	2.13	1.43
Germany	1.78	1.94	2.97	2.62	2.83	2.77
Greece	2.23	2.08	1.53	1.53	0.21	0.04
Hungary	1.19	1.28	2.12	2.20	1.10	1.28
Iceland	2.65	1.54	1.83	1.68	1.30	1.37
Ireland	1.70	1.38	2.09	2.12	0.79	0.56

Israel	2.53	0.99	1.72	0.85	1.70	1.64
Italy	2.57	1.21	2.49	1.69	2.98	1.48
Japan	0.70	0.54	2.16	1.41	2.36	0.99
Korea	2.88	2.40	3.23	2.44	3.26	1.71
Latvia	2.24	#N/A	0.20	#N/A	0.04	#N/A
Luxembourg	1.74	1.48	1.98	1.85	1.57	1.57
Mexico*	3.09	3.38	3.39	3.30	2.80	2.82
Netherlands	2.66	1.90	1.64	1.50	1.72	1.56
New Zealand	2.51	2.47	2.60	2.69	1.92	1.84
Norway	2.25	1.92	2.00	1.23	1.45	1.24
OECD	2.20	2.00	2.22	2.07	1.76	1.57
Poland	2.83	2.50	2.06	1.88	1.89	1.62
Portugal	1.39	1.48	0.76	0.74	1.20	1.17
Slovak Republic	3.01	2.89	2.63	1.98	0.56	0.56
Slovenia	2.67	2.58	2.20	2.20	1.06	1.19
Spain	1.74	1.46	2.21	1.95	0.93	1.01
Sweden	2.00	2.00	2.11	2.08	2.00	2.00
Switzerland	2.52	2.73	2.91	2.92	2.02	2.01
Turkey	1.51	2.03	1.33	1.37	0.36	0.36
United Kingdom	3.23	3.14	3.60	3.44	3.43	3.10
United States					0.88	0.83
European Union	3.42	2.79	3.29	3.26	3.08	2.73

주: 1) 점수는 각 부분 총점임.
자료: OECD(2018). Regulatory Policy Outlook 2018 dataset 편집 활용.

우리나라는 규제등록제, 규제영향분석(평가), 규제비용관리제, 네거티브 규제, 규제 샌드박스, 규제 일몰제, 규제특구제도, 규제신문고, 규제 정부입증책임제, 정부업무평가에 부처별 규제혁신평가 등 세계적으로도 다양한 규제관리도구를 사용하고 있다. 1998년 행정규제기본법의 제정 이후 현재까지 각 정권은 행정규제개혁을 전면에 내세워 왔으며, 이에 따라 시간이 지날수록 규제관리도구는 지속적으로 증가되어 왔다.

이하에서는 다양한 규제관리수단 중 국내·외적으로 대표적이라 할 수 있는 규제등록제, 규제영향분석(평가), 총량관리와 규제비용관리제, 네거티브 규제, 규제 샌드박스, 규제 일몰제에 대해 살펴본다.

제 2 절 | 주요 규제관리도구

1. 규제등록제

1) 규제등록제의 주요 내용

규제등록제도는 중앙행정기관의 모든 소관 행정규제를 규제개혁위원회에 등록하는 것을 말한다. 규제등록제는 사람의 주민등록과 같이 규제관리를 위한 가장 기초적인 제도이다. 어떤 규제가 있는지, 어느 부처가 담당하고 있는지, 관련법은 무엇인지, 규제의 수준은 어떠한지 등을 규제에 대한 기본정보를 알아야 만이 규제관리를 수행할 수 있다.

규제등록제는 외환위기 직후인 1998년 행정규제기본법을 제정하여 시행하고 있다. 당시 규제등록제는 우리나라의 독특한 제도로서 외환위기 직후 규제총량관리[1]를 위해 도입되었다. 즉, 규제의 절대 양을 줄이기 위해서 규제의 양을 파악하기 위한 조치로 시행되었다. 이후 규제등록제도는 2015년 크게 개선되어 현재에 이르고 있다.

현행 규제등록제는 행정규제기본법(제6조, 시행령 제4조)에 따라 중앙행정기관의 장은 규제를 신설하거나 등록된 규제를 변경 또는 폐지한 경우에는 해당 규제에 관한 법령 등이 공포 또는 발령된 날부터 30일 이내에 규제개혁위원회에 등록하도록 하고 있다.

등록대상 규제는 국가나 지방자치단체가 특정한 행정 목적을 실현하기 위하여 국

1) 1997년 말 외환위기에 따라 우리나라의 경제주권이 일시 상실되었다. IMF 체제에서 미국과 IMF 등 채권주체들은 우리나라의 규제완화를 매우 구체적이고 강하게 요구했다. 특히, 외국자본 진출을 위한 규제 철폐는 집요하게 이루어졌다. 당시 정부는 이들의 요구를 수용할 수밖에 없는 상황이었으며, 이에 따라 규제에 대한 체계적 분석과 평가없이 규제 철폐가 단행된 면이 없지 않고, 이에 따른 후유증은 한동안 국민이 부담해야 했다.

민의 권리를 제한하거나 의무를 부과하는 것으로서 법령 등이나 조례·규칙에 규정되는 사항으로서 행정처분, 행정감독, 작위의무 및 부작위의무 부과사항, 행정행위에 관한 사항 등을 포괄하고 있다(행정규제기본법 제2조, 동법 시행령 제2조). 다만, 국회, 법원, 감사원이 하는 사무, 병역법, 군사시설, 조세징수에 관한 사항 등은 적용 예외로 하고 있다(동법 제3조).

규제등록은 규제의 명칭, 규제의 법적근거 및 내용, 규제의 처리기관, 규제의 시행과 관련된 하위법령 등의 내용, 규제를 규정한 법령 등의 공포일 또는 발령일과 규제의 시행일, 규제의 존속기한 등을 담고 있다.

규제등록제는 2015년 전면 개편, 2018년 일부 개편되어 현재에 이르고 있다. 특히, 2015년 이전에 규제등록제는 '규제사무'를 하나의 등록단위로 하여 제도를 운영하였다. 여기서 '규제사무'는 법률, 시행령, 시행규칙 등에서 서로 연결되어 있는 내용을 담고 있는 여러 개의 조(條)를 묶어서 하나의 '규제사무'로 정하였다. 이러한 등록방식은 실제 규제 내용이 무엇인지, 신설, 변경이 되는지 안 되는 것인지 조차 확인하기 어려웠다. 이러한 문제를 해결하고자 2015년 규제등록 단위를 '규제조문' 단

표 9-2 등록 대상 규제와 등록 제외 규제

기본적인 등록 대상 (행정규제기본법 제2조, 동법 시행령 제2조)	등록 제외 (행정규제기본법 제3조, 동법 시행령 제3조)
1. 허가·인가·특허·면허·승인·지정·인정·시험·검사·검정·확인·증명 등 일정한 요건과 기준을 정하여 놓고 행정기관이 국민으로부터 신청을 받아 처리하는 행정처분 또는 이와 유사한 사항 2. 허가취소·영업정지·등록말소·시정명령·확인·조사·단속 등 행정의무의 이행을 확보하기 위하여 행정기관이 행하는 행정처분 또는 감독에 관한 사항 3. 고용의무·신고의무·등록의무·보고의무·공급의무·출자금지·명의대여금지 그 밖에 영업 등과 관련하여 일정한 작위의무 또는 부작위의무를 부과하는 사항 4. 그 밖에 국민의 권리를 제한하거나 의무를 부과하는 행정행위(사실행위를 포함한다)에 관한 사항	1. 국회, 법원, 헌법재판소, 선거관리위원회 및 감사원이 하는 사무 2. 형사(刑事), 행형(行刑) 및 보안처분에 관한 사무 2의2. 과징금, 과태료의 부과 및 징수에 관한 사항 3. 「국가정보원법」에 따른 정보·보안 업무에 관한 사항 4. 「병역법」, 「통합방위법」, 「예비군법」, 「민방위기본법」, 「비상대비자원 관리법」 및 「재난 및 안전관리기본법」에 규정된 징집·소집·동원·훈련에 관한 사항 5. 군사시설, 군사기밀 보호 및 방위사업에 관한 사항 6. 조세(租稅)의 종목·세율·부과 및 징수에 관한 사항

그림 9-1 규제등록의 예: 국토교통부

법률명	법률	시행령	시행규칙	행정규칙
⊞ 간선급행버스체계의 건설 및 운영에 관한 특별법				
⊞ 감정평가 및 감정평가사에 관한 법률				
⊞ 개발이익 환수에 관한 법률				
⊟ 개발제한구역의 지정 및 관리에 관한 특별조치법	⊟규 제3조(개발제한구역의 지정 등	규 제2조(개발제한구역의 지정 및 해제의 기준		규 개발제한구역의 … 1-3-3조
		규 제2조(개발제한구역의 지정 및 해제의 기준		규 개발제한구역의 … 1-3-2조
		규 제2조(개발제한구역의 지정 및 해제의 기준		규 개발제한구역의 … 3-1-1-8조
		규 제2조(개발제한구역의 지정 및 해제의 기준		규 개발제한구역의 … 3-2-2조

위로 변경하여 현재에 이르고 있다. '규제 조문' 단위로 변경하면 법과 시행령, 규칙, 지방자치단체 조례 등의 관련 조문이 개별적인 규제로 등록되어, 규제의 구체적 내용파악이 가능해짐으로써 규제등록의 실효성을 높일 수 있다.

2) 규제등록제도 함의와 한계

규제등록제는 규제관리를 위한 시작이며 기본 토대라 할 수 있다. 어떠한 규제가 있는지 자체를 알지 못한다면 규제개혁은 진행될 수 없다. 규제등록제는 규제자, 피규제자, 일반국민들에게 어떠한 규제가, 얼마나 있는지, 소관 부처가 어디인지 등을 파악하는 데 유용할 뿐만 아니라 규제가 단일체가 아닌 복합체로서 구성되어 있다는 점을 파악하게 해 줌으로써 규제개혁의 방향을 설정하는 데도 커다란 기여를 한다.

다만, 운영상에 몇 가지 한계가 존재한다. 첫째, 규제등록제도가 시행된다고 하여 모든 규제를 파악할 수 있는 것은 아니다. 규제등록제 하에서 규제등록은 행정규제기본법 제2조, 시행령 제2조에서 정의된 범위 내에 규제라 할 수 있다. 따라서 학문적 규제와 규제등록제도의 규제 간에는 차이가 존재한다. 둘째, 규제등록제도는 무엇을 '규제'로 정의하는가, 또 어디까지를 하나의 규제로 볼 것인가에 따라 등록 대상이 변화된다. 실제, 1998년 규제등록 이후, 2006년, 2009년, 2015년 규제등록제도는 변화되어 왔다. 지속적으로 개선되고 있으나 이러한 변화는 일관성 있는 규제 파악을 어렵게 한다. 따라서 규제자료 구축은 가장 기초 및 하위 단위의 자료를 입력 단위로 하고, 동 자료를 다양하게 연계·활용할 수 있도록 할 필요가 있다.

2. 규제영향평가(분석)

1) 규제영향평가(분석)[2]의 주요 내용

(1) 제도 개관

규제영향분석[Regulatory Impact Assessment(or Analysis): RIA]은 규제에 대한 객관적 분석을 통해 규제의 필요성 및 타당성을 검증하는 것을 말한다. 규제영향분석은 1970년대 초 미국의 경제위기 극복 과정에서 시작되었다. 1980년대에 들어서면서 규제영향분석은 계량적 분석이 강화되어, 규제에 대한 비용편익분석이 포함되었다. 규제영향분석은 규제관리수단 중 가장 핵심적인 수단으로서 OECD 등 다수의 국가에서 시행 중에 있으며, 우리나라는 외환위기 직후인 1998년 2월 행정규제기본법이 제정되면서 도입되었다.

OECD 규제영향분석을 모범 사례의 주요 원칙(OECD, 2020)

1. RIA에 대한 약속
- 무엇이 좋은 규제인지 설명
- 규제의 질을 높이기 위한 장기 계획의 일환으로 RIA를 도입할 것
- 충분한 역량을 갖춘 감독기구 형성
- RIA가 효과적으로 수행될 수 있도록 신뢰할 수 있는 내·외적 통제 장치 마련
- RIA에 대한 정치적, 이해관계자의 지지 확보
- RIA 과정의 대중적 통제가 가능하도록 의사결정의 투명성 보장

2) 규제영향평가로 번역하는 것이 적절하다. 다만, 관련법에서 규제영향분석으로 정의하여 혼란을 줄이기 위해 규제영향분석으로 기술한다. 이하에서 규제영향평가와 규제영향분석은 동일한 의미이다.

2. RIA의 거버넌스: 올바른 설정 또는 시스템 설계

- RIA는 다른 규제관리도구들과 통합적으로 운영되어야 하며, 규제 거버넌스 사이클의 맥락에서 구현되어야 함.
- RIA의 시행은 법적 · 행정적 시스템과 문화에 부합되어야 함.
- 정부는 RIA를 점진적으로 시행할지 여부를 결정해야 함.
- 효율적인 규제 감독은 성공적인 RIA를 위한 전제 조건임.
- RIA는 규제의 중요성에 비례해야 함.

3. 행정 역량 및 책임 강화를 통한 RIA 도입

- 공무원에게 적절한 훈련이 제공되어야 함.
- 정부는 구체적인 지침 자료를 제공해야 함.
- 책임성과 성과지향적 약정이 구현되어야 함.

4. 대상 및 적절한 RIA 방법론

- RIA 방법론은 가능한 단순하고 유연해야 함.
- RIA가 항상 완전한 양적 비용편익분석을 요구하는 것으로 해석되어서는 안 됨.
- 견실한 데이터 거버넌스 전략이 RIA의 맥락에서 데이터 생산, 수집, 처리, 접근 및 공유에 도움을 줌.
- 성공적인 RIA를 위해 정책 맥락과 목표, 특히 문제에 대한 체계적인 정의 필요
- 비규제 해결책을 포함하여 모든 그럴듯한 대안 고려
- 모든 직 · 간접적 비용 · 편익의 식별 중요
- RIA 과정에 이해관계자 참여
- 행태과학(behavioural science)과 경제학의 통찰력을 적절하게 고려
- RIA는 반복적 과정으로 인식되어야 함.
- RIA의 결과는 쉽게 공유되어야 함.

5. 지속적인 모니터링, 평가, 그리고 개선

- RIA 시행 이후 적용된 규제의 실제 영향에 대한 검증 필요
- RIA 시스템에는 모니터링, 평가 및 개선 메커니즘이 갖추어져야 함.
- RIA 영향에 대한 정기적이고, 포괄적인 평가 필요
- 규제감독기구에 대한 체계적인 성과 평가 중요

규제영향분석은 수행 시점에 따라 사전·사후 규제영향분석으로 구분되어질 수 있다. '사전 규제영향분석'은 규제의 신설·강화 시에 수행될 경우를 말하며, 기존에 시행 중인 규제에 대한 분석·평가를 수행할 경우에는 '사후 규제영향분석'이라 할 수 있다.

첫째, '사전 규제영향분석'은 규제의 신설·강화를 통제하는 데 주된 목적을 두고 수행되고 있으며, 우리나라 역시 이에 부합하여 규제영향분석이 정의되고 있다. 즉, "규제영향분석"이란 규제로 인하여 국민의 일상생활과 사회·경제·행정 등에 미치는 여러 가지 영향을 객관적이고 과학적인 방법을 사용하여 미리 예측·분석함으로써 규제의 타당성을 판단하는 기준을 제시하는 것을 말한다(행정규제기본법 제2조 제5항). 중앙행정기관 장은 규제를 신설하거나 강화(규제의 존속기한 연장을 포함)하려면 규제영향분석을 하고 규제영향분석서를 작성하여야 한다(동법 제7조).

둘째, '사후 규제영향평가'는 기존 규제의 필요성과 타당성에 대한 재검토를 주된 목적으로 한다. 또한 부수적으로 사전 규제영향분석의 결과와 연계하여 비교·분석함으로써, 사전 규제영향분석에 대한 방법론적 한계를 보완하는 데 활용되기도 한다. 후술될 '재검토형 규제 일몰제'는 대표적인 사후 규제영향분석이라 할 수 있다.

이하에서는 사전 규제영향분석(이하, 규제영향분석)을 주로 하여 기술한다.

(2) 규제영향분석의 주요 내용

현행 우리나라의 규제영향분석은 네 가지 구성요소(규제의 필요성 및 대안 선택, 규제의 적정성, 규제의 실효성, 추진계획 및 종합결론)별로 13가지 세부 항목을 지니고 있다.

① 규제의 필요성 및 대안 선택

규제의 필요성 및 대안 선택에는 추진배경 및 정부개입의 필요성, 규제의 목표, 규제대안 검토 및 선택을 담고 있다. 첫째, '추진배경 및 정부개입 필요성'은 규제가 필요한지, 또 정부가 개입해야 하는지를 검토한다. 둘째, '규제의 목표'는 규제도입을 통해 달성하고자 하는 미래 상태를, 셋째, '규제대안 검토 및 선택'은 복수의 규제대안 제시 및 이해관계자 의견 수렴 내용 및 조치 결과 등을 담고 있다.

② **규제의 적정성**

규제의 적정성은 목적 · 수단 간 비례적 타당성, 영향평가 필요성 등 고려사항, 일몰 및 우선허용 · 사후규제, 해외 및 유사입법 사례, 비용편익분석을 담고 있다.

구체적으로 첫째, '목적 · 수단 간 비례적 타당성'은 규제수단이 규제 목적을 실현하는데 필요한 최소한의 범위에서 규정하였는지 검토하는 것을 말한다.

둘째, '영향평가 필요성 등 고려사항'으로, 경쟁영향평가, 중소기업영향평가, 기술영향평가 등 심층적인 분석이 필요한 경우 이에 대한 분석을 수행한다.

여기서, '경쟁영향평가'는 정부나 여러 규제기관이 특정한 목적을 달성하기 위하여 도입하고자 하는 새로운 규제 또는 이미 도입한 규제가 경쟁에 어떠한 영향을 미치는지를 분석 · 평가하며, 경쟁에 대한 부정적인 영향을 최소화하면서도 목적을 효과적으로 달성할 수 있는 대안을 모색하는 작업을 말한다. 규제는 공정경쟁을 위해 필요하기도 하지만, 한편에서 규제는 공정경쟁을 해칠 수 있다(규제개혁위원회, 2019: 700). 이에 경쟁에 미치는 영향을 사전에 파악하여 경쟁제한적인 규제의 신설 · 강화를 사전에 방지하는 것을 목적으로 한다.

'중소기업영향평가'는 기업규모에 따라 서로 다른 규제의 영향을 고려하기 위한 평가이다. 즉, 기업규모에 따른 규제의 영향은 서로 상이할 수 있다. 특히, 대기업에 비해 중소기업은 규제에 대응하고 적응할 수 있는 기업역량이 상대적으로 부족하다. 이에 대기업과 동일하게 규제에 적용을 받게 되면 상대적으로 경쟁력이 낮은 중소기업의 기업활동이 위축될 수 있다. 이에 '중소기업영향평가'는 기업규모에 따라 규제를 차등 적용하기 위해 마련된 것으로 신설 · 강화되는 규제가 중소기업의 경영활동에 미치는 영향을 평가하여, 중소기업에게 과도한 부담을 주는 규제의 신설 · 강화를 방지하고자 하는 목적을 지닌다.

'기술규제영향평가'는 정부 부처의 기술규제도입으로 인해 기업의 경영이 위축되지 않도록 규제의 비용, 편익, 파급효과, 규제의 적합성 등을 고려하여 최선의 규제 대안을 제시하기 위한 것으로서, 각 부처 기술기준(기술규정)이나 시험 · 검사 · 인증 등과 관련된 법령 등의 제 · 개정 시에 기존 · 유사 제도와의 중복성 여부 및 국가표준(KS 등), 국제표준과의 조화 여부 등을 파악하여 규제의 타당성을 평가하는 것을 말한다. 특히, 과도한 시험 · 검사 · 인증은 기업에 불필요한 비용부담을 발생시키며,

유사한 시험검사 항목임에도 불구하고 상호간에 인정이 되지 않을 경우에는 이중으로 시험·검사해야 하는 불합리한 기술규제로 작용하게 되므로, 기술규제영향평가를 통하여 이를 사전에 방지할 수 있다(규제개혁위원회, 2019: 705).

표 9-3 경쟁, 중소기업, 기술규제영향평가 예시

구 분	부처명	법률(고시)명	규제심사안	조정의견
경쟁영향평가	방송통신위원회	경제적 이익 등 제공의 부당한 차별행위에 관한 세부기준	초고속인터넷 사업자가 소비자에게 제공할 수 있는 경제적 이익(경품)의 한도를 제한	• 사업자 간 경쟁을 제한함으로써 경품제공에 상응하는 소비자잉여가 대부분 생산자잉여로 이전되어 소비자 후생을 감소시킬 우려가 있음. • 경품한도를 획일적으로 제한하기 보다는 경품이 공정한 경쟁 또는 이용자의 이익을 해치거나 해칠 우려가 있는지 여부를 개별적으로 검토하여 사후 처벌하는 것이 바람직
	국토교통부	항공사업법 시행령	국제항공운송사업 면허 취득을 위한 자본금 요건 상향 – 법인: 150억 원에서 300억 원 – 개인: 200억 원에서 400억 원	• 자본금, 항공기 보유 등 항공운송사업 진입요건을 상향하는 것은 신규 사업자의 진입을 제한함으로써 기존 사업자 간 경쟁압력을 약화시켜 항공운임 인상 등 소비자후생 저하를 초래할 우려가 있음. • 항공운송시장의 수급상황, 기존 항공사의 재무구조 등 제반사정을 고려할 때 신규 사업자의 시장진입을 제한할 필요가 있다고 단정하기 어려우므로, 현행 자본금 요건을 유지하는 것이 바람직
중소기업규제영향평가	국토교통부	자동차 및 자동차부품의 성능과 안전에 관한 규칙	초소형자동차의 구조 및 기준 신설	• 기존 특례를 인정받은 차량에 강화되는 기준을 유예기간 없이 바로 적용할 경우, 기업경영악화가 우려되므로, 연구개발에 필요한 최소한의 유예기간(1년) 부여 필요
	소방청	다중이용업소의 안전관리에 관한 특별법 시행규칙	장애인을 위한 피난안내 영상물 상영기준 개선	• 동 기준안을 일률적으로 적용 시, 대규모 영화 상영관은 규제부담이 적으나 소규모 영화 상영관에게는 과도한 부담으로 작용 • 피규제 대상을 스크린 기준 300석 이상 규모의 영화상영관으로 규정하고, 그 외 소규모 상영관에 대해 단계적 확대 필요
기술규제영향평가	환경부	생활화학제품 및 살생물제의 안전관리에 관한 법률 시행령 제정안	생활화학제품 및 살생물제의 사후관리	• 조치권고를 받은 사항에 대한 수용 여부를 3일 이내에 통지해야 한다고 규정하고 있으나, 해당 기업 등이 조치에 대한 통지를 3일 이내 대응하기에는 매우 촉박하므로 타법과의 형평성 등을 고려하여, 기간을 현재보다 연장하는 것이 적절할 것으로 판단

				* 화평법 시행령(7일), 제품안전기본법 시행령(10일), 가맹사업거래의 공정화에 관한 법률(10일)
	산업통상 자원부	전기자동차 충전기 기술기준 제정안	전기자동차 충전기 기술기준 제정	• 적용범위를 국제표준과 일치할 필요 * 600V 이하의 교류전압 → 1,000V 이하의 교류전압 * 500V 이하의 직류전압 → 1,500V 이하의 직류전압

출처: 규제개혁위원회(2019, 699–707) 일부 인용.

셋째, '일몰 및 우선허용 · 사후규제'로서 시장유인적 설계, 일몰설정 여부, 우선허용 · 사후규제의 포괄적 네거티브로 전환 여부를 판단한다. 이는 곧 신설 · 강화 규제를 가능하면 시장유인적 규제로 설계를 유도하고, 규제의 효력을 시간적으로 통제하며, 네거티브 규제로의 유도 및 전환을 유도하고자 함을 목적으로 한다. 동 내용은 후술한다.

넷째, '해외 및 유사입법 사례'로서, 규제가 국제적 기준에서 부합되는지를 판단하고, 국내 법 중 유사사례를 조사하여 규제의 수준과 품질 등을 판단한다.

다섯째, '비용편익분석'을 수행한다. 즉, 규제의 비용과 편익을 객관적이고 계량적으로 도출한다.

③ 규제의 실효성

규제의 실효성으로 규제의 순응도와 규제의 집행 가능성을 담고 있다. 즉, 규제의 순응도는 피규제자의 현실적인 준수 가능성을, 규제의 집행 가능성은 행정적 · 재정적 집행 가능성을 분석한다.

④ 추진계획 및 종합결론

추진계획 및 종합결론에는 규제도입을 위한 내부검토 및 이해관계자 의견수렴 결과, 향후 규제관리계획 등을 담고 있다.

표 9-4 규제영향분석의 주요 내용

구성요소	세부 항목	주요 내용
Ⅰ. 규제의 필요성 및 대안 선택	1. 추진배경 및 정부개입 필요성	• 규제의 신설이나 강화를 통해 해결하려고 하는 문제가 대두된 사회·경제적 배경과 관련된 현황자료, 경위 등을 서술 • 정부규제를 통해 해결해야 할 만큼 사회문제가 중대하고, 문제해결을 위해 시급히 규제가 도입되어야 하는지 등 정부개입이 반드시 필요한지 검토
	2. 규제의 목표	선택대안(규제)의 도입으로 달성하고자 하는 미래의 상태
	3. 규제대안 검토 및 선택	• 대안의 비교 – 복수의 규제대안 제시 및 대안의 비교표(규제대안별 장·단점) • 이해관계자 의견수렴 – 대안 비교 시 고려된 이해관계자 의견수렴 내용 및 조치 결과 • 대안의 선택 및 근거 – 선택된 대안의 내용과 선택하게 된 상세 근거
Ⅱ. 규제의 적정성	1. 목적·수단 간 비례적 타당성	• 규제수단이 규제 목적을 실현하는 데 필요한 최소한의 범위 내에서 규정하였는지 검토
	2. 영향평가 필요성 등 고려사항	• 영향평가 등 고려사항 – 기술영향평가: 기술기준(기술규정)이나 시험·검사·인증 등과 관련된 법령 등의 제·개정 시 기존·유사 제도와의 중복성 및 국가표준(KS 등), 국제기준과의 부합 여부 등 검토 – 경쟁영향평가: 도입대상 규제가 경쟁에 어떠한 영향을 미치는지 분석·평가 – 중소기업영향평가: 도입대상 규제가 중소기업의 경영 및 기업활동에 영향을 미치는지 분석·평가 – 중소기업 규제 차등화 방안 등 예비분석 결과표 작성
	3. 일몰 및 우선허용·사후규제 등	• 시장유인적 설계, 일몰설정 여부, 우선허용·사후규제의 포괄적 네거티브로 전환 여부
	4. 해외 및 유사입법 사례	• 규제의 적정성 관련 국제기준, 해외 선진국 사례 등을 제시하여 국제적 기준에서의 판단근거 제시 • 국내법령 중 유사타법 사례를 조사하여 비교함으로써 규제수준 및 품질 등 판단근거 제시
	5. 비용편익분석	• 도입하고자 하는 선택된 규제대안의 비용과 편익의 분석 결과
Ⅲ. 규제의 실효성	1. 규제의 순응도	• 피규제자 준수 가능성
	2. 규제의 집행 가능성	• 규제의 집행 가능성 – 행정적 집행 가능성: 조직·인력 및 일선 공무원들의 현실 등 정부·지방자치단체의 규제집행을 위한 관리·감독 여건 검토 – 재정적 집행 가능성: 정부기관·지방자치단체의 규제집행 예산사항을 고려하였는지 검토

Ⅳ. 추진계획 및 종합결론	1. 추진경과	• 규제도입을 위한 내부검토 및 이해관계자 의견수렴 등 추진경과 기술
	2. 향후 평가계획	• 정책지표, 규제준수율 등 구체적 목표 제시 후 사후 관리계획 제시
	3. 종합결론	• 규제영향분석서 내용의 종합결론

출처: 국무조정실(2019, 19-21).

2) 규제영향분석의 함의와 한계

(1) 규제영향분석의 유용성

규제영향분석은 다양한 유용성을 지닐 수 있다.

첫째, 우리나라의 경우 규제의 신설·강화에 적용되기 때문에 사전적 의미를 지니고 있으나 이론적으로 규제의 영향을 사전적 혹은 사후적으로 체계적으로 고찰할 수 있는 기회를 제공한다. 법 시행, SOC 사업 시행 등은 국가 사회 전반에 다양한 영향을 미친다. 따라서 사전에 행정행위가 어떠한 영향을 미치는지를 분석한다면 사업의 타당성을 평가할 수 있고, 동시에 사업에 따른 부작용을 사전에 예측하여 최소화하는데 기여할 수 있다. 이러한 분석은 환경영향평가, 갈등영향평가 등 다양한 부분에서 활용되고 있다. 규제는 피규제자뿐만 아니라 사회, 경제, 행정 등 국가 전반에 다양한 영향을 미친다. 따라서 규제가 어떠한 영향을 미치는지를 사전에 분석하여 규제가 미치는 부정적 효과를 최소화시키는 데 기여할 수 있다.

둘째, 정부의 자의적 규제 남발을 최소화하는 데 기여한다. 규제는 다양한 정책수단 중 비용효과 측면에서 가장 강력한 수단이다. 법 제·개정을 통해 추가적인 비용투입 없이도 정책목표를 달성하는 데 매우 유용하다. 따라서 한정된 자원 하에 있는 정부는 다른 정책수단보다 정부규제에 대한 선호를 가질 수밖에 없다. 규제영향분석은 규제의 필요성뿐만 아니라 다른 대안에 대한 검토, 규제의 적정성, 실효성에 이르기까지 체계적인 분석을 요구한다. 즉, 규제의 필요성, 적적성 등에 대해 논리적, 계량적으로 뒷받침해야 함을 의미하기 때문에 정부의 자의적 규제 남발 억제에 기여한다.

셋째, 추상적 실체로서 규제가 아니라 보다 객관화된 접근을 유인한다. 엄밀하게 말해, 규제 영역에서 객관적 분석은 쉽지 않고, 한편에서는 불가능하기도 하다. 그러나 제한된 합리성 하에서 최소한의 합리성 추구 노력은 기해질 필요가 있다. 특히,

현재 정부는 실시간으로 다양한 사회적 이슈에 대응해야 하는 상황에 처해 있다. 즉, 체계적 분석을 위해 주어진 시간과 자원이 충분하지 않다는 점에서 사회적 문제의 해결을 위한 상징, 신화(myth)로서 규제가 도입될 가능성이 있다. 이러한 상황에서 규제에 대한 체계적 분석을 요구하는 규제영향분석은 규제에 대한 합리적·객관적 접근을 위한 기회를 제공한다.

넷째, 규제결정과정에 피규제자 및 일반국민의 참여를 보장할 수 있다. 즉, 이해관계자나 국민은 규제의 주요 내용과 규제에 따른 주요 영향을 사전에 파악할 수 있고 의견을 제시할 수 있다. 다만, 주된 참여자는 이해집단이라는 점에서 한계를 갖고 있다.

다섯째, 다른 규제관리도구들과 연계 및 통합적 운영이 가능하다. 다른 규제관리도구인 규제비용관리제와 직접적으로 연계시킬 수 있고, 일몰제 등 다양한 유형의 세부 규제관리도구와 통합시켜 운용할 수 있으므로 규제관리에 효율성을 확보하는 데 기여한다.

(2) 규제영향분석의 한계와 대안

규제영향분석은 개념적으로 매우 훌륭하다. 그럼에도 불구하고 현실에서 운용은 여러 한계를 지니고 있다.

첫째, 규제영향분석은 핵심적으로 규제에 대한 비용편익분석을 포함하고 있다. 비용편익분석은 비용과 편익을 화폐로 치환하여 숫자로 제시하여 주기 때문에 인식과 판단의 용이성을 지니고 있다. 따라서 계량분석 결과는 그 자체가 갖는 한계에도 불구하고 시간이 갈수록 그 중요성이 강조된다. 결국, 비용편익분석의 철학과 방법론적 한계에도 불구하고 이에 대한 중요성은 경로의존적으로 확대된다. 따라서 비용편익분석의 철학과 방법론적 한계를 분명히 인식하고 판단을 위한 여러 도구 중 하나로서 활용되어야 한다.

우선, ① 비용편익분석[3]은 철학적 한계를 지니고 있다. 비용편익분석은 본질적으로 벤담(Jeremy Bentham)의 공리주의(utilitarianism)에 기초하고 있는 효율성 판단 기준이다. 그러나 규제는 오직 효율성 관점에서만 도입될 수 있는 것이 아니다. 공정

3) 비용편익분석은 다음 장(제10장)에서 구체적으로 다루었다.

성, 형평성, 안정성 등 다양한 사회적 가치를 반영해야 한다. 스쿨존 규제의 경제적 비용이 편익보다 크다 해서 규제를 하지 말아야 하는 것은 아니다. 또 100년에 한번 발생할 확률의 지진에 대비하기 위해 여러 나라들은 많은 건축규제를 도입한다. 즉, 규제는 단순히 경제적 효율성 차원만 접근되어서는 안 된다.

② 규제의 비용과 편익을 엄밀하게 계량화하는 것은 매우 어려운 일이다. 규제의 비용과 편익 추정에 있어서 엄밀한 계량화가 어려운 이유는 여러 가지에 기인한다. 대표적으로, 규제의 비용과 편익은 사회적 관점에서 추정되어야 한다는 점, 간접효과 등으로 인해 총비용과 총편익 추정 자체가 쉽지 않다는 점, 일반적 재화와 달리 규제의 경우는 시장에서 거래되지 않는 것으로 가치 추정 자체가 어렵다는 점, 규제가 단기간에 영향을 미치지 않고 장기간 영향을 미치기 때문에, 사회적 할인율(social discount rate)이 중요함에도 수렴된 할인율을 도출하기 어렵다는 점, 규제는 손실회피(loss aversion)가 크게 작용하여 비용과 편익을 등가 처리하기가 매우 어렵다는 점 등 일일이 나열하기 어려울 정도로 많다. 따라서 규제의 비용편익분석은 분석의 타당성과 신뢰성, 그리고 분석의 가치를 종합적으로 고려해야 한다. 과학적이지 못한 분석 결과는 규제의 비용편익분석뿐만 아니라 규제영향분석에 대한 가치를 떨어뜨린다.

둘째, 규제영향분석은 불필요한 규제를 억제하는 데 유용할 수 있으나, 동시에 필요한 규제의 적시 형성을 제약한다. 즉, 규제영향분석은 대안 간 비교, 해외사례 고찰, 경제성 분석, 이해관계자 고려 등 분석항목들은 고려할 수 있는 것들을 총망라하고 있고 체계적이다.

총체적 접근은 매우 이상적이나 인간의 합리성과 행정현실과는 거리가 있을 수 있다. 이에, 모든 규제에 대해 총제적 접근을 취하기보다는 유연한, 선별적 접근이 필요하다. 쉽게 말해, 규제의 사회적 영향력에 비례하여 규제영향분석의 분석 항목을 연계시킬 필요가 있다. 예를 들어, 분석의 기본항목을 정해 모든 규제를 대상으로 시행하고, 비용편익분석과 같은 고도의 계량기법이 필요한 분석항목은 특정 조건(예: 피규제자의 직접 피해 비용이 특정 금액 이상인 경우 등)을 충족하는 규제에 한해 시행될 필요가 있다.

셋째, 현행 규제영향분석은 신설·강화 규제에 한정되고 있다. 그러나 기존 규제에 대한 영향분석 역시 매우 중요하다. 특히, 기존의 규제가 사익이론에 따라 형성된 규제라면, 동 규제에 대한 영향분석 필요성은 매우 크다. 따라서 규제영향분석은 규제 신설과 강화뿐만 아니라 현행 규제의 완화 및 폐지 과정에서도 반영해야 한다. 또한 기존 규제가 규제 목적을 달성하고 있는지에 대한 집행평가 차원의 '사후 규제영향분석' 역시 중요하게 고려해야 한다. 다만, 제도의 복잡성 문제를 고려하여, 규제일몰제를 체계화시켜 활용할 필요가 있다.

넷째, 의원입법 역시 규제영향분석의 대상이 되어야 한다. 2016년 3월부터 2020년 3월 30일까지 위원발의 법안은 3,904개, 규제 조항 수는 7,258개에 이른다.[4)]

현재 규제영향분석에서 의원입법은 행정규제법 제3조에 따라 제외되어 있다. 의원입법의 경우 규제영향분석에서 제외하는 것은 다양한 문제를 유발한다. ① 무엇보다 민주주의 국가에서 의원입법의 절대적 양이 크고 증가하고 있다. 또한 의원입법을 제외하게 되면, 공무원들은 규제영향분석을 우회하기 위해 의원입법을 활용할 수 있다. 특히, 동 과정에서 일명 하위정부(subgovernment)로 알려진 것처럼 담당 부처와 의원 간의 연계를 강화시킬 수 있으며, 행정부의 의회 종속화를 유발한다. ② 또한 규제의 형평성 문제가 제기된다. 규제에는 피규제집단, 규제지대를 향유하는 집단 등 다양한 이해관계자들이 얽혀 있다. 따라서 어떤 집단과 관련된 규제는 규제영향분석의 대상이 되는 반면, 어떤 집단과 관련된 규제는 규제영향분석의 대상이 되지 않는다면, 이는 곧 형평성의 문제가 나타날 수 있다.

다섯째, 모든 제도는 그 자체로 행정적·사회적 비용을 유발할 수 있다. 무엇보다 규제영향분석은 그 자체로 행정비용이 발생된다. 규제영향분석에 따라 규제의 질을 개선하는 편익이 있으나 동시에 정부부처가 규제영향분석을 작성하고 규제개혁위원회에 심의를 받아야 하는 등의 행정적 비용이 초래된다. 사회적으로도 규제영향분석은 규제 형성에 이해 및 이익집단의 참여를 제도화하기 때문에, 집단 간 충돌에 따른 사회적 갈등 및 규제 형성이 지연될 수 있다. 또한 이익집단의 참여에 따라 규제의 내용이 변형될 수 있는 문제 역시 내포되어 있다. 게다가 국민들이 체감하는 규제의 요구 시점과 집행 시점 간에 시차를 유발함에 따라 규제에 대한 국민적 신뢰를 낮출 수도 있다. 따라서 규제영향분석이 갖는 한계와 부정적 영향을 최소화할 수 있도록

---

4) 규제정보포털. https://www.better.go.kr/rz.law.AssemblyLawListSlPL.laf(검색일: 2020.4.2).

유연한 제도적 운영이 필요하다.

여섯째, 규제영향분석은 전문적인 분석을 요구한다. 일반 공무원들이 이를 작성한다는 것은 형식적 절차가 또 하나 늘어난 것에 불과할 수 있다. 즉, 실질적 규제 질 개선을 위한 것이 아니라 규제의 신설·강화 과정에 하나의 형식 절차가 하나 더 추가된 것에 불과하다. 따라서 규제영향분석은 전문적 지식을 갖춘 이익집단의 이해가 배제된 국책기관을 구축하고, 동 기관을 통해 전문적이고 품질이 보장된 분석서가 마련되어야 한다. 제도의 형식을 갖춘다고 해서 제도의 목적이 달성되는 것은 아니다.

3. 총량관리와 규제비용관리제

1) 총량관리와 규제비용관리제의 주요 내용

(1) 규제총량관리

규제에 대한 총량을 관리하는 방식으로, 크게 규제 수의 절대 양을 관리하거나 규제비용의 총량을 관리하는 방식으로 구분된다.

첫째, 규제 수의 절대 양을 관리하는 방식('규제 총수량 관리제')은 전체 규제 숫자를 파악하고, 목표한 일정한 규제 숫자, 총량을 관리하는 것이다. 예를 들어, 전체 규제 목표치가 1,000개라고 할 때, 10개의 규제를 새로 신설하고자 한다면 기존 규제 10개를 폐지하여 총 수 1,000개를 유지하는 것이다. 이러한 규제 수의 총량관리는 규제관리가 전혀 되지 않은 국가에서 일시적인 개혁 방법으로 혹은 대외적으로 규제개혁을 홍보 수단으로는 의미를 지닐 수 있다. 그러나 이러한 총량관리 규제는 서로 다른 규제의 특성을 고려하지 않고 기계적으로 동일한 것으로 치환한 것으로 규제체계 전반을 왜곡시킬 수 있다. 또한 규제 신설 시 기계적으로 기존 규제를 폐지해야 하기 때문에, 폐지가 필요한 규제가 폐지되는 것이 아니라 폐지하는 것이 용이한 규제가 폐지되는 문제를 유발한다. 또한 규제행정을 형식주의로 이끄는 폐단을 유발한다.

둘째, 규제의 순비용(비용－편익)을 총량으로 관리하는 방식으로 규제비용관리제로 불린다. 규제의 신설 시 순비용을 계산하고 발생된 순비용만큼 기존의 규제의 완화나 폐지를 통해 순비용을 줄여서 전체 순비용을 0으로 만드는 방식이다. 예를 들어, 기존 규제 신설로 순비용이 10만큼 증가했다면, 기존 규제 폐지를 통해 순비용 10만큼을 줄여, 전체 순비용을 0으로 한다. 이하에서는 규제비용관리제를 제시하고자 한다.

(2) 규제비용관리제

규제비용관리제(Cost-In, Cost-Out) 혹은 규제비용총량제는 규제에 따른 '피규제자'의 순비용(직접비용-직접편익)을 일정한 수준으로 유지하기 위한 제도이다. 즉, 규제의 신설·강화 시에 발생하는 피규제자 관점에서의 규제비용(Cost-in)에 상응하여 규제를 완화 및 폐지함으로써 규제의 총비용을 관리하고자 하는 제도이다. 규제는 비용과 편익을 발생시킨다. 이때 비용이 편익보다 커서 순비용이 발생되게 되면, 기존의 규제 중에서 규제완화 및 폐지를 통해 순비용의 증가분만큼을 줄여서 총량을 유지하고, 동시에 기존 규제의 개선을 도모하고자 하는 목적을 지니고 있다.

2011년 영국에서 시작되었으며, 우리나라도 2016년부터 규제의 신설·강화를 억제하기 위한 수단으로서 시행되고 있다. 즉, 중앙행정기관의 장은 법인·단체 또는 개인의 사업활동에 비용부담을 초래하는 규제를 신설하거나 강화하려는 경우 해당 규제로 인하여 직접적으로 부담하게 되는 비용에서 직접적으로 발생되는 편익을 제외한 비용(이하 "규제순비용")이 발생할 것으로 예상되면 그 규제순비용에 상응하는 수준 이상의 규제순비용을 가진 기존 규제를 정비하도록 하고 있다. 다만, 국민 생명·안전 등 필요한 경우에는 규제비용관리를 받지 않도록 하고 있다(국민부담 경감을 위한 행정규제 업무처리 지침 제2조).

1. 국가적 위기상황에 긴급히 대처하기 위한 규제
2. 조약이나 그 밖의 국제협정의 이행을 위하여 불가피한 규제
3. 국가의 질서유지, 국민의 생명·안전과 직접적으로 관련되는 규제
4. 금융·외환시스템 위험 방지 및 안전성 확보를 위한 규제, 환경 위기 대응을 위한 규제 및 공정한 경쟁을 촉진하는 규제
5. 수수료, 행정질서벌 및 행정제재처분 등 규제비용의 관리가 적절하지 아니한 규제
6. 1년 이하의 존속기간이 설정된 규제

2018년 규제비용관리제 기관별 운영현황은 <표 9-5>와 같다.

표 9-5 규제비용관리제 기관별 운영현황 예시

부처명	Cost-In		Cost-Out		2018년 순비용	순비용 누계 (2016년 7월~)
	건수	금액	건수	금액		
농림축산식품부	2	7,429	1	-23,150	-15,721	-394,800
국토교통부	12	18,311	5	-2,186	16,125	-312,395
산림청	1	-	4	-2,960	-2,960	-47,692
과학기술정보통신부	6	11,323	1	-14,752	-3,429	-16,058
산업통상자원부	6	1,238	2	-8,180	-6,942	-15,122

출처: 규제개혁위원회(2019, 154).

2) 규제비용관리제의 한계와 대안

규제비용관리제는 규제의 총량, 즉 총비용을 일정수준으로 유지하고자 하는 데 목적을 두고 있으나 몇 가지 한계가 존재한다.

첫째, 규제의 순비용을 유지하는 것이 바람직한가 하는 점이다. 일반적으로 선진국으로 진입할수록 사회와 경제, 산업의 분화와 복잡성 증대는 필연적으로 나타난다. 또한 경제적 관점 외에 사회적 관점에서 국가의 역할은 지속적으로 증대되고 있다. 소득수준이 낮은 경우 안전, 환경, 인권, 삶의 질, 성인지, 복지 등 영역은 규제 대상으로 인식하지 못하였으나, 소득수준이 높아질수록 해당 영역에 대한 규제의 사회적 수요는 증가되어져 왔다. 다시 말해, 19세기에서 현재에 이르기까지 정부의 질적·양적 크기는 지속적으로 확대되어져 왔다. 따라서 규제의 증가 자체에 따른 총비용 자체를 통제하는 것 자체가 바람직한 것인지에 대한 고민이 필요하다. 참고로, 규제비용관리제와 유사하게 총량을 관리하는 규제 총수량 관리제는 성공하지 못하였으며, 세계적으로 가장 강력한 규제개혁을 추진하여 온 우리나라 역시 규제 총수량 관리는 포기하였다.

둘째, 피규제집단, 즉 피규제기업을 대상으로 한 순비용 추정 자체가 바람직하지 않을 수 있다. 모든 규제는 비용과 편익을 발생시키고, 규제의 비용편익분포는 집단별로 상이하다. 예를 들어, 대기오염 규제의 경우, 대부분의 비용주체는 산업계이지

표 9-6 국가별 규제 감축비용 산출 방식

국 가	산정방식	영향집단	반영기간	적용범위
한국	연간균등비용	피규제기업	1년	의원입법 제외
영국	연간균등비용	피규제기업	의회임기 (5년)	자치의회(스코틀랜드, 북아일랜드, 웨일스) 입법 제외
미국	현재가치	사회 전체	전 기간	–

출처: 국무조정실 보도설명자료(2019.11.7).

만 편익주체는 일반국민이다. 이러한 상황에서 비용통제를 위해 대기오염 규제를 완화하면, 그 편익은 산업계가 지게 되나 비용은 국민 일반이 부담하게 된다. 따라서 정부가 하는 정책, 규제 등의 비용편익분석은 피규제기업이 아니라 사회 전체 관점에서 분석되어야 한다.

셋째, 규제비용관리제는 규제 비용의 정확한 추정에 기초한다. 기존에 규제 총비용이 1,000이라고 하자. 새로운 규제로 인한 규제 비용이 +100이라면 기존의 규제를 폐지 및 완화하여 −100만큼을 줄인다는 구조이다. 즉, 총량을 1,000으로 유지한다는 것이다. 그러나 앞서 규제영향분석의 비용편익분석에서 논의한 바대로, 비용편익을 분석한다는 것은 곧 어떤 재화의 가치를 추정한다는 것으로, 단일 시장재에 대한 가치 추정조차 쉽지 않다. 심지어, 규제비용관리제는 서로 다른 유형의 규제 순비용을 각각 도출하고 이를 합산하는 방식을 취하고 있다. 단일 재화에 대한 비용과 편익을 합산하는 것 자체도 많은 어려움 있는데, 서로 다른 규제의 순비용을 합산하는 것은 심각한 문제를 유발할 수 있다.

넷째, 규제비용관리제는 규제영향분석의 비용편익분석 간 연계를 어렵게 한다. 즉, 본질적으로 규제영향분석의 비용편익분석은 사회 전체 관점의 비용편익이고, 규제비용관리제는 피규제자 관점의 비용 · 편익이다. 사회 전체 관점에서 비용편익과 피규제자 관점의 비용편익은 완전히 다른 차원의 분석이다. 따라서 비용과 편익이 피규제자에게만 발생되는 규제에 한해 가능할 것이나 현실규제에서는 찾아보기 어렵다.

다섯째, 규제비용관리제는 영국의 제도를 모방하여 운영하고 있는데, 이는 규제관리의 실질적 효과보다는 규제 신설을 억제하기 위한 통제수단 혹은 상징수단으로 활용되고 있는 면이 크다. 이에 따라, 행정 부담을 가중시킬 뿐만 아니라, 일선 현장에서는 형식주의를 초래시킬 가능성이 매우 크다.

4. 네거티브 규제

1) 네거티브 규제의 주요 내용

법률의 기술 방식은 크게 두 가지 유형, 즉 '할 수 있는 것'을 기술할 수도 있고, '할 수 없는 것'을 기술하는 방식을 취할 수도 있다. 이는 규제와 관련하여 '포지티브 리스트(positive list) 방식'과 '네거티브 리스트(negative list) 방식'으로 구분될 수 있다.

포지티브 리스트 방식(이하, '포지티브 규제')은 법률에서 할 수 있는 것을 구체적으로 정해 놓은 것이고, 네거티브 리스트 방식(이하, '네거티브 규제')은 법률에서 할 수 없는 것을 기술하는 방식이다. 원칙적으로는 모두 허용하지만 기술된 것만 허용하지 않는 방식('원칙허용 · 예외금지')이다.

일반적으로 과거 규제 방식은 포지티브 규제를 취하여 왔다. 그러나 정보화 사회가 진척되면서 새로운 기술 등장, 기술 간 융합이 나타나고 있고, 특히 과거와는 비교할 수 없는 속도로 이루어지고 있다. 이는 곧 국제 간 '초 격차 경쟁'이 이루어지고 있음을 의미하며, 이에 각국은 네거티브 규제를 적극 도입하고 있다.

표 9-7 포지티브 · 네거티브 규제 예시 비교

과제명	포지티브 규제	네거티브 규제	조치사항
신기술 적용 소방경보 시설 허용 (소방청)	• 특정소방대상물*에 설치하여야 하는 소방경보시설의 개념에 "유선방식"의 자동화재탐지설비만 사용 가능하도록 규정 * 공동주택, 근린생활시설, 교육연구시설, 종교시설, 전통시장 등 361,321개소	• "무선방식"의 사물인터넷(IoT) 기술이 반영된 다양한 화재알림설비도 허용(건물주가 유 · 무선 설비 중 선택 가능)될 수 있도록 소방경보시설의 개념 확대	소방시설법 시행령 별표1, 별표5
자동차연료 첨가제 종류 다양화 (환경부)	• 자동차의 성능 향상 목적의 첨가제 종류가 5종*으로 한정 * 다목적첨가제, 옥탄가향상제, 세탄가향상제, 유동성향상제, 윤활성향상제	• 새롭게 개발된 첨가제가 신속히 시장 출시될 수 있도록 기타 유형 신설	대기환경 보전법 시행규칙 제8조 별표6

농·수· 임산물 포장재료 다양화 (농림축산 식품부, 해양수산부, 산림청)	• 농산물, 수산물, 임산물 표준규격 포장 재료를 한정적으로 열거 * (농산물) 골판지, 폴리에틸렌(PE) 대 등 7종류(수산물) 골판지, PE, PP 등 4종류, (임산물) 발포 폴리스티렌, 플라스틱 등 7종류	• 동등 이상의 품질을 갖는 신소재도 인정할 수 있도록 포장재료 범위 다양화 * (예시) 현행 PE 및 PP 재질을 혼합·제조한 포장재료 등	농산물 표준규격 (고시) 제6조 수산물 표준규격 (고시) 제6조 임산물 표준규격 (고시) 제7조
산업단지 입주업종 규제방식 네거티브화 (산업통상 자원부)	• 산업단지 내 "산업시설용지"에 입주 가능한 업종이 전 제조업(25종), 지식산업(27종), 정보통신산업(5종), 기타(12종)로 한정	• 신산업 출현 등에 적시 대응할 수 있도록 일정구역에 대해 업종 제한을 면제하는 '네거티브 존' 도입 → 단계적 확대 * '네거티브 존' 입주 가능 업종(안) 마련 후 국토교통부 등 관계부처와 협의 추진	산업집적법 시행령 제6조
고용위기지역 지원대상 산업 네거티브화 (고용노동부)	• 지역고용촉진지원금 지원대상 산업을 16가지로 열거* * 표준산업분류체계상 농업·임업 및 어업, 제조업, 건설업 등	• 지원 제외 대상*을 열거하고, 그 외 모두 허용 * 청소년 유해업소, 계절적·한시적 사업, 미풍양속에 반하는 사업, 근로자 고용 여부가 불분명한 사업 등	고용위기 지역 지정 고시 제3조

출처: 국무조정실 보도자료(2019.4.19, 15-44) 부분 편집 인용.

우리나라 또한 2013년부터 규제체제를 네거티브 방식으로 전환하고 있다. 2016년도 행정규제 업무처리 지침을 제정하여, 신설 및 강화 규제는 우선적으로 네거티브 규제를 적용하고, 기존 규제 역시 네거티브 규제로 전환을 규정하였다(국민부담 경감을 위한 행정규제 업무처리 지침 제3조).

최근 2019년에는 네거티브 규제를 보다 확대하여, 법을 보다 적극적으로 해석하거나 규제 샌드박스 도입 등을 포괄하여 '포괄적 네거티브 규제 방식(우선허용·사후규제)'이 행정규제기본법에 명시되었다. 즉, 신기술을 활용한 새로운 서비스 또는 제품과 관련된 규제는 입법방식 유연화(네거티브 방식, 포괄적 개념정의, 유연한 분류체계, 규제 샌드박스)를 명시하였다[행정규제기본법 제5조의2(우선허용·사후규제 원칙)].

1. 규제로 인하여 제한되는 권리나 부과되는 의무는 한정적으로 열거하고, 그 밖의 사항은 원칙적으로 허용하는 규정 방식(네거티브 방식)
2. 서비스와 제품의 인정 요건·개념 등을 장래의 신기술 발전에 따른 새로운 서비스와 제품도 포섭될 수 있도록 하는 규정 방식(포괄적 개념 정의)
3. 서비스와 제품에 관한 분류기준을 장래의 신기술 발전에 따른 서비스와 제품도 포섭될 수 있도록 유연하게 정하는 규정 방식(유연한 분류)
4. 그 밖에 신기술 서비스·제품과 관련하여 출시 전에 권리를 제한하거나 의무를 부과하지 아니하고, 필요에 따라 출시 후에 권리를 제한하거나 의무를 부과하는 규정 방식(규제 샌드박스)

2) 네거티브 규제의 한계와 함의

네거티브 규제의 한계와 함의는 포지티브 규제방식과 네거티브 규제방식의 차이를 통해 살펴볼 수 있다.

첫째, 일반적으로 포지티브 방식은 할 수 있는 것을 기술하는 방식이기 때문에 대상이 한정될 수밖에 없다. 반면, 네거티브 방식은 할 수 없는 것을 기술하기 때문에 할 수 있는 대상의 범위가 포지티브 방식에 비해 훨씬 크고 무한하다. 예를 들어, 포지티브 방식으로 "전기 자동차 배터리 원료는 니켈, 망간이다"라고 규정한다면 니켈과 망간 외에 다른 물질은 전기 자동차 배터리로 만들 수 없음을 의미한다. 반면, "전기 자동차 배터리 원료에 질소와 카드뮴이 포함되서는 안 된다"라고 규정하게 되면 질소와 카드뮴을 제외한 모든 물질이 배터리 원료가 될 수 있다.

둘째, 포지티브 방식은 네거티브 방식에 비해 '규제지대'의 형성 가능성이 높다. 포지티브 규제는 되는 것이 제한적으로 기술되어 있으나, 네거티브 방식은 안 되는 것이 제한적으로 기술되어 있다. 즉, 네거티브 방식은 이론적으로 되는 것이 무한하기 때문에 규제지대의 형성이 포지티브 방식에 비해 제한된다. 예를 들어, 오존층 보호를 위해 에어컨 등 냉매 가스로 수소불화올레핀(hydro-fluoro-olefin: HFO)만을 이용할 수 있도록 포지티브 규제를 하면, 동 가스에 특허를 지니고 있는 듀폰사(DuPont) 등 극소수 기업들에게는 막대한 규제지대를 형성해준다.

셋째, 진입 및 경쟁 촉진과 관련하여, 포지티브 방식보다 네거티브 방식은 새로운 기술 개발과 사업화를 촉진, 기술 간 경쟁, 기업 간 경쟁을 촉진시킬 뿐만 아니라 진입장벽을 완화시킬 수 있다. 이는 포지티브 규제에 비해 네거티브 규제의 가장 가시적인 장점이라 할 수 있다. 구체적으로, 포지티브 규제는 기존의 기술수준에 기초하여 규제가 형성된 것이다. 따라서 포지티브 방식은 새로운 기술을 즉각적으로 반영할 수 없다. 포지티브 방식에서 새로운 기술을 반영하기 위해서는 일일이 관련 규정을 제·개정해야 하는 법적 절차를 따라야 한다. 결국, 기술 변화와 법 제·개정 간에 시차가 존재하게 되고 이는 결국 신기술의 적용을 방해한다. 이에 비해, 네거티브 방식은 기존 법 개정 없이도 새로운 기술의 사업화가 가능하고, 기존의 기술에 제약을 받을 필요가 없다. 이에 따라, 기술 간 경쟁, 기업 간 무한 경쟁을 촉진시킬 수 있다. 따라서 네거티브 규제는 포지티브 규제에 비해 진입장벽 형성 가능성이 매우 낮다.

넷째, 규제관리의 편리성 차원에서는 포지티브 방식이 네거티브 방식에 비해 우월하다. 규제 대상과 영역이 제한적이기 때문에 안정적으로 규제를 집행하고 관리할 수 있다. 반면, 네거티브 방식은 규제 대상과 영역의 범위가 획정되어 있지 않기 때문에 규제관리가 상대적으로 어려워질 수 있다.

다섯째, 포지티브 방식이 네거티브 방식에 비해 규제 리스크 발생이 상대적으로 낮다. 이는 특히, 건강, 환경, 의료, 보건복지 등과 관련되어져 있다. 본질적으로, 기술은 불확실성을 내포하고 있다. 현재의 과학기술로 현재의 기술이 유발하는 위험을 예측한다. 조선시대에 화장품 원료에는 '납'과 '수은'이 포함되어 있었다. 구체적인 예로서, 현재 과학 지식을 고려할 때, 어린이 장난감에 포함되지 말아야 할 물질로 플로토늄, 카드늄, 납, 비소, 수은을 기술한 네거티브 방식을 취하였다고 가정하자. 이는 네 가지 원소 외에 다른 원소는 모두 어린이 장난감에 포함시킬 수 있다는 것을 의미한다. 그러나 네 가지 원소 이외에 다른 모든 원소들이 장기적으로 건강에 어떠한 영향을 미치는지 알기 어렵다. 따라서 건강, 환경, 의료, 보건복지 등 사람의 건강과 안전 등과 관련된 영역에서는 불확실성을 내포하고 있는 네거티브 방식의 한계를 고려해야 한다. 특히, 동 분야에서 규제의 효과가 즉시 나타나는 것이 아니라 수년, 수십 년 후에 가시화된다는 점에서 신중을 기해야 한다.

결론적으로, 포지티브 규제와 네거티브 규제는 각각 장·단점을 지니고 있으나, 네거티브 규제가 보다 유용한 것으로 판단된다. 다만, 보건 및 안전 등 불확실성이

표 9-8 포지티브와 네거티브 리스트 규제 방식 비교

구 분	포지티브 방식	네거티브 방식
특징	• 원칙 금지 · 예외 허용 • 되는 것을 제한적으로 기술	• 원칙 허용 · 예외 금지 • 안 되는 것을 제한적으로 기술
적용 대상의 확장성	제한	무한
규제지대 형성 가능성	높음	낮음
신기술 · 사업화 촉진	낮음	높음
경쟁 촉진, 진입장벽 완화	낮음	높음
규제관리의 안정성, 편의성	높음	낮음
불확실성이 높은 영역에서 사후규제 리스크 발생 가능성(보건, 안전 등)	낮음	높음

매우 높은 경우에 있어서는 신중한 접근이 필요하다. 네거티브 규제로의 전환 필요성은 민간부문에 적용되는 정부규제뿐만 아니라 정부내부규제에서도 매우 높다. 공무원의 무사안일, 공공조직의 비효율성, 비혁신성의 원인 중 하나는 정부내부규제가 포지티브 규제 형식을 취하고 있다는 점에 기인한다.

5. 규제 샌드박스

1) 규제 샌드박스의 주요 내용

현대는 첨단 과학기술의 발달과 해당 기술의 융합이 보편적으로 나타나고 있으며, 이에 따라 기존에 없던 새로운 산업이 등장하고 있다. 대표적으로, 핀테크(FinTech 또는 financial technology) 산업이 등장하고 있고, 동 산업은 기존의 새로운 기술, 기존 산업 간 연계를 특성으로 하고 있기 때문에, 기존의 규제체제는 한계를 지닌다. 이러한 맥락에서 등장한 규제 샌드박스(regulatory sandbox)는 기존의 규제가 존재함에도 불구하고 해당 규제를 면제 혹은 유예시켜 주는 것이다. 즉, 기존 규제가 존재함에도 불구하고 '우선허용 · 사후규제'를 핵심으로 한다.

영국에서 핀테크 사업에 대응하기 위해 2015년 말 처음 적용된 규제 샌드박스는 어린이들 놀이터인 모래상자처럼 기존의 규제에서부터 자유로운 환경을 제공함으로

표 9-9 규제 샌드박스 국·내외 비교

한국과 외국 규제 샌드박스 내용 비교

한국		외국
신속확인		해당 없음
임시허가	VS	해당 없음
실증특례		실증특례

한국과 주요국 도입 범위 비교

국가	도입 범위
	• 실물경제 포함하는 4대 분야
	• 금융 중심, 최근 ICT · 에너지 확대
	• 금융 중심(애리조나, 와이오밍 주)
	• 헬스케어 · 모빌리티로 확대 (2018년~: 13건)

출처: 관계부처 합동(2020, 16).

써 새로운 기술과 사업화를 촉진시키기는 목적을 지니고 있다. 우리나라는 2019년 행정규제기본법 제5조의2가 신설되면서 규제 샌드박스를 법제화하였다. 즉, '우선허용·사후규제 원칙'에 따라 국가나 지방자치단체가 신기술을 이용한 새로운 서비스 또는 제품과 관련된 규제를 법령 등이나 조례·규칙에 규정할 때에는 출시 전에 권리를 제한하거나 의무를 부과하지 아니하고, 필요에 따라 출시 후에 권리를 제한하거나 의무를 부과하는 규정 방식 등을 우선 고려하도록 하였다.

규제 샌드박스는 ICT·산업융합 분야를 시작으로 산업융합, 금융혁신, 지역혁신 분야 등 신기술 융합이 적용되는 영역으로 확대 적용되고 있다. 규제 샌드박스는 주로 실증특례에 초점이 맞추어져 있으나, 실증특례와 관련된 신속확인, 임시허가 등과 같은 행정절차를 포함하기도 한다.

여기서, '신속확인'은 사업자가 규제 존재 여부 및 내용을 문의하고 30일 이내 정부가 회신하지 않으면 '규제가 없는 것'으로 간주한다. '임시허가'는 신기술·서비스에 대한 근거법령이 모호·불합리 시 기존 규제 적용 없이 임시 허용하는 것이다. '실증특례'는 관련 규정에 금지 규정 등이 있음에도 시험 검증이 필요한 경우 제한된 구역, 규모, 기간 등 일정한 조건 하에서 신기술이나 서비스의 테스트를 임시 허용하는 것이다. 2019년 규제 샌드박스의 대표적인 시행 사례는 다음 <표 9-10>과 같다.

표 9-10 규제 샌드박스 실증특례

구 분	규제 샌드박스 시행 전	규제 샌드박스 시행 후
도심 내 수소충전소 실증특례	■ 덩어리 규제 → 규제 개선 논의 지연 ▸용도지역 규제(국토계획법 · 서울시 조례) ▸도시계획시설 규제(국토계획법) ▸공유재산임대 제한(공유재산법 등)	■ 관련 규제 유예 · 면제 → 우선허용 ▸3곳 실증특례, 1곳 조건부 특례 부여 ■ 실증 결과 바탕으로 신속한 규제정비 추진
DTC 유전체 분석을 통한 맞춤형 건강증진 서비스 실증특례	■ 비의료기관과 의료기관 간 역할 차별화 논리로 신기술 도입의 답보 상태 지속 ▸비의료기관 검사항목을 질환 외 웰니스항목 중심 12가지로 제한(생명윤리법) ▸미 · 일 · 영 등 주요국보다 제한적 운영	■ 13개 질환에 대해 실증 허용 ▸만성질환, 호발암, 노인성질환 등 포함 ■ 질병예측 · 건강관리 서비스 제공 가능 ▸맞춤 식품, 운동프로그램 제공 등 타 서비스 산업과 연계 · 확대 기대

출처: 국무조정실 보도자료(2019.4.25, 4).

2) 규제 샌드박스의 유용성과 한계, 대안

규제 샌드박스는 다양한 유용성을 지닌다.

무엇보다 첫째, 빠른 기술발달 및 속도 경쟁이 존재하는 산업 영역의 경쟁력 확보에 기여한다. 즉, 빠른 기술발달 및 적용 속도에 비해 기존의 규제 제 · 개정에는 많은 시간이 소요되기 때문에, 이들 간 격차를 해결할 필요가 있다. 기술과 사업화, 그리고 규제 간에 시간적 격차가 매우 크다는 것은 국제 경쟁구조에서 해당 산업의 도태를 의미한다. 규제 샌드박스는 동 영역에서 기존의 규제체제의 변화 없이 '우선허용'을 가능하게 함으로써, 기술발달 속도에 대응하고 산업경쟁력을 확보하는 데 기여한다.

둘째, 기존 규제체제의 대대적 정비 전에 융합기술 부분에서의 기술발달과 산업화를 촉진시킨다. 즉, 기존 규제는 단일 산업체계에 연계된 규제체제를 지니고 있다. 예를 들어 금융산업은 금융규제, 정보통신산업은 정보통신 규제로 분리되어 있다. 그러나 새로운 혁신산업들은 기존 산업의 경계를 관통하여 연계되어 있고 또한 융합되어 있다. 따라서 혁신산업이 성장하기 위해서는 기존 규제체제가 전면적으로 변화되어야 한다. 하지만, 각각의 규제별로 규제지대가 존재하는 경우, 규제 변화는 곧 규제지대의 상실을 의미하기 때문에 이익집단들의 저항이 강하게 나타난다. 이로 인해 혁신기술과 산업이 등장하더라도 이를 뒷받침할 수 있는 규제체제가 마련되지 못하게 된다. 따라서 시간경쟁이 이루어지고 있는 산업 및 새로운 기술융합산업을 육성하고 촉진하기 위해서 '우선허용 · 사후규제' 체제 역시 필요하다. 이러한 맥락에서 샌드박스가 등장했다. 규제 샌드박스의 핵심은 우선허용해 보는 것이다.

이러한 유용성에도 불구하고 몇 가지 한계를 지니고 있다.

첫째, 규제 샌드박스는 기존 이해관계가 첨예한 사안이거나 규제지대와 충돌일 발생될 경우 규제 샌드박스 적용이 쉽지 않다.

둘째, 임시허용 기간이라 할 수 있는 특례기간이 끝나면 사업이 종료되기 때문에 사업 중단에 대한 불안 요소가 내재되어 있다. 특례기간 이후 안정적인 사업을 위한 관련 규제체제 변화가 수반되지 않을 경우 관련 산업에 부정적 영향을 미칠 수 있다.

셋째, 한편에서 규제 샌드박스는 임시 허가와 같음에도 불구하고 이해집단을 형성한다는 점에서 경로의존성을 지닐 가능성이 크다. 즉, 규제 샌드박스에 의해 우선허용되었으나 사후에 문제가 발생되어 규제를 도입하고자 하더라도 이해집단의 저항에 따라 규제도입이 어려워 질 수 있다.

넷째, 가장 중요한 문제 중 하나로 신기술이 갖는 불확실성이다. 현대 과학기술은 기술융합이 보편적으로 나타나고 있다. 이러한 상황에서 신기술이 생명과 안전에 연계될 경우, 미래 기술이 유발할 불확실성을 사전에 예측하는 것이 쉽지 않다. 이러한 상황에서 빠른 사업화 지원은 예측하기 어려운 사회문제를 유발시킬 수 있다. 따라서 이러한 불확실성에 따른 위험을 대응할 수 있는 제도와 시스템이 병행적으로 마련될 필요가 있다.

다섯째, 운영상 한계로 융합기술의 경우 관련 부처를 결정하기가 쉽지 않다. 현재의 정부부처는 고유한 기능으로 분류되어 있고, 이러한 기능은 기술과도 관련되어 있다. 의학기술은 보건복지부, 금융기술은 금융위원회 등이다. 만약, 의학과 금융기술이 융합되는 사업의 경우 주무부처를 결정하는 것 자체가 많은 논란을 유발할 수 있다.

6. 규제 일몰제

1) 규제 일몰제의 주요 내용

사후 규제영향평가로 이해할 수 있는 규제 일몰제(regulatory sunset, sunset law)는 하루에 일정한 시간이 지나면 해가 지듯이, 규제의 효력을 시간적으로 제한하여 폐기하거나 재검토 기한을 설정하여, 시기가 도래하면 규제의 필요성과 타당성을 재검토하여 규제의 지속 여부를 결정하는 것을 말한다.

일반적으로 규제는 일반적으로 법에 기초하고 관련 이익집단이 형성되어 있기 때문에 한 번 성문화된 규제는 스스로 없어지기 어렵다. 규제는 시대와 환경에 부합되어야 함에도 불구하고 성문화된 규제는 시간과 환경의 변화에 따라 규제의 목적을 달성하지 못하거나, 심지어 부작용을 유발함에도 스스로 없어지지 않는다. 따라서 규제의 효력이 미치는 시간적 범위를 미리 설정해 놓아 규제의 지속적 증가를 통제하기 위한 도구이다.

규제 일몰제는 미국의 여러 주뿐만 아니라 독일, 영국, 호주 등에서 시행되고 있으며, 특히 영국과 호주는 법제화를 통해 일몰제를 운영하고 있다. 우리나라는 1998년 행정규제기본법의 제정부터 규제 일몰제가 도입되어, 규제의 신설・강화뿐만 아니라 기존 규제에 대해서도 일몰 기한을 설정하고 있다(행정규제기본법 제8조, 제19조의 2 참고). 1998년 법 제정 당시 효력상실형이 도입되었고, 이후 2009년부터는 재검토형이 추가되었다. '효력상실형'은 1998년부터 도입되어 시행 중으로 규제의 존속 기한을 정하고 해당 시점이 되면 규제를 자동 폐지시키는 것이고, '재검토형'은 규제의 재검토 기한을 설정하고 해당 시점이 도래하면 규제의 필요성 및 타당성 등에 대한 재검토를 통해 규제의 폐지 혹은 개선하여 지속할지 여부를 결정하는 것을 말한다.

현행법상 규제의 존속기한 및 재검토 기한은 최대 5년으로 하고 있으며, 존속기한 및 재검토 기한을 연장하고자 하는 경우 규제의 존속기한 또는 재검토 기한의 3개월 전까지 규제의 존속기한 또는 재검토 기한 연장을 내용으로 하는 개정안을 국회에 제출하도록 하고 있다(행정규제기본법 제8조).

표 9-11 2018년 기한 도래 재검토형 일몰규제 심사 결과

총 계	규제 폐지	규제개선			규제존속			비규제[1]
		소 계	일몰 유지	일몰 해제	소 계	일몰 유지	일몰 해제	
858	25	117	96	21	617	431	186	99

주: 1) 과징금 · 과태료 및 행정내부절차 · 기준 등 권리제한 · 의무부과와 직접 관련이 적은 경우
출처: 규제개혁위원회(2019, 130).

2) 규제 일몰제의 유용성과 한계, 대안

규제 일몰제는 주된 장점은 아래와 같다.

첫째, 규제 재검토 및 고찰의 기회를 제공한다. 규제는 특정 시점의 기술, 정치, 행정 등 다양한 환경변수에 기초하여 형성된다. 시간이 흐르게 되면 규제환경도 변화하게 되면서 규제의 적합성에 대한 재고찰이 필요하다. 특히, 신제도주의에서 강조하듯이, 한 번 규제가 형성되면(그 필요성이 상실된다 하더라도, 혹은 규제의 합리성이 상실되더라도) 오랜 시간 생명력을 지니고 유지될 수 있다. 규제 일몰제는 강제력을 갖고 특정 시점에 규제에 대한 재검토를 의무화한다는 점에서 유용성을 지닌다.

둘째, 규제 일몰제는 IT, BT, 금융 부분 등 기술발전 속도가 빠른 영역에서 특히 유용하다. 현재 기술에 기초하여 규제가 형성되기 때문에, 기술 변화는 곧 규제 변화를 필연적으로 요구한다. 새로운 기술은 기존의 규제로 담아낼 수 없고, 기존 규제를 과도하게 확대 · 해석하여 포괄하고자 한다면 사회의 발전을 저해한다. 일몰제는 기술 변화 속도에 맞추어 규제를 지속적으로 검토하여 기존 규제를 개선할 수 있게 해준다는 점에서 매우 유용하다.

이러한 장점에도 불구하고 실제 운영상 한계는 아래와 같다.

첫째, 효력상실형의 경우 매우 이상적이나 현실적이지는 못하다. 5년 후 규제의 효력을 자동으로 상실시키는 것은 완전한 합리성에 기반한 미래예측이 있을 때 가능하다. 그러나 현실에 인간은 완전한 합리성도, 그리고 규제는 다양한 내 · 외적 환경에 영향을 받기 때문에 정확한 미래예측이 쉽지 않다. 이에 따라, 실제 우리나라뿐만 아니라 전 세계적으로 효력상실형보다는 '재검토형'이 일반적으로 활용되고 있다.

둘째, 규제 안정성과 규제 일몰제는 충돌한다. 법에 가장 중요한 항목은 안정성이

다. 시시때때로 법이 변화하면 법의 기능은 수행될 수 없다. 법의 형태로 나타나는 규제 역시 안정성이 매우 중요하다. 규제가 5년 후에 효력이 상실될지, 혹은 다시 유지될지 등이 확실하지 않을 경우 피규제자뿐만 아니라 산업 전반에 부정적 영향을 미친다. 예를 들어, CO_2 배출 규제 지속될 것이라는 믿음이 있기 때문에 피규제자는 동 규제를 지키기 위한 노력을 할 것이고, CO_2 배출을 줄이기 위한 대체재 개발이나 저감 기술을 개발하게 된다. 만약, 5년 후에 어떻게 될지 모른다면, 피규제자는 불확실성에 놓이게 되어, 합리적 선택 자체가 제약을 받게 된다.

셋째, 일몰 시점 시 이해집단 간 갈등과 충돌이 재현됨에 따라 사회적 비용이 발생될 수 있다. 규제는 진공상태에서 형성되지 않는다. 규제는 사익이론이든, 공익이론이든 그 정도에 차이가 있을 뿐 이해관계자를 형성한다. 특히, 규제는 일반적으로 수혜자 집단과 피해자 집단을 양분한다. 따라서 모든 규제가 그러한 것은 아니지만 일반적으로 규제 형성은 곧 이해집단 간 갈등 조정의 산물일 수 있다. 이러한 상황에서 5년마다 규제에 대한 재검토를 수행하게 되면, 이해집단 간 갈등이 재현되게 된다. 예를 들어, IPTV와 관련된 규제 같은 경우에는 약 10여 년의 시간 동안 이해집단 간 갈등이 극렬히 지속되어 왔다. 소상공인 지원을 위한 대형마트 규제를 담고 있는 유통법과 상생법의 경우 역시 수년 간 막대한 사회적 비용을 발생시켰다.

결론적으로, 규제 일몰제는 사후 규제영향평가 차원에서 이해하고 모든 규제를 대상으로, 획일적으로 적용하기 보다는 일몰제 대상 규제의 범위를 정하고, 일몰시점을 규제에 따라 서로 다르게 적용할 필요가 있다. 모든 규제에 규제 일몰제를 수행하여 행정비용 및 추가적인 사회적 비용을 지불할 필요가 없다. 규제 일몰제는 기술 변화 속도가 매우 빠른 영역, 재난 등 특별한 상황에서 만들어진 규제 등에 규제 일몰제의 효과를 극대화할 수 있는 영역에 적용해야 한다. 반면, 오랜 시간 이익집단 간 갈등의 산물일 경우 적용을 시점을 크게 늘리는(예: 10년) 등 유연한 제도 설계가 필요하다.

7. 정부업무평가의 규제혁신평가

우리나라는 '정부업무평가기본법'에 따라 매년 중앙행정기관을 대상으로 정부업무

표 9-12 정부업무평가의 평가부문과 배점

평가부문	배 점	평가항목	주관기관
일자리 · 국정과제	65	100대 국정과제(496개 실천과제), 62개 주요 정책과제 추진성과 등	국무조정실
규제혁신	10	규제혁신 성과 · 체감도 등	국무조정실
정부혁신	10	포용적 행정, 참여 · 협력, 공공서비스, 적극행정 실적 등	행정안전부
정책소통	15	국민소통 활동, 소통만족도 등	문화체육관광부
지시이행	±3	대통령 지시사항(145개) 이행 실적	국무조정실

출처: 국무조정실 보도자료(2020.1.14).

평가를 시행하여 오고 있다. 정부업무평가의 평가부문은 일자리 · 국정과제, 규제혁신, 정부혁신, 정책소통, 지시이행 등이다.

이 중 규제혁신평가는 정부의 규제개혁 및 관리 도구들의 이행을 점검하는 데 활용되고 있다. 2019년의 경우는 규제혁신평가는 규제정비(60%), 규제혁신체감도(20%), 규제심사(20%) 비중으로, 규제 샌드박스, 포괄적 네거티브, 규제 정부입증 책임제, 적극 행정의 이행 등을 점검 · 평가했다.

규제혁신평가는 정부부처로 하여금 규제혁신 수준을 평가하고 이행을 독려하기 위한 수단으로 유용하다. 다만, 각 부처는 서로 상이한 규제혁신 조건에 있다. 단적으로 부처별로 소관 규제의 양이 다르고, 규제혁신 상대적으로 용이한 부처가 있는

표 9-13 2019년 정부업무평가: 규제혁신 부분 평가 결과

평가등급	장관급 기관	차관급 기관
S	과학기술정보통신부	식품의약품안전처
A	농림축산식품부, 환경부, 해양수산부, 금융위원회	관세청, 산림청
B	기획재정부, 법무부, 행정안전부, 문화체육관광부, 산업통상자원부, 보건복지부, 고용노동부, 국토교통부, 중소벤처기업부	조달청, 소방청, 문화재청, 특허청
C	여성가족부, 방송통신위원회	경찰청, 농촌진흥청
D	교육부	–

주: 부처별 2019년 규제정비 종합계획상 과제 수가 2개 이하인 17개 부처는 제외.
자료: 국무조정실 보도자료(2020.1.14).

반면, 그렇지 않은 부처들 역시 존재한다. 따라서 등급화를 통한 줄 세우기를 지양하고, 실질적인 규제혁신의 도구가 될 수 있도록 개선할 필요가 있다.

8. 소 결

규제는 사회를 발전시킬 수도 제약할 수도 있다. 규제는 국민 일반 및 다양한 경제주체들을 제약하기 때문에 바람직한 규제를 위한 지속적인 노력이 필요하다. 동 차원에서 규제관리도구는 중요한 역할을 수행한다.

그러나 규제관리도구의 활용에 있어서 몇 가지 고민해야 할 부분들이 있다.

첫째, 규제관리도구는 많을수록 좋지 않다. 규제관리 자체에 많은 행정비용이 수반된다. 각 부처의 업무증가, 불필요한 행정비용이 발생될 수 있다. 그러나 더욱 중요한 것은 규제관리도구들이 형식화되는 것이다. 실질적인 규제 개선이 아니라 해야하기 때문에 하는 하나의 절차로서 형식화될 수 있다. 특히, 규제관리를 할 수 있는 개인적 · 조직적 능력이 확보되지 못한 상황에서 다양한 규제관리도구들은 형식주의를 촉진시킨다. 다양한 관리수단을 사용하기보다는 주요 관리수단을 내실있게 운영하는 것이 필요하다.

둘째, 규제신설 억제만이 규제관리도구의 목표가 되어서는 안 된다. 불필요한 규제가 폐지되어야 하듯이, 필요한 규제는 필요한 시기에 만들어져야 한다. 규제는 단순히 억제의 측면뿐만 아니라 진흥과 보호의 측면이 동시에 내포되어 있음을 고려해야 한다.

셋째, 규제관리는 규제의 질적 개선을 위한 도구이어야 한다. 다양한 규제관리도구들은 행정부처 내부에서는 하나의 행정내부규제이다. 다양한 규제관리도구들이 백화점식으로 행정내부를 규율하게 되면, 규제의 본질적 목표보다 규제관리도구를 더욱 중시하고, 이를 충족하고자 하는 목표수단 전치현상이 나타날 수 있다. 더욱이 규제관리도구의 형식화 역시 나타날 수 있다. 따라서 규제뿐만 아니라 규제관리도구 역시, 개혁과 혁신의 대상임을 인식해야 한다. 특히, 최근에 서구에서 개발된 다양한 규제관리도구들이 매우 빠른 속도로 이식되고 있다. 규제관리도구는 각 국가의 독특한 역사적 · 환경적 특성이 배태되어 있다. 이에, 외국의 관리도구를 도입할 경우 동 관리도구의 형성 맥락과 실효성에 대한 철저한 분석이 필요하다.

참고문헌

관계부처 합동(2020.1.23). 규제 샌드박스 발전방안: 시행 1년 평가와 향후 보완대책.

국무조정실(2019). 『2019 규제영향분석서 작성지침』.

국무조정실 보도설명자료(2019.11.7). 규제비용관리제 운영 성과 보도 관련 설명.

국무조정실 보도자료(2019.4.19). 네거티브 규제 전환, 본격적으로 확산합니다.

______(2019.4.25). '규제 샌드박스 시행 100일' 혁신의 현장에 힘을 (+) 더하겠습니다.

______(2020.1.14). 43개 중앙행정기관 2019년도 정부업무평가 결과 발표.

국민부담 경감을 위한 행정규제 업무처리 지침[국무총리훈령 제669호, 2016.7.19, 제정].

규제개혁위원회(2019). 『2018 규제개혁백서』.

규제정보포털(http://www.better.go.kr).

행정규제기본법[법률 제16322호, 2019.4.16, 일부개정].

행정규제기본법 시행령[대통령령 제29237호, 2018.10.16., 일부개정].

OECD(2014). OECD Framework for Regulatory Policy Evaluation. OECD Publishing, Paris. https://doi.org/10.1787/9789264214453-en

______(2018). *OECD Regulatory Policy Outlook 2018.*

______(2020). *OECD Best Practice Principles for Regulator.*

Chapter

10 규제비용편익분석

제 1 절 | 비용편익분석의 철학적 근거[1)]

1. 비용편익분석의 철학적 근거

1) 공리주의

왜 규제해야 하는가에 대한 규범적인, 바람직한 대답은 공익(public interests)을 추구하기 위함일 것이다. 그러나 이는 매우 규범적인 논의로 구체적으로 공익이 무엇인지, 무엇이 바람직한 것인지를 판단하는 것은 매우 난해한 일이다. 이와 관련하여 벤담(Jeremy Bentham)을 필두로 하는 양적 공리주의(이하, 공리주의)는 경제적 관점에서 중요한 기준을 제시하고 있으며, 현재 규제, 정책, 공공사업에서 다양하게 활용되고 있는 비용편익분석의 철학적 기초를 이루고 있다.

공리주의는 벤담의 도덕입법의 원리(An Introduction to the Principles of Morals and Legislation)에서 잘 드러나며 주요 내용은 아래와 같다.

1) 이 글은 김태은(2017b)의 일부 내용을 발췌하여 수정・보완한 것임.

첫째, 인간행동의 기준을 쾌락과 고통으로 명료하게 제시하고 있다. 즉, 모든 개인의 생각과 행동이 모두 쾌락과 고통에 의해 지배되어진다고 주장한다. 벤담은 인류가 쾌락과 고통이라는 두 가지 주인에 의해 지배를 당하고 주장하며, 인간행동의 판단 기준으로서 작용한다. 한편에서는 옳고 그름을 기준으로, 한편에서는 원인과 결과의 사슬이 쾌락과 고통에 의해 지배된다. 즉, 쾌락과 고통은 우리가 하는 것, 말하는 것 그리고 생각하는 것 모두를 지배한다는 것이다.

> "Nature has placed mankind under the governance of two sovereign masters, pain and pleasure. It is for them alone to point out what we ought to do, as well as to determine what we shall do. On the one hand the standard of right and wrong, on the other the chain of causes and effects, are fastened to their throne. They govern us in all we do, in all we say, in all we think"(Bentham, 1781/2000: 14).

둘째, 벤담은 공리의 원칙(principle of utility)을 통해 인간이 쾌락을 극대화하는 동기에 의해 행동하게 된다고 주장한다. 공리(utility)란 어떤 주체에게 편익, 이득, 쾌락, 좋음, 행복을 생산하거나 손해, 고통, 악, 불행을 방지하는 경향을 지닌 어떤 대상의 속성(property in any object)을 의미한다. 만약 어떤 주체가 공동체라면 공동체의 행복이고, 개인이라면 개인의 행복(happiness)이다. 벤담의 공리의 원칙이란 모든 행동을 승인하거나 불승인하는 원칙이다. 당사자의 행복을 증가시키거나 감소시키는 것으로 보이는 경향, 다시 말해 행복을 촉진 혹은 방해하는 것으로 보이는 경향에 따라 행동을 승인하거나 불승인하는 원칙이다.

셋째, 공동체라는 실체는 존재하지 않고 방법론적 개인주의(methodological individualism)와 같이 오직 개인만을 가정한다. 즉, 공동체 또는 정부 모두 개인의 합으로 이해한다. 벤담은 공동체란 허구체(fictitious body)로서, 구성원들로 간주되는 개개의 개인들로 구성되어 있다. 따라서 공동체의 이익은 공동체를 구성하는 구성원들의 이익의 합(the sum of the interests)이다.

넷째, 이익의 판단 기준은 개인 쾌락의 총합이 고통의 총합보다 클 때이고, 이것이 곧 공동체의 이익의 판단기준이다. 다시 말해, 개인의 이익(interest)이 무엇인지를 이해하지 않고 공동체의 이익을 논하는 것은 헛수고에 불과하다. 쾌락의 총합이 증가시키는 경향이 있거나 고통의 총합이 감소되는 경향이 있다면 이익을 증진하다고 말할 수 있다.

다섯째, 벤담은 보다 구체적으로 쾌락과 고통의 가치를 어떻게 측정할 수 있는지를 제시하고 있다. 각 행위의 쾌락과 고통의 가치를 연계 생산성을 포함하여 측정하고, 이를 통해 쾌락의 총합과 고통의 총합을 계산하여, 쾌락의 총합이 고통의 총합보다 크다면 이는 공통체의 이익에 부합된다는 것이다.

구체적으로 한 개인과 관련하여 어떤 쾌락이나 고통의 가치는 네 가지 상황, 즉 쾌락이나 고통의 강도(intensity), 지속성(duration), 확실성 혹은 불확실성(certainty or uncertainty), 근접성 혹은 원격성(propinquity or remoteness)에 달라진다. 또한 다수의 사람들과 관련되는 쾌락과 고통이 측정과 관련하여서는 강도, 지속성, 확실성 및 불확실성, 근접성 및 원격성, 연계 생산성(fecundity), 순수성(purity), 그리고 범위(extent)를 제시한다. 여기서, 연계 생산성은 동일한 유형의 감각이 연달아 나타날 기회로서, 쾌락이라면 여러 쾌락이, 고통이라면 여러 고통이 연달아 나타날 가능성을 말한다. 순수성은 정반대 유형의 감각이 연달아 나타날 기회로, 만약 쾌락이면 여러 고통이, 고통이면 여러 쾌락이 발생하지 않을 가능성(chance)을 말한다. 범위는 영향 범위를 의미하는데, 영향받는 사람의 수를 말한다(Bentham, 1781/2000: 31-32). 어떤 행동의 일반적 경향(tendency)을 정확하게 고려(계산)하기 위한 단계를 제시한다(Bentham, 1781/2000, 1: 32-33).

결국, 이러한 벤담의 양적 공리주의(quantitative utilitarianism)는 쾌락과 고통의 수량화를 통해 옳고 그름의 판단이 가능함을 제시하고 있다. 즉, 어떤 행동 혹은 규제, 정책, 공공사업이 바람직한지 여부는 그러한 정책이 유발하는 쾌락과 고통을 수량적으로 측정하고, 쾌락의 총합과 고통의 총합을 비교함으로써 어떤 행동 혹은 규제, 정책, 공공사업의 타당성을 판단할 수 있다는 것이다.

2) 파레토 효율성과 칼도-힉스의 보상기준

벤담의 공리주의를 이어 파레토는 파레토 효율성(Pareto efficiency) 또는 파레토 최적(Pareto optimality)을 제시했다. 파레토 효율성은 어느 누구의 손해(악화)없이 적어도 한 사람에게는 이득이 되도록 하는 것이 불가능한 자원배분상태를 말한다.

파레토 개선(Pareto improvement)은 자원배분상태가 파레토 효율성을 달성하지 못한 상태에서, 어느 누구의 후생 감소 없이 적어도 한 사람의 후생이 개선되는 것을 의미한다. 예를 들어, 만약 정부정책이나 사업을 통해 어떤 사람의 후생 감소 없이 한 사람이라도 후생이 증가되었다면, 이는 파레토 개선이고 이는 곧 개선이라 평가할 수 있으며, 이러한 평가 기준을 파레토 기준(Pareto criterion)이라 부른다.

그러나 현실 정책과 규제, 그리고 공공사업에 있어서 파레토 개선은 발견하기 어렵다. 현실에서 정부정책, 규제, 공공사업들은 누군가에는 후생증가를 가져오지만 누군가에게는 후생 감소가 나타난다. 이에, 파레토 개선의 비현실성을 지적하고, 그 대안으로서 칼도-힉스 (보상)기준(Kaldor-Hicks criterion), 스키토브스키(T. Scitovsky) 기준 등이 제시되어 왔다.

특히, 칼도-힉스는 어떤 변화에 대한 이득자의 지불의사(용의)금액(willingness to pay: WTP)이 피해자의 지불의사금액을 보다 클 경우, 이를 개선(improvement)이라 할 수 있다고 주장한다. 예를 들어, 어떤 정책이 편익을 유발하는 데 그 편익의 화폐가치가 동 정책에 따른 손실의 화폐가치보다 클 경우(편익의 화폐가치-손실의 화폐가치=양의 값), 이는 개선이라는 것이다. 다시 말해, 어떤 변화가 이득을 보는 사람이 손해를 보는 사람에게 보상해주고도 양의 값을 가지면, 이러한 변화는 잠재적 파레토 개선(potential Pareto improvement)이라고 볼 수 있다는 것이다. 물론, 여기서 실제 보상을 한다는 것은 아니다.

이러한 칼도기준은 후생경제학에 적용되어 왔고, 경제적 타당성을 분석하는 도구인 비용편익분석의 기본 틀로 작용하여 왔다. 동 칼도기준은 벤담의 공리주의와 그 맥을 같이 한다. 즉, 벤담의 바람직성 기준은 쾌락의 총합이 고통의 총합보다 클 경우를 의미하는데, 이러한 쾌락과 고통이 보다 정교화된 형태로 나타났음을 알 수 있다.

결론적으로, 공공사업의 바람직성, 특히 경제적 관점에서 타당성은 벤담의 공리주의가 배태된 칼도-힉스 기준에 따르고 있다. 이러한 기준에 의해 구현된 것이 현대적 비용편익분석이다.

2. 공리주의적 가치 판단의 한계

벤담을 필두로 한 공리주의는 무엇이 바람직한 것인지를 판단하는 유용한 기준을 제시하고 있다. 무엇보다 1780년대 바람직성의 기준으로서 신, 혹은 권력자의 입장이 아니라 인간 개인의 쾌락과 고통을 제시하였다는 것은 당내 인류의 지식 진보를 고려할 때 매우 중요한 가치를 지니고 있다. 더욱이 벤담의 연구가 현대 비용편익분석의 핵심적 내용들을 이미 포함하고 있다는 점에서 그 가치를 평가하기 어려울 정도로 높다. 다만, 벤담, 칼도-힉스 등의 공리주의가 갖는 유용성이 지대함에도 불구하고 몇 가지 한계를 지니고 있다. 이는 곧, 비용편익분석, 규제의 비용편익분석의 본질적 한계라 할 수 있다.

이하에서 공리주의의 핵심주장과 그와 연계된 한계를 제시하면 아래와 같다.

첫째, 공리주의는 어떤 행위나 정부정책, 규제에 따른 모든 쾌락(편익)과 고통(비용)을 파악할 수 있는 것으로 가정한다.2) 공리주의는 기본적으로 쾌락(편익)의 합이 고통(비용)의 합보다 클 경우 바람직하다는 것이다. 이는 곧, 어떤 행위나 규제가 유발하는 쾌락과 고통을 모두 파악할 수 있다는 것을 의미한다. 어떤 행위나 재화가 유발하는 쾌락과 고통을 모두 파악하지 못한다면 이는 비교 자체를 의미없게 만든다. 따라서 총 쾌락과 총 고통의 비교가 되기 위해서는 쾌락을 받는 주체가 누구인지, 고통을 받는 주체가 누구인지, 또 각각의 개별 주체가 어느 정도의 쾌락과 고통을 느끼는지를 알아야 한다. 무엇보다 어떤 유형의 쾌락을 유발하는지를 알아야 한다.

이러한 점은 공리주의가 완전한 합리성(rationality)에 기초하고 있음을 보여준다. 그러나 주지하다시피 인간은 합리성을 추구하지만 완전한 합리성을 지닐 수 없다. 사이먼(H. A. Simon)이 주장처럼 제한된 합리성(bounded rationality)을 지닌다. 즉, 인간의 인지적 한계, 정보의 한계, 그리고 계산능력의 한계, 가치의 충돌 등 여러 요인들은 인간의 합리성을 제약한다. 이에, 어떤 행위나 규제, 공공사업에 따른 모든 쾌락(편익)과 고통(비용)을 완벽하게 파악한다는 것은 불가능하다. 현실에서는 만족할 만한 수준에서 비용과 편익을 파악할 수 있을 뿐이다.

둘째, 공리주의는 모든 유형의 쾌락(편익)과 고통(비용)을 측정할 수 있고, 단일

---

2) 그래서 벤담은 쾌락과 고통의 유형을 지루하다시피 나열했는지 모르겠다.

척도로 합산 및 비교 가능함을 전제하고 있다.

이는 쾌락(편익)과 고통(비용)을 측정해낼 수 있다는 것은 동일한 형태뿐만 아니라, 서로 다른 형태의 쾌락(편익)과 고통(비용)을 측정해낼 수 있음을 의미한다. 또한 서로 다른 주체의, 서로 다른 유형의 쾌락(편익)과 고통(비용)을 동일한 척도(예: 화폐)로 측정하고 수량화가 가능함을 보여준다. 즉, 어떤 재화나 서비스, 혹은 정부정책, 규제에 대해 쾌락을 느끼는 주체들(X_1, X_2, …)과 고통을 느끼는 주체들(Y_1, Y_2, …)의 총합을 구해서 쾌락이 고통보다 크다면($\sum_{i=1}^{n} X_i > \sum_{i=1}^{n} Y_i$), 이는 바람직한 것이다. 이것이 곧 최대다수의 최대행복이다.

그러나 모든 유형의 쾌락(편익)과 고통(비용)을 측정하고 동일한 척도, 즉 화폐로 전환하는 것은 생각만큼 쉽지 않다. 측정 자체가 쉽지 않은 재화와 서비스들이 매우 많이 존재한다. 예를 들어, 비시장재화와 같이 가격이 존재하지 않는 경우, 지불의사금액을 도출하기 어려운 재화의 경우 등 가치 추정 자체가 어렵다. 심지어, 시장가격이 존재하는 재화나 서비스라 하더라도 그것이 본래의 가치를 반영하는 것인지 확신하기 어렵다. 다시 말해, 규제를 포함하여 어떤 재화나 서비스의 '가치'를 추정하는 것 자체가 매우 어렵다.

셋째, 공리주의는 어떤 행위나 규제에 따른 쾌락(편익)과 고통(비용)에 영향 범위를 선별하여 측정해야 함을 주장한다. 이러한 점은 쾌락(편익)과 고통(비용)의 시간적, 공간적 영향 범위를 고려해야 한다는 것을 의미한다. 예를 들어, 규제에 따른 쾌락(편익)과 고통(비용)이 단기간에 나타날 수 있는 반면, 오랜 시간동안 나타날 수 있고, 특정 지역에 한정되거나 혹은 전국적으로 나타날 수도 있다. 따라서 시간적·공간적 영향 범위를 고려해야 한다는 주장은 매우 타당하다.

그러나 이론적인 주장과 달리, 현실에서 시간적·공간적 영향을 정확하게 반영하는 것이 쉽지는 않다. 단적으로, 쾌락(편익)과 고통(비용)이 장기간 발생되는 규제나 공공사업에 있어서 할인율의 설정과 적용은 가장 큰 어려움 중 하나이다.

넷째, 공리주의는 어떤 행위나 정부정책이 다수의 사람과 관련될 때, 쾌락과 고통의 연계 생산성을 고려해야 함을 강조한다. 이는 곧 간접효과로서 이해될 수 있다. 어떤 행위는 행위 목적과 관련된 직접적 쾌락(혹은 고통)이 유발되지만, 한편에서는 파생적으로 간접적으로 쾌락(고통)이 유발되어질 수 있다.

이러한 점은 현대적으로 직접효과와 간접효과로 정립될 수 있다. 규제에 따른 영향을 직·간접 효과로 구분하여 측정해야 하는 것이 바람직하다. 그러나 현실에서 다양한 변수들이 상호 연계성을 지니고 있는 현실에서 간접효과의 범위를 설정하는 것이 쉽지 않다. 문제는 간접효과의 설정 범위에 따라 비용편익분석의 결과도 상당 부분 달라질 수 있다는 점이다.

다섯째, 공동체라는 실체는 존재하지 않고 방법론적 개인주의(Methodological individualism)와 같이 오직 개인만을 가정한다. 개인의 쾌락(고통)의 합이 항상 공동체의 쾌락(고통)이 될 수 있는가? 이는 국가나 공동체의 바람직한 미래보다는 현 시점에서 다수의 이익만을 위한 규제와 정책, 공공사업들이 만들어질 수 있음을 의미한다. 그러나 개인의 쾌락(혹은 고통)의 합이 항상 국가의 쾌락(혹은 고통)의 합을 의미하지는 않을 수 있다. 또 이것이 바람직하지 않을 수도 있다.

여섯째, 칼도와 힉스의 기준을 충족했다는 것은 편익주체가 손실주체를 보상하고도 양의 값을 가질 경우 경제적 타당성 있다는 것을 의미한다. 그러나 편익주체가 손실주체의 비용을 보상해준다는 것을 함축하고 있지 않다. 이는 곧 칼도기준에 따른 공공사업의 경제적 타당성 입증과 해당 공공사업에 따른 피해 집단에 대한 보상과 괴리되어 있음을 의미한다. 즉, 공리주의, 그리고 실제적 기준으로 적용되고 있는 칼도-힉스의 보상기준은 곧 손실주체의 발생을 필연적인 것으로 가정하고 있으며, 더욱이 문제는 손실주체에 대한 합리적, 정당한 보상을 전제로 하고 있지 않다는 점이다.

일곱째, 공리주의는 서로 다른 개인이 존재하기보다는 표준화된 개인을 전제로 한다. 공리주의자들에게 개인은 단지 사람들의 선호도를 더할 때 계산되는 한 항목에 지나지 않는다(Sandel·이창신 역, 2009: 73; 김태은, 2019: 10). 즉, 쾌락(편익)과 고통(비용)은 측정의 화폐화는 표준화된 인간을 전제되어 있기 때문에 가능하다.

그러나 정부정책이나 규제, 공공사업에 따라 사람마다 느끼는 쾌락(편익)과 고통(비용)이 항상 같은 것은 아니다. 오히려 서로 다른 것이 일반적이다. 누구에게는 사과를 먹는 것이 즐거움 1일 수 있지만, 누구에게는 3일 수도 있고, 심지어 -2일 수도 있다. 또 동일한 재화를 소비하더라도 개인의 소득수준에 따라, 기분에 따라서도 달라질 수 있다.

여덟째, 공리주의적 사고는 후생경제학의 발전 속에 되풀이되고 있다. 용어가 쾌락에서 효용, 만족, 선호 등으로 바뀌고, 후생경가기준이 국민배분의 개념(A. C. Pigou), 최적의 개념(V. Pareto), 보상의 증대(N. Kaldor-J. Hicks), 사회후생의 증대(P. A. Samuelson), 순경제후생의 증가(W. D. Nordhaus & J. Tobin)와 같은 형태로 나타나며, 특수한 문제를 다루기 위하여 특수한 전제가 도입되고는 있지만, 개인의 선호를 사회의 선호로 전환시켜 그 값을 극대화시키고자 하는 시도가 항상 이루어졌다. 그러나 이것은 애로우(Arrow, 1963)의 불가능성 정리(Impossibility Theorem)[3]에 의해 그 가능성이 존재할 수 없음이 밝혀졌다. 개인의 선호관계를 합산하기 위한 완전히 만족할 만한 방법은 존재하지 않는다는 것이다(홍덕기, 1995: 35; 김태은, 2019: 11).

아홉째, 마지막으로 벤담의 기준은 쾌락이 고통보다 클 때, 칼도-힉스의 기준은 편익이 손실보다 큰 경우 바람직함을 주장한다. 그러나 롤스(Rawls, 1999: 29)의 지적처럼, 다수의 편익을 위해 소수에게 불이익을 부과하는 것이 정당한가 여부이다. 동 문제는 공리주의적 가치 판단이 해결할 수 없는 도덕적이며 근본적인 문제를 내포하고 있다.

결론적으로, 공리주의는 현대정부의 각종 공공사업, 규제의 타당성을 판단하는 비용편익분석의 철학적 근거를 이루고 있다. 공리주의는 여러 한계가 존재하고 또한 비판받고 있음에도 불구하고, 규제나 공공사업의 바람직성을 판단함에 있어서 공리주의를 대체할 어떤 기준을 발견하기는 쉽지 않다. 특히, 공리주의는 가치판단에 신이 아닌 '인간'을 중심에 두고 있다는 점, 규범과 주관의 영역이 아니라 양적 비교를 가능하게 하고 있다는 점 등에서 매우 유용하다. 다만, 비용편익분석의 철학적 기초가 공리주의에 있고, 공리주의가 무엇을 의미하는지, 공리주의적 접근에 따른 비용편익분석이 본질적으로 지닐 수밖에 없는 한계가 무엇인지는 인식할 필요가 있다. 비용편익분석에 기초하고 있는 공리주의를 이해하지 않게 되면 비용편익분석의 결과에 과도한 가치를 부여하는 부작용이 나타날 수 있다. 경제적 분석 결과를 맹신하

3) 애로우(Arrow, 1963)은 사회적 선호체계가 가져야 할 바람직한 성격으로 네 가지 공리(완비성과 이행성, 파레토 원칙, 비독재성, 제3의 선택가능성으로부터의 독립)을 제시하고, 이 네 가지 공리는 동시에 충족시키는 사회적 선호체계가 존재하지 않음을 지적했다. 이는 사회의 여러 상태를 비교·평가할 수 있는 합리적이고 민주적인 기준을 찾을 수 없다는 뜻이다(이준구, 2009: 14).

는, 분석과 숫자의 노예가 될 수 있다.

비용편익분석은 규제든, 공공사업이든 간에 판단의 절대 기준이 되어서는 안 된다. 판단을 도와주는 여러 가지 기준 중 하나로 사용되어야 한다. 이는 향후 후술될 비용편익분석의 방법론적 한계에서 비롯되기도 하지만, 본질적으로 공리주의의 한계에 기초하고 있기 때문이다.

제 2 절 | 규제비용편익분석 주요 원칙과 절차

1. 규제의 비용편익분석

비용편익분석은 규제영향분석, 규제비용관리제도 등에서 유용한 분석도구로 활용되고 있다.

비용편익분석은 우리 일상생활에서 의사결정의 주된 판단기준으로 의식적 · 무의식적으로 활용되고 있다. 어떤 물건을 구매할 때 많은 고민을 하는 것은 우리 머릿속에서 물건의 편익과 물건을 얻기 위해 지불해야 하는 비용 간에 끝없은 계산이 이루어지기 때문이다.

현대적 의미의 비용편익분석은 1930년대 후생경제학이 발전되면서 공공부문 사업에 광범위하게 활용되어 오고 있다. 초기에 수자원개발사업에서 시작되어, 교량, 철도와 같은 사회간접자본에 주로 적용이 되어 오다가 현대에 이르러서는 정보기술, 연구개발, 보건복지 등 정부가 수행하는 거의 대부분의 사업에 적용되고 있다. 규제에 대한 비용편분석은 공공사업과 마찬가지로, 규제 역시 비용과 편익을 유발하기 때문에 규제의 비용보다 규제의 편익이 크다면 경제적으로 타당하다는 논리에 기초한다. 이에 따라, 일반적인 공공사업의 비용편익분석과 방법론적으로 일치한다. 즉, 공공사업의 경제성 분석도구인 비용편익분석을 '규제'에 적용한 것이라 할 수 있다.

규제에 대한 비용편익분석은 1981년 레이건(Ronald Ragan) 정부에서 행정명령(Executive Order 12291)으로 체계화된 이후 1990년대 이후 여러 나라에서 규제관리도구로서 활용되고 있다. 우리나라 역시 1997년 행정규제기본법의 제정을 통해 동 기법을 규제에 도입하여 활용하고 있다. 다만, 비용편익분석은 합리적 판단, 특히 경제적 관점에서 합리적인 판단을 도와주는 기재이나 공공사업에서의 비용편익분석, 규제에서의 비용편익분석 모두 특정 목적을 갖고 도입된 경향이 있다. 즉, 공공사업에서의 비용편익분석은 공공사업 지출 통제가 주된 목적으로, 규제에서의 비용편익분석은 규제의 신설 · 강화의 통제 목적으로 도입되었다.

2. 규제의 비용편익분석을 위한 주요 원칙

규제의 비용편익분석은 경제성 분석방법으로 경제적 효율성을 핵심적인 판단 기준으로 한다. 동 분석은 규제에 따른 모든 비용과 편익을 화폐로 전환하여 상호 비교 가능하게 함으로써, 합리적인 판단에 활용할 수 있는 유용한 도구이다. 규제의 비용편익분석을 위해 지켜야 할 몇 가지 주요 원칙을 제시하면 아래와 같다.

첫째, 비용편익분석은 사회적 관점, 국민 전체 관점에서 비용과 편익을 추정해야 한다. 비용편익분석을 통해 경제적 타당성을 판단하고자 하는 것은 국민 전체 차원에서 규제의 비용과 규제의 편익을 비교하고자 함이다. 예를 들어, 음식점 종업원은 마스크 착용을 의무화하는 규제가 있다고 가정하자. 피규제자 관점에서 비용편익을 분석하면, 음식점 입장에서 마스크 구매에 따른 비용만 발생되고 편익은 존재하지 않는다. 반면, 국민 전체 입장에서 비용편익을 분석하면, 음식점 주인은 마스크 구매 비용이 발생되지만, 일반국민들에게는 위생과 건강에 막대한 편익이 발생된다.

둘째, 규제로 인해 발생될 수 있는 모든 비용과 편익을 고려해야 한다. 규제에 따라 발생될 수 있는 직접 비용과 편익뿐만 아니라 간접비용과 편익이 분석되어야 한다. 또한 사용가치(use value)뿐만 아니라 비사용가치(nonuse value) 역시 중요하게 고려하여 분석되어야 한다.

셋째, 규제로 인한 비용과 편익은 단기가 아닌 장기적 관점에서 분석되어야 한다. 규제의 영향은 단기적이지 않다. 규제 일몰제로 인해 시한이 정해져 있는 경우도 있으나 실제 많은 규제들이 일몰제에 따라 사라지기보다는 재검토되어 지속됨에도 알 수 있듯이, 한 번 형성된 규제는 쉽게 폐지되지 않고 오랫동안 영향을 미친다. 즉, 규제의 시간적 영향권 범위까지 비용과 편익 분석이 이루어져야 한다.

넷째, 사회적 할인율(social discount rate: SDR)이 적용되어야 한다. 장기적 관점에서 규제의 비용과 편익을 분석한다는 것은, 곧 할인율의 개념이 적용될 필요가 있음을 짐작하게 한다. 할인율이란 쉽게 말해, 미래가치를 현재가치로 환산하는 비율이다. 비용편익분석은 모든 비용과 편익을 화폐단위로 통일하기 때문에, 미래 화폐가치를 현재 화폐가치로 할인하는 과정이 필요하다. 여기서, 할인율은 시장에서 사용되는 민간할인율을 적용해서는 안 되며, 사회구성원들이 공유하는 시간가치를 반영한 사회적 할인율(social discount rate: SDR)이 적용되어야 한다.

다섯째, 비용편익분석의 판단기준 혹은 도구로서, 일반적으로 순현재가치(net present value: NPV), 비용편익비율(bebefit-cost ratio: BCR), 내부수익률(internal rate of return: IRR) 등을 종합적으로 사용할 필요가 있다. 단일한 판단기준에 의지하기 보다는 다양한 판단기준을 통해 종합적으로 판단해야 한다.

여섯째, 비용편익분석 수행상에서 나타날 수 있는 다양한 한계를 고려하여 민감도 분석(sensitivity analysis)을 수행해야 한다.

일곱째, 규제의 비용과 편익 추정에 있어서 시장가격을 중요하다. 그러나 본질적으로 시장가격이 완전경쟁 하에서 형성되지 않은 가격일 수 있고, 동시에 시장가격 자체가 불완전할 수 있다. 이러한 경우 잠재가격을 고려해야 한다.

여덟째, 규제의 비용과 편익 추정에 있어 시장재 가치 추정뿐만 아니라 비시장재화 가치 추정법을 적극 활용해야 한다. 규제는 본질적으로 시장에서 거래될 수 없는 재화이다. 시장재의 경우 비용과 편익 추정이 용이하나, 비시장재의 경우 비용과 편익 추정이 매우 어렵다. 그러나 조건부가치측정법(contingent valuation methods) 등과 같은 비시장재화에 대한 가치 추정 기법들을 적극적으로 활용하여 가치를 추정해야 한다.

아홉째, 규제의 비용편익분석에서 주관성은 가능한 배제해야 한다. 비용편익분석은 그 자체로 객관성을 담보해주는 기법이 아니다. 분석자의 의도에 의해 분석 결과는 상이할 수 있다.

열째, 규제의 비용편익분석은 실질적인 비용과 편익만을 고려해야 한다. 예를 들어, 비용과 편익의 집단 간 단순 이전 등은 분석에서 제외해야 한다.

3. 규제의 비용편익분석 기본 절차

규제비용편익분석에 있어 기본적인 절차는 아래와 같다.

1) 규제 영향권 범위 선정

규제 영향집단 분석은 규제에 국민 전체를 포함하여 어떠한 집단이 영향을 받는지를 판단하고, 동시에 비용과 편익이 집단별로 어떻게 상이하게 영향을 미치는지를 분석하는 과정이다. 규제는 실내 마스크 착용처럼 국민 전체에게 영향을 미치기도 하고, 수도권 공장입지규제처럼 기업 전체에 영향을 미치는 규제가 있는 반면, 은행업이나 통신업자 등에 한정하여 영향을 미치기도 한다. 특히, 규제비용편익분석에서는 피규제자를 정확하게 선별하는 것이 중요하다.

규제의 영향권 범위는 규제의 비용과 편익을 도출하는 결정적 역할을 수행한다. 따라서 영향권이 과소 추정되면 비용과 편익도 과소 추정되고, 영향권이 과대 추정되면 비용과 편익 역시 과대 추정된다. 물론, 규제의 영향권은 규제의 종류에 따라 다양한 변수에 의해 영향을 받을 수 있다. 예를 들어, 발전사업자에 대한 배출가스 규제를 강화하면, 발전소 인근 주민들은 대기오염 저감 편익을 크게 받지만, 발전소로부터 멀리 떨어져 있는 사람들은 발전소 인근 주민들보다 체감하는 편익이 낮을 수 있다. 따라서 규제의 종류와 특성을 고려하여 이를 반영할 수 있는 영향권 범위를 도출하는 것이 중요하다.

2) 규제의 비용과 편익 분류 및 측정 지표화

규제에 따라 발생될 수 있는 비용과 편익을 분류하고 이를 측정할 수 있도록 지표화하는 작업이 필요하다. 우선, 비용과 편익을 가능한 직접비용과 편익, 간접비용과 편익으로 구분하고, 각각에 포함될 수 있는 세부 비용편익 항목들을 구분하고 분류해낸다. 여기서 직접비용과 편익은 규제의 일차적인 목적과 관련된 비용과 편익을 의미하며, 간접비용과 편익은 외부효과 등에 의해 규제와 연계되어 나타나는 비용과 편익을 말한다. 그러나 현실적으로 직접비용과 편익, 간접비용과 편익을 구분하는 것이 쉽지 않고, 간접의 범위가 어디까지인지에 대한 합의도 존재하지 않는다. 따라서 직·간접의 구분이 모호할 경우는 직·간접 편익과 비용에 대한 보다 구체적인 조작적 정의를 통해 구분을 시도할 필요가 있다. 물론 직·간접의 구분보다 더욱 중요한 것은 발생되는 비용과 편익을 가능한 모두 측정해야 한다는 점이다.

아래의 <표 10-1>은 자동차 배출가스 규제와 담합규제의 직·간접 편익 예를 간략히 보여주고 있다.

표 10-1 규제의 직·간접 편익의 예

구 분		세부 항목
자동차 배출가스 규제	직접편익	대기오염 저감
	간접편익	호흡기 질병 예방 및 감소 심리적 만족감 증가 저공해 자동차 연료 및 기술 개발 촉진
담합규제	직접편익	구매 및 조달 비용 절감
	간접편익	시장가격 안정화 진입장벽 완화에 따른 경쟁 촉진 공정경쟁에 대한 시장 신뢰 구축

3) 비용과 편익 추정 방법 결정

각각의 비용과 편익 항목별로 추정 방법을 결정해야 한다. 추정 방법을 결정함에 있어서 중요한 것 중 하나는 각각의 비용과 편익 항목이 시장재로 추정이 가능한지 여부를 판단하는 것이다. 특히, 환경, 노동, 안전, 소비자보호 등과 같은 많은 규제의 편익들은 비시장재의 성격을 지니고 있다. 예를 들어, 배출가스 규제, 기업공시 의무 규제 등의 편익은 직접편익보다 간접편익이 훨씬 크고 동시에 비시장재이다.

시장재는 시장가격이 존재하기 때문에 비용과 편익 추정에 상대적으로 어려움이 낮으나, 비시장재는 시장에서 거래가 되지 않기 때문에 가치 추정이 쉽지 않다. 따라서 동 영역에서는 조건부 가치 추정법 등 비시장재화 가치 추정 방법들을 적극적으로 활용할 필요가 있다.

4) 비용과 편익을 화폐가치로 계산

비용편익분석의 가장 큰 장점은 비용과 편익을 비교·합산할 수 있다는 점에 있다. 비용과 편익을 비교하기 위해서는 무엇보다 동일한 측정 단위가 존재해야 한다. 현대는 '화폐'를 통해 단위를 통일하고 있다. 예를 들어, 자동차 시내 주행 속도를 70km에서 50km로 규제할 경우, 비용은 운행시간 증가이고, 편익은 자동차 사고 저감이라고 하자. 여기서, 운행시간 증가는 단위가 시간이고, 자동차 사고 저감은 사고건수(사고피해 정도)라 할 수 있다. 따라서 두 단위가 서로 다르기 때문에 비교가 불가능하다. 이에 운행시간 증가를 화폐로 전환하고, 자동차 사고 저감 역시 화폐로 전환하여 비용과 편익을 비교·합산할 수 있게 하는 것이다.

5) 총비용과 총편익 추정과 현재가치화

어떤 규제에 따른 총비용과 총편익을 추정한다. 비용을 구성하는 여러 항목들을 합산하여 총비용을, 편익을 구성하는 여러 항목들을 합산하여 총편익을 산출한다. 또한 규제의 비용과 편익은 단기적으로 영향을 미칠 수 있으나, 규제가 지속되는 한 장기적으로 영향을 미칠 수 있다. 이에 따라, 장기간에 걸쳐 비용과 편익이 발생될 수 있는데, 미래에 발생될 비용과 편익을 현재시점으로 환산시킬 필요성이 제기된다. 이에 따라, 사회적 할인율을 적용하여 미래가치를 현재가치로 환산한다. 사회적 할인율은 후술하겠지만 사실 가치가 내포되어 있기 때문에, 이를 계산하는 것이 쉽지 않다. 또 전 세계적으로 합의된 방식 또한 존재하지 않는다. 일반적으로 공공사업투자에서의 사회적 할인율을 규제비용편익분석에서도 사용하고 있으나, 이는 편의상 활용하고 있을 뿐이다.

할인율은 비용편익분석 결과에 결정적 영향을 미친다. 이는 아래에 제시될 순현재가치(net present value: NPV), 비용편익비율(bebefit-cost ratio: BCR), 내부수익률(internal rate of return: IRR) 공식을 살펴보면 쉽게 알 수 있다.

미래가치를 현재가치로 환산하기 위해서는 할인계수를 통해 계산한다. t점에서의 할인계수 공식은 아래와 같다.

$$할인계수 = \frac{1}{(1+r)^t},\ t = 0, 1, 2, \cdots n,\ \ r = 사회적\ 할인율$$

왜 민간 할인율을 사용하기 어려울까?

민간 할인율(private discount rate)은 민간 자본시장에서 형성된 시장이자율을 기초로 결정되는 할인율을 의미한다. 이자율과 할인율은 개념적으로 역의 관계이다. 할인율은 미래의 가치를 현재의 가치로 환산하는 것이라면, 이자율은 현재의 가치를 미래의 가치로 환산하는 데 사용한다.

규제비용편익분석 및 공공사업 투자에 있어서 민간 할인율을 사용하지 못하는 이유는 아래와 같다.

첫째, 완전경쟁 자본시장에서 형성된 시장이자율은 소비자의 시간적 선호가 적절히 반영되었다 할 수 있을 것이다. 그러나 우선 완전경쟁 자본시장 자체가 존재한다고 보기 어렵다.

둘째, 완전경쟁 자본시장이라 하더라도, 특정 개인과 집단의 단기적 선호가 반영된 것이지, 사회 전체의 장기적 선호가 반영된 것은 아니다.

셋째, 완전경쟁 자본시장이라 하더라도 이러한 균형이 장기 지속되는 것은 아니다. 시장의 다양한 변수에 의해 크게 변동하고 불확실성 하에 놓여 있기 때문에, 특정 시점의 이자율에 기초한 민간 할인율을 사용하기 어렵다.

넷째, 민간시장은 외부효과, 특히 부정적 외부효과(negative externality)를 반영하지 못한다.

다섯째, 무엇보다 민간 할인율은 사회가 추구하는 사회적 가치를 반영하기 어렵다.

6) 의사결정을 위한 판단도구

장기간에 걸쳐 비용과 편익을 도출하면, 이를 비교해야 한다. 이를 위한 대표적인 판단도구는 순현재가치(net present value: NPV), 비용편익비율(bebefit-cost ratio: BCR), 내부수익률(internal rate of return: IRR)이다.

(1) 순현재가치

순현재가치의 기본적인 사고는 총편익에서 총비용을 빼서 양의 값이 나오는지를 살펴보는 것이다. 즉, 기준연도의 현재가치로 할인된 총편익에서 총비용을 뺀 값이며, 순현재가치가 0보다 클 경우 편익이 비용보다 크기 때문에 경제적 타당성이 있는 것으로 판단한다.

순현재가치 계산 공식

$$NPV=\sum_{t=o}^{n}\frac{B_t}{(1+r)^t}-\sum_{t=o}^{n}\frac{C_t}{(1+r)^t},\quad r(\text{할인율}),\ t=0,1,2,3\cdots n$$

(2) 비용편익비율

비용편익비율은 말 그대로 편익을 비용으로 나눈 것이다. 즉, 기준연도의 현재가치로 할인된 총편익을 총비용으로 나눈 값이며, 동 비율이 1보다 클 경우 경제적 타당성이 있는 것으로 판단한다.

비용편익비율 계산 공식

$$BCR=\sum_{t=o}^{n}\frac{B_t}{(1+r)^t}\ /\sum_{t=o}^{n}\frac{C_t}{(1+r)^t},\quad r(\text{할인율}),\ t=0,1,2,3\cdots n$$

(3) 내부수익률

내부수익률은 순현재가치가 0이 되게 하는 할인율(R)이라 할 수 있다. 일반적으로 내부수익률이 사회적 할인율(r)보다 크다면 타당성이 있는 것으로 본다.

내부수익률 계산 공식

$$\text{내부수익률},\quad \sum_{t=o}^{n}\frac{B_t}{(1+R)^t}=\sum_{t=o}^{n}\frac{C_t}{(1+R)^t},\quad r(\text{할인율}),\ t=0,1,2,3\cdots n$$

(4) 소결론

전반적으로 순현재가치, 비용편익비율, 내부수익률 모두 일정한 한계를 지니고 있다. 예를 들어, 순현재가치의 경우는 순편익을 화폐로 제시해줌에 따라 규제에 따라 미래에 어느 정도 순편익이 발생되는지를 살펴보는 데 용이하다. 반면, 규제의 크기에 따라 영향을 받기 때문에 어떤 규제가 더 좋은지를 분석하는 데는 제약이 있다. 따라서 특정한 판단도구에 의지하기보다는 종합적으로 검토하여 판단하여야 한다.

표 10-2 경제성 분석의 평가지표 비교

분석기법	판단기준
편익/비용비율 (B/C)	B/C≥1
순현재가치 (NPV)	NPV≥0
내부수익률 (IRR)	IRR≥r

7) 민감도 분석 수행

민감도 분석을 수행하는 이유는 본질적으로 비용편익분석이 정확하지 않기 때문이다. 비용편익분석은 숫자를 넣으면 자동으로 계산되는 기계적 분석이 아니다. 비용항목, 편익항목을 선별, 각각의 비용과 편익항목별 추정방법, 시간적 범위, 사회적 할인율 모두 불완전하다. 비용편익분석에서 분석항목이 빠져있거나 과소추정 및 과대추정을 발견하는 것은 어려운 일이 아니고 일반적이다. 미시적으로 들어가 개별 항목의 비용과 편익을 도출하기 위한 함수, 추정방정식을 무엇으로 사용하는가에 따라 분석 결과가 달라진다.

민감도 분석은, 곧 분석의 한계를 인정하고 이를 보완하기 위한 것이다. 민감도 분석은 사회적 할인율을 일정한 범위 내에서 변화시켜 살펴보고, 비용과 편익 추정이 잘못되어 있을 수 있기 때문에 일정한 범위 내에서 총편익과 총비용을 변화시켜 살펴보는 방식을 주로 많이 사용한다.

제3절 | 가치 유형, 재화 특성, 그리고 비용편익분석

1. 경제적 가치 유형과 가치 추정

1) 경제적 가치 유형

규제이든, 공공사업이든 간에 비용편익분석에 핵심은 '가치(value)'를 추정하는 것이다. 사실 어떤 재화나 서비스의 가치가 무엇인지를 정확하게 표현한다는 것은 불가능한 일이다. 동일한 재화라 하더라도, 시간에 따라, 공간에 따라, 구성원의 의식에 따라 가치는 서로 다르다.

또한 가치는 경제적·도덕적 다양한 관점에서 서로 달리 해석되기도 한다. 경제적 가치만 하더라도 고전경제학에서 신고전경제학에 이르기까지 가치 논쟁은 지속되어 왔고 현재에도 이를 어떻게 정의하고 설명하는가는 주된 연구 대상으로 남아 있다.

일반적으로 가치 중, 경제적 가치는 크게 사용가치(use value)와 비사용가치(non-use value)로 구분한다. 다만, 사용가치에 세부적으로 어떠한 가치가 있는지, 비사용가치에 또 어떠한 세부 가치들이 있는지에 대해서는 학자들에 따라 조금씩 상이한 부분이 존재한다.

대표적인 논의는 아래와 같다(김태은, 2016: 15-16 재인용).

김동건(2004: 65-66)은 경제적 가치를 크게 사용가치와 비사용가치로만 구분한다. 사용가치란 어떤 특정한 자원의 넓은 소비적 사용에 의해서 얻게 되는 가치를 말하고, 비사용가치란 일명 존재가치라고 부르기도 하는데, 자연환경 속에서 지금 당장 어떤 소비행태가 일어나지 않고 있으며, 또 앞으로도 영원히 일어나지 않을지라도 환경 그 자체가 존재한다는 것에 가치를 부여하는 것이라고 정의한다.

플로토와 플로토(Plottu & Plottu, 2007: 54)는 환경재에 대한 경제적 가치를 크게 사용가치와 비사용가치로 구분하고, 사용가치는 직접사용가치와 생태적 가치, 비사용가치는 존재가치와 유산가치(bequest value)로 구분하고 있다. 선택가치는 사용가치와 비사용가치 모두에 포함되는 것으로 분류했다.

한국개발연구원(2008)은 경제적 총가치를 크게 사용가치와 비사용가치로 구분한다. 여기서, 사용가치는 직접사용가치, 간접사용가치로 구분하고, 비사용가치는 다른 사람을 위한 가치와 존재가치로 구분하고, 다른 사람을 위한 가치는 다시 이타적 가치와 유산가치로 구분한다. 선택가치는 사용가치와 비사용가치에 모두 관련되어져 있다. 사용가치는 소비자가 직접 사용하거나 간접적인 수혜를 포함하여 비용이나 시간 또는 노력을 들임으로써 효용을 얻는 일체의 행위를 포함한다. 비사용가치는 본인의 현재 이용이나 미래의 사용 가능성과는 관계없지만, 동시대 친지나 다른 사람들의 사용을 위한 이타적 가치(altruistic value)와 미래 세대들의 사용을 위한 유산가치(bequest value)를 포함한다. 나아가서 본인의 직·간접적인 사용이나 혹은 다른 사람들의 사용과 관계없이, 있는 그대로의 존재를 유지시키려는 존재가치(existence value)는 비사용가치의 전형적인 유형이다(한국개발연구원, 2008: 298-299). 한편, 권오상(2013: 422-425)은 환경재의 편익을 논하면서, 크게 불확실성을 고려하지 않을 경우와 불확실성을 고려할 경우로 구분 제시하기도 하였다.

이 책은 기존 연구를 고려하여 경제적 가치를 크게 사용가치와 비사용가치로 구분하고, 사용가치는 직접사용가치와 간접사용가치로 구분한다. 비사용가치는 유산가치와 존재가치로 구분하고자 한다. 사용가치는 현 시점에서 어떤 재화의 사용 혹은 소비에 따라 얻게 되는 가치를 말한다. 비사용가치는 현 시점에서 어떤 재화가 사용 혹은 소비되지 않지만 미래 세대들의 사용을 위한 유산으로서 가치를 지니거나 존재 그 자체로 가치를 지는 것을 의미한다. 부모가 자식들에게 남겨주는 유산이나 자연

그림 10-1 경제적 총가치

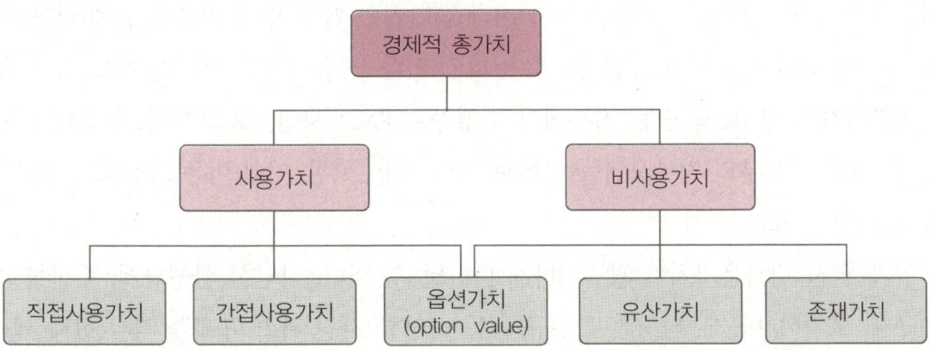

환경 등은 그 자체로 가치를 지니고 있다.

어떤 재화들은 사용가치에 한정되어 있지만 어떤 재화들은 대부분 사용가치와 비사용가치가 혼재되어 있다. 옵션가치는 현재는 사용가치가 없으나 미래에 어떻게 사용될지 알 수 없는 가치로서, 사용가치와 비사용가치 양 자의 성격을 모두 지니고 있다 할 것이다.

2) 경제적 가치 유형 구분과 현실적 문제

경제적 가치를 사용가치와 비사용가치로 구분하였으나, 비용편익분석을 수행함에 있어서는 이러한 구분이 용이하지 않음을 인식할 필요가 있다.

대표적으로, 첫째, 사용가치와 비사용가치로 구분되어지나 사용가치와 비사용가치의 개념이 항상 분명하게 구분되지 못하는 경우가 많고, 학술적으로도 아직 완벽하게 정의된 것도 없다(김동건, 2004: 66). 예를 들어, 핵무기는 사용하지는 않지만 존재하는 것만으로도 사용가치 이상의 가치를 지닌다. 핵무기는 실제 발사하여 사용하는 것이 아니라 소유하고 있는 것만으로도 사용가치를 지닌다. 즉, 핵무기의 사용가치와 비사용가치를 엄밀히 구분하기 어렵다.

둘째, 비사용가치는 존재가치, 유산가치로 대변되나 그 유형을 획정하기 어려울 정도로 다양하게 존재할 수 있고, 주관성이 크게 개입되는 영역이다. 또한 현재 세대를 넘어 미래 세대와도 관련되며, 개인의 이용을 넘어 사회적 후생과도 관련되어져 있다. 특히, 비사용가치는 환경재, 문화, 예술 영역뿐만 아니라 공공사업 영역에서도 크게 나타난다. 실제, 많은 공공사업들이 현재 본인의 이용이나 미래 이용 가능성과 관련없이 다른 사람들의 이용을 위한 이타적 가치를 담고 있고 있을 뿐만 아니라, 미래 세대들의 사용을 위한 유산가치를 지니고 있다. 공공재뿐만 아니라 철도, 도로 등 사회간접자본 건설, 공공재, 정부에서 수행하는 R&D 사업, 교육 투자, 문화예술 사업 등 거의 대부분의 정부사업들이 현재 나의 이용, 혹은 미래 이용 가능성과 관계없을 가능성이 크다.

규제 역시 비사용가치가 광범위하게 나타날 수 있다. 다양한 환경규제, 수산물 이용규제, 토지이용규제, 다양한 환경규제 등 다양한 자원 관련 규제들 역시 현재 세대의 사용가치뿐만 아니라 미래 세대를 위한 옵션가치, 유산가치, 존재가치를 지니고 있다.

2. 재화의 분류와 가치 추정

1) 재화의 분류와 비시장재

일반적으로 재화는 경합성과 배제성의 유무 혹은 정도에 따라 사적재, 공유자원, 클럽재, 공공재로 분류되기도 하고, 시장에서 거래가 이루어지는가 여부에 따라 시장재와 비시장재로 구분되기도 한다. 시장재는 사장에서 거래가 되는 재화로서 가격이 형성되어 있다(물론, 그 가격이 왜곡되어질 수 있으나 균형 가격이라 가정하자). 비시장재는 시장에서 거래가 되지 않는 재화로서 거래가 이루어지지 않는다는 것은 수요와 공급 곡선이 만들어지지 않고, 곧 시장가격이 존재하지 않는다는 것을 의미한다.

백두산 가치는 얼마일까?

백두산은 사용가치를 지닌다. 표층수, 지하수 및 온천, 나무, 광물 등 천연자원을 갖고 있어 이것을 사용할 수 있다는 가정 하에 가치를 추정할 수도 있을 것이다. 또 한편에서는 백두산을 구경하러 오는 관광객의 지출비용을 토대로 가치를 추정해볼 수 있을 것이다.

그러나 독자들은 위 두 가지 모두 맘에 들지 않을 것이다.

독자들이 맘에 들지 않은 이유는, 백두산이 사용가치를 가지고 있지만 비사용가치에 더 많은 가치를 부여하고 있기 때문일 것이다. 즉, 한 번도 가보지 못했지만, 민족의 뿌리이며 민족을 상징하는 산이라는 점에서 사용가치에 비할 수 없는 가치를 부여할 것이다.

백두산 호랑이는 어떤가? 백두산 호랑이의 사용가치는 사실 거의 없다. 멸종위기종으로 거래도 불가능하고 농사에 사용하거나 혹은 타고 다닐 수도 없다. 하지만, 왠지 보호해야 할 것 같다. 독자들도 한 번 대답해보자. 백두산 호랑이를 보호하는 데 매년 얼마를 지불할 용의가 있는가?

자동차로부터 어린이를 보호하는 규제는 현재 어린이의 안전과 건강을 위한 것이다. 어린이의 안전과 건강은 시장에서 살 수 없지만, 이 사회에서 이보다 더 중요한 것이 또 있을까?

비시장재라고 해서 가치가 없는 것이 아니다. 오히려, 더 크고 중요할 수 있다. 이를 고려하지 않은 가치 추정과 그에 따른 비용편익분석은 심각한 왜곡을 가져올 수 있다.

비용편익분석에서, 특히 문제가 되는 부분은 비시장재에 대한 가치 추정이다.

경제적 접근에서, 가격(price)은 가치를 판단하는 아주 쉽고 합리적인 기준이다. 어떤 가치와 가격을 등가로서 이해하기도 한다. 문제는 만약 가격이 존재하지 않는 비시장재화의 경우는 그 가치를 어떻게 측정할 것인가 하는 것이다.

하늘에 떠 있는 달은 시장에서 거래되지 않는다. 그러나 달의 가치는 우리가 상상할 수 없을 만큼 유용한 가치를 지니고 있다. 따라서 달이 시장재가 아니므로 가격이 없기 때문에, 가치가 없다고 판단한다면 합리적인 판단이라 볼 수 없다. 백두산과 다보탑이 시장에서 거래가 되지 않는다고 해서 가치가 없는 것은 아니다.

몇 가지 예를 들어보자. 첫 번째 예로, 대기오염이 심각한 상황에서 자동차 배출가스규제를 강화하여, 기존 자동차 소유자들은 의무적으로 새로운 저감장비를 설치해야 한다고 가정하자. 여기서 주된 비용은 새로운 저감장비 구입 및 설치비용이다. 무엇보다 편익은 환경오염이나 질병 예방에 기여한다는 것이다. 또한 사람들의 심리적 만족감 역시 중요한 편익이다. 문제는 자동차 배출가스 규제에 따른 환경오염 예방과 질병 예방이 시장에서 거래가 되지 않고 당연히 가격도 존재하지 않는다는 것이다.

표 10-3 자동차 배출가스 규제의 대략적 예

구 분	대표적인 비용과 편익의 내용		재화의 유형	추정방법	추정의 용이성
자동차 배출 가스 규제	비용	피규제자들의 저감장치 구입 및 설치 비용	시장재	시장가격을 토대로 추정	용이
	편익	대기오염 저감 호흡기 질병 예방 및 감소 심리적 만족감 증가 저공해 자동차 연료 및 기술 개발 촉진	시장재, 비시장재 혼재	시장재 가치 추정, 비시장재 가치 추정 혼용	어려움
담합 규제	비용	–	–	–	–
	편익	구매 및 조달 비용절감	시장재	경쟁 하에서의 시장가격을 가정하여 추정	용이
		시장가격 안정화 진입장벽 완화에 따른 경쟁 촉진 공정경쟁에 대한 시장 신뢰 구축	시장재, 비시장재 혼재	시장재 가치 추정, 비시장재 가치 추정 혼용	어려움

두 번째 예로, 담합규제를 시행한다고 하자. 담합규제는 사회적으로 고려할 만한 비용이 없다. 반면, 편익은 직접적으로 구매 및 조달 비용을 절감시킬 수 있고, 간접적으로 경쟁촉진을 유도하여 이에 따른 다양한 편익이 발생된다. 구매 및 조달 비용 절감은 시장재적 성격을 띠고 있어 추정이 용이하나, 경쟁촉진과 이에 따라 파생되는 다양한 세부 편익들은 시장재와 비시장재가 혼재되어 있고, 주로 비시장재적 성격을 띠고 있다. 이에 따라, 시장재와 비시장재 가치 추정이 혼용되어야 하고, 추정 자체가 매우 어려워질 수 있다.

2) 비시장재에 대한 대표적 가치 추정 기법과 한계

규제가 유발하는 비용과 편익이 많은 경우 비시장재적 성격을 지니고 있기 때문에 비시장재 가치 추정 방법을 사용할 필요가 있다. 비시장재에 대한 경제적 가치를 추정하는 기법은 주로 환경경제학을 중심으로 매우 다양하게 연구되어져 왔다. 크게 현시선호접근법(Revealed Preference Method: RP)와 진술선호접근법(Stated Preference Method: SP), 그리고 편익이전(Benefit Transfer: BT)으로 구별할 수 있다.

첫째, 현시선호접근법은 평가 대상인 비시장재가 기술적 혹은 구조적인 관계가 있는 사적 시장재에 미치는 영향을 파악하여 비시장재의 가치를 간접적으로 추정하는 기법으로, 여행비용접근법(Travel Cost Method: TCM), 확률효용모형(Random Utility Model: RUM), 헤도닉 가격접근법(Hedonic Price Method: HPM), 회피행위접근법(Averting Behavior Method: PBM) 등이 사용되고 있다.

동 방식이 현시선호방법이라 불리는 이유는 각 개인이 관련 시장에서의 행위를 통해 재화에 대해 부여하는 가치나 선호를 현시(revealed)하였다고 볼 수 있기 때문이다. 그러나 동 분석은 각 개인이 자신만의 시장재 소비를 변화시키는 행위를 분석하기 때문에 비사용가치, 존재가치는 분석할 수 없다는 한계를 지니고 있다. 게다가 물리적 연계접근법들을 사후적인 영향을 분석할 뿐만 아니라, 사용가치도 일부만을 반영하지 못한다는 비판에서 자유로울 수 없다. 또한 소비자의 소비행위와 관련된 엄밀한 가정 하에 분석이 이루어지고 있고, 비교적 복잡한 계량경제학적인 분석 절차를 필요로 한다(권오상, 2013: 457-458).

예를 들어, 한라산의 경제적 가치를 현시선호접근법 중 하나인 여행비용접근법을 통해 추정할 수 있다. 즉, 소비자들이 한라산을 방문한다면, 이는 방문에 따른 어떤 효용이 있다는 것을 의미한다. 여행에는 시간과 여비, 그리고 기회비용 등 여러 가지 손실이 수반된다. 이러한 손실을 감내하고서라도 한라산을 방문한다면 그만한 가치가 있다는 것이다. 이에, 여행수요곡선을 도출하고 이를 통해 경제적 가치를 추정한다. 그러나 동 접근은 한라산의 경제적 가치를 정확히 측정했다고 보기 어렵다. 무엇보다 한라산을 방문하고 싶지만 소득제한, 시간적 제약, 건강, 가족 문제 등 다양한 이유로 방문하지 못하는 사람들이 있다. 즉, 선호가 존재함에도 그 선호를 드러내지 못하는 경우가 많다.

둘째, 진술선호접근법은 비시장재를 거래할 수 있는 시장을 가상으로 설정하여 (constructed market) 비시장재에 대한 지불의사를 직접 표현하도록 하는 기법이다. 대표적으로, 조건부가치측정법(Contingent Valuation Method: CVM)과 선택모형(Choice Modeling; Choice Experiment: CM; CE)으로 대표된다. 진술선호법은 각 개인이 자신의 선호를 시장행위로 보여주는 것이 아니라 직접 말하게 하는데, 이에 따라 보다 존재가치를 포함하여 광범위한 영역의 가치를 추정하는 데 기여할 수 있다(권오상, 2013: 458). 그러나 진술선호접근법들도 가상시장 시나리오에 기초하고 있기 때문에, 매우 다양하고 복잡한 유형의 편의(bias)들이 존재한다. 또한 분석과정이 매우 복잡하고 방대한 시간과 노력이 투입되어야 하며, 수학적으로도 매우 난해하여 일반인들이 이해하기 어려운 측면이 존재한다.

CVM과 가치추정법

조건부가치측정법(Contingent Valuation Method: CVM) 진술선호법에 따라 가치를 추정하는 분석기법으로, 가상적인 상황을 설정하고 설문조사를 통해 직접적으로 가치를 도출하는 방식이다. 환경재와 같이 시장에서는 존재하지 않지만 가상의 시장이 있는 것처럼 가정한다. 이러한 가정 하에 환경질이나 환경오염과 같은 혐오재를 거래하는 시장이 존재한다면, 환경재를 구입하기 위해 지불하고자 하는 가격(WTP)이나 환경오염을 수용하는 대가로 보상받고자 하는 금액(WTA)을 파악함으로써 환경재의 가격을 추정하는 방식이다. 특히, 조건부가치측정법은 원리적으로 WTP와 WTA를 측정할 수 있다는 점에서 매우 유용한 방식이다.

이에 따라, 가치 추정 대상 범위가 매우 넓고 사용가치뿐만 아니라 유산가치, 선택가치, 존재가치까지 추정할 수 있으므로, 인해 환경가치 등 비시장재화의 가치를 추정하는 대표적인 방법으로 발전되어 왔다.

사실, 1980년 초까지 비사용가치들은 추정방법들은 제대로 마련되지 못했으며, 사실 그 중요성에 대한 인식도 높지 못했다. 그러나 1989년 미국의 정유회사 엑손(EXXON)의 알래스카 석유사고에 대한 환경피해보상을 계기로 한 "The Oil Pollution Act of 1990"이 제정되면서 비사용가치, 시장에서 거래되지 않는 비시장재에 대한 가치 추정이 본격적으로 이루어졌다.

조건부가치측정법은 진술선호에 의존하기 때문에 지불의사 및 수락의사 유도방식이 매우 중요하다. 그동안 입찰게임, 개방형질문, 질문카드 등이 제시되어 왔으나, 현재는 양분선택법(dichotomous choice)이 주로 사용되고 있다. 동 방식은 특히 다른 방식에 비해 유인 일치성이 높은 것으로 알려져 왔다. 즉 동 질문은 시장에서 가격을 보고 살지 말지를 결정하는 사적재화 구매방식과 비슷하고, 투표방식하고도 비슷하기 때문에 응답자가 대상재화에 대한 선호를 사실대로 표현할 유인이 존재한다. 이에 전략적 편의와 무응답률, 그리고 이상치가 상대적으로 적은 것으로 알려져 왔다.

물론, 동 방식 역시 편의를 완전히 해결하고 있는 것은 아니나 관련 연구들이 지속되고 있다. 특히, 유도방식으로 양분선택에서 효용함수와 WTP 도출 공식을 제안한 하네만(Hanemann, 1984)의 연구는 CVM 발전에 중요한 기여를 하였다.

간단히, 하네만(Hanemann, 1984), 하네만 외(Hanemann et al., 1991)에 의해 제시된 WTP의 집중경향치로 평균은 공식은 아래와 같다. 식(1)은 공변량을 포함하지 않을 경우이고, 식(2)는 공변량을 포함할 경우이다. 여기서 β는 제시금액의 추정계수, α는 상수값이다. γ는 설명변수의 계수값이고, X는 설명변수의 평균값이다.

$$WTP = \frac{\alpha}{\beta} \quad \text{식(1)}$$

$$WTP = \frac{\alpha + \gamma X_i}{\beta} \quad \text{식(2)}$$

한편, WTP가 음(−)값이 없다고 가정하여, 절단된 평균(truncated mean)을 통해 WTP를 계산하기도 한다. 하네만 외(Hanemann et al., 1991)가 제시한 절단된 평균값은 다음 공식으로 구한다.

$$WTP = \ln(1 + e^{\alpha})/\beta \quad \text{식(3)}$$

출처: 김태은(2017, 187, 198).

셋째, 언급한 현시선호와 진술선호에 기초한 연구 결과들을 활용하여 새로운 사업이나 정책으로 인한 편익을 추정할 수 있는 편익이전(BT) 기법이 있다(KDI 투자관리센터 · 한국환경경제학회, 2012: 68-69). 그러나 동 방법은 활용된 1차 연구가 잘못되었을 경우 잘못된 추정 문제가 있고, 활용된 1차 연구와 규제 혹은 공공사업의 대상과 방법이 서로 상이하기 때문에 그 적용이 한정되거나 적합하지 않을 수 있다.

규제의 비시장재적 가치를 어떻게 추정할 것인가는 아직 체계적으로 연구되지 못했다. 현재의 규제의 비용편익분석은 형식에 머물러 있는 상태로, 체계적인 분석에 대한 고민과 연구는 이루어지지 못했다. 그러나 규제의 비시장재적 가치에 대한 체계적인 추정과 분석은 실질적 비용편익분석의 기본 조건이다. 즉, 규제의 비시장재에 대한 가치 추정 없이 실질적 규제비용편익분석이 이루어질 수 없다.

표 10-4 비시장재의 가치평가방법의 분류

선호 연계 방법		가치측정방법	비 고
물리적 연계		손해함수접근법(Damage Function Approach) 대체비용접근법(Replacement Cost Approach) 비용절감접근법(Cost of Savings Approach)	소비자선택이론에 근거하지 않음.
행태적 연계	시장접근법	시장수요접근법(Market Demand Approach)	가장 선호됨.
	현지선호 접근법(RP)	여행비용접근법(Travel Cost Approach) 특성가격접근법(Hedonic Price Approach) 회피행위접근법(Averting BehaivorApproach)	간접적 대리시장을 활용함. 선호되는 접근법
	진술선호 접근법(SP)	조건부가치접근법(Contingent Valuation Method) 조건부순위접근법(Contingent Ranking Method) 조건부행위접근법(Contingent Behaivor Method)	RP의 적용이 어려운 경우 보완적 적용 추천
	편익이전	가치이전, 함수이전, 메타분석	

출처: KDI 투자관리센터 · 한국환경경제학회(2012, 69).

제 4 절 | 사회적 할인율[4)]과 비용편익분석

1. 시간과 가치의 상이성

현재가치와 미래가치의 조율은 현재와 미래 간 선호로서 접근이 가능하다. 예를 들어, 오늘 사과 1개를 먹는 것이 내일 사과 1개를 먹는 것보다 즐거운 사람이 있을 것이고, 그 반대의 경우도 존재할 수 있을 것이다. 한편, 어떤 사람의 경우는 사과 1개를 오늘 먹든, 내일 먹든 간에 그 차이가 없을 수도 있을 것이다. 이는 곧 시간선호(time preference)로서 이해될 수 있다. 시간선호란 경제적 · 심리학적으로 서로 달리 발전되어져 왔으나 핵심은 현재와 미래 간 상대적인 선호도를 의미한다. 즉, 현재소비를 미래소비보다 얼마나 더 선호하는지, 또는 현재의 가치를 미래의 가치보다 얼마나 더 선호하는지를 의미한다. 일반적으로 시간선호율이 높다는 것은 미래보다 현재를 더욱 선호하다는 것을 의미한다. 예를 들어, 어떤 국민들의 시간선호율이 높다면 미래보다 현재를 더욱 선호하기 때문에, 현재의 소비를 늘리고 저축을 낮출 가능성이 높고, 이와 반대로 시간선호율이 낮다면 현재의 소비를 줄이고 미래 저축을 늘릴 가능성이 크다. 현재 시간선호율은 우리나라 및 다양한 국가에서 미래가치의 현재가치로 환산할 때 사용되는 비율인 할인율을 구하는 주된 개념으로 활용된다.

주류 경제학에서는 시점 간 선택(intertemporal choice) 연구를 통해, 사람들은 미래보다 현재를 더 선호한다고 가정한다. 즉, 현재 사과 1개를 먹는 것이 내일 사과 한 개를 먹는 것보다 선호하고, 10년 후 100만 원보다 지금 당장 100만 원 받는 것을 선호한다고 주장한다. 미래보다 현재를 선호하는 이유는 여러 가지 제시되어 왔다. 대표적으로, 첫째, 기회비용의 관점에서 경제학적 주장(Samuelson, 1937)으로, 이는 현재 100만 원을 투자할 경우 100만 원 외 추가적인 이익을 얻을 수 있는 가능성이 있다. 예를 들어, 양(+) 금리에서 은행에 넣기만 해도 최소한 이자는 받을 수 있다. 둘째, 불확실성(uncertainty)과 관련되어 있다. 즉, 지금 당장 100만 원은 확실하지만 10년 후 100만 원은 불확실성이 존재한다는 것이다. 셋째, 자원유용 가능성

---

4) 이 글은 김태은(2017c)의 내용을 일부 발췌하여 수정 · 보완 제시하였다.

차원에서 미래보다 현재 현금이 더 유용하다는 것이다. 넷째, 중요한 이유 중 하나는 현재 편향(present bias)이 존재(Benhabib et al., 2010)함에 따라 사람들은 인내하지 못하고, 무엇인가를 즉시 얻기 바란다는 것이다(Hardisty et al., 2013a: 348; Read, 2003: 4). 대부분의 규제, 정책 혹은 정부사업은 긴 시간적 거리를 갖는다. 따라서 정부정책과 사업에 있어서 시간에 따른 '가치'를 어떻게 결정하고, 조율할 것인가는 매우 중요한 과제이다.

2. 사회적 할인율과 규제, 공공사업에서의 중요성

현실적으로, 공공사업과 규제분석에 있어서 현재가치와 미래가치 간 조율은 일반적으로 할인율(discount rate)을 통해 구현된다. 할인율은 미래가치를 현재가치로 전환하는 데 있어서 미래가치를 할인하는 비율을 의미한다. 표준경제학 관점에서 사람들은 미래가치보다 현재가치를 더 선호한다고 가정하기 때문에, 할인율은 양(+)의 값을 갖는다고 주장되어 왔다.

개인 수준이 아닌 국가·사회적으로 미래가치와 현재가치 간 선호는 다양한 사회적 목표와 가치가 반영된 '사회적 할인율(social discount rate)'로 조작된다. 그러나 현재가치와 미래가치 간 사회적 비율이라 할 수 있는 사회적 할인율은 매우 광범위하게 활용 및 적용되고 있음에도 불구하고 그 개념적 정의조차 쉽지 않다.

실제, 사회적 할인율에 일반화된 개념 정의 어려움은 그에 따른 추정의 어려움과 상이성을 유발시켰고, 이에 현재까지 사회적 할인율의 추정 방법은 시기별로, 국가별로 서로 다른 개념적 정의와 그에 따른 추정이 이루어져 왔다. 예를 들어, 린드(Lind, 1982)는 사회적 할인율 개념을 종합하여 다섯 가지로 정의했다(노상윤, 2015: 126 재인용). 첫째, 현재소비를 미래소비와 교환하려는 일반적인 사회 전체의 성향을 나타내는 사회적 시간선호율(rate of social time preference), 둘째, 현재소비를 희생하는 대신 미래소비를 증가시키는 투자수익률인 CIR(consumption rate of interest), 셋째, 공공부문 사업에 투자됨으로써 민간부문 사업에 투자되는 기회를 잃어 발생하는 사회적 기회비용 관점에서 민간자본의 한계수익률, 넷째, 공공투자의 기회비용, 다섯째, 사회적 시간선호율과 민간자본의 투자수익률을 가중평균 관점에서 정의되고 추정되고 있다.

이러한 한계와 상이성에도 불구하고 사회적 할인율은 '시간'의 개념이 반영되어 현재와 미래가치를 결정하기 때문에 중대한 영향을 미친다. 구체적으로 첫째, 현재 세대와 미래 세대 간 자원배분을 결정한다. 사회적 할인율은 현재 세대가 미래에 발생될 가치를 현재 세대의 관점에서 할인한다는 것을 의미한다. 여기에는 미래 세대의 선호나 가치는 배제되어 있다. 특히, 할인효용모델에 따른 지수적 할인(exponential discounting)을 한다는 것은 현재 세대가 부담하는 비용을 과대평가하고, 미래 세대가 얻을 편익을 과소평가할 수 있음이 내재되어 있다. 이러한 문제로 보편적 수준보다 매우 낮거나, 심지어 0의 할인율을 적용해야 한다는 주장이 제기되기도 하였다(Arrow et al., 1996; Chichilnisky, 1997). 예를 들어, CO_2 감축 사업은 비용과 편익의 주체가 세대간 배분되어 있고 단절되어 있다. 기후변화 방지를 위한 CO_2 감축사업에서 할인율은 높게 한다는 것은 미래 세대를 고려하지 않고 현재 세대만을 위한 결정을 하겠다는 것을 의미고, 할인율을 낮게 한다는 것은 미래 세대를 위해 현재 세대가 비용을 지불하겠다는 것과 같다.

둘째, 공공정책과 사업에 있어서 사회적 할인율은 다른 조건이 동일할 때 경제적 타당성 여부를 판단하는 중요한 변수이다. 이는 현재 경제적 타당성 여부를 판단하는 기준으로 활용되고 있는 비용편익비율(BCR), 순현재가치(NPV), 내부수익률(IRR)이 모두 할인율과 관련되어 있다. 즉, 비용편익비율과 순현재가치는 할인율에 의해 영향을 받으며, 내부수익률 역시 궁극적인 판단은 할인율에 의해 이루어지기 때문이다.

결국, 사회적 할인율을 얼마로 할 것인지, 또 시간적 거리에 따라 동일한 할인율을 적용할지, 혹은 서로 다른 할인율을 적용할지는 단순히 미래가치를 현재가치화한다는 의미를 넘어 규제와 공공사업의 경제적 타당성에 영향을 미치고, 이는 곧 세대 간 자원배분의 문제, 세대 간 윤리의 문제, 그리고 정의의 문제를 유발시킬 수 있음을 알 수 있다.

3. 시점 간 선택에 있어 할인율 적용의 전통경제학의 가정

공공정책 및 사업에 있어서 사회적 할인율이 시간적 거리에 관계없이 혹은 다른 조건에 상관없이 동일한 할인율을 적용해야 하는가는 중요한 이슈이다. 이에, 표준경제학은 새뮤엘슨(Samuelson, 1937)의 할인효용모델(discounted utility model)을 통해 동 문제를 해결하여 왔다. 즉, 시점 간 선택의 표준경제모델이 된 할인효용모델은 기본적으로 현재소비가 미래소비보다 더 가치를 지닌다는 기본 생각 하에(Thaler, 2015: 89), 시점과 어떤 조건에도 불변하는 동일한 할인율 적용을 제시하였다(Wilkinson, 2012: 197).

새뮤엘슨(Samuelson, 1937)의 할인된 효용모델은 효용의 독립성, 소비의 독립성 등 여러 가정이 존재하고 있으나, 무엇보다 시간에 관계없이 동일하게 할인한다는 점이다. 즉, 불변하는 할인(constant discounting)은 사람들의 시간 선호(time preference)가 단일 할인율에 의해 정리될 수 있다는 것을 의미한다(Frederick et al., 2002: 351-358). 정상성(stationary) 가정으로 불리며 두 시점에 동일한 시간을 더하거나 빼도 선호에 변동이 없다는 것을 의미하므로, 기대효용이론의 독립성 공준과 유사하다(홍윤, 2013: 259). 고정율로서 할인을 의미하는 지수적 할인은 시간에 따라 어떤 재화의 가치가 비례적으로 감소하게 되고, 이에 따라 미래가치는 현재가치에 비해 급격하게 줄어들게 된다.

새뮤엘슨이 할인효용모델을 시점 간 선택(intertemporal choice)의 규범적 모델로 주장하지 않았음[5]에도 불구하고, 공식의 단순성과 간결함으로 인해 시점 간 결정을 분석하기 위한 선택 모델로 급격히 활용되었다(Bern et al., 2011: 1; Frederick et al., 2002: 355-356; Thaler, 2015: 90). 구체적으로 첫째, 동 모델이 단순하여 적용이 용이하다. 시간에 관계없이 동일한(constant) 할인율을 적용하기 때문에, 계산이 용이하고 현재가치와 미래가치에 대한 비교가 손쉽게 이루어질 수 있다. 둘째, 동 모델은 시간에 있어서 선호(preference)의 일관성(consistency)을 전제하고 있는데, 이는 경제학의 근간이라 할 수 있는 합리모델과 부합성이 높음을 알 수 있다.

5) 새뮤엘슨 역시 그의 이론이 사람들의 행태를 충분히 묘사할 수 없고, 중요한 한계(serious limitations)가 존재한다는 점을 지적한 바 있다(Thaler, 2015: 89-90).

그러나 몇 가지 질문은 할인효용모델에 의구심을 갖게 한다. 예를 들어, 현실의 사람들이 미래가치와 현재가치에 있어 선호가 시간적 거리(예: 5년 후와 30년 후)와 상관없이 일정하다고 할 수 있는가? 규제의 특성, 사업의 특성과 관련없이 동일한 할인율을 적용하는 것이 타당한 것일까?

4. 새로운 연구의 흐름

새뮤엘슨(Samuelson, 1937)의 할인효용모델(discounted utility model)에 기초한 사회적 할인율은 선호의 일관성을 전제하고 있으나, 여러 연구들은 이와 다른 결과들을 제시하고 있다. 실제, 현실에서 인간은 시점간 선택에 있어서, 혹은 현재와 미래의 가치를 결정함에 있어서 선호가 일관적이지 않을 수 있을 수 있으며, 많은 연구들이 할인효용모델과 다른 특이 현상들을 제시하여 왔다(Frederick et al., 2002; Green, et al., 1997; Loewenstein & Prelec, 1992; Loewenstein & Thaler, 1989; Thaler, 1981). 이 연구와 관련하여, 대표적으로 시간에 따라 서로 다른 할인율이 나타난다는 쌍곡선 할인 현상(hyperbolic discounting), 적은 금액이 큰 금액보다 더 크게 할인된다는 규모효과(magnitude effect), 이득은 손실의 경우보다 더욱더 크게 할인된다는 부호효과(sign effect), 이득과 손실조건에서 규모효과 등이 연구되어 왔다.

첫째, 할인율은 시간에 따라 일정하지 않고 시간이 길어질수록 감소한다. 다시 말해, 사람들은 먼 미래보다 가까운 미래를 더 많이 할인한다. 이는 가까운 미래의 할인율이 먼 미래의 할인율보다 높게 나타나는 할인에 대한 시간 불일치 모델(time-inconsistent model)로서 쌍곡선 할인[6] 현상으로 불린다(Ainslie, 1975, 2001; Benzion et al., 1989; Benhabib et al., 2010; Frederick et al., 2002: 378-379 표 참고; Gowdy et al., 2013; Rambaud & Torrecillas, 2005). 예를 들어, 일찍이 에인슬리(Ainslie, 1975)는 할인효용모델에 대해 의미있는 비판적 연구를 최초로 수행하여 사람들이 미래를 지수적으로 할인할 것이라는 할인효용모델 가정과 달리, 쌍곡선 시간 할인

6) 쌍곡선 함수의 형태는 학자들마다 서로 다른 함수 형태를 취하고 있고(Read, 2003: 3 표 1 참고), 인간뿐만 아니라 동물들에게서도 나타나는 것으로 연구되고 있다.

(hyperbolic time discounting)의 개념을 제시했다. 즉, 사람들이 시간적 거리에 따라 할인율이 달라짐을 보여주었다(Bern et al., 2011: 1). 탈러(Thaler, 1981)는 현재 15달러가 3개월 후, 1년 후, 3년 후 할인율이 각각 277%, 139%, 63%로 낮아짐을 밝혔다. 벤조인 외(Benzion et al., 1989)는 할인율이 시점별로(6개월, 1년, 2년, 4년) 할인율이 감소함을 보여주었다(200달러의 경우 0.428, 0.255, 0.230, 0.195). 크로퍼 외(Cropper et al., 1992)는 사람들이 일정한 지수적 비율로 할인하지 않으며, 할인율이 심각하게 이질적임을 발견하였다. 저자들은 5, 10, 25, 100년 시점별로 0.168, 0.112, 0.074, 0.048로 할인율이 감소함을 보여주었다. 왕 외(Wang et al., 2016)는 쌍곡선 할인이 국제 수준에서 보편적인 현상임을 53개 국가 연구를 통해 증명하였다. 즉, 시간 비일관적(time inconsistency) 현상이 나타난다는 것이다. 특히, 저자는 문화적 요인이 시간 할인율에 영향을 미칠 수 있음을 보여주었다. 이 연구 대상 범위는 글로벌 수준을 대상으로 쌍곡선 할인을 일반적인 현상으로 보여주고 있다는 점에서 일반화의 가능성을 크게 높였다.

둘째, 규모효과(magnitude effect)로서, 큰 금액이 작은 금액보다 더 작게 할인된다. 시간 선호 연구에서 가장 대표적인 발견으로 사람들은 미래가치를 현재가치로 할인함에 있어서 작은 금액을 큰 금액보다 훨씬 더 할인한다는 것이다(Benhabib et al., 2010; Chapman & Elstein, 1995; Kirby & Marakovic, 1996; Mitchell & Wilson, 2010; Thaler, 1981). 예를 들어, 탈러(Thaler, 1981)는 현재에서 1년 후, 15달러의 할인율은 139%, 250달러의 할인율은 34%, 3,000달러의 할인율은 29%로 금액이 커질수록 낮아짐을 밝히고 있다. 벤하비브 외(Benhabib et al., 2010)는 27명의 대학생을 대상으로 5개 금액, 3일부터 6개월까지 6개 구간으로 나눈 연구를 통해 규모효과의 존재를 밝히고 있다.

셋째, 부호효과(sign effect)로서 이득은 손실의 경우보다 더욱 크게 할인된다는 주장이 제기되었다(Benzion et al., 1989; Estle et al., 2006; Frederick et al., 2002; Hardisty et al., 2013a; Loewenstein, 1987; Myerson et al., 2016; Sun et al., 2015; Thaler, 1981). 이는 통화적 이득과 손실뿐만 아니라 건강과 환경적 이득과 손실(Baker et al., 2003; Hardisty & Weber, 2009)에서도 발견되고 있다. 다시 말해, 미래손실을 현재손실로 전환할 때 이득조건인 경우보다 더 낮게 할인한다는 것이다.

참고로, 규범적 경제이론에서는 기회비용 및 불확실성 등에 따라 미래의 이득과 손실을 할인하는 것으로 생각하여 왔기 때문에, 이득조건이든 손실조건이든 할인에는 차이가 없는 것으로 주장되어 왔다.

탈러(Thaler, 1981)의 예에서 이득의 경우, 현재 15달러가 3개월 후, 1년 후, 3년 후 할인율이 각각 277%, 139%, 63%이나, 손실의 경우는 할인율이 각각 26, 29, 20%로 손실의 경우가 이득인 경우보다 낮았다. 심지어, 손실의 경우는 영(0)이나 음(−)의 할인율이 전기 쇼크(Yates & Watts, 1975), 질병(Hardisty & Weber, 2009), 끔직한 사건(Harris, 2010), 작은 금액(Mitchell & Wilson, 2010) 등에서 관찰되기도 하였다. 대표적으로, 해리스(Harris, 2012)는 184명을 대상으로 한 네 가지 조사를 통해, 즐겁지 않은 비통화적 경험들은 나중보다는 즉시 경험하기를 선택하는 것으로 나타났다. 뢰벤스타인(Loewenstein, 1987)은 30명의 학생들을 대상으로 한 통화적 이득과 손실, 그리고 비통화적 이득과 손실에서의 할인율을 조사했다. 특히, 저자는 비통화적 이득과 손실에서 매우 특이한 현상을 발견했다. 이러한 주장은 카네만과 트버스키(Kahneman & Tversky, 1979)의 손실회피(loss aversion)의 개념과 부합된다. 즉, 사람들은 동일한 규모의 이득보다 손실에 더 큰 가치를 부여하는 현상이다. 예를 들어, 100만 원을 얻을 때 기쁨보다 100만 원을 잃었을 때 슬픔의 강도가 더 크다는 것이다. 최근에 다나카 외(Tanaka et al., 2014)는 뇌 분석을 통해 이득보다 손실의 지연에서 두뇌활동이 활발함을 증명하였고, 부호효과의 잠재적 메커니즘으로 손실회피를 제안하였다.

넷째, 이득조건과 손실조건에서 규모효과에 대한 연구가 진행되었으며 연구 결과는 상충적이다. 일부 연구는 이득 영역과 마찬가지로 규모효과가 발생되나(Chapman, 1996; Ostaszewski & Karzel, 2002), 일부 연구는 손실조건에서 규모효과가 나타나지 않는다고 주장한다(Baker et al., 2003; Estle et al., 2006; Green et al., 2016; Hardisty et al., 2013a; McKerchar et al., 2013; Mitchell & Wilson, 2010; Myerson et al., 2016). 예를 들어, 베이커 외(Baker et al., 2003)는 10달러, 100달러, 1,000달러 손실에서, 에슬레 외(Estle et al., 2006)는 100달러와 100,000달러의 손실에서 할인율이 유사했다고 주장한다. 하디스티 외(Hardisty et al., 2013a)는 200~332명의 대학생들을 대상으로 한 세 가지 조사를 통해, 큰 이익은 작은 이익에 비해 더 낮게 할인되지만(이득조건에서 규모효과 발생), 큰 규모(10,000달러)의 손실은 작은 규모(10달러)의 손실보다 더 크게 할인된다고 주장한다(손실조건에서는 역의 규모효과 발생). 다시 말해, 손실조건에서는 '역의 규모효과(reverse magnitude effect)'가 나타남을 보여주었다. 마이어슨 외(Myerson et al., 2016) 역시 두 샘플 집단에 대한 분석을 통해 손실의 경우는 손실의 양과 할인율 간의 관계를 발견하지 못하였다고 주장한다.

종합적으로, 김태은(2017c)은 시간 선호 추정 기법인 매칭법(matching method)을 이용하여 할인율의 가변성과 관련된 네 가지 연구 질문에 해답을 제시한 바 있다.

분석 결과, 첫째, 이득과 손실조건 모두에서 시간적 거리가 멀어질수록, 금액이 커질수록 할인율은 낮아졌다(쌍곡선 효과, 규모효과). 또한 이득조건은 손실조건보다 할인율이 모든 상황(시간적 거리, 금액규모별)에서 높았다.

그림 10-2 사업유형별 시간적 거리에 따른 할인율 비교(100만 원인 경우)

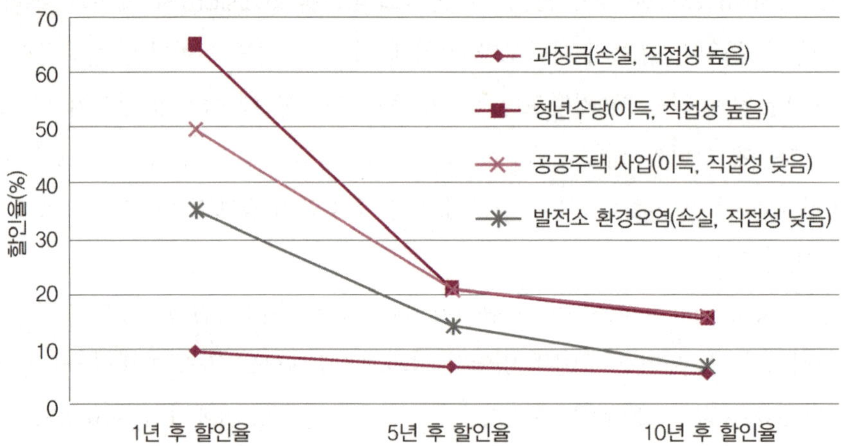

출처: 김태은(2017c, 139) 재인용.

둘째, 정부정책 특성별(이득 및 손실조건 여부, 이득 · 손실의 직접성 수준) 네 가지 사업별로 할인율은 상이했으며, 이득조건에서는 직접성 수준과 관련없이 손실조건보다 할인율이 높은 반면, 손실조건에서는 '사적 손실이 직접적'일수록 할인율이 낮게 나타났다.

셋째, 할인율의 안정성 검증한 결과 시간적 거리가 멀수록, 금액이 커질수록 할인율에 대한 선호가 안정적으로 나타나고 있었으며 수렴되는 패턴을 보여주었다.

넷째, 할인율은 인식 및 인구사회학적 요인들에 의해 쉽게 변화하기보다는 매우 안정적일 수 있음을 보여준다.

5. 비용편익분석에서 사회적 할인율 적용 방향

규제비용편익분석에 사회적 할인율을 어떻게 반영해야 하는지 몇 가지 고민거리와 그 방향을 제시하면 아래와 같다.

첫째, 현재 규제비용편익분석에 활용되고 있는 사회적 할인율은 공공사업에서 활용되어 오고 있던 할인율을 그대로 차용한 것이다. 익히 알 수 있듯이, 규제와 공공사업은 비용편익분포, 영향집단, 영향의 시간적 거리, 비용과 편익의 가시성 여부 등에서 많은 차이를 지니고 있다. 국내·외적으로 다른 것은 다른 것으로, 서로 다른 사회적 할인율을 적용하는 경향이 점진적으로 이루어지고 있다. 인간의 시간 선호에 대한 본질적 탐색과 규제비용편익분석에 적용할 수 있는 보다 합리적인 사회적 할인율의 도출 노력이 필요하다.

둘째, 규제의 유형과 관련없이, 규제의 규모, 시간적 거리, 이득조건 및 손실조건과 관련없이 동일한 할인율을 적용해야 하는지에 대해 고민거리를 제공한다. 이와 관련하여 구체적으로 ① 미래 세대에게 장기간 편익을 유발할 수 있는 규제의 경우는 현재 적용되고 있는 사회적 할인율보다 확실히 낮을 필요가 있으며, 이는 경제적으로 도덕적으로 타당하다. 구체적으로 시간별 규제의 비용편익분포에서 미래에 발생될 비용보다 미래편익이 크고 장기 발생될 경우, 할인율은 편익에 더 큰 영향을 미치기 때문에, 편익이 크게 과소추정될 수 있다는 점과 할인율을 적용한다는 것은 현재 세대가 현재 세대의 관점에서 미래 세대에 영향을 미치는 것이기 때문에, 가능한 그 영향을 최소화하는 것이 바람직하기 때문이다.

② 부호효과, 즉 이득조건과 손실조건에서 서로 다른 할인율 적용을 고려할 만하다. 사람들이 이득과 손실에서 서로 다른 할인율을 적용하고 있다면, 규제에 따라 이득을 얻는 경우와 손실을 얻는 경우 서로 다른 할인율 적용을 고민할 필요가 있다.

실제, 사람들은 이득보다 손실에 더욱 민감하다.

제 5 절 | WTP와 WTA 간 불일치[7]와 비용편익분석

1. WTP와 WTA의 개념과 이들 간 불일치

비용편익분석은 본질적으로 어떤 재화나 서비스의 '가치'를 측정하는 것과 관련되어 있다. 핸드폰의 가치, 고속도로의 가치, 또는 어떤 규제의 가치를 측정하는 것과 관련되어 있다. 그렇다면, 어떻게 가치를 측정할 수 있을까?

재화나 서비스를 소비하는 대가로 지불하고자 하는 최대 금액인 지불의사(용의)금액(willingness to pay: WTP)과 재화나 서비스를 포기하는 대가로 보상받고자 하는 최소 금액인 수락의사금액(willingness to aceept: WTA)은 소비자 잉여 및 후생변화를 논의함에 있어 중요한 개념이며, 동시에 다양한 가치 추정에 있어 중심적 역할을 수행하여 왔다.

이들 개념은 후생경제학적 관점에서 힉스(J. Hicks)의 보상변화와 동등변화와 관련되어 있다. 힉스는 소비자 잉여 측정의 기초가 되는 보통수요함수가 소득의 한계비용이 일정하다는 가정 하에 도출되어 정확한 소비자잉여를 대변하지 못할 수 있음을 지적하고, 이를 보완하기 위해 보상수요함수를 통해 보상변화와 동등변화를 제시했다(이만우, 2004: 402-406). 보상변화(compensating variation: CV)는 가격변화가 발생되기 이전의 효용을 기준으로 하여, 변화된 가격 하에서도 원래의 효용 수준을 달성하기 위해 필요한 소득변화를 말한다. 반면, 동등변화(equivalent variation: EV)는 소비자로 하여금 변화된 가격하에서 얻어지는 효용을 원래의 가격 하에서 달성하도록 하기 위해 필요한 소득변화이다(권오상, 2013: 404-405).

예를 들어,

① 사과 1개를 얻기 위해 최대 1,000원을 지불하고자 하는 철수가 있다면, 사과 1

7) 이 글은 김태은(2017a)의 내용 중 일부를 발췌하여 수정 · 보완한 것이다.

개에 대한 철수의 WTP는 1,000원이다. 즉, 1,000원이 철수가 사과 1개에 대해 부여한 가치이다.

② 철수가 자신이 갖고 있던 사과 1개를 포기하는 대신에 받고자 하는 최소금액이 1,000원이라면, 사과 1개에 대한 철수의 WTA는 1,000원이다.

③ 철수가 미세먼지 없는 깨끗한 공기를 위해 매년 10만 원을 지불할 용의가 있다면, 깨끗한 공기에 대한 철수의 가치, 즉 WTP는 매년 10만 원이다.

④ 철수가 미세먼지가 있는 공기를 수용하는 대가로 매년 10만 원을 받고자 한다면, 깨끗한 공기에 대한 철수의 가치, 즉 WTA는 매년 10만 원이다.

표 10-5 WTP와 WTA의 구분과 예시

사 과	깨끗한 공기
• 얻기 위한 WTP • 사과 1개를 얻기 위한 지불하고자 하는 최대 금액 • 기존에 없던 사과를 얻음.	• 포기하는 대가로 WTA • 미세먼지가 있는 공기상태를 수용하는 대가로 받고자 하는 최소 금액 • 깨끗한 공기를 잃음.
• 포기하는 대가로 WTA • 사과 1개를 포기하는 대가로 받고자 하는 최소 금액 • 기존에 있던 사과를 잃음.	• 얻기 위한 WTP • 미세먼지 없는 깨끗한 공기를 위해 지불하고자 하는 최대 금액 • 깨끗한 공기를 얻음.

따라서 WTP는 '무엇인가를 얻는, 얻는(gain)' 의미가 있는 반면, WTA는 '무엇인가를 잃어버리는, 손실(loss)' 개념이 내포되어 있다(Kahneman et al., 1990). 또한 WTP는 구매가격을, WTA는 파는 가격으로 이해하기도 한다(Brown & Gregory, 1999: 323).

경제이론의 기본적 가정은 소득효과가 매우 작다면, 동일한 재화에 대한 WTP와 WTA 간 차이는 무시할 만하다는 것을 함축하고 있다. 이는 어떤 재화 A를 재화를 얻기 위해 지불하고자 하는 최대금액과 소유하고 있던 재화 A를 포기하고 받고자 하는 최소 보상금액 간에 차이가 무시할 만한 것으로 가정하고 있음을 보여준다(Willig, 1976; Kahneman et al., 1990; 1325-1326; Sayman & Öncüler, 2005: 290). 실제, 공공사업에 있어서도 이에 기초하여 상황변화에 따른 편익이 개인의 소득에 미치는 영향이 크지 않다면, 두 편익 측정치인 WTP와 WTA의 추정치는 이론적으로 크게 다르지 않을 것으로 보고 있으며(KDI, 2008: 298), 이에 기초하여 WTP로 가치를 추정하고 있다.

그러나 이론적으로, 그리고 경험적 연구들은 WTP와 WTA 간 불일치(disparity)가 큰 규모로 존재할 수 있다는 주장이 지속적으로 제기되어 왔다. 위의 사과와 깨끗한 공기의 예에서, ①과 ②, ③과 ④가 서로 다를 수 있다는 것이다. 특히, 기존 연구들은 많은 경우 WTA가 WTP보다 크고, 두 개념 간 불일치 수준은 소득효과로 설명되지 않을 만큼 크다고 주장한다(Henderson, 1941: Coombs et al., 1967; Hammack & Brown, 1974; Kahneman & Tversky, 1979; Knetsch & Sinden, 1984; Brookshire & Coursey, 1987; Kahneman et al., 1990; Hanemann, 1991; Hoffman & Spitzer, 1993; Shogren et al., 1994; Brown & Gregory, 1999; Horowitz & McConnell, 2002; Sayman & Öncüler, 2005; Sun et al., 2009; Flachaire et al., 2013; He & Asami, 2014).

예를 들어, WTA/WTP 간 불일치에 관한 헨더슨(Henderson, 1941)의 이론적 논의 이후, 쿰스 외(Coombs et al., 1967)는 처음으로 WTA/WTP 간 불일치를 경험적으로 연구하였다. 이들은 가상적으로 복권에 대한 사고파는 가격을 도출하여, 평균적으로 파는 가격이 사는 가격의 2배에 달함을 보여주었다(Sayman & Öncüler, 2005: 209-291). 해먹과 브라운(Hammack & Brown, 1974)은 물개 사냥을 위한 WTP는 247달러, WTA는 1,044달러임을 밝혔다. 크네시와 신덴(Knetsch & Sinden, 1984)은 처음으로 실제 교환 메커니즘을 연구하여 WTA/WTP 비율이 4배임을 제시하였고, 브룩쉐어와 코시(Brookshire & Coursey, 1987)는 동일한 상품을 대상으로 할 때 2.4배에서 최대 61배까지, 하네만(Hanemann, 1991)은 WTA가 WTP보다 5배 더 크다고 주장한다.

보다 체계적으로 카네만 외(Kahneman et al., 1990)는 가상적 서베이와 실제 교환 실험을 통해 평균 WTA/WTP 비율이 최소 1.4에서 최대 16.5가 나타남을 보여줬다. 메타 분석 역시 불일치의 존재를 증명하고 있다. 브라운과 그레고리(Brown & Gregory, 1999) 역시 기존의 연구물들을 통해 재화의 종류, 연구방법, 지불수단(현금여부)을 고찰하여, 평균(혹은 중위수 기준) WTA/WTP 비율이 최소 1.4에서 최대

56.9였으며, 전체적으로 약 8.14배 차이가 났음을 보여주었다. 이외에도 호로비츠와 멕코넬(Horowitz & McConnell, 2002)의 45개 연구물, 세이먼과 왼큘러(Sayman & Öncüler, 2005)의 164개, 툰셀과 해밋(Tuncel & Hammitt, 2014)의 76개 연구물에 대한 메타분석 결과는 모두 WTA와 WTP 간 불일치가 존재하고 WTP가 WTA에 비해 높다는 점을 제시한다. 예를 들어, 세이먼과 왼큘러(Sayman & Öncüler, 2005)는 WTA/WTP 비율은 0.14에서 113까지 폭넓게 분포되어 있었으며, WTA/WTP 비율이 1 이하인 데이터 포인트는 6개에 불과했다. 평균 WTA/WTP 비율은 7.1이고, 중위값은 2.9임을 제시하였다(김태은, 2014 참고). 특히, 최근 조건부 가치 추정법을 활용한 일부 연구(Amigues et al., 2002; Sun et al., 2009; Del Saz-Salazar et al., 2009; Del Saz-Salazar et al., 2009; He & Asami, 2014)에서도 WTA와 WTP 간 불일치가 존재하고, WTA가 WTP에 비해 높다는 점이 제시되고 있다.

표 10-6 재화 형태별 WTP와 WTA 비율

재 화	비율 기하 평균	비율 기하 표준편차	실험/서베이 수	연구물 수
환경재	6.23	1.20	32	13
건강과 안전	5.09	1.18	41	11
기타 공공재 및 비시장재	3.93	1.06	66	15
보통 사적재	1.63	1.05	116	28
복권	1.56	1.06	53	13
시간(레저 또는 여행)	1.45	1.21	7	3
모든 재화	3.28(5.00[1])	1.04	337	76

주: 1) 산술평균값

출처: Tuncel & Hammitt(2014, 181), 김태은(2017b, 53) 재인용.

최근, 김태은(2017)은 송전탑 건설과 같은 부정적 외부효과가 존재하는 공공사업 WTP와 WTA 간 불일치가 실제 어느 정도로 존재하는지, 이러한 불일치의 원인이 어디에 있는지를 조건부가치측정법(CVM)을 활용하여 분석하였다. 지불유도방법으로 이중양분선택형 조사지를 개발하고 1:1 면접조사를 통한 사전조사(195명)와 본조사(1,016명) 과정을 거친 CVM 조사 결과는 아래와 같다.

분석 결과, 모든 분석 조건에서 WTP와 WTA 간 불일치가 크게 존재하고 WTA가 WTP에 비해 크다는 것을 보여주었다. 구체적으로 첫째, 공변량이 포함되어 있지 않는 단순모델의 WTP는 112.73만 원, WTA는 4,461.97만 원으로 WTA가 WTP에 비해 약 39.58배 높게 나타난다. 둘째, 공변량을 포함한 경우 WTP는 최소 43.76만 원에서 최대 322.89만 원으로 나타났고, WTA의 경우는 최소 2,070.75만 원에서 최대 5,110.79만 원으로 나타났다. 공변량을 포함한 경우 WTA가 WTP에 비해 최소 9.02배에서 최대 58.35배로 높게 나타났다. 셋째, 이중양분선택형에 개방형 질의를 포함시킨 경우 WTP는 86.60만 원, WTA는 4511.15만 원으로 WTA가 52.09배 높게 나타났다. 이러한 점은 부정적 외부효과가 존재하는 공공사업에서의 갈등의 근원적 원인이 WTP와 WTA 간 불일치에 기초할 수 있음을 보여준다.

표 10-7 WTP와 WTA 추정값

	단순 모델	공변량 포함 모델					이중양분선택+ 개방형 질의
	Model 1	Model 2	Model 3	Model 4	Model 5	Model 6	
WTP 평균(만 원)	112.730	43.759	321.286	322.885	306.228	310.218	86.602
WTA 평균(만 원)	4,461.973	2,553.444	2,898.242	5,110.793	3,186.983	2,070.750	4,511.15
WTA/WTP 비	39.581	58.352	9.021	15.829	10.407	6.675	52.091

출처: 김태은(2017a, 208).

2. WTP와 WTA 간 불일치의 원인

WTP와 WTA 간 불일치가 존재한다는 다양한 연구가 축적되면서, 한편에서는 동시에 왜 이러한 불일치가 존재하는지 그 원인에 대한 고찰 역시 이루어져 왔다. WTP와 WTA 간 불일치의 원인은 초기에 수입효과 및 대체효과와 같은 경제적인 설명이 주를 이루었으나, 카네만과 트버스키(Kahneman & Tversky, 1979) 이후에는 거래비용, 다양한 심리적 요인[태도, 감정, 경험 및 친숙성, 고정효과(anchoring effects)], 불확실성, 문화적 요인, 재화의 특성 등 다양한 요인이 제시되어 왔다. 즉, 심리적 요인에서부터, 재화의 특성, 다양한 경제적 요인, 그리고 거시적인 문화적 차원에 이르기까지 미시와 거시를 총괄하는 다양한 변수들이 제시되어 오고 있다.

1) 소득효과와 대체효과

표준경제이론에서 WTP와 WTA 간 불일치는 주로 소득효과(income effect)와 대체효과(substitute effect)로 설명되어져 왔다. 윌릭(Willig, 1976)과 랜달과 스톨(Randall & Stoll, 1980)은 WTA와 WTP 간 불일치가 소득효과에 있음을, 즉 수요의 수입탄력성에 따른다는 점을 증명하였다.

한편, 하네만(Hanemann, 1991)은 윌릭(Willig, 1976)의 연구를 확대하여, WTA와 WTP 간 불일치의 한 원인으로 대체효과를 제시하였다. 즉, 하네만(Hanemann, 1991)은 환경재처럼 재화의 대체 가능성이 낮을 경우 WTA/WTP 간 불일치가 증가하며, 대체가 용이한 재화의 경우는 WTA/WTP가 수렴된다고 주장하였다. 이외에도 다양한 연구들 대체효과의 존재를 증명하였다(Shogren et al., 1994; Adamowicz et al., 1993; 윤상석 · 신형정, 2010; He & Asami., 2014). 특히, 히와 아사미(He & Asami, 2014)는 베이징 지역의 주택을 대상으로 한 CVM 연구를 통해, 주택 대체가 어려운 지역에서 WTA와 WTP 차이가 크다는 점에서 대체효과가 있었으나, 반면 소득효과와는 관계가 없음을 보여주기도 하였다.

2) 보유효과

WTP와 WTA 간의 차이의 원인 다양하게 설명되고 있으나, 이들 간 차이의 원인을 설명하는 가장 대표적인 것은 손실회피의 아이디어가 포함된 전망이론(prospect theory)이다(Kahneman & Tversky, 1979; Tversky & Kahneman, 1991, 1992; Knetsch, 1989; Biel, 2011 참고).

카네만과 트버스키(Kahneman & Tversky, 1979)와 트버스키와 카네만(Tversky & Kahneman, 1991, 1992)은 WTP와 WTA 간 불일치를 설명하는 표준경제이론의 주장과 달리 준거점(reference point), 민감도 체감성(diminishing sensitivity), 손실회피(loss aversion)가 포함된 전망이론(prospect theory)[8)]을 제시하였다. 즉, 사람들은

부의 최종적인 상태보다는 변화(change)에 가치를 부여하는데, 사람들은 어떤 준거점(reference point)을 기준으로 측정된 이득과 손실(gains and losses)을 통해 효용을 판단한다. 또한 준거점을 기준으로 이익이나 손실의 변화에 따른 가치 인식이 체감되는 현상인 민감도 체감성이 존재하며, 사람들은 이득을 얻기보다 손실을 회피할 욕구가 더욱 강하기 때문에, 동일한 규모의 이득보다 손실을 더욱 크게 인식하는 손실회피(loss aversion)가 존재한다. 이로 인해, WTP와 WTA 간 불일치가 크게 존재할 수 있음을 주장하였으며, 이는 어떤 재화를 소유한 사람이 그렇지 않은 사람에 비해 더 높은 가치를 부여하는 보유효과(Thaler, 1980)를 통해 잘 드러나고 있다.

전망이론에서 제시된 이러한 이득과 손실간 가치의 비대칭은 탈러(Thaler, 1980)의 보유효과(endowment effect) 개념을 통해 잘 설명되고 있다(Kahneman et al., 1990: 194). 탈러(Thaler, 1980)는 전망이론과 관련된 보유(소유)효과로서, WTA와 WTP 간 불일치를 증명하였다. 보유효과는 다른 조건이 동일할 때, 어떤 재화를 소유하고 있는 사람이 이를 소유하고 있지 않은 사람에 비해 가치를 높게 평가하는 것을 말한다. 소유하고 있는 것을 더 높게 평가하는 이유는 손실회피 성향을 지니기 때문이다(Thaler, 1980: 44). 결국, 보유효과는 WTP와 WTA가 같지 않으며, WTA가 WTP보다 높을 수 있음을 보여준다.

보유효과는 다양한 연구에서 경험적으로 지지되고 있다(Kahneman et al., 1990; Knetsch, 1995; Knetsch, et al., 2001; Lakshminaryanan et al., 2008; Maddux et al., 2010). 그러나 한편에서 보유효과에 대한 부정적 연구(List, 2004; Plott & Zeiler, 2005; He & Asami, 2014) 역시 제시되어 왔다. 보유효과는 재화의 성격에 따라 상이할 수 있고, 이득의 개념인 WTP와 손실의 개념인 WTA에 서로 상이하게 영향을 미칠 수 있다.

3) 거래비용

WTA와 WTP 간 불일치의 한 요인으로 거래비용이 제시되었다(Brown & Gregory, 1999; Brown, 2005). 재화와 서비스의 획득 과정에 포함되어 있는 거래비용 역시

8) 전망이론은 세 가지 핵심 개념 외에도, 확률가중함수(probability weighting function) 개념이 포함되어 있다.

WTP와 WTA 간 불일치의 한 요인으로 제시되어 왔다. 시장에서 거래하는 동안, 소비자들은 재화를 사고파는 데 있어 전체 비용을 계산한다. 즉, 단순히 재화의 가격뿐만 아니라 거래비용 역시 고려한다. 그러나 거래비용이 WTP와 WTA에 동일하게 영향을 미치는 것은 아닐 수 있다. 즉, 재화를 사고자 하는 사람의 WTP는 거래비용이 배제되나, 동일한 재화를 팔고자 하는 사람의 WTA에는 자신이 그것을 소유하게 되기까지 발생되었던 거래비용을 보상에 포함시키고자 한다(Brown & Gregory, 1999: 326). 쉽게 말해, 파는 사람이 받고자 하는 보상금액에는 재화의 가격뿐만 아니라 그것을 소유하게 되는데까지 소요되었던 거래비용까지 포함되어 있고, 반면 사는 사람은 재화의 가격만 포함되어 있기 때문에 이들 양자 간에 차이가 발생된다는 것이다.

4) 재화의 특성

한편에서 재화가 시장재 · 비시장재, 또는 환경재 인지 여부 등에 따라 불일치의 정도가 달라짐이 연구되어 왔다. 재화에 따라 대체 가능성이 서로 상이하고 재화가 내포하고 있는 가치의 종류와 수준이 상이하기 때문에 불일치가 존재할 수 있다는 것이다. 이러한 점은 특히 환경재나 건강 등과 관련된 재화 등 연구에서 지지되고 있다. 예를 들어, 브라운과 그레고리(Brown & Gregory, 1999)는 환경재와 비환경재를 구분한 메타 분석 연구에서 WTA/WTP 비율이 환경재는 평균 15.46이나 비환경재는 2.51로 환경재가 비환경재보다 높음을 주장했다. 엄영숙(2008)은 실험경매법을 통해, 시장재의 경우 실험이 반복될 경우 WTP와 WTA 간 격차가 줄어든다는 점을 발견하였고, 비시장재의 경우는 건강의 위해도가 상대적으로 낮은 경우 WTP와 WTA 간 격차가 줄었으나 건강의 위해도가 큰 경우는 WTP와 WTA 간 격차가 존재함을 증명하였다. 또한 턴셀과 해밋(Tuncel & Hammitt, 2014)은 메타 연구를 통해 WTA/WTP 비율이 사적재는 1.63배, 환경재의 경우는 6.23배 높음을 보여주었다.

5) 친숙성과 경험

카네만과 트버스키(Kahneman & Tversky, 1979) 연구 이후 WTA와 WTP 간 불일치를 설명함에 있어 심리적 요인이 크게 연구되었다. 조르간치스와 나바로-마르티

네스(Georgantzis & Navarro-Martínez, 2010)는 WTA와 WTP 차이에 다양한 심리학적인 변수(태도, 감정, 친숙성, 성격 등)가 미치는 영향을 고찰하였고, 푸덴버그 외(Fudenberg et al., 2012)는 고정효과(anchoring effects)의 영향을, 라일리와 데이비스(Reilly & Davis, 2015)는 WTA와 WTP 간 차이에 있어서 불확실성의 영향을 고찰했다.

구체적인 예로서, 조사 대상자가 얼마나 재화에 익숙한가, 또는 경험을 지니고 있는가 역시 WTP와 WTA 간 불일치의 원인이 될 수 있다(Shogren et al., 1994; Tuncel & Hammitt, 2014). 특히, 턴셀과 해밋(Tuncel & Hammitt, 2014)은 WTP와 WTA 간 불일치(차이)는 실험 대상자들의 경험(experience)과 관련되어 있었음을 제시하였다. 그러나 경험이 WTP와 WTA 간 불일치에 미치는 영향은 혼합적이다. 예를 들어, 카네만 외(Kahneman et al., 1990)와 모리슨(Morrison, 2000)은 재화나 실험에 익숙하게 해주어도 WTP와 WTA 간 불일치에 유의미한 감소가 없었음을 보여주었다.

6) CVM을 이용한 불일치 크기와 영향요인

김태은(2017)은 송전탑 건설과 관련된 WTP와 WTA 간 불일치 규모 및 그 영향요인에 대한 연구를 통해, WTP와 WTA에 미치는 영향변수는 서로 상이하였으며, 이러한 차이에 의해 WTP와 WTA 간 불일치가 발생되었음을 증명하였다.

즉, WTP와 WTA에 같은 방향으로 영향을 미치는 변수는 오직 하나의 변수(송전탑 건설 필요성)였고, 동 변수를 제외한 변수들은 WTP와 WTA에 서로 다른 방향으로 영향을 미치거나 WTP 혹은 WTA에만 영향을 미치는 것을 보여주었다. 즉, 부정적 외부효과가 존재하는 송전탑 건설에 있어서, WTP와 WTA의 불일치는 특정한 지배적 원인이 존재하기보다는 '이득'의 개념인 WTP와 '손실'의 개념이 내포된 WTA에 각각 서로 다른 변수들이 서로 다른 방향으로 영향을 미친 결과임을 보여준다.

표 10-8 WTP와 WTA의 영향요인

	변 수	WTP	WTA	비 고
송전탑에 대한 인식변수	재산			x(영향 없음)
	건강			x
	환경		−	WTA만 영향
	부정적 영향 통합		−	WTA만 영향
정책 인식변수	건설 필요성	+	+	영향 방향 일치
	정부정책 신뢰	−	+	영향 방향 반대
	주민의견수렴			x
	보상의 적절성			x
기존 영향변수	소유경험			x
	거래비용		+(일부 모델)	WTA만 영향
	대체 가능성		+	WTA만 영향
	거래 경험 수준			x
인구 사회학적 변수	소득수준	+		WTP만 영향
	거주지	−		WTP만 영향
	교육수준	+	−	영향 방향 반대
	성별			x
	나이			x
	결혼 여부			x

출처: 김태은(2017, 210).

3. 비용편익분석에의 함의와 방향

첫째, 개념적으로 WTP는 '이익'과 관련되어 있고, 'WTA'는 손실과 관련되어 있으나 공공사업은 WTP와 WTA가 동일하다는 가정 하에, WTP 기초로 사업이 추진된다. 특히, 부정적 외부효과(negative externality)가 크게 존재하는 규제나 공공사업에서 WTP와 WTA 간에 불일치가 존재한다면 이는 매우 중요하다. 무엇보다 손실을 이득개념으로 추정함에 따라 WTP와 WTA 간 격차가 클 가능성이 매우 높고, 이는 사회적 갈등과 사회적 비용으로 나타날 수 있다.

둘째, WTP와 WTA가 불일치하면, 손실과 이득주체 간 자발적 협상이 쉽게 일어나기 어렵다. 어떤 권리나 재화를 사는 주체와 파는 주체가 해당 권리와 재화의 가치를 서로 다르게 인식한다면, 카네만 외(Kahneman et al., 1990)가 지적하듯이 거래비용이 '0'이라 하더라도 자발적 교환은 이루어지기 어렵다. 결국, 자발적 협상에 따른 교환보다는 재화를 사는 주체와 파는 주체 간 갈등이 발생되고, 제3자의 개입이나 다른 정책적 대응이 없을 경우 규제나 공공사업의 갈등과 분쟁이 매우 장기화될 수 있다는 점이다.

셋째, 비용편익분석에서 비용과 편익의 추정은 기본적으로 '얻음, 이익'의 개념이 내포된 WTP에 기초한다. 즉, 현대의 비용편익분석에서 가치 추정은 소득효과가 매우 작다면, 동일한 재화에 대한 WTP와 WTA 간 차이는 무시할 만하다는 가정에 기초한다. 또한 WTA에 대한 이론적 상한을 책정할 수 없다는 현실적 문제도 제기되어 WTA 대신에 WTP로 비용·손실 추정이 일반적으로 이루어지고 있다. 특히, 비용편익분석에서 미국의 OMB 지침 역시 국제적인 영향을 미쳤을 것으로 판단된다. 그러나 WTP와 WTA 간 차이가 무시할 만한 것이 아니라 매우 큰 규모라면, WTA 대신에 WTP로 비용·손실 추정은 심각한 문제를 가져올 수 있다.

WTP와 WTA 추정의 예

송전탑 건설에 있어서 주택과의 '거리규제'가 있다고 가정하자.

[상황 a]는 현재 거리규제는 주택과 송전탑까지 거리가 100m 이상인데, 규제를 보다 강화해서 주택과 송전탑의 거리를 1km 이상으로 하는 상황이다.

[상황 b]는 현재 거리규제는 주택과 송전탑까지 거리가 1km 이상인데, 규제를 완화해서 주택과 송전탑의 거리를 100m 이상으로 하는 상황이다.

[상황 a]에서 이득을 얻는 사람은 송전탑 인근에 사는 마을 사람들이다. 즉, 송전탑이 주택에서 100m에서 1km로 멀리 떨어지게 됨에 따라 다양한 편익을 얻게 된다. 지가 상승뿐만 아니라 중요하게는 조망권 확보, 고압 송전에 따른 소음 감소 등 환경권을 얻게 된다. 논의를 쉽게 하기 위해 '환경권'으로 한정하자. 여기서, 마을 사람들의 편익은 환경권이라는 새로운 가치를 얻을 수 있기 때문에, '얻음'의 개념이 내포된 지불의사금액(WTP)으로 추정하는 것이 타당하다.

[상황 b]에서 손실을 얻는 사람들은 송전탑 인근에 사는 사람들이다. 즉, 송전탑이 주택에서 1km 떨어져 있었는데, 100m로 근접하게 되면 지가 하락뿐만 아니라 조망권 침해, 고압 송전에 따른 소음 등의 환경적 피해를 얻는다. 동 상황에서도 논의를 쉽게 하기 위해 '환경

권'으로 한정하자. 즉, [상황 a]가 얻는 환경권을 얻지만, [상황 b]에서는 동일한 환경권을 잃어버리게 된다. 즉, 이 상황에서는 손실의 개념이 내포된 수락의사금액(WTA)으로 환경권 손실을 추정하는 것이 타당하다.

만약, WTP로 추정한 값과 WTA로 추정한 값이 비슷하다면 문제가 되지 않을 것이다. 그러나 많은 연구들은 아래의 환경재와 같은 경우 거의 명백하게 WTA가 WTP보다 크다는 점을 밝히고 있다. 두 값이 서로 다른 상황에서 손실을 WTP로 추정하게 되면 일반적으로 과소추정될 가능성이 크다. 이는 규제, 공공사업에 있어서 비용편익분석에 왜곡을 가져올 수 있으며, 심지어 규제나 공공사업에서 집단 간 갈등과 충돌을 고착화시킬 수 있다.

	현재 거리 규제	개정 거리 규제	규제 개정 방향	환경권	타당한 추정방식
[상황 a] 주택과 송전탑까지 거리	100m	1km	규제강화	얻음	WTP
[상황 b] 주택과 송전탑까지 거리	1km	100m	규제완화	잃음	WTA

WTP와 WTA가 불일치가 존재한다는 것은 비용편익분석에 있어 참으로 어려운 난제가 존재함을 보여준다. 두 값 간에 근사적으로 일치할 것이라는 가정 하에 수행되고 있는 수많은 비용편익분석의 타당성을 의심하게 한다.

다행히, WTP와 WTA 간 불일치에 대한 많은 연구들은 다행히 규제비용편익분석에 있어 몇 가지 유용한 함의를 제시하고 있다.

첫째, WTA로 추정해야 함에도 WTP를 활용하는 주된 이유는 WTA가 이론적 상한을 설정하기 어렵다는 점에 있다. 최소수락의사금액(WTA)은 자신이 소유하고 있던 그 무엇인가를 '포기'하는 대가로 받고자 하는 금액이기 때문에 그 상한을 설정하기 매우 곤란하다. 자신이 갖고 있던 자동차를 포기하는 대가로 '1~무한대'에 이르기까지 금액을 요구할 수 있다. 그러나 현실적으로 최소수락의사금액은 이론적 논의와 달리 많은 경우 우리 현실에서 존재한다. 시장에서 사고파는 것, 교환이 이루어진다는 것은 WTA에 대한 상한 설정이 가능함을 보여준다.

둘째, 기존의 연구들은 시장재나 대체재가 존재하는 경우 한정된 수락의사금액이 존재하고, 동 수락의사금액은 지불의사금액과 차이가 크지 않다. 실제, WTP와 WTA

간 불일치는 환경, 건강, 안전, 노동, 복지 등과 같은 규제 영역에서 주로 문제가 될 수 있음을 보여준다. 따라서 해당 영역에 초점을 둔 접근이 필요하다.

셋째, 비용편익분석에 활용하기 위해서는 WTP와 WTA 간 불일치가 존재하는 영역별로 '표준화(standardization)'된 불일치 값을 도출할 필요가 있다. 이는 규제 영역별, 공공사업별 WTA 값의 표준화와 같은 의미이다. 예를 든다면, 환경, 보건, 안전 등 같은 경우는 WTA가 WTP보다 확실히 높게 나타나고 있다. 그러나 연구자마다 연구방법마다 그 차이는 다르게 나타나고 있다. 따라서 실제 비용편익분석에 이러한 차이를 반영하기가 어렵다. 만약, 이러한 차이를 표준화시킬 수 있다면, 보다 정확한 비용편익분석이 가능할 뿐만 아니라, 정확한 비용편익분석은 곧 사회적 자원의 최적 배분에 기여하고 동시에 집단 간 갈등을 최소화함으로써 사회적 비용을 획기적으로 줄일 수 있다.

이를 위해 제한하고자 하는 방식은 아래와 같다. 우선 ① 지불 유도 방법을 확률개념을 활용하여 WTA를 추정할 필요가 있다. ② 이해 주체가 아닌 객관적 조사 대상자를 통해 WTA의 신뢰구간을 추정하고, 이를 반복하여 WTA를 추정해야 한다. ③ CVM, 실험 등 다양한 방법을 종합적으로 동원하여 WTP와 WTA를 동시 추정하고, 이들 간의 격차를 확인 및 검증해야 한다. ④ 기존 연구 결과 및 새로운 연구 결과를 활용하여 조정계수를 개발하고 적용하는 과정 등이 필요하다. 물론, 이러한 방법들은 하나의 대안으로 완벽한 WTA 추정을 담보해낼 수 있는 것은 아닐 것이다. 그러나 공공부문에서 WTP 추정 역시 한계가 분명하고, WTA를 WTP로 추정함에 따른 집단 간 갈등 등 사회적 비용을 고려할 때, 추정의 비용보다 추정의 편익이 더욱 클 것으로 판단된다.

참고문헌

권오상(2013). 『환경경제학』. 박영사.

김동건(2004). 『비용 · 편익분석』. 박영사.

김태은(2014). 『행정이론과 정부역할』. 대영문화사.

______(2016). 공공부문 가치 추정을 위한 도구, 그리고 비판적 고찰. 한국정책학회 춘계학술대회 발표논문. 1-24.

______(2017a). WTP와 WTA 간 불일치와 그 원인에 관한 연구: CVM을 통한 실증. 『한국행정학보』, 51(4): 181-217.

______(2017b). 공리주의와 가치 추정, 그리고 공공정책. 『정책연구』, 3(1): 39-59.

______(2017c). 손실과 이득간 인지 차이와 시간 선호 연구. 『정부학연구』, 23(1): 117-152.

______(2019). 예비타당성조사제도는 공정한가? 2019년 행정학 하계학술대회 및 한국행정학회 국제학술대회 발표문.

노상윤(2015). 공공투자에 있어 사회적 할인율 산출에 관한 연구. 『경제연구』, 33(2): 125-144.

마이클 샌델 · 이창신 옮김(2009). 『Justice: 정의란 무엇인가?』(원제: *Justice: What's The Right Thing To Do?*). 김영사.

한국개발연구원(2008). 『예비타당성 수행을 위한 일반지침 수정 · 보완 연구』(제5판).

홍윤(2013). 『신고전학파 경제학과 행동 경제학』. 신론사.

KDI 공공투자관리센터 · 한국환경경제학회(2012). 『예비타당성조사를 위한 CVM 분석지침 개선 연구』.

Adamowicz, W. L., Bhardwaj, V., & Macnab, B.(1993). Experiments on the Difference between Willingness to Pay and Willingness to Accept, *Land Economics*, 69(4): 416-427.

Ainslie, G.(1975). Specious Reward: A Behavioral Theory of Impulsiveness and Impulse Control. *Psychological Bulletin*, 82(4): 463.

______(2001). *Breakdown of Will*. Cambridge University Press, Cambridge, UK.

Amigues, J. P., Boulatoff, C., Desaigues, B., Gauthier, C., & Keith, J. E.(2002). The Benefits and Costs of Riparian Analysis Habitat Preservation: A Willingness to Accept/Willingness to Pay Contingent Valuation Approach. *Ecological Economics*, 43(1): 17-31.

Arrow, K. J.(1951). *Social Change and Individual Values*. Wiley.

Arrow, K. J., Cline, W. R., Maler, K. G., Munashinghe, M., Squitieri, R., & Stiglitz, E.(1996). Intertemporal Equity, Discounting and Economic Efficiency. In J. P. Bruce, H. S. Yi & E. F. Haites(eds.). *Climate Change 1995: Economic and Social*

Dimensions of Climate Change: Contribution of Working Group III to the Second Assessment Report of the Intergovernmental Panel on Climate Change. 125-144. Cambridge university Press.

Baker, F., Johnson, M. W., & Bickel, W. K.(2003). Delay Discount in Current and never-before Cigarette Smokers: Similarities and Differences Across Commodity, Sign, and Magnitude. *Journal of Abnormal Psychology*, 112(3): 382-392.

Benhabib, J., Bisin, A., & Schotter, A.(2010). Present-Bias, Quasi-Hyperbolic Discounting, and Fixed Costs. *Games and Economic Behavior*, 69(2): 205-223.

Bentham, J.(1781, 2000). *An Introduction to the Principles of Morals and Legislation.* Kitchener: Batoche Books.

Benzion, U., Rapoport, A., & Yagil, J.(1989). Discount Rates Inferred from Decisions: An Experimental Study. *Management Science*, 35(3): 270-284.

Berns, G. S., Laibson, D., & Loewenstein, G.(2007). Intertemporal Choice-toward an Integrative Framework. *Trends in Cognitive Sciences*, 11(11): 482-488.

Biel, A., Johansson-Stenman, O., & Nilsson, A.(2011). The Willingness to Pay-Willingness to Accept Gap Revisited: The Role of Emotions and Moral Satisfaction. *Journal of Economic Psychology*, 32(6): 908-917.

Brookshire, D. S. & Coursey, D. L.(1987). Measuring the Value of a Public Good: An Empirical Comparison of Elicitation Procedures. *American Economic Review*, 77(4): 554-566.

Brown, T. C.(2005) Loss Aversion without the Endowment Effect, and other Explanations for the WTA-WTP Disparity. *Journal of Economic Behavior and Organization*, 57: 367-379.

Brown, T. C. & Gregory, R.(1999). Why the WTA-WTP Disparity Matters. *Ecological Economics*, 28(3): 323-335.

Chapman, G. B.(1996). Temporal Discounting and Utility for Health and Money. *Journal of Experimental Psychology: Learning, Memory, and Cognition*, 22(3): 771-791.

Chapman, G. B. & Elstein, A. S.(1995). Valuing the Future: Discounting Health and Money. *Medical Decision Making*, 15(4): 373-386.

Chichilnisky, G.(1997). The Costs and Benefits of Benefit-Cost Analysis. *Environment and Development Economics*, 2(2): 195-221.

Coursey, D. L., Hovis, J. L., & Schulze, W. D.(1987). The Disparity between Willingness to Accept and Willingness to Pay Measures of Value. *Quarterly Journal of Economics*, 102(3): 679-690.

Cropper, M. L., Aydede, S. K., & Portney, P. R.(1992). Rates of Time Preference for Saving Lives. *The American Economic Review*, 82(2): 469-472.

Del Saz-Salazar, S., Hernández-Sancho, F., & Sala-Garrido, R.(2009). The Social Benefits of Restoring Water Quality in the Context of the Water Framework Directive: A Comparison of Willingness to Pay and Willingness to Accept. *Science of the Total Environment*, 407(16): 4574-4583.

Estle, S. J., Green, L., Myerson, J., & Holt, D. D.(2006). Differential Effects of Amount on Temporal and Probability Discounting of Gains and Losses. *Memory & Cognition*, 34(4): 914-928.

Flachaire, E., Hollard, G., & Shogren, J.(2013). On the Origin of the WTA-WTP Divergence in Public Good Valuation. *Theory And Decision*, 74(3): 431-437.

Frederick, S.(2003). Measuring Intergenerational Time Preference: Are Future Lives Valued Less? *Journal of Risk and Uncertainty*, 26(1): 39-53.

______(2005). Cognitive Reflection and Decision Making. *The Journal of Economic Perspectives*, 19(4): 25-42.

Frederick, S., Loewenstein, G., & O'donoghue, T.(2002). Time Discounting and Time Preference: A Critical Review. *Journal of Economic Literature*, 40(2): 351-401.

Fudenberg, D., Levine, D., & Maniadis, Z.(2012). On the Robustness of Anchoring Effects in WTP and WTA Experiments. *American Economic Journal: Microeconomics*, 4(2): 131-145.

Georgantzís, N. & Navarro-Martínez, D.(2010). Understanding the WTA-WTP Gap: Attitudes, Feelings, Uncertainty and Personality. *Journal of Economic Psychology*, 31(6): 895-907.

Gowdy, J., Rosser, J. B., & Roy, L.(2013). The Evolution of Hyperbolic Discounting: Implications for Truly Social Valuation of the Future. *Journal of Economic Behavior & Organization*, 90: S94-S104.

Green, L., Myerson, J., & McFadden, E.(1997). Rate of Temporal Discounting Decreases with Amount of Reward. *Memory & Cognition*, 25(5): 715-723.

Haab, T. & McConnell, K.(2002). *Valuing Environmental and Natural Resources. The Econometrics of Non-Market Valuation*. Edward Elgar, Massachusetts.

Hanemann, W. M.(1984). Welfare Evaluations in Contingent Valuation Experiments with Discrete Responses. *American Journal of Agricultural Economics*, 66(3): 332-341.

______(1991). Willingness to Pay and Willingness to Accept: How Much Can They Differ? *American Economic Review*, 81(3): 635-647.

Hanemann, W. M., Loomis, J., & Kanninen, B.(1991). Statistical Efficiency of Double-Bounded Dichotomous Choice Contingent Valuation. *American Journal of Agricultural Economics*, 73(4): 1255-1263.

Hardisty, D. J. & Weber, E. U.(2009). Discounting Future Green: Money versus the Environment. *Journal of Experimental Psychology General*, 138(3): 329-340.

Hardisty, D. J., Appelt, K. C., & Weber, E. U.(2013a). Good or Bad, We Want It Now:

Fixed Cost Present Bias for Gains and Losses Explains Magnitude Asymmetries in Intertemporal Choice. *Journal of Behavioral Decision Making*, 26(4): 348-361.

Hardisty, D. J., Thompson, K. F., & Krantz, D. H.(2013b). How to Measure Time Preferences: An Experimental Comparison of Three Methods. *Judgment and Decision Making*, 8(3): 236-249.

Harris, C. R.(2012). Feelings of Dread and Intertemporal Choice. *Journal of Behavioral Decision Making*, 25(1): 13-28.

Harrison, G. W., Lau, M. I., & Williams, M. B.(2002). Estimating Individual Discount Rates in Denmark: A Field Experiment. *The American Economic Review*, 92(5): 1606-1617.

He, Z. & Asami, Y.(2014). How Do Landowners Price their Lands during Land Expropriation and the Motives Behind It: An Explanation from a WTA/WTP Experiment in Central Beijing. *Urban Studies*, 51(2): 412-427.

Henderson, A. M.(1941). Consumer's Surplus and the Compensation Variation. *The Review of Economic Studies*, 8(2): 117-127.

Hoffman, E. & Spitzer, M. L.(1993). Willingness to Pay and Willingness to Accept: Legal and Economic Implications. *Washington University Law Quarterly*, 71: 59-114.

Horowitz, J. K. & McConnell, K. E.(2002). A Review of WTA/WTP Studies. *Journal of Environmental Economics and Management*, 44(3): 426-447.

Kahneman, D. & Tversky, A.(1979). Prospect Theory: An Analysis of Decision Under Risk. *Econometrica*, 47(2): 263-291.

Kahneman, D., Knetsch, J. L., & Thaler, R. H.(1990). Experimental Tests of the Endowment Effect and the Coase Theorem. *Journal of Political Economy*, 98(6): 1325-1348.

Kirby, K. N. & Marakovic, N. N.(1996). Delay-Discounting Probabilistic Rewards: Rates Decrease as Amounts Increase. *Psychonomic Bulletin & Review*, 3(1): 100-104.

Knetsch, J. L.(1989). The Endowment Effect and Evidence of Nonreversible Indifference Curves. *American Economic Review*, 79(5): 1277-1284.

______(1995). Asymmetric Valuation of Gains and Losses and Preference order Assumptions. *Economic Inquiry*, 33(1): 134-141.

Knetsch, J. L. & Sinden, J. A.(1984). Willingness to Pay and Compensation Demanded: Experimental Evidence of an Unexpected Disparity in Measures of Value. *The Quarterly Journal of Economics*, 99(3): 507-521.

Knetsch, J. L., Tang, F. F., & Thaler, R. H.(2001). The Endowment Effect and Repeated Market Trials: is the Vickery Auction Demand Revealing? *Experimental Economics*, 4: 257-269.

Lakshminaryanan, V., Chen, M. K., & Santos, L. R.(2008). Endowment Effect in Capuchin

Monkeys. *Philosophical Transactions of the Royal Society B: Biological Sciences*, 363(1511): 3837-3844.

Lawrance, E. C.(1991). Poverty and the Rate of Time Preference: Evidence from Panel Data. *Journal of Political Economy*, 99(1): 54-77.

Lind, R. C.(1982). A Primer on the Major Issues Relating to the Discount Rate for Evaluating National Energy Option. In R. Lind et al.(eds.). *Discounting for Time and Risk Energy Policy, Resources for the Future*. Washington D.C.

List, J.(2004). Neoclassical Theory versus Prospect Theory: Evidence from the Marketplace. *Econometrica*, 72(2): 615-625.

Loewenstein, G.(1987). Anticipation and the Valuation of Delayed Consumption. *The Economic Journal*, 97(387): 666-684.

Loewenstein, G. & Prelec, D.(1992). Anomalies in Intertemporal Choice: Evidence and an Interpretation. *The Quarterly Journal of Economics*, 107(2): 573-597.

Loewenstein, G. & Thaler, R. H.(1989). Anomalies: Intertemporal Choice. *The Journal of Economic Perspectives*, 3(4): 181-193.

Maddux, W. W., Yang, H., Falk, C., Adam, H., Adair, W., Endo, Y., Carmon, Z., & Heine, S. J.(2010). For Whom is Parting with Possessions More Painful? Cultural Differences in the Endowment Effect. *Psychological Science*, 21(12): 1910-1917.

McKerchar, T. L., Pickford, S., & Robertson, S. E.(2013). Hyperboloid Discounting of Delayed Outcomes: Magnitude Effects and the Gain-Loss Asymmetry. *Psychological Record*, 6(3): 441-451.

Mitchell, S. H. & Wilson, V. B.(2010). The Subjective Value of Delayed and Probabilistic Outcomes: Outcome Size Matters for Gains but not for Losses. *Behavioural Processes*, 83(1): 36-40.

Morrison, G. C.(2000). WTP and WTA in Repeated Trial Experiments: Learning or Leading? *Journal of Economic Psychology*, 21(1): 57-72.

Myerson, J., Baumann, A. A., & Green, L.(2016). Individual Differences in Delay Discounting: Differences are Quantitative with Gains, But Qualitative with Losses. *Journal of Behavioral Decision Making*, 1-14. http://doi.org/10.1002/bdm.1947

Ostaszewski, P. & Karzel, K.(2002). Discounting of Delayed and Probabilistic Losses of Different Amounts. *European Psychologist*, 7(4): 295-301.

Petrolia, D. R. & Kim, T. G.(2011). Preventing Land Loss in Coastal Louisiana: Estimates of WTP and WTA. *Journal of Environmental Management*, 92(3): 859-865.

Plott, C. R. & Zeiler, K.(2005). The Willingness to Pay/Willingness to Accept Gap, the "Endowment Effect," Subject Misconceptions and Experimental Procedures for Eliciting Valuations. *American Economic Review*, 95(3): 530-545.

Plottu, E. & Plottu, B.(2007). The Concept of Total Economic Value of Environment: A

Reconsideration within a Hierarchical Rationality. *Ecological economics*, 61(1): 52-61.

Rambaud, S. C. & Torrecillas, M. J. M.(2005). Some Considerations on the Social Discount Rate. *Environmental Science & Policy*, 8(4): 343-355.

Randall, A. & Stoll, J. R.(1980). Consumer Surplus in Commodity Space. *American Economic Review*, 70(3): 449-455.

Read, D.(2003). *Inter-temporal Choice*. London School of Economic and Political Science. WP. LSEOR 03.58.

Reilly, R. J., & Davis, D. D.(2015). The Effects of Uncertainty on the WTA-WTP Gap. *Theory and Decision*, 78(2): 261-272.

Samuelson, P.(1937). A Note on Measurement of Utility. *Review of Economic Studies*, 4(2): 155-161.

Sayman, S. & Öncüler, A.(2005). Effects of Study Design Characteristics on the WTA-WTP Disparity: A Meta Analytical Framework. *Journal of Economic Psychology*, 26(2): 289-312.

Shogren, J. F., Shin, S. Y., Hayes, D. J., & Kliebenstein, J. B.(1994). Resolving Differences in Willingness to Pay and Willingness to Accept. *The American Economic Review*, 84(1): 255-270.

Sun, H. Y., Li, A. M., Chen, S., Zhao, D., Rao, L. L., Liang, Z. Y., & Li, S.(2015). Pain Now or Later: An Outgrowth Account of Pain-Minimization. *PloS one*, 10(3): e0119320.

Sun, L., Cornelis van Kooten, G., & Voss, G. M.(2009). What Accounts for the Divergence between Ranchers' WTA and WTP for Public Forage? *Forest Policy and Economics*, 11: 271-279.

Tanaka, S. C., Yamada, K., Yoneda, H., & Ohtake, F.(2014). Neural Mechanisms of Gain-Loss Asymmetry in Temporal Discounting. *The Journal of Neuroscience*, 34(6): 5595-5602.

Thaler, R. H.(1980). Toward a Positive Theory of Consumer Choice. *Journal of Economic Behavior & Organization*, 1(1): 39-60.

______(1981). Some Empirical Evidence on Dynamic Inconsistency. *Economic Letters*, 8(3): 201-207.

______(2015). *Misbehaving: The Making of Behavioral Economics*. WW Norton & Company.

Tuncel, T. & Hammitt, J. K.(2014). A New Meta-Analysis on the WTP/WTA Disparity. *Journal of Environmental Economics and Management*, 68: 175-187.

Tversky, A. & Kahneman, D.(1991). Loss Aversion in Riskless Choice: A Reference-Dependent model. *Quarterly Journal of Economics*, 106(4): 1039-1061.

______(1992). Advances in Prospect Theory: Cumulative Representation of Uncertainty. *Journal of Risk and Uncertainty*, 5(4): 297–323.

Venkatachalam, L.(2004). The Contingent Valuation Model: A Review. *Environmental Impact Assessment Review*, 24: 89–124.

Wang, M., Rieger, M. O., & Hens, T.(2016). How Time Preferences Differ: Evidence from 53 Countries. *Journal of Economic Psychology*, 52: 115–135.

Wilkinson, N.(2008). *An Introduction to Behavioral Economics*. Palgrave Macmillan.

Willig, R. D.(1976) Consumer's Surplus without Apology. *American Economic Review*, 66(4): 589–597.

Yates, F. J. & Watts, R. A.(1975). Preferences for Deferred Losses. *Organizational Behavior and Human Performance*, 13(2): 294–306.

Zhao, J. & Kling, C. L.(2001) A New Explanation for the WTP/WTA Disparity. *Economics Letters*, 73(3): 293–300.

찾아보기

인명 색인

사항 색인

ㄱ

ㄴ

ㄷ

ㄹ

ㅁ

ㅂ

ㅅ

ㅇ

ㅈ

기타

김태은

한국교통대학교 행정학전공 교수이며, 한국행정학회 제도연구회 회장으로 있다. 주요 저서로 행정이론과 정부역할(2014), 딜레마와 제도의 설계(공저, 2009), 제도와 행위(공저, 2016), 효율적 사례교육을 위한 규제정책 사례연구(공저, 2017) 등이 있다.

주요 논문으로는 정부규제의 변화와 지속 요인으로서 비의도된 효용(unintended utility)(2007), 기술융합 하에서 규제조직 변화요인에 관한 연구(2010), 무시된 딜레마의 사회적 비용 발생원인 연구(2013), 손실과 이득간 인지 차이와 시간 선호 연구(2017), 제도적 특성이 집단행동 딜레마에 미치는 영향: 성과급적 연봉제를 반영한 실험 설계(2018), 권력 비대칭, 공정성과 집단행동 딜레마(2020) 등이 있다.

관심 분야는 정부규제, 제도, 조직 등이며, 최근에는 행태경제학적 관점에서 집단행동 딜레마 해소 및 제도적 협력 방안을 연구하였다(E-mail: kupa2000@ut.ac.kr).

정부규제론

The Political Economy of Regulation

펴낸날 제1판 제1쇄 2021년 3월 2일
지은이 김태은
펴낸이 임춘환
펴낸곳 도서출판 대영문화사
주소 (본사) 사무실: 경기도 고양시 일산서구 주화로 70
우신프라자 307호 (우) 10387)
(본사) 물류센터: 경기도 고양시 일산서구 덕산로
107번길 68-50 (우) 10205)
등록 1975년 12월 26일 제3-16호
전화 (031) 913-3062, (031) 914-3884~5
팩스 (031) 913-3839
홈페이지 http://www.dymbook.co.kr

ISBN 978-89-7644-769-2
값 23,000원